Os marxismos do novo século

OUTROS TÍTULOS QUE INTEGRAM A COLEÇÃO A POLÍTICA NO IMPÉRIO

As revoluções do capitalismo, Maurizio Lazzarato

A estética da multidão, Barbara Szaniecki

Virtuosismo e revolução, Paolo Virno

O *lugar das meias*, Christian Marazzi (no prelo)

César Altamira

Os marxismos do novo século

Prólogo de
Antonio Negri

Tradução de
Leonora Corsini

CIVILIZAÇÃO BRASILEIRA

Rio de Janeiro
2008

TÍTULO ORIGINAL
Los marxismos del nuevo siglo

ORGANIZADOR DA COLEÇÃO
Giuseppe Cocco

CAPA
Evelyn Grumach

PROJETO GRÁFICO
Evelyn Grumach e João de Souza Leite

CIP-BRASIL. CATALOGAÇÃO-NA-FONTE
SINDICATO NACIONAL DOS EDITORES DE LIVROS, RJ.

A463m Altamira, César,
Os marxismos do novo século / César Altamira; prólogo Antonio Negri; [tradução Leonora Corsini]. – Rio de Janeiro: Civilização Brasileira, 2008.

Tradução de: *Los marxismos del nuevo siglo*
Inclui bibliografia
ISBN 978-85-200-0766-2

1. Comunismo. 2. Comunismo – Filosofia. 3. Filosofia marxista. I. Título.

08-3732 CDD – 335.4
CDU – 330.85

Direitos desta tradução adquiridos pela
EDITORA CIVILIZAÇÃO BRASILEIRA
Um selo da
EDITORA RECORD LTDA.
Rua Argentina 171 – 20921-380 – Rio de Janeiro, RJ – Tel.: 2585-2000

PEDIDOS PELO REEMBOLSO POSTAL
Caixa Postal 23.052 – Rio de Janeiro, RJ – 20922-970

Impresso no Brasil
2008

A meu pai que, apesar da morte prematura, sempre cuidou de mim com enorme sensibilidade social e manifesta alegria.

A minha mãe que soube enfrentar a vida com a dignidade que suplanta a resignação, com força suficiente para se contrapor a suas atribulações, e por quem nutri um nobre e puro afeto, que ela zelosamente cultivou.

A meu irmão Carlos Felipe, para quem, junto com outros tantos trinta mil, o tempo se acabou tão cedo; porque está muito presente dentro de mim, sob um silêncio que às vezes se torna insuportável, e porque seria quase indecente não recordá-lo.

Me parecia, além disso, que aqueles males provinham de colocar toda felicidade ou infelicidade em uma só coisa, ou seja, na qualidade do objeto a que estamos ligados por amor. Com efeito, o que não se ama jamais engendra disputas, nem tristeza se se o perde, nem inveja quando outro o possui, nem terror, nem ódio; em uma palavra, nenhuma comoção da alma. Mas tudo isso acontece quando amamos coisas efêmeras.

BARUCH SPINOZA,
Tratado da reforma do entendimento

Agradecimentos

As críticas, sugestões e propostas de meus amigos Giuseppe Cocco, Alejandra Corvalán, Carlos Morera Camacho, Antonio Negri e Antonio Rojas Nieto me foram extremamente proveitosas, e a eles sou profundamente agradecido. De toda maneira, sou o único responsável pelas interpretações, erros e outras fraquezas que possam acompanhar este livro.

Meu agradecimento particular a Mônica Urrestarazu por sua leitura cuidadosa, pelas correções e indicações realizadas para uma melhor compreensão do texto.

C.A.

Sumário

Prólogo

Antonio Negri

"Quaisquer que sejam as vicissitudes do presente, um capitalismo pós-moderno exige necessariamente que se lhe contraponha um marxismo pós-moderno", diz Frederic Jameson. O livro de Altamira interpreta essa afirmação. Com efeito, o autor nos oferece, em primeiro lugar, uma cartografia do marxismo contemporâneo, renovado em sua polêmica contra o capital pós-moderno. Na cartografia vão sendo assinalados e estudados os blocos do pensamento econômico e político de origem marxista, que desenvolvem sua análise adotando a especificidade do capitalismo pós-moderno; depois são descritos os blocos de pensamento que sustentam uma prática coletiva revolucionária nesse nível de enfrentamento. De tal modo que a genealogia se transforma (seguindo um critério que vai do interior do pós-modernismo até seu enfrentamento) topologicamente; ou seja, em um quadro de dimensões cognoscitivas políticas que servem para compreender e desenvolver ou mesmo para criticar e excluir as posições teóricas analisadas pela cartografia.

Que elementos Altamira exclui de sua análise? As arqueológicas (embora se tenham renovado) teorias do pensamento crítico que foram válidas até 1968: ou seja, o marxismo crítico de Frankfurt e o marxismo terceiro-mundista (ou seja, a teoria da dependência, as teorias antisistêmicas do imperialismo, e assim por diante). Decerto, o autor leva em conta essas contribuições e as integra (citando ou não suas fontes, pouco importa) em seu trabalho crítico. Observe-se que tal exclusão marca uma mudança de época, uma clivagem que não só deve ser localizada na realidade mas também no pensamento. Não é fácil decidir com força polêmica e adequada dignidade teórica se o pensamento de Adorno-Horkheimer, o de Wallerstein-Arrighi ou o de Samir Amim já não são mais úteis como argumentos para compreender o presente. É preciso agregar que o pensamento de todos eles, selecionado com esmero, pode apresentar-se inclusive em um novo projeto teórico. Altamira assim o considera e assume a séria tarefa de começar a desenvolver uma análise do marxismo contemporâneo sopesando, aceitando e/ou excluindo essas grandes tradições. Torna-se necessário fazê-lo, e ele o faz. No marxismo que se opõe ao pós-modernismo, o pensamento dos autores dos quais falamos apresenta um horizonte insuficiente para construir uma crítica eficaz. Interpretaram o desenvolvimento do capitalismo e sua crise como algo que transcende o terreno da luta: hoje trata-se de reconduzir essa interpretação à luta. Porque a luta também se tornou possível na pós-modernidade.

Que compreende, que inclui a análise de Altamira? "Nosso propósito é avançar em uma característica das principais correntes teóricas marxistas que vêm se desenvolvendo nos últimos vinte anos, contemporaneamente à desestabilização crítica do capitalismo por volta de meados dos anos 1970. Referimo-nos à escola da regulação francesa, à escola de Edimburgo vinculada às revistas *Capital & Class* e *Common Sense* e, finalmente, ao operaísmo italiano e sua continuação no autonomismo operário*. Todas essas teorias são filhas, de uma ou de outra forma, da grande crise capitalista que pôs fim aos chamados "trinta gloriosos anos" do desenvolvimento capitalista. Se só tivéssemos presente essa referência topológica, poderíamos depreender que a orientação de Altamira é determinada teoricamente. Ele argumenta a partir da crise do capital, ou melhor, do conceito de capital como crise. A ele interessa considerar o capital como relação conflitiva — mais exatamente, antagônica — e avança no desenvolvimento desse antagonismo e sua dinâmica desde o âmbito da fábrica até o mundo social. Ou seja, do primeiro ao terceiro volume de *O Capital*. Esse conceito de capital configura-se também como trama da análise genealógica, vale dizer, interpretação real do desenvolvimento das teorias.

*No que diz respeito o operaísmo italiano. (*N. do R. T.*)

Tomemos, em primeiro lugar, a escola francesa da Regulação, que evolui no seio da fase fordista do desenvolvimento econômico capitalista. A crítica desse desenvolvimento constitui o próprio fundamento da regulação. O modelo de análise que utiliza é conflitivo e antagônico: nele percebemos o elemento novo do desenvolvimento capitalista depois de 1968, ou seja, sua crise. Altamira nos localiza dentro dessa situação, assim como dentro da riqueza das aberturas que ela oferece, tanto no nível da análise econômica quanto no nível do Estado, e assim em relação com o projeto das políticas de emancipação. A análise é cuidadosa e ampla. Dá a impressão de que Altamira vê a escola da Regulação como um momento de transição entre uma crítica objetivista da relação capitalista de produção e uma abertura teórica para além do fordismo. No entanto a escola da Regulação não chega a produzir essa passagem. Sua consciência crítica não se torna adequada para dar conta dessa passagem crítica.

Já a segunda escola considerada por Altamira é este bloco de experimentações teóricas que, primeiramente a partir de Edimburgo e depois do encontro da intelectualidade crítica de origem inglesa e alemã, havia se expressado nas revistas *Capital & Class* e *Common Sense*. Altamira denomina Open Marxism a esse acontecimento teórico. Essa passagem acaba sendo muito interessante, e me parece que o autor nos oferece aqui, a partir de uma análise teórica aguda e competente, uma resenha exaustiva das idéias dessa escola. Seguindo sua argumentação, captamos com bastante clareza a alternância — na enevoada Edimburgo — dos diversos pontos de vista (e o confronto entre eles) entre o althusserianismo teórico, por um lado, e as primeiras reverberações do operaísmo italiano no debate internacional, por outro. Altamira opina que a crítica e a superação da escola da Regulação atuaram de maneira extremamente coerente no interior dessa escola. Adverte, além disso, como se encontram bem entendidas e interpretadas, por trás da teoria da "forma-capital" (de origem germânica), as novas e numerosas aberturas e intuições a respeito da transição do fordismo ao pós-fordismo, do moderno ao pósmoderno, na continuidade da crítica marxista. A avaliação feita do Open

Marxism é fundamentalmente positiva, e devemos dizer que concordamos com esse ponto de vista.

Contudo, no tratamento das novas tendências críticas e políticas, temos a impressão de que é a terceira posição a ser analisada — ou seja, o operaísmo italiano e o autonomismo operário — a que parece interessar mais a Altamira. No operaísmo há dois conceitos (ou melhor, duas estruturas de pensamento crítico) que lhe parecem válidos: o primeiro é o da composição de classe, que permite analisar o desenvolvimento histórico da relação entre tecnologia e subjetividade e portanto vincular a estrutura do capital constante e a independência relativa do capital variável, ou seja, da força de trabalho, e caracterizar essa relação nas variadas formas que ela assume; o segundo conceito refere-se ao caráter cíclico das lutas, ou seja, ao descobrimento da célula produtiva do processo histórico de transformação da subjetividade e da instância tradicional. Altamira trabalha muito a partir desses conceitos, situando-os, por assim dizer, no centro da crítica e do projeto de reconstrução teórica que percorre o livro.

Retornemos agora, baseados nas exortações de Altamira, aos matizes fundamentais do discurso operaísta; tomemos esse núcleo de produção e liberdade que é tão importante para a análise. Não é por acaso que, a partir da percepção desse núcleo libertário de pensamento — ou melhor, de crítica e de ação política —, Altamira sublinhe aqui o ponto de colisão objetiva que pensadores críticos como Werner Bonefeld, John Holloway ou Jean-Marie Vincent encontraram com as correntes mais vivas do operaísmo italiano. Se olharmos o livro desse ponto de vista — isto é, do ponto de vista da relação entre as escolas — podemos compreender que tais choques objetivos representam também um *agencement** teórico rigoroso e politicamente eficaz. A regulação francesa e o Open Marxism nos são apresentados de maneira coerente não apenas como simples objetos da crítica, mas também como linhas de desenvolvimento e de criatividade teórica, sobretudo dentro do operaísmo. Se logo nos

*Entende-se *agencement*, terminologia utilizada por Gilles Deleuze e Félix Gualtari, como "combinações", "arranjos" ou, simplesmente, "agenciamento". (*N. do T.*)

damos conta não só do desenvolvimento teórico dessas escolas de pensamento, como também de sua atuação política e militante, veremos que é na coerência militante do operaísmo que o desenvolvimento do pensamento revolucionário pode encontrar uma alma. É aqui, de fato, que a matriz conflitiva da subjetividade operária na organização do trabalho conseguiu reconhecer-se e mostrar-se como luta de classes na relação social, propondo-se agora como força multitudinária na relação global de luta contra o capitalismo. O desejo de liberdade que vive nas páginas de Altamira, o ódio pelos regimes militares (o argentino que escreveu este livro bem os conhece), as idiossincrasias polêmicas que adquire a confrontação de tudo isso com a história das ondas repressivas, eu os encontrei nesta obra transformados e/ou subsumidos na linha teórica.

O caráter fundamentalmente "teórico" deste livro articula-se com uma abertura "didática". Já assinalamos, por exemplo, como a análise do Open Marxism representa uma passagem extremamente útil, inclusive do ponto de vista da informação. Não são coisas que se podem esquecer ao avaliar e apresentar uma obra. Também para mim — embora tenha participado da discussão dos companheiros ingleses e, em particular, da reunião de Coventry (ponto inaugural de uma nova fase de análise) — esta didática de Altamira é importante (e gratificante).

Entretanto, não se trata de insistir demasiadamente sobre este aspecto (didático) da obra e do discurso de Altamira. Começamos dizendo que se tratava de uma cartografia útil de tudo o que foi discutido nos últimos vinte anos no terreno político e no terreno da crítica econômica, e que havia assumido o pós-moderno como seu objeto polêmico; compreendemos o que está fora e o que está dentro do contexto e, portanto, desta análise. Resta agora dizer que este livro não é somente um livro universalmente útil, que pode circular de forma global; trata-se de acrescentar que também introduz temas específicos e uma elevada qualidade de debate político, hoje bastante seculiar à América Latina. A crítica do capital e das escolas marxistas deveria agora ceder (transitando desde a crítica da acumulação capitalista até a crítica do *welfare* capitalista) à identificação do biopoder e sua crítica, a partir do terreno biopolítico. Se são corretas as conclusões do operaísmo autônomo, que reúnem e complementam as da escola da Regulação e as do Open Marxism, então a análise deverá adentrar o terreno social e criticar as condições sociais do desenvolvimento capitalista. A relação de capital não é simplesmente aquilo que se estende entre o trabalhador e o patrão na indústria. É, além disso, a que se desenvolve entre o capitalista coletivo e o trabalhador social. Na América Latina, o processo político que levou ao surgimento de um sujeito social na luta anticapitalista foi rápido e impetuoso. Ao descrever as condições atuais da luta, não descrevemos simplesmente o presente: abrimo-nos, no presente, àquelas tendências e tensões que o colonialismo e o capitalismo nacional e fascista bloquearam durante séculos. São as tendências da altermodernidade, as forças — amiúde operárias, às vezes indígenas, mas sempre anticapitalistas — de um novo proletariado, de uma multidão que quer construir sua liberdade e sua emancipação do regime capitalista. Estamos, de toda maneira, imersos na era pós-moderna, no biopoder (que, na América Latina, compreende uma história passada, antiga e moderna).

Precisamos saber reconhecer que a vida está hoje subsumida, dominada, comandada pelo capital. Mas devemos fazer emergir a ruptura a partir da própria vida. Também aqui nos enfrentamos com o pós-moderno dos foliões, com todos os que nos dizem que o biopoder é insuperável ou, pior ainda, que é inevitável. Não, o colonialismo e a colonização capitalista da vida comum não são inevitáveis. Na América Latina tudo isso é evidente. Quero dizer que, embora em outros lugares isso esteja claro, na América Latina tal peculiaridade alcança níveis massivos. O século XXI é aí verdadeiramente novo. Altamira nos mostrou as bases teóricas da evidência de um antagonismo global.

Outros aspectos dignos de sublinhar neste livro são a lealdade e a correção com que Altamira introduz os autores sobre os quais trata. Inclusive quando os critica, sua linguagem e seu julgamento são extremamente respeitosos. Esse não é hoje um detalhe secundário no tom e no desenrolar do debate. O capitalismo encontra-se em uma grande crise; por outro lado, multiplicam-se as propostas de revolucionar este mundo: o retorno à esperança do comunismo espalhou-se entre muitos. Ao observar o desenvolvimento de outros grandes regimes de pensamento na história da humanidade, pode-se dizer que hoje estamos em uma fase de construção "patrística" do comunismo. Não se trata aqui de padres cristãos, nem islâmicos, nem liberal-calvinistas; trata-se de militantes comunistas. O estilo de leitura e de crítica de César Altamira move-se no cerne de uma genuína e forte construção comum do pensamento revolucionário.

Veneza, julho de 2006

Introdução*

Um consenso parece ter-se estabelecido entre os estudiosos da economia e de diversos campos sociais: a suspeita de que algo novo está efetivamente acontecendo; que o mundo, tal como o conhecemos, está se desmaterializando; ou, como postulou Marx em outros tempos, "tudo o que é sólido se desmancha no ar". Ao mesmo tempo, paira também no ar a idéia de que, de alguma maneira, este processo coloca em xeque, em seu conjunto, o modelo conceitual que deu sentido ao velho mundo material. Dizem que estamos diante de um universo paradoxal: geografias sem distâncias, história sem tempo, valor sem matéria, transações sem dinheiro. Trata-se de um mundo econômico comodamente apoiado em uma estrutura filosófica do tipo da defendida por Jean Baudrillard, onde toda realidade se transforma em simulacro e as ações humanas são reduzidas à manipulação de abstrações. Nesse contexto foi sendo gestada uma nova ortodoxia que considera o conhecimento como a única fonte de valor, onde o trabalho é uma contingência deslocalizável, a globalização um processo inexorável e inevitável que torna inútil qualquer resistência social. Trata-se da emergência de um *sentido comum* que, a partir da incorporação de espaços como os da legislação trabalhista, do nível de gasto social do Estado, da validade dos direitos privados e das políticas ambientais, procura legitimar uma nova agenda política mais adequada ao cenário de uma nova fase de acumulação de capital.

*Ao longo do texto, o autor faz sistematicamente referência à corrente de pensamento neomarxista italiano conhecido como "operaísmo". Com efeito o pensamento operaísta tem várias fases: aquela propriamente operaísta (nos anos 1960), aquela do autonomismo (década de 1970) e seus desenvolvimentos pós-operaístas, desde a década de 1980. (*N. do R. T.*)

Paralelamente, não foram poucos os que, diante do colapso do socialismo real experimentado com a desintegração da ex-União Soviética e do seu bloco europeu, e com a posterior integração da China ao mercado mundial, selaram o destino do marxismo como uma teoria acabada, obsoleta e equivocada. A longa série de acontecimentos — rebeliões populares, crescente instabilidade política, crises econômicas, repressões sangrentas, enfrentamentos diretos com as forças de segurança em todas as latitudes — que antecipavam uma provável vitória da esquerda e o colapso capitalista foram rapidamente deslocados e substituídos por um capitalismo que, longe de agonizar, passeava triunfante pelo mundo, enquanto se projetava como sistema social eterno. O "fim da história" proclamado por Francis Fukuyama postulava uma suposta superioridade inata de um capitalismo moderno assentado em uma moderna tecnocracia que o alavancava ao estatuto de sistema por excelência para o desenvolvimento da humanidade.

No entanto, o trabalho de Fukuyama acabaria provocando uma surpreendente defesa do marxismo como teoria ainda socialmente válida. Com efeito, por trás da crítica mordaz às teses do "fim da história" de Fukuyama, Jacques Derrida (1995) saiu em campo contra aquele modismo que via no fim do socialismo real a conjuração do espectro da revolução que havia assombrado o capitalismo durante tanto tempo. A partir da idéia de um marxismo múltiplo e maleável, ao contrário da leitura que via e vê no marxismo um corpo de pensamento monolítico, Derrida ofereceu uma leitura do marxismo baseada na multiplicidade de entrelaçamentos e encadeamentos radicalmente contraditórios, desafiando com isso toda crença de que a tradição bolchevique havia definitivamente esgotado a herança marxista. Em vez de considerar o marxismo como um campo de idéias obsoletas nos tempos da revolução informática, Derrida defendia que somente a partir de certos desenvolvimentos informáticos é que poderíamos recuperar alguns temas do trabalho de Marx, como sua ênfase na automação e na internacionalização da produção. A partir daí Derrida pôde intuir, fazendo uma leitura espectral do marxismo, uma curiosa recusa do marxismo em permanecer morto e enterrado, concepção profundamente vinculada ao contexto imaterial e crescentemente espectral da natureza virtual do tecnocapitalismo contemporâneo. Para além da originalidade de Derrida sobre a herança marxista, seus pontos de vista tornaram-se bastante relevantes: a concepção do marxismo como diversidade permitia discutir, ainda que não dentro de um registro pós-moderno, sobre *marxismos*, e não sobre *o marxismo*. Na verdade, tal heterogeneidade estrutural remonta à obra do próprio Marx, à medida que este escreveu e expôs coisas diferentes (e nem sempre consistentes) em tempos diferentes; tal abordagem sugere que nem todas as leituras marxistas podem ser acomodadas de maneira coerente. No desenvolvimento histórico do marxismo, esses pontos de vista foram selecionados, permutados e combinados das mais diversas maneiras, quando não de maneira francamente antagônica. A veia leninista, como manifestação de uma destas formas de marxismo, gozou de uma particular preferência histórica no século passado, como resultado das transformações alcançadas pela relação dos movimentos comunistas com o capitalismo contra o qual haviam lutado. A guerra irremediável estabelecida entre os anticapitalistas e o capital está sujeita a uma permanente transformação que reflete os diversos meios de que os oponentes lançam mão para enfrentar as estratégias do inimigo, seguindo um movimento helicoidal, de malícia infinita e reforma permanente, que só pode ser rompido quando um dos contendores elimina o outro. Internamente ao próprio processo manifestam-se problemáticas que têm a ver com a introjeção e o espelhamento produzidos no comportamento social dos contendores. Visto dessa maneira, pode-se muito bem entender o leninismo como um marxismo fatalmente superadaptado a um momento particular do desenvolvimento do capitalismo que, consubstanciado no fordismo, adquiriu características próprias: divisão taylorista do trabalho, mecanização industrial, ênfase na organização de massa etc.

Entretanto, para além da falsa perspectiva de tentar identificar o fim do marxismo com a desintegração do bolchevismo, é possível aceitar (igualmente) uma leitura de espaços abertos nos quais seja possível pensar o surgimento de novas genealogias marxistas, capazes de imaginar um horizonte crítico diferente. O que torna este projeto uma realidade viva é justamente o fato de que o capitalismo pós-fordista, na era do conhecimento, delineia tanto tendências mais catastrofistas quanto conflitos sociais de maior amplitude e densidade que os que foram experimentados durante o fordismo. A liberdade alcançada pela digitalização, pelas telecomunicações e pelos sistemas de redes informáticas de controle da produção, em um contexto de mercantilização generalizada, está provocando crises massivas de desemprego tecnológico, de monopolização da cultura, de privatização dos campos de conhecimento, vitais para a subsistência da espécie humana, além de, por último, a transformação dos seres vivos guiada pelo mercado. Em resposta a tais desdobramentos surgem novas formas de resistência e contra-iniciativas. E, à medida que a força de choque diante desses movimentos continue sendo o capitalismo, seja qual for a adjetivação que lhe dermos — pós-*fordista, informacional ou pós-moderno* —, os trabalhos de Marx mostram-se ainda pertinentes e adequados a uma análise do capitalismo, ao mesmo tempo que oferecem aos críticos e debatedores uma fonte preciosa para a leitura crítica do processo. Como formulou Frederic Jameson (1996) em outro contexto: "Sejam quais forem as vicissitudes, um capitalismo pós-moderno chama contra si um marxismo também pós-moderno."

Ao longo dos últimos vinte e cinco anos de pós-fordismo e de reestruturação do capitalismo, os elementos teóricos de um marxismo metamorfoseado foram se recompondo lentamente, revestindo-se de insuspeitada audácia, apesar da decomposição social que acompanhou sua derrocada. Trata-se de um marxismo que, apreendendo o fracasso da experiência bolchevique, pretende desenhar, a partir da multiplicidade dos escritos de Marx, caminhos diferentes dos ensaiados pelo leninismo, ao mesmo tempo que transforma a materialidade absorvida pelas condições de exploração e pela própria rebelião promovida na era da informação.

De qualquer maneira, consideramos que a reconstrução do marxismo não poderá ser feita sem confrontar simultaneamente aquela outra linha crítica que já não deriva mais dos modernos partidários do mercado, antes se nutre dos assim chamados novos movimentos sociais: o feminismo, os movimentos dos homossexuais, os "verdes", os grupos antiracismo, os defensores dos direitos humanos, e assim por diante. Com efeito, neste mundo dos movimentos sociais projeta-se com força a idéia de que, a partir dos anos 1960, os movimentos tomaram o lugar da velha luta de classes — com a qual o marxismo se sentia tão identificado — como fonte maior de antagonismo e enfrentamento nas sociedades capitalistas avançadas. O fenômeno estaria igualmente relacionado com as novas condições informáticas da automação, a computadorização e a importância alcançada pela mídia.

Para os teóricos dos movimentos sociais como Alain Touraine (1973) e Alberto Melucci (1989), as novas formas de agitação e rebelião social estão especificamente relacionadas com o surgimento de uma nova ordem pós-industrial onde a mão-de-obra desempenha uma função secundária e a emergência de formas de poder tecnocrático sem precedentes promove novas formas de lutas, para além da já reconhecida existência das lutas convencionais. Embora seja certo que tal interpretação sobre o caráter antitecnocrático das lutas pode não refletir a compreensão e o consenso dos núcleos de ativismo dos referidos movimentos, é também igualmente certo que tais movimentos sociais e seus arautos acadêmicos deram origem e alimentaram uma devastadora e desqualificadora acusação contra as pretensões marxistas de dar conta das lutas sociais. Tais grupos e seus porta-vozes da academia criticam a análise marxista dos processos sociais pelo caráter *reducionista* que ela revela ao levar apenas em conta os termos da luta de classes; ou seja, questionam a abordagem dos sujeitos sociais com base no lugar que ocupam no sistema de produção, leitura que deixa de lado toda indagação a respeito de questões de raça, gênero, cultura ou qualquer relação significativa com a natureza. Reducionismo e vazio teórico que, aos olhos desses críticos, se vêem reforçados pela natureza *totalizante* da teoria marxista, isto é, por conclamar a incorporar e a considerar a totalidade das relações sociais. Enfim, a perspectiva *reducionista* e *totalizante* teria provocado, segundo os mesmos críticos, infelizes omissões e falhas imperdoáveis. Prova disso seriam a cegueira com relação ao racismo e ao patriarcado, a recusa em incorporar em suas análises a diversidade cultural e o triunfalismo científico. Ao mesmo tempo, essa leitura crítica do marxismo pretende creditar a perseverança fora de moda e o erro da abordagem marxista à presença desqualificadora do sexismo e à repressão política nos partidos e regimes do socialismo real.

Como resultado dessas críticas, foram se fortalecendo as abordagens pós-marxistas defendidas entre outros por Ernesto Laclau e Chantal Mouffe. Com efeito, ambos os autores propõem uma linguagem e um discurso diferentes para substituir o determinismo e o mecanicismo econômico inerente à determinação classista. As relações de classe, segundo eles, não devem ser vistas como relações privilegiadas, e sim como mais uma relação dentre um conjunto de identidades construídas semioticamente. A extração de mais-valia deve ser vista em um estatuto de opressão e de dominação capitalista, compartilhando as hierarquias espaciais com o sexismo, o racismo, a homofobia e o industrialismo, sem que nenhuma dessas condições prepondere sobre as demais. As políticas progressistas defendidas por esses autores devem ser repensadas a partir de uma base mais popular e plural, como uma série de lutas heterogêneas contra diversas relações de subordinação que, ainda que distintas, podem estar relacionadas em um projeto que, se não propriamente revolucionário, é, isso sim, de democracia radical (Laclau e Mouffe, 1987, p. 199).

Não se pode negar, no entanto, a pertinência de algumas das críticas dirigidas às omissões de Marx: a ausência, em seus escritos, de análises relativas às questões de gênero, de etnias, e, inclusive, à destruição da natureza. Mas isso não autoriza a subscrever ou mesmo a defender aquelas crenças pós-marxistas onde a análise de classe e da exploração, longe de ocupar uma posição significativa, foi substituída de maneira eclética por outras abordagens. Nossa recusa se sustenta em uma razão decisiva: a permanência nas sociedades modernas do capitalismo como organização social dominante. Na verdade, os pós-marxistas erraram o alvo de seus ataques. A maior fonte de *reducionismo* e o nível mais alto de *totalização* no planeta não pertence ao marxismo, e sim ao mercado mundial. Circunstância que, nos tempos que correm, foi facilitada e tornada realidade graças às redes de computadores, às comunicações via satélite, à modalidade de produção *just in time* e à diversificação mundial da produção, entre outros fenômenos. Encontramo-nos diante de um sistema fundado na imposição da mercantilização universal, processo que inclui de modo particular a compra e a venda do tempo de vida. Sua tendência é a subordinação de toda atividade à lei do valor, lei da troca imposta socialmente e relacionada a uma metanarrativa na qual só o dinheiro tem a palavra.

Esse sistema opera efetivamente mediante um processo de reducionismo massivo que percebe e processa o mundo exclusivamente em função de fatores econômicos. De acordo com tal esquema classificatório, os sujeitos humanos são inseridos no sistema das relações sociais a partir de sua capacidade de consumir e da disponibilidade para o exercício de sua força de trabalho; a natureza, por sua vez, só é incluída como fonte provedora de matérias-primas. Esse *reducionismo* capitalista adquire hoje características totalizantes, em toda a superfície do planeta, na base da generalização da produção de mercadorias. Com certeza, outros tipos de dominação são igualmente fontes geradoras de reducionismos: enquanto o sexismo reduz a mulher à condição de objeto do homem, o racismo nega a humanidade dos homens de cor. Contudo, nem o patriarcado nem o racismo foram capazes de tecer e desenvolver no planeta um sistema social integrado e coordenado de interdependências. Só o capital, como relação social antagônica, foi capaz de promover e alcançar esse nível de integração e organização social de maneira independente. Com efeito, apoiado nas novas tecnologias e com a incorporação massiva do trabalho feminino, com o crescente impulso dos fluxos migratórios, hoje se observa como até os genes humanos e os do conjunto das espécies foram sendo incorporados às coordenadas que fixam o valor.

Contrariamente às crenças dos pós-marxistas, para quem diferentes formas de dominação podem ser alcançadas de maneira pluralista e não-hierárquica, sem aqui querer ofender a sensibilidade política de ninguém, o capitalismo é um sistema de dominação que *efetivamente domina*. Isso não implica afirmar que o poder corrosivo da mercantilização anule ou elimine o patriarcado ou o sexismo, embora seja hoje mais transparente do que no tempo de Marx ver como a divisão internacional do trabalho depende da discriminação por gênero ou por etnia para estabelecer suas hierarquias de controle. Entretanto, apesar disso, o sexismo e o racismo não operam como os mais importantes princípios organizativos da produção e da distribuição mundial de bens e serviços. Embora a lógica do patriarcado e a do racismo sejam mais antigas do que a do próprio capitalismo, hoje tais lógicas encontram-se socialmente difundidas de maneira particularmente violenta devido à utilização econômica que delas faz o capitalismo. Ao se verem obrigadas a aceitar a mediação da estrutura de dominação capitalista, adquirem uma característica particular por trás das figuras de um mercado racista e de um sexo mercantilizado. A abordagem dos recursos humanos por sob a pátina de uma classificação inspirada na relação de classe capitalista não implica afirmar a eternidade dessa abordagem, nem significa outorgar a esse poder social um caráter definitivo. O privilégio alcançado não está fundamentado em alguma razão ontológica essencial que confira prioridade à economia em detrimento do sexo ou do racismo, mas na subordinação a um sistema que exige que a sexualidade, o racismo e a própria natureza girem ao redor do benefício capitalista. Visto desse ângulo, a divisão convencional entre a velha classe política e os novos movimentos sociais parece, no mínimo, fora de foco. O capital, enquanto sistema de relações sociais, não só é inimigo dos movimentos que lutam por melhores salários, pela ampliação do tempo livre ou por melhorias nas condições de trabalho, mas também de todo movimento que pressione pela igualdade na diferença, pela paz e pela preservação da própria natureza. E não porque tenha sido esse sistema particular de relações sociais que criou o racismo, o sexismo ou a destruição ecológica, fenômenos cuja existência antecede ao surgimento do capitalismo, mas muito mais por abordá-los tão-somente como oportunidades ou empecilhos para a acumulação.

MARXISMO E REVOLUÇÃO INFORMÁTICA

No apagar das luzes do século XX a acepção predominante da palavra *revolução* estava — e, de alguma maneira, continua estando — vinculada à queda da fronteira tecnológica que possibilitou a introdução da informática na produção. Podemos dizer que a acepção encontrava-se e ainda se encontra associada a termos os mais diversos, ainda que homogêneos:

pós-industrialismo, superindustrialismo, sociedade sem fio, revolução do controle, sociedade da alta tecnologia, segunda cisão industrial, pós-fordismo, revolução informática etc. Termos esses que modelavam, e ainda o fazem, aos olhos dos novos teóricos, as esperanças e as expectativas para o futuro. De acordo com os teóricos dessa revolução de tipo novo, o conhecimento técnico-científico cristalizado nos computadores, na biotecnologia e nas telecomunicações provocou uma irresistível transformação da civilização, trazendo conseqüências dramáticas e provocando no curto prazo o surgimento de novos traumas.

Os marxistas em geral compartilhavam a crença que identificava na revolução informática a origem de profundas transformações sociais — embora devamos reconhecer que tivessem divergências com relação ao potencial liberador e dominante das máquinas em comparação com as lutas travadas entre capital e trabalho.

De acordo com os teóricos da revolução informática, o marxismo mostrou-se incapaz de analisar e incorporar a revolução social induzida, à medida que a lei do valor sucumbe diante do avanço da era informacional e das máquinas inteligentes e o modelo social de base/superestrutura torna-se obsoleto diante do significado simbólico da informação. Nesse contexto, o modelo da revolução se vê suplantado pelo progresso tecnológico.

Até finais dos anos 1950 e começo da década de 1960, a aparente calma e as condições de prosperidade em que se desenvolviam as modernas sociedades americana e européias sugeriam que estas haviam alcançado novos e duradouros espaços de estabilidade. A institucionalização das Convenções Coletivas do Trabalho e do Estado do Bem-estar aparecia como a principal responsável pelo desaparecimento dos conflitos de classes da superfície social, ao mesmo tempo que promovia aquelas mesmas sociedades como modelos socioeconômicos bem-sucedidos, em direção aos quais convergiriam de maneira inexorável as sociedades do Terceiro Mundo e, inclusive, do próprio mundo socialista da época.

Esse contexto de triunfalismo capitalista haveria de dar condições ao surgimento do *fim das ideologias* (Bell, 1961), entendido como derrocada das alternativas ao capitalismo liberal e, conseqüentemente, correspondendo ao fim do marxismo como força e teoria revolucionária. Mas em poucos anos a paz aparente e a estabilidade alcançada pelo capitalismo foram violentamente abaladas pelo repentino e intempestivo despertar dos dissensos sociais até o final dos anos 1960 e início dos anos 1970. A sociedade industrial, cume insuperável do avanço tecnológico, da modernidade e da prosperidade, entrou em paroxismo quando sua maquinaria de guerra atolou nas selvas do Vietnã, seus guetos urbanos arderam nos verões quentes, suas fábricas automatizadas foram paralisadas pelos conflitos de trabalho, seus *campi* universitários transformaram-se em espaços de rebelião, sua cultura foi subvertida pela música e pelas políticas de uma juventude rebelde que já não se podia deter, enquanto as relações domésticas e com a natureza foram sacudidas pelos movimentos feministas e ambientalistas.

Nesse marco, e diante do surgimento de convulsões sociais inesperadas nas sociedades industriais avançadas, não foram poucos os intelectuais que buscaram uma explicação convincente para os acontecimentos nos sentimentos de medo que justificavam a emergência de uma nova ordem social radicalmente diferente. A versão mais sofisticada e influente dessa leitura pode ser encontrada entre os *think tanks*[1] e nos projetos de pesquisa promovidos pelo governo dos Estados Unidos e nas estratégias das grandes corporações. Foi assim que surgiram representações como as da *sociedade tecnológica* fomentada pela IBM de Harvard e patrocinada pelo Programa Nacional de Ciência e Tecnologia (1971); a *sociedade do conhecimento* postulada pelo guru Peter Drucker em 1968; a *era tecnotrônica* inspirada pelo secretário de Segurança dos Estados Unidos Zbigniev Brzesinski (1970); assim como o conhecido trabalho de Daniel Bell O *advento da sociedade pós-industrial*, publicado em 1978. O Japão seria responsável pelo melhor acolhimento dos teóricos da sociedade pós-industrial: os textos americanos traduzidos foram retrabalhados

[1]*Think tanks* são grupos de pesquisa que têm como objetivo fornecer análises e conclusões à comunidade política para serem usadas como base para o desenvolvimento de novas políticas e para modificar e remover políticas já existentes Um dos maiores desafios dos *think tanks* é identificar e antecipar problemas que as nações e o mundo poderão vir a enfrentar no futuro, levando seus prognósticos e análises aos formuladores de políticas e ao público. (*N. do T.*)

por futurólogos japoneses para transformar a sociedade pós-industrial em "sociedade da informação" ou "sociedade informacional" (Morris-Suzuki, 1988). Segundo Suzuki, o Japão introduziu mudanças significativas nos métodos de produção industrial, com níveis de integração sem precedentes entre o escritório, a fábrica e o consumidor. Transformações que foram articuladas com uma visão idealista de uma futura sociedade emergente, onde a disponibilidade de informação e de tempo livre resultaria em um materialismo decadente, uma melhora do autoconhecimento, uma maior participação cívica voluntária, uma renovada consciência global e ecológica e, finalmente, uma revitalização espiritual. O Ministério da Indústria e Comércio Mundial Japonês incentivou essa estratégia social e, dessa maneira, a *sociedade da informação* se constituiu como peça central do planejamento econômico japonês.

Nos Estados Unidos e na Europa o interesse por esses conceitos foi reavivado com a recessão econômica do início da década de 1970, cujos primeiros sintomas já vinham sendo anunciados desde o final dos anos 1960. O desencadeamento da crise em meados dos anos 1970 provocou o redirecionamento da perspectiva ocidental: as soluções para os problemas que acometiam as sociedades ocidentais deveriam ser agora encontradas no "milagre japonês". Fazia-se necessário redescobrir a sociedade informacional como estratégia de crescimento e perspectiva social. Tanto o informe da Agência de Telecomunicações do Governo Federal dos Estados Unidos quanto a publicação francesa de Simon Nora e Alain Minc (1980) promoviam a constituição da nova sociedade. O primeiro sugerindo que uma importante fatia do PIB dependia agora da atividade informática e que uma crescente parcela do emprego deveria ser buscada no trabalho informacional; o segundo argumentando que a convergência do computador e da telecomunicação alteraria completamente o sistema nervoso da organização social.

A terceira onda, de Alvin Toffler (1980), culminaria essa interpretação ao propor a leitura da época pós-industrial como uma época de transição, conferindo-lhe um estatuto adequado às teorias prevalecentes. Se o pós-industrialismo havia definido uma nova era quanto à superação da crise industrialista, a teoria da sociedade da informação dava ao deslocamento descrito uma perspectiva convincente: a informatização como continuadora da indústria. A fronteira tecnológica entre as eras poderia ser situada como momento de passagem da mecanização à digitalização, do aço ao chip e, por fim, das estradas de ferro às redes de comunicação.

À medida que a tese da sociedade pós-industrial se metamorfoseava em teoria da revolução informática, simultaneamente remodelava-se o antimarxismo. Falava-se então de uma nova classe tecnocrática que mediava as tensões entre capital e trabalho, enquanto, segundo os teóricos oficiais, o direcionamento que permeava o desenvolvimento tecnológico se contrapunha mais abertamente às concepções marxistas. O trabalho de Toffler adotou uma narrativa que continuava com os esquemas de Daniel Bell, formulando agora uma teoria do desenvolvimento das sociedades como uma seqüência de ondas: uma primeira onda de caráter agrário, uma segunda onda de tipo industrial e finalmente uma terceira onda — em curso — essencialmente informática. Para Toffler, a revolução informática estimula o surgimento de uma nova civilização que pouco tem a ver com luta de classes e muito com os computadores. Segundo ele, a chegada da nova onda será suficiente para superar a exploração do trabalho, a alienação, a desumanizante mecanização, a centralização e a concentração da riqueza assim como da miséria social, características de um capitalismo industrial a que se encontravam vinculadas as premissas do marxismo. Toffler atribuirá aos princípios teóricos do marxismo sua incapacidade em responder às novas realidades. Para ele, o materialismo de Marx havia sido construído — com base na reação contra o idealismo hegeliano — sobre a oposição entre o mundo material e o dos objetos, ligados à produção, e o mundo abstrato das idéias. Esse contraste binário, segundo Toffler, é subjacente à concepção dicotômica base/superestrutura, que vê a informação, a cultura, a arte e as leis e, enfim, as teorias como produtos intangíveis da mente que fazem parte de uma superestrutura que flutua sobre a economia da sociedade. Embora o marxismo, assegura Toffler, admita um certo intercâmbio entre os dois termos, é a base que determina a superestrutura. Essa leitura torna-o cego ante a nova sociedade: o poder simbólico dos dados informacionais, a manipulação simbólica e a expansão do conhecimento. Para Toffler, será o conhecimento que dirigirá agora a economia, não mais a economia subordinando o conhecimento. Se Marx virou Hegel de cabeça para baixo para ressaltar a primazia do material, a grande ironia da história, como nos diz Toffler, é que o novo sistema de criação de riqueza põe, por sua vez, Marx de ponta-cabeça: a figura da dialética produz agora a desmaterialização do materialismo histórico.

No entanto, o aspecto em que Toffler encontra o maior anacronismo do marxismo é o seu conceito de proletariado industrial como agente de mudança social. Com o desaparecimento das chaminés industriais diante do avanço das novas tecnologias e a lenta dissolução de legiões inteiras de trabalhadores industriais provocada pelo avanço da economia informática, o marxismo perderá, na visão de Toffler, seu principal protagonista. Esse adeus ao proletariado, compartilhado por não poucos teóricos da esquerda nos anos 1980, adquiriu duas modalidades diferentes na teoria da revolução informática. Uma delas, mais direta e brutal, argumenta que a automação liquidará progressivamente o trabalho. Há uma tendência por menos trabalho e, proporcionalmente, por menos classe trabalhadora. As primeiras interpretações dessa versão falavam de liberação e aumento do tempo livre como contrapartida. Contudo, um problema bastante importante acompanhava essa idéia: o fato de que em uma economia assalariada tal fenômeno se traduz em desemprego. A posição de Toffler é de afastar-se de toda relação que poderia ser estabelecida entre o avanço da automação e o desemprego. Segundo ele, não nos encontramos diante do fim do trabalho, e sim de sua transformação; razão por que sua ênfase esteja colocada não tanto na redução do trabalho, mas na sua melhoria qualitativa. A diminuição dos postos de trabalho na indústria será mais do que compensada, segundo Toffler, pela criação de novos postos em setores da alta tecnologia e nas indústrias que utilizam a informática de modo intensivo.

Nesse contexto, a computação aparece como essencialmente diferente das primeiras formas de mecanização. Com efeito, a transformação da atividade laboral manual em atividade intelectual, além da manipulação de símbolos no lugar de objetos, abriu simultaneamente novos espaços na rotinização laboral, promovendo novas possibilidades de cooperação social e a reintegração de tarefas anteriormente fragmentadas, tendências que tentaram reverter a simplificação e a fragmentação do trabalho taylorista. Ao mesmo tempo, permitiu e continua demandando a dissolução das estruturas de mando e hierarquias tradicionais e a introdução de novas dimensões de autonomia e satisfação. Segundo Toffler, a introdução de novas tecnologias e dos novos postos de trabalho haveria de provocar uma vaporização da clássica hostilidade entre trabalhadores e gerentes de produção. Esse lugar estaria recoberto por um *ethos* compartilhado de participação e profissionalismo, reforçado e apoiado nos benefícios comuns, a opção pelas ações e os círculos de qualidade. As classes como entidade coletiva baseadas em relações de produção opostas tenderão, nesse contexto, a se dissolver. Mas a terceira onda irá além, segundo Toffler, avançando sobre o regime de propriedade. Como a informação não se elimina com o uso, poderá ser facilmente reproduzida e constituirá o recurso central da nova era, modificando o regime de propriedade e tornando a sociedade mais igualitária e cooperativa.

É possível extrair daqui algumas conclusões. A doutrina da revolução informática, tal como esta se desenvolveu no último quarto de século, demonstrou ser muito mais do que uma simples especulação futurista ou uma descrição sociológica. Converteu-se em um ingrediente indispensável para a reorganização das sociedades capitalistas avançadas, modeladas pela introdução das novas tecnologias. Ao mesmo tempo que forneceu o elemento racional para essa reestruturação: a legitimação da fratura social e a exortação para um futuro luminoso. Mas no curso do seu desenvolvimento essa idéia mostrou-se competidora e inimiga de outra teoria revolucionária que tentava converter-se em força material de massas: o marxismo. Nesse sentido, pode-se abordá-la como a resposta a uma crise não antecipada dessas sociedades, crise assentada nas insurgências nacionais e internacionais e contaminadas por um suposto Marx já morto e enterrado para a época. O enunciado de uma etapa nova não era simplesmente uma predição mas um projeto, um esforço para colocar em marcha medidas tecnológicas e sociais necessárias para recuperar a estabilidade de uma ordem ameaçada por forças subversivas e caóticas. Esse é o último substrato subjacente nas teorias da revolução informática e do capitalismo virtual.

A partir daí poderíamos dizer que a relação dessas teorias com o marxismo não era tanto de antagonismo real, e sim de reapropriação do marxismo oficial. Podemos ainda afirmar que muitas dessas concepções foram ficando familiares e nasceram aparentadas com os escritos marxistas da época. Para estes últimos, se tratava de idéias e concepções relacionadas com a noção de progresso histórico até uma sociedade sem classes, onde os avanços tecnológicos inscreviam-se nos conflitos e antagonismos de classes como força condutora da transformação e, portanto, como apêndice da própria idéia de revolução. O colapso do socialismo real pelas mãos das revoltas populares intimamente relacionadas, segundo os teóricos da revolução informática, com a capacidade de transmissão dos meios de comunicação ocidentais, que transpuseram as barreiras erigidas pelos países do Leste, constitui, nesse sentido, a justificativa, a razão de ser de tal projeto, marcando assim o fim das tentativas de exorcizar o fantasma de Marx.

MARXISMO E LEITURA CRÍTICA

O pensamento de Marx constitui uma verdadeira ruptura na história da teoria. Queiramos ou não, existe um antes e um depois de Marx. E um depois de Marx que não pretende nem pode se apresentar como acabado. Apesar do colapso do socialismo real e da crise das organizações políticas que se proclamam herdeiras do autor de *O Capital*, sua obra é ainda motivo de controvérsias e de enfrentamentos recorrentes, para além de todo modismo. Existe algo de paradoxal nesse constante retorno a Marx, por ser ele um homem do passado, do século XIX, e também na medida em que existem discípulos seus que buscaram projetar seu pensamento na forma de dogmas com pretensões universalistas (Vincent, 1997).

Em tempos de globalização, o mundo que a nova esquerda em ascensão constrói nos países centrais é um mundo pós-industrial, um mundo pós-moderno, enfim, um mundo onde as classes se diluíram e que assumiu definitivamente as características de um mundo pós-classes. Poderíamos argumentar que as recentes teorias da "nova esquerda" sobre globalização e pós-industrialismo já estavam presentes em Marx ou que seus estudos foram realizados desde a perspectiva da crítica da economia política. Mas o certo é que, em sua grande maioria, as novas concepções repudiam uma leitura em termos de "crítica da economia política". Enquanto isso, ganham adeptos nos círculos acadêmicos e políticos bem-sucedidos. A visão totalizadora de Marx, sua ênfase na mercadoria como fetiche, assim como suas considerações a respeito das categorias econômicas foram questionadas na época pela *nova esquerda* por estarem contaminadas por um marxismo economicista.

O discurso da nova esquerda supunha o surgimento de novos e significativos processos sociais que não podiam ser adequadamente analisados no marco da tradição teórica marxista. A teoria marxista — no pior dos casos — aparece como superada pelos acontecimentos e por estar um tanto fora da época; na melhor das hipóteses, necessitaria de uma revisão substancial para poder se adequar aos novos tempos.

Enquanto isso, assistimos a uma significativa proliferação de estudos sobre identidade política e *estilo de vida*, fruto da relevância atribuída a tais espaços. Esse processo, que foi bastante enfatizado na década de 1990, abriu as portas, de maneira perigosa, ao respaldo a noções individualistas de autodeterminação e autonomia do indivíduo, tão caras às projeções da direita neoliberal. Com efeito, os indivíduos deveriam se comprometer em sua própria autodeterminação. No entanto, uma grande dúvida nos assalta: em uma sociedade cuja riqueza se expande à custa de impor a pobreza àqueles que não detêm propriedade alguma a não ser sua força de trabalho, a autodeterminação dos indivíduos não estaria apenas contribuindo para fomentar a concorrência individual?

A queda do muro de Berlim em 1989 levou muitos marxistas a sustentarem que já não havia alternativa ao capitalismo. Entre eles encontravam-se fundamentalmente aqueles que, de uma maneira ou de outra, haviam identificado nos países do socialismo real a utopia a ser realizada. Na verdade, não nos deveríamos surpreender se o fim da história ou o fim do socialismo fosse apregoado pelos defensores do capitalismo;

trata-se, em última instância, de sua profissão e negócio. Porém, se o fim do socialismo, assim como o respaldo aos fantasmas capitalistas, fosse proclamado por aqueles que se reconheciam como pertencentes à esquerda, então nossa preocupação deveria aumentar. Assim, vamos descobrir que Clauss Offe (1996) sugere que não existe alternativa à democracia liberal e aos sistemas de produção de mercado; assim como Joachim Hirsch nos conclama a abandonar toda esta crítica negativa *demodée*, já que os novos tempos exigem propostas políticas positivas, tais como a renovação dos valores democráticos, convocando-nos assim a uma "transformação da sociedade civil existente (...) por trás da estratégia de um 'reformismo radical'" (Hirsch, 1997, p. 68). Ulrich Beck (1992), por sua vez, introduzirá no lugar da sociedade de classes o conceito de sociedade de risco.

Para Beck, o velho antagonismo entre capital e trabalho, baseado na acumulação e na exploração, deu lugar a um jogo de soma positiva, onde, à medida que as riquezas das nações aumentassem, todo mundo poderia dispor de uma fatia maior do bolo. A conseqüência, no entanto, foi o desaparecimento da sociedade de classes. Nessa substituição, construiu-se um jogo de soma negativa que faz emergir um coletivo autoprejudicado, onde o risco atinge a todos por igual e de onde parece não haver escapatória. Todos parecem ser afetados. Embora alguns membros da sociedade apresentem vantagens com relação a outros, tais vantagens são mínimas. Donde se conclui que se trata de reduzir as desvantagens primeiro, antes de tentar escapar aos perigos oferecidos pela sociedade de risco. De qualquer maneira, ninguém pode escapar a um risco que se apresente irresistivelmente institucionalizado.

O argumento de Hirsch para o abandono de toda leitura crítica reside no fato de que a atual sociedade capitalista existe *em* e *através* de uma pluralidade de antagonismos, tais como o racismo, o sexismo, os conflitos do trabalho assalariado, as lutas ecológicas etc. Essas lutas *individualizaram* a sociedade e tornaram-na perigosamente permeável aos impactos da globalização. Hirsch considera em seu trabalho que o único sujeito social realmente existente é o capital e que as relações sociais se encontram tão fragmentadas e se apresentam tão manifestamente antagônicas que inviabilizam qualquer alternativa ao capital. Enquanto a oposição ao capital se reduz somente a essa pluralidade de interesses de diferentes grupos e conflitos sociais, a esquerda deverá aceitar a dificuldade para construir uma alternativa ao capitalismo. Trata-se então de trabalhar por uma política de redemocratização da sociedade, que, para Hirsch, adquire a modalidade de um *reformismo radical*. A globalização não só impôs mudanças significativas à intervenção estatal, transformando o Estado capitalista em um *Estado nacional competitivo* cada vez mais sujeito a satisfazer as necessidades do capital internacional, mas também fez ruir, ao mesmo tempo, as instituições liberal-democráticas, razão pela qual somos conclamados a gerar essa política de democratização a partir de uma *sociedade civil democrática* (Hirsch, 1997, p. 66).

Ninguém pode negar as mudanças profundas que sacudiram as concepções da esquerda desde meados da década de 1970. Quer já se tratasse da *sociedade de risco*, da *moralidade econômica* ou da aceitação de um *único sujeito* — o capital —, todos coincidem em rechaçar aquela primeira idéia do velho Marx que postula que, para determinar a existência social, devemos em primeiro lugar negar a independência do particular, para resgatá-lo, em um segundo momento, como pluralidade na unidade. Enquanto isso, ganha corpo a idéia de uma totalidade sob a forma de risco universal, da racionalidade moral universal ou do sujeito universal do capital, deixando de lado nesse momento qualquer aproximação do universal em termos de sua constituição social e histórica.

Mas, por outro lado, se a recusa da nova esquerda de toda teoria crítica foi uma tentativa de impugnar a idéia de uma análise totalizadora, esse ponto de vista significou ao mesmo tempo privilegiar as instâncias particulares na abordagem da realidade social e extrair desses espaços conclusões gerais. Sua metodologia constitui-se em uma rara mescla de "epistemologia indutiva, conexões causais e uma perspectiva de pesquisa desprovida de valores" (Bonefeld, 1998, p. 152), como se adotar esse ponto de partida não implicasse já assumir determinados valores. A recusa da totalidade como "totalidade antagônica" franqueou o tratamento das relações de classe como relações de gênero, como relações de sexo, como relações da natureza, como relações do trabalho assalariado, e assim por diante. Tudo se limitaria à análise e à noção das circunstâncias e de casos individuais, casos que seriam produzidos em condições de existência separadas, independentes umas das outras, como se as relações sociais, em suma, não fossem mais do que o somatório de múltiplos casos individuais. Essa é a conclusão a que se chega depois de haver separado a "gênese" da "existência", separação que, de acordo com Horkheimer, constitui o ponto cego do pensamento dogmático (idem, p. 153).

Dessa maneira, a nova esquerda acabou perdendo seu centro teórico ao confeccionar suas concepções e pautar sua agenda segundo os ditames do inimigo; não há dúvida de que existem diferenças entre o neoliberalismo e o projeto de Offe, que busca, por intermédio da racionalidade moral, outorgar universalidade a sua concepção teórica. Porém não é menos certo que a extensão e o crescimento que tiveram tais idéias bloquearam o caminho à alternativa de recriar a teoria crítica nos anos 1990.

Nosso propósito é avançar na caracterização das principais correntes teóricas marxistas que se desenvolveram e se projetaram nos últimos vinte anos, contemporâneas da eclosão da crise do capitalismo em meados da década de 1970. Fazemos referência à escola da Regulação francesa, à escola de Edimburgo ligada às revistas *Capital & Class* e *Common Sense* e, finalmente, ao operaísmo italiano e seus desdobramentos na autonomia operária. Todas essas correntes são, de uma forma ou de outra, herdeiras da grande crise capitalista da década de 1970 que colocou um fim aos "vinte e cinco gloriosos anos" de crescimento do capitalismo.

Sustentamos uma idéia básica — uma tese subjacente a nossa análise — e que poderia ser sintetizada da seguinte maneira: historicamente, os desenvolvimentos teóricos alcançados no campo do marxismo, que operaram um verdadeiro *turn over* no desenvolvimento da teoria, vinham se referenciando em processos e dinâmicas sociais que, apesar de terem provocado uma comoção no sistema capitalista, não perduraram no tempo. Dito de outra forma, os desenvolvimentos teóricos encontram-se associados a comportamentos e direcionalidades sociais particulares, e a magnitude de seus avanços e de seus saltos qualitativos corresponde à profundidade e ao questionamento que tais processos sociais alcançaram com relação ao sistema capitalista.

A última grande crise do capitalismo, cuja explosão poderia ser situada por volta de meados dos anos 1970 — estendendo-se até os nossos dias —, começou a se manifestar na última metade dos anos 1960, quando uma multiplicidade de conflitos sociais, aparentemente desconexos, golpearam e debilitaram as instituições sociais do capitalismo. Com efeito, em um primeiro momento, a luta pelos direitos sociais da população negra nos Estados Unidos, o crescente descontentamento de estudantes e mulheres nas mais diversas geografias, assim como as renovadas lutas camponesas na América Latina, Ásia e África contra a hegemonia norte-americana e a modalidade de desenvolvimento capitalista do pós-guerra apareceram inicialmente como simples atos independentes e desconexos de resistência. Fazem parte desse processo a discriminação racial; a crise da educação de massas e a minuciosa regulamentação acadêmica; a exploração e a alienação; o imperialismo e a desumanização; a repressão sexual, o consumismo e a destruição ambiental. Um após outro, os verdadeiros males endêmicos da moderna sociedade capitalista são revelados pelos sucessivos conflitos que ameaçavam desintegrar a sociedade.

Mas, à medida que tais conflitos encontraram expressão social e política no crescimento dos movimentos sociais, sua aparente independência mostrou-se como era: uma ilusão superficial.

Nos Estados Unidos a revolta contra a discriminação racial estendeu-se desde o sul rural até explodir nos guetos negros urbanos do norte sob a forma de verdadeiras guerrilhas urbanas conduzidas pelo movimento dos direitos civis. Quando a repressão conseguiu erradicar o movimento nas ruas, os negros levaram sua militância para o interior das fábricas, intensificando o já crescente processo operário de "recusa ao trabalho". Mas as revoltas negras não pararam aí. Chegaram até as escolas, ao exército, à universidade-fábrica, engrossando as mobilizações contra a guerra do Vietnã. O movimento pacifista unificou as mais diversas resistências sociais, e sua vinculação com as guerras do Sudeste Asiático tomou corpo no *slogan* "Vitória à Frente de Libertação Nacional" estampado nas bandeiras que ondulavam nos *campi* e nos edifícios universitários americanos.

Por sua vez, na China a Revolução Cultural concentrava a atenção mundial enquanto estendia sua influência às revoltas populares gestadas no campo socialista. Junto com a guerra do Vietnã, o fenomenal processo de massas chinês referenciava-se nas revoltas de Budapeste e antecipava os sucessos de Praga.

O Japão, até então considerado o país do verdadeiro milagre capitalista, caiu presa de um duplo movimento: a Ofensiva da Primavera, que reuniu estudantes, operários e camponeses e foi derrotado pela repressão que seguiu as ações do Exército Vermelho; processos que colocaram por terra o mito da estabilidade japonesa.

Enquanto isso, na Europa as tensões estavam sendo incubadas, pressagiando explosões não tão distantes. As demonstrações de simpatia estudantil com a resistência vietnamita ao imperialismo americano alimentaram as revoltas estudantis de maio de 1968, quando milhões de estudantes e operários, portadores de bandeiras vermelhas e negras nas barricadas parisienses, levantaram-se contra a opressão e a moderna sociedade de consumo. Por sua vez, o descontentamento operário-estudantil nos países do Leste diante da dominação soviética provocou primeiro reformas políticas e econômicas, e, quando estas já não davam mais conta de deter a maré, chegou a vez dos tanques. O quente outono italiano de 1969 foi somente uma explosão em uma já crônica e ascendente emergência social. Portugal repetia nessa época a experiência americana, ainda que de maneira trágica: as guerras de libertação de suas colônias africanas desarticularam a sociedade portuguesa, e o exército insuflou a revolução interna como resposta aos sinais do exterior.

Na medida em que tais conflitos, atravessados por diversidades setoriais e globais, circularam e se fundiram, passaram a constituir uma verdadeira ameaça para o sistema capitalista mundial. Formou-se assim um novo ciclo de lutas globais, um complexo e imbricado conjunto que sacudiu por completo a ordem social capitalista até suas raízes, precipitando uma crise de proporções históricas.

De alguma maneira, a globalidade das lutas e a profundidade da crise tornaram-se reais quando, nos anos 1970 o mundo capitalista foi sacudido por sucessivos cataclismos. Em 1971 a abertura de Nixon à China e a *détente* marcavam o final de um grande ciclo da Guerra Fria bipolar, ao mesmo tempo que se abriam as portas para as negociações diplomáticas com o Japão. Em agosto daquele mesmo ano o abandono da conversibilidade do dólar ao ouro destruiu o sistema monetário internacional gestado logo depois da Segunda Guerra a partir dos acordos firmados em Bretton Woods. A ruptura de Bretton Woods e sua substituição por um mercado monetário desregulado em nível global minaram a autoridade monetária nacional (Strange, 1997), debilitando as soberanias monetárias a ponto de os mercados de créditos globais começarem a ditar as políticas dos Estados nacionais (Bonefeld, 1993). Juntamente com as imposições de austeridade no interior do país do norte, esse processo global prenunciava o fim da ideologia de crescimento e da "grande sociedade", das "novas fronteiras" e do "desenvolvimento" da década. Por baixo da prosperidade incubava-se a crise. As lutas revelavam por toda parte o esgotamento progressivo de décadas de crescimento, bloqueando o aprofundamento de um fordismo cada vez mais impotente para sustentar o crescimento.

Mas as mudanças não pararam aí. Em 1972-1974 estoura a grande crise de alimentos no mundo, provocando uma alta massiva dos preços no Ocidente e a fome em massa na Ásia e na África. Entre 1973-1974, a crise do petróleo — expressão para a crise energética mundial — estimulou a alta desmedida do preço do barril de petróleo enquanto ingenuamente projetava o redirecionamento do crescimento capitalista aos países da Opep. Em sincronia com os Estados Unidos, a Grã-Bretanha e a maioria dos países capitalistas da Europa Ocidental entravam em uma prolongada recessão global, de 1974 a 1975. Finalmente, entre 1975-1976 a crise energética e de alimentos surgiu na própria União Soviética, provocando a alta descontrolada dos preços, o que intensificou o descontentamento da sociedade. Nesse momento, o ciclo se completava. E ninguém mais duvidava do alcance global e da profundidade da crise capitalista.

Foi no meio desse ciclo de conflitos sociais e de crise global do sistema que se deu o surgimento das escolas mencionadas. Embora distantes no tempo, são todas produto do estopim da crise, assim como do ciclo de lutas inaugurado em meados da década de 1960. Esse processo foi potencializado pela intensificação do movimento de retorno aos clássicos, em especial, a Karl Marx.

O interesse em Marx pode ser interpretado como um elemento constitutivo dos enormes esforços em gerenciar e compreender a crise. Pode ser também visto como o ponto de suporte que permitira aos produtores do conflito social avançarem na pesquisa de sua estratégia e na compreensão das lutas, apesar de qualquer experiência prévia. E foi exatamente esse o caminho que deu origem ao estudo de Marx em grupos independentes, em universidades, faculdades e fábricas, bem como em grande número de diversas organizações de ativismo social. Confrontados de um modo geral pela esterilidade manifestada tanto pelo marxismo oficial quanto pelas políticas social-democratas, esses grupos retornavam à análise de Marx da luta de classes e da revolução anticapitalista. Assim, o movimento pacifista impulsionou o revisionismo histórico, a sociologia insurgente e a radicalidade na economia. O movimento feminista, por sua vez, forçou a criação de programas de estudos sobre a mulher.

De qualquer maneira, seria um erro considerar o ressurgimento do marxismo somente em termos das necessidades e problemas internos aos diversos grupos e organizações que cresceram no coração das revoltas dos anos 1960 e 1970. A crise era também, e sobretudo, uma crise do sistema capitalista e, portanto, uma crise dos idealizadores e ideólogos do sistema. Para compreender o verdadeiro alcance do colapso teórico capitalista, devemos lembrar que essa crise adquiriu as dimensões e a profundidade da Grande Depressão dos anos 1930, período que constituiu um verdadeiro divisor de águas no desenvolvimento histórico do capitalismo, mostrando que as relações de poder entre as classes e, portanto, a estrutura básica social haviam sido de tal modo transformadas que o velho ciclo econômico não mais poderia fornecer a solução às agitações sociais através do clássico método de crescimento do desemprego e queda dos salários. A qualidade das lutas operárias durante os anos 1920 e 1930 demonstrou a impossibilidade de se manter a prática política de contenção, resistindo à queda substancial dos salários mediante a demanda por maiores gastos do Estado, que — atuando como um capitalista coletivo — fomentava o emprego e satisfazia as demandas de maiores serviços sociais. A sobrevivência do capitalismo exigia uma nova estratégia e uma nova ideologia para substituir o *laissez-faire*. Foi assim que surgiu a ideologia do pleno emprego e do crescimento, articulada por uma estratégia de contenção das lutas operárias: maiores salários em troca de aumento da produtividade, negociações que depois seriam sancionadas nas convenções coletivas do trabalho. Em outras palavras, a resposta americana à última grande crise capitalista foi o keynesianismo como estratégia e como ideologia (Negri, 1988).

O certo é que o ciclo de lutas sociais dos anos 1960 marcou o declínio da estratégia keynesiana em diferentes países tomados isoladamente, enquanto o colapso do sistema monetário internacional, assentado na conversibilidade do dólar-ouro em 1971, mostrava que a crise alcançava dimensões de uma verdadeira ruptura global da era keynesiana.

Somos testemunhas de tempos de ruptura sistêmica geral. Donde as políticas de ajuste fiscal e monetário tornaram-se impotentes para administrar a crise, logo após o fracasso, também retumbante, da tentativa de relançar o keynesianismo em meados dos anos 1980. Quer se tratasse de economistas neoliberais ou neokeynesianos, o certo é que suas propostas de política econômica fracassaram, uma após outra. Os formuladores de políticas do capitalismo estão órfãos de teorias. Durante décadas o Ocidente capitalista buscou obstinadamente a quebra dos regimes comunistas do Leste e a destruição da União Soviética. Os objetivos foram alcançados com a queda do mundo comunista e a implosão da URSS. A atmosfera deveria então ser de triunfo e euforia. Nada mais longe disso. É que os cataclismos sociais e políticos vividos nos últimos dez anos conduziram as sociedades à beira da desintegração. Uma grande desordem turvava o cenário geopolítico pós-Guerra Fria. As sociedades constatam a incapacidade dos dirigentes em analisar e explicar as dimensões e a natureza da crise contemporânea. Nenhum dos teóricos do capitalismo parece identificar o princípio fundador de um mundo pós-comunista. Enquanto isso, acontecimentos de grande amplitude sucedem-se quase que diariamente: a unificação alemã, o desaparecimento dos regimes comunistas do Leste Europeu; o desaparecimento da URSS; a abolição do *apartheid*; o fim das guerras de "baixa intensidade"; mudanças radicais na Etiópia, na Guiné; o reconhecimento mútuo de israelenses e palestinos; as reformas capitalistas na China; o ressurgimento dos nacionalismos e do islamismo. Vivemos tempos de uma verdadeira mudança de era, que provoca muitas angústias nas sociedades enfermas, acossadas pelo desemprego massivo e estrutural. O dualismo social aparece como característica comum: enquanto se agrupa de um lado uma minoria hiperativa, do outro se concentra uma multidão de precários, desempregados e excluídos.

Nesse contexto surgem, se desenvolvem e avançam as teorias marxistas já mencionadas, sofrendo as influências de conjunturas instáveis que terminam por submetê-las a críticas cruzadas e a polêmicas internas e externas, mais influenciadas por fatores externos que pelo desenvolvimento de um debate substantivo.

O CAPITALISMO PÓS-MODERNO

Ao mesmo tempo que o capitalismo como ideologia, prática e economia atravessa todas as dimensões da vida social anunciando sua vitória, a crítica do capital, da economia política, tende a desaparecer. Termos como *classe*, *luta de classes*, *mercantilização* e *exploração* ecoam no vazio, como se pertencessem a outros tempos e outras geografias. Um desaparecimento explicado pelas próprias vozes dessa celebração: não havia, em última instância, nada para criticar.

A produção capitalista passou por grandes transformações nos últimos trinta anos. Basicamente já não se pode mais separar o capital como produtor de mercadorias e bens da chamada superestrutura, ou seja, da produção de idéias, crenças, percepções e gostos. A produção capitalista não apenas se reapropria da produção da cultura, crenças e desejos, como também — e aí está o verdadeiro *turn over* — os vincula de maneira direta à própria produção e circulação das mercadorias. Tornou-se difícil hoje pensar em uma mercadoria separada de seu componente "estilo de vida" ou subcultura associada. Mas essa transformação incorporou igualmente uma mudança fundamental no trabalho. Não é somente o trabalho físico que se põe em jogo no processo de trabalho, são também os conhecimentos, afetos e desejos. Em poucas palavras, a produção capitalista assumiu uma dimensão que poderíamos definir como micropolítica, inserindo-se no contexto da vida diária e por fim na produção da própria subjetividade. É nesse sentido que os velhos termos soam ocos, não por efeito de uma dissonância com um objeto que mudou, mas porque os termos da crítica se modificaram. Já não é possível criticar o capital a partir dos grandes esquemas da história universal ou opor-se a ele com base nos últimos resquícios de desejos e valores que ainda permanecem. A crítica deve incorporar, nesse sentido, a dimensão micropolítica do capital, transformando-se no que Michel Foucault (2002) denominou "a ontologia crítica de nós mesmos".

No entanto, devemos avançar na questão da escolha do nível de pensamento crítico mais adequado para confrontar essa realidade. Colocar o foco da análise na transformação do processo produtivo parece conduzir muito rapidamente a uma discussão econômica ou sociológica, em cujo caso as aludidas transformações deveriam ser ratificadas ou impugnadas empiricamente a partir de uma abordagem e da perspectiva de estudos do que hoje se conhece como a New Economy ou o capitalismo cognitivo. Ou seja, a preeminência da comunicação, da informação e dos serviços sobre qualquer outro tipo de produção na economia. Ainda que também seja possível abordar a questão a partir das mudanças produzidas na relação entre subjetividade e produção, na medida em que esta última afeta a atividade humana fundamental da percepção, do pensamento e da ação, propondo, nesse sentido, uma análise que vá além da simples alteração das tarefas e das prioridades nos espaços identificados como econômicos (quantidade de pessoas empregadas produzindo bens e serviços) para ingressar nas transformações fundamentais da própria estrutura da existência humana. Na suposição de que um tal pensamento crítico deve confrontar as transformações produzidas, tudo leva a crer que é insuficiente simplesmente empregar categorias preexistentes na constituição e manutenção de um projeto crítico. Em outras palavras, manter a clássica divisão entre análises econômicas e filosóficas funcionaria como um obstáculo fundamental para apreender as transformações em curso.

Para alguns, as mudanças que ocorreram nos últimos vinte e cinco anos são demonstrativas de uma mutação de grande envergadura. De acordo com essa leitura, encontramo-nos diante de uma grande transformação histórica: trata-se da passagem do moderno ao pós-moderno. No entanto, onde e quais são os elementos significativos que caracterizam e dão sustentação a tal mudança? Onde encontrar suas causas? Negri ensaia uma resposta, herdeira da tradição autonomista: auscultar as causas endógenas mais profundas no grande ciclo de lutas de resistência do trabalho contra o capital que foram protagonizadas de 1968 em diante, processo que continuou com a ruptura da paridade dólar-ouro em 1971 e culminou com a grande crise do petróleo em 1973. O encadeamento desses fenômenos determinará a impossibilidade do capital em garantir, como vinha fazendo até então, o desenvolvimento capitalista por meio de instrumentos de regulação interna, potencializando assim novas formas de controle no plano supranacional. O Consenso de Washington encarna a constituição dessa nova modalidade da relação do capital na perspectiva do capitalismo americano, embora não seja a única. Os níveis de insubordinação do trabalho requeriam que se alcançasse urgentemente um novo tipo de comando supranacional sobre o trabalho da classe operária.

Na realidade, o termo *pós-moderno* comporta uma instabilidade semântica intrínseca. Com efeito, na medida em que está atrelado a seu referente — o moderno —, traz consigo as diversas acepções, modulações e erros de interpretação que caracterizaram a modernidade (Vakaloulis, 2001). A condição pós-moderna, apesar de designar um conjunto de fenômenos socioculturais distanciados radicalmente do projeto moderno, admite uma definição baseada na exaltação das diferenças em detrimento da valorização identitária de seus elementos constitutivos.

Falar em termos pós-modernos significa falar da passagem do moderno ao pós-moderno, absorvendo e incorporando nessa leitura todas as caracterizações "pós" que vêm se difundindo recentemente: pós-fordistas, pós-keynesianas, pós-tayloristas, pós-socialistas etc. Historicamente, o chamado capitalismo pós-moderno remete a um processo social ligado à crise da civilização fordista. Analiticamente, representa um conceito-horizonte que permite nomear uma série de evoluções convergentes que se afirmaram com força no cerne das formações sociais avançadas, assumindo conotações particulares, embora nem por isso menos semelhantes, nos países menos desenvolvidos. Sem desmerecer ou deixar de lado os elementos de estabilidade sistêmica da fase atual, a análise do capitalismo pós-moderno supõe resgatar a análise das novas figuras do antagonismo social, as potencialidades da ação coletiva dos subordinados, que, embora tenham tido que enfrentar obstáculos, não perderam dinamismo e movimento constante.

Antonio Negri reconhece e adere a uma leitura da passagem do capitalismo moderno ao pós-moderno. Entretanto, devemos sublinhar a grande diferença que existe entre a concepção de pós-modernidade de Negri e a que tem sido sustentada pelos filósofos do final do século XX: Lyotard, Baudrillard, inclusive o próprio Habermas, entre outros. Em primeiro lugar, diferentemente de Lyotard e Baudrillard, Negri sustenta a existência de uma grande narrativa, de um metarrelato. Por outro lado, reafirma a análise marxista assentada na guerra permanente entre capital e trabalho, reinterpretando esse antagonismo a partir de um horizonte que ressalta agora a ampliação dos espaços (fábrica social) sobre os quais esse antagonismo se desenvolve, conferindo particular importância nesse conflito às práticas comunicacionais. O desenvolvimento do capital social e, junto com ele, da nova era da informação configura um espaço de convergência entre o pós-modernismo e Negri. Salvo que, enquanto para Negri a era do conhecimento e da informação dá lugar ao surgimento de um novo tipo de sujeito antagônico precipitando o capital para uma posição de debilidade jamais vista até então, e com isso abrindo novas formas de resistência e possibilidades de constituição de um comunismo pós-moderno, os pensadores pós-modernos identificam nessa abertura os sintomas de uma decomposição das classes e a fragmentação das subjetividades. Quer se trate da escola de Baudrillard — "banal e pessimista" (Negri, 1989, p. 200) —, para quem a circulação de valores faz com que toda mercadoria se converta em dinheiro e toda singularidade perca seu significado, e a existência se transforme em pura paranóia; quer seja Lyotard, que reconhece a pluralidade das linguagens;

ou mesmo que se invoque Habermas, para quem a economia e o lugar do trabalho ficam fora do âmbito da ação comunicativa e que portanto se encontram sujeitos a uma lógica instrumental que encontra sua razão de ser de maneira inexorável na racionalização capitalista, em todos esses casos não existe um ápice da perspectiva da liberação do trabalho no confronto com o capital. Todos esses teóricos da pós-modernidade mostram uma manifesta incredulidade diante dos metarrelatos que conduzem inevitavelmente a becos sem saída, desprovidos de qualquer possibilidade de resistência e luta. A condição pós-moderna, ao modificar as espacialidades e as temporalidades da modernidade, projeta-as em direção à ubiqüidade e ao efêmero. Nesse sentido, os valores impulsionados pela pós-modernidade, longe de serem uma aberração ideológica de grande envergadura, são portadores de uma adequada positividade e de uma significação histórica enquanto manifestação e elemento constitutivo da crise da modernidade capitalista avançada. São, pois, uma espécie de pós-moderno no moderno.

Dessa maneira, o caráter da crise fordista não pode remeter a considerações puramente econômicas. Foi o conjunto das políticas keynesianas de retomada da demanda e sua expressão política mais avançada, o compromisso social-democrata — enquanto modo de regulação dos conflitos sociais, baseado na multiplicação de acordos bilaterais ou multilaterais entre patrões, sindicatos e Estado —, que acabou se tornando ineficaz para conter as lutas e a resistência operária. Operou-se nessa ocasião uma verdadeira revolução intelectual que sacode o próprio jogo das representações políticas, contribuindo, a partir das mudanças operadas no plano da economia mundial, para desacreditar o papel regulador das políticas públicas do Estado-nação. É nesse contexto que se produz a crise das funções sociais do Estado de Bem-estar.

Por isso nos encontramos diante de uma profunda crise da representação política. No momento em que se proclama aos quatro ventos que o capitalismo venceu (logo após a queda do muro e a implosão da União Soviética) e que se afirma de modo decisivo a marca da aliança democracia-mercado, a crise do Estado de Bem-estar não pressagia uma transição suave para a democracia capitalista. Com efeito, se o conceito de representação é consubstancial ao de democracia e se a noção de democracia constitucional é inseparável do conceito de representação política, a crise — que avança e se move como um elefante em loja de cristais — manifesta-se de forma brutal, apesar da opinião de muitos, sobre os espaços da mesmíssima representação política. Diante desse cenário surge uma grande questão: qual seria a modalidade de representação política capaz de superar essa lacuna e rearticular novamente os espaços de democracia e mercado?

Estes têm sido igualmente tempos em que o paradigma do mercado, enquanto restauração cultural, se impôs como o vetor civilizatório da modernização neoliberal em curso. Com efeito, ao longo da década de 1980 a empresa, como instituição comunitária e lugar de identificação subjetiva do conjunto de seus agentes, tornou-se tema ideológico central. A promoção de uma nova cultura do indivíduo generalizou e banalizou os comportamentos e as aspirações mais inovadoras dos anos 1960 e 1970. O espaço intelectual transformou-se com a chegada de um novo discurso que rechaçava os grandes relatos de emancipação que acompanharam, no plano da confrontação, o movimento da modernização. Esse dispositivo intelectual que tomou corpo lá pelos finais da década de 1970 sob o guarda-chuva da pós-modernidade adquiriu, ao final da década de 1980, um caráter mais operativo. As ideologias da modernização flexível do trabalho assalariado permitiram a cristalização, ao menos parcial, dessa tendência.

Mas o advento de um novo tipo de capitalismo permitiu a possibilidade de alcançar uma leitura particular do capital alijada de toda ortodoxia marxista. Com efeito, o pensamento marxista clássico havia tornado rígida a categoria *capital* por trás de uma leitura objetiva e estática; detida, sem vida, sem processo. Isolada. Considerar, ao contrário, o capital como relação exigia incluir na análise aquele que manda e aquele que obedece; quem explora e quem é explorado. Somente a partir da adesão a esses pressupostos metodológicos é possível deixar para trás aquela idéia de globalização entendida como simples expansão do mercado capitalista, que em sua dinâmica provoca a erosão do Estado-nação, enquanto abre a possibilidade de subscrever aquela outra leitura que vê a globalização como a conseqüência direta da dificuldade do Estado-nação em manter o controle da relação com o capital, como a incapacidade do Estado em controlar os mecanismos de reprodução da sociedade capitalista, o que foi questionado de maneira substancial pelo avanço das lutas nacionais e antiimperialistas que eclodiram em todo o mundo. Essa leitura do capital como relação implica também uma ruptura com aquela leitura mecanicista e literal característica da II e da III Internacional, ao considerar os movimentos do capital verdadeiros movimentos sociais, ou seja, emergência de elementos disruptivos.

Porém, abordar a temática do novo sujeito exige alguns esclarecimentos metodológicos prévios. Em primeiro lugar, trata-se de um sujeito que se constitui não de maneira negativa, se fala pois de uma subjetividade constitutiva. Esse pressuposto obriga a pensar em termos de descontinuidade, o que supõe abandonar a idéia de abordar os processos históricos de maneira linear, definidos de maneira determinista. O desenvolvimento histórico não é um resultado previsível a partir do lugar onde nos encontramos. Depende, em última instância, da ação dos sujeitos, processo que sempre culmina em ação desmedida. Em duplo sentido: seja porque já não se podem controlar os movimentos, seja porque a potência de tais movimentos impede que se possa estabelecer qualquer tipo de previsão.

Dessa maneira, podemos chegar à análise da relação entre composição de classe — categoria que acolhe a variabilidade temporal do sujeito — e capital. Relação que, ao reconhecer o antagonismo sempre presente, permite em Negri o desenvolvimento de um marxismo pós-moderno não-transcendente. Isto é, a permanente insistência de Negri na análise do poder constituinte referido a toda política do modo de produção capitalista; uma perspectiva do poder construído de baixo, que visa entender os deslocamentos no poder estabelecido como resultantes do poder criativo, generativo e constitutivo do próprio trabalho.

Na base da crise e das propostas daquilo que se costuma chamar "a superação do fordismo", é possível detectar a crescente inadequação das atitudes e comportamentos sociais com relação às circunstâncias nas quais somos levados a viver. Assim, podemos observar uma permanente contribuição acadêmica e intelectual orientada para o estudo da transformação de modos de vida e trabalho assentado na análise de conteúdo inflacionista, demonstrando uma recorrente incorporação de esquemas de interpretação conservadores, enquanto são deixadas de lado as mudanças gestadas na organização do trabalho. A utopia do fim do trabalho, que muitos acreditaram possível a partir das novas tecnologias que economizam trabalho, é um bom exemplo dessa inadequação das categorias políticas. O trabalho, cuja redução é interpretada como tecnicamente possível pelos partidários do fim do trabalho, é de fato aquele trabalho que o capital reduziu, à sua maneira, com a reestruturação e a reorganização dos processos produtivos. Entretanto, na categoria *trabalho* utilizada pelos teóricos do fim do trabalho, encontram-se ausentes as características lingüísticas, comunicativas e relacionais que modificaram os modos e as formas dos processos de valorização. No essencial, tais teóricos mantiveram a mesma representação do trabalho constituído historicamente no fordismo e no taylorismo, desconsiderando, ao mesmo tempo, as novas modalidades adotadas pelo trabalho no capitalismo pós-moderno. A sobrevivência na história desse século do trabalho em sua acepção clássica de trabalho socialmente necessário acabou nos conduzindo em outro lugar às utopias do fim do trabalho. Esse outro lugar não é necessariamente pior que o apresentado pelos teóricos do fim do trabalho. É simplesmente diferente. E, ao fim e ao cabo, é um outro lugar com o qual devemos nos enfrentar realmente.

O desafio particular enfrentado pelo marxismo nos tempos que correm exige dar conta da reestruturação em curso do capitalismo e do novo tipo de capitalismo emergente. Nesse contexto, torna-se quase uma exigência o desenvolvimento de novas categorias de análise que permitam dar conta da teoria e da prática dos novos sujeitos sociais, assim como da nova natureza do trabalho de acordo com a atual dinâmica do capitalismo. Ainda que esse processo tenha sido visto por alguns autores como um capitalismo desorganizado, como foi o caso de Claus Offe (1985), ele foi capaz de engendrar um importante processo de reorganização, descrito por muitos autores como pós-fordismo (Harvey, 1989). Não são raros os que vêem no pós-fordismo o deslocamento de uma sociedade caracterizada pelo emprego garantido no longo prazo a outra marcada por relações laborais flexíveis, móveis e precárias. Questões referentes à natureza e ao caráter do desenvolvimento histórico, as causalidades, o conhecimento e o poder, as subjetividades e desejos, têm sido trazidas novamente para a mesa de discussões, de maneira muitas vezes provocativa, desafiando a ortodoxia marxista, cujos laços filosóficos encontram-se ancorados no discurso modernista. Nessa perspectiva, as novas teorias pós-estruturalistas (Deleuze, Guattari, Foucault), operando de maneira conjunta com as teorias feministas, apresentaram verdadeiros desafios ao marxismo tradicional, que se mostrava permeável a algumas concepções da teoria feminista em suas tradicionais análises da divisão do trabalho, a reprodução das relações de classe e a mercantilização da vida social. Nesse sentido, as noções de gênero e sujeito deixaram de ser periféricas ao marxismo tradicional, para serem incorporadas de maneira muito mais freqüente em suas análises.

Qualquer renovação do marxismo terá que dar conta dos sugestivos deslocamentos operados na composição dos grupos que constituíam o velho proletariado, assim que emergiu a chamada fase pós-fordista de acumulação. Um novo processo de acumulação que não apenas alterou a composição de classe, mas que também modificou paralelamente as relações de enfrentamento com o capital. O marxismo deve dar conta de situações em que os tradicionais alinhamentos e disposições de classe tenham sido alterados, fenômeno que se estende não somente nos países de capitalismo avançado, mas também nos países capitalistas menos desenvolvidos. Nessa nova divisão internacional do trabalho, as classes já não se constituem como blocos homogêneos claramente identificáveis (o proletariado, a burguesia), de acordo com a ortodoxia da II Internacional.[2] Hoje em dia, a disposição do trabalho como um fenômeno que tem sido descrito de diversas maneiras por Antonio Negri, James O'Connor e Saskia Sassen, assim como pelos diversos adeptos da teoria

[2]Uma exceção a esta leitura é a de Samir Amin (1988, p. 24-52), para quem existe um novo proletariado e uma nova burguesia, cujo resultado foi que o capitalismo se tornou um sistema mundial.

da regulação, segue uma lógica de tipo centro-periferia, até mesmo nos países de capitalismo avançado. Ou seja, altos salários e altas qualificações em centros de emprego protegido, ao lado de uma força de trabalho com baixos salários, pouca proteção social e baixa qualificação, encontrada fundamentalmente nos setores de serviços e trabalhos domésticos caracterizados por um alto grau de informalização, precarização e sazonalidade características de uma força de trabalho "sem garantias". No interior dessa nova estrutura laboral coexistem múltiplas e polivalentes relações sociais, geradas pelas diversas configurações do capital que, ao mesmo tempo, produzem, de maneira conflituosa com o capital, seus próprios espaços específicos de agenciamentos, fonte de potenciais transformações sociais e históricas. A dispersão das forças de produção e a reorganização socioespacial que se seguiu, produto da transnacionalização do capital, tornaram possível o acesso a zonas diferenciadas de ofertas de trabalho.[3] Uma das conseqüências desse tipo de reestruturação foi manter os chamados mercados de trabalho periféricos nesse estado, mesmo quando foram utilizados pelas grandes corporações multinacionais. Nesse novo mercado de trabalho transnacionalizado, os trabalhadores encontram dificuldades de tipo novo para conseguir acordos políticos que possam dar conta da defesa de seus interesses. Por sua vez, as qualificações tayloristas exigidas dos trabalhadores imersos nessas zonas de subcontratação de baixos salários deixaram de ser condições exclusivas da classe operária tradicional. Como assinala Alain Lipietz (1982, p. 41), as velhas funções laborais sustentadas pelas mulheres no seu trabalho doméstico constituem hoje uma importante base material para a configuração desse tipo de exploração taylorizada das zonas periféricas. No entanto, devemos ressaltar que, em que pese a existência de sinais de superexploração nesses trabalhos, o antagonismo constitutivo entre capital e trabalho permanece dinâmico, na medida em que o conflito é intrínseco às relações de poder: os trabalhadores participam dessa relação levando uma disposição estrutural ao conflito, que deve e exige ser controlada permanentemente pelo capital, quando

[3]Seria Christian Palloix (1976, 1978) um dos primeiros a analisar tal fenômeno.

este trata de explorar o trabalho vivo. A convergência de funções e qualificações entre o chamado trabalho doméstico e o trabalho nos segmentos taylorizados do mercado de trabalho para a substituição de exportações adquire uma importância significativa para a teorização da categoria *trabalho* e a força de trabalho. Tanto Lipietz quanto Sassen propõem que as diferenças entre ambas as formas de exploração têm sido bastante relativizadas, especialmente nos países periféricos ou menos desenvolvidos. Entretanto, essa modalidade de trabalho não é exclusiva dos países periféricos ou menos desenvolvidos. Nos últimos vinte anos produziram-se também nos países de capitalismo avançado importantes alterações no mercado de trabalho. Para tal fenômeno contribuíram os seguintes novos cenários: 1) o crescimento acelerado de uma série de serviços tipicamente adequados ao emprego de mão-de-obra feminina (hotelaria, enfermeiras domiciliares, cuidadoras e recreadoras de crianças, lares de idosos); 2) o aumento do número de pessoas que trabalham em casa, fenômeno que tende a diluir as fronteiras entre fábrica/escritório e a casa.

Ao mesmo tempo que se desenvolviam os sistemas de produção flexível baseados no uso intensivo e extensivo dos computadores, foi sendo modificado aquele conceito taylorista de concepção separada de execução, o que promoveu a relocalização e revalorização da capacidade do trabalhador em comandar a cooperação social produtiva, agora de tipo novo, de acordo com a também nova natureza do trabalho. Este fenômeno, ao passo que projeta uma maior fragmentação do comando capitalista sobre o processo de trabalho, promove também maiores possibilidades para o desenvolvimento de uma autovalorização antagônica por parte do trabalhador (Vide "State and class in the phase of real subsunption" em Negri, 1989, p. 176-190). Assim, a reconfiguração do trabalho como categoria exige previamente uma análise da estrutura da cooperação social produtiva, na medida em que esta estrutura constitui a base ontológica no atual modo de produção. É um erro acreditar que o trabalho, nas atuais condições do capitalismo, deriva seu caráter de outra coisa que não seja a relação direta com o modo de produção. Se assim fosse, a resistência à opressão patriarcal deveria ter sido iniciada no nível da cooperação social, e não no nível do processo de trabalho. A necessidade de conduzir e dirigir esta resistência na esfera da cooperação social produz, no entanto, uma necessidade política, agora que a lógica da cooperação, assentada no trabalho feminino e doméstico, saltou da esfera doméstica e se instalou nas fábricas. Esta análise, à medida que supõe a impossibilidade de isolar o modo de produção de seu caráter social e cultural, permite observar a importância de dissolver a tensão muitas vezes existente entre aquelas aproximações marxistas conhecidas como culturalistas daquelas que são identificadas como provenientes da economia política ou ancoradas na história do trabalho. Se os espaços culturais e econômicos estão solapados, é inútil tentar dar conta das vertentes culturalistas em oposição às abordagens da economia política.

Não existem dúvidas então que, diante do processo de reestruturação capitalista, as categorias utilizadas pelo marxismo exigem no mínimo uma atualização, quando não sua substituição por novas categorias a serem desenvolvidas e incorporadas. Tudo parece apontar para a existência de uma tendência do capitalismo, mesmo em sua manifestação mais corrente, em direção à maior abstração, já que só assim se pode assegurar que toda produção seja mediada e colocada à disposição da acumulação. Da mesma maneira, o desenvolvimento do capitalismo nos últimos vinte anos e as transformações que foram alcançadas, independentemente do nome que se dê — capitalismo tardio, capitalismo avançado, capitalismo globalizado, capitalismo mundial integrado etc. —, como pontos de partida fundamentais para o desenvolvimento de qualquer análise, fornecem condições econômicas e sociais substancialmente diferentes das que foram enfrentadas por Marx em sua época. Nesse contexto requer-se uma reformulação do conteúdo das análises marxistas em face do surgimento de novas forças e relações de produção.

A lógica da atual conjuntura coloca-nos diante de aspectos e modalidades do processo de acumulação do capital sem precedentes. Isso porque as transformações associadas à atual fase possibilitam uma complexa interatuação entre momentos dispersos e desorganizados com elementos centralizados e organizados, resultando em uma dinâmica caótica e refratária que envolve formas de capital constitutivamente desorganizadas, que modulam o flexível com o rígido.[4] Como a crise que produziu esta transformação fundamental do capitalismo contém diversas dimensões, para reposicionar o marxismo precisamos também relançar os diversos eixos. Numerosas leituras da crise buscam posicionar sua dimensão em pelo menos dois lugares fundamentais. Retomando a leitura de Negri (1988, p. 205), podemos afirmar que sua dinâmica afetou de maneira significativa a constelação de características do sujeito laboral que havia sido construída a partir de: 1) a organização do processo de trabalho que teve como base o taylorismo; 2) o gerenciamento da jornada de trabalho e a regulação da relação salarial pelo fordismo; 3) o sistema de relações político-econômicas construídas a partir dos anos 1930 referência no keynesianismo; 4) as relações sociais gerais e as relações com o Estado mediadas pelo Estado-plano.*

A emergência da fase pós-fordista de acumulação provocou importantes modificações na composição da força de trabalho e suas relações com o capital. A teoria marxista enfrenta situações em que as tradicionais modalidades de alinhamento de classe e oposição foram substituídas ou superadas, em alguns casos esvaziadas, não apenas nos países capitalistas mais avançados onde tal fenômeno se mostra de maneira mais evidente, mas também nos países menos desenvolvidos.

EM DIREÇÃO A UMA TEORIA DO ANTAGONISMO DE CLASSE

De acordo com a concepção do operaísmo e do autonomismo, o sistema capitalista se desenvolve segundo uma dinâmica sustentada no enfrentamento permanente entre capital e trabalho, dinâmica que confere ao capitalismo uma determinada "racionalidade". Trata-se de uma lógica que provém do choque permanente entre as necessidades de valorização do capital e os desejos e manifestações políticas dos trabalhadores que se expressam nas lutas sociais e políticas. Do choque entre ambas as

[4]Saskia Sassen (1991) faz uma boa abordagem desta temática na primeira parte de seu livro *Global Cities*.

*O Estado-plano é o Estado-planejado, do planejamento keynesiano. (*N. do R. T.*)

dinâmicas surgem resultantes socioeconômicas que conferem uma marca particular às etapas do desenvolvimento capitalista. Desta correlação de forças históricas — tensionamento essencial entre "luta de classes" e "leis objetivas ditadas pelo capital" —, própria de determinados períodos, resultam então códigos particulares de expressão das relações sociais capitalistas fundamentais, *status* que, segundo o vocabulário utilizado pela escola de regulação francesa, são conhecidos como as formas institucionais. Estas são, em última instância, emblemáticas da maneira particular que adotam as relações sociais fundamentais em cada período histórico.

Por trás desta dinâmica mais geral, é possível auscultar modalidades de enfrentamento e disputas que dão lugar ao que se costuma chamar "*modos de regulação*", o marco particular no qual se desenvolve a luta de classes e que confere ao processo de acumulação um caráter "histórico", ainda que sem determinar suas características qualitativas.

Nossa premissa básica é a constatação de que a crise na qual o mundo capitalista entrou é uma grande crise de acumulação que exige e simultaneamente suscita uma acomodação do regime de acumulação do capital, cujos coração e núcleo estão constituídos, por um lado, pelo conjunto das mediações institucionais que giram em torno da disputa entre capital e trabalho; e, por outro, pelas diversas reações que o trabalho ensaia para opor-se à sujeição capitalista. Por exemplo, fazendo parte da dinâmica mundial, a crise do capitalismo argentino apresenta especificidades próprias dessa sociedade. Podemos conceber a crise do capitalismo argentino como crise de um *modo de desenvolvimento*, o que significa supor que ela não apenas inclui o *regime de acumulação* mas também o *modo de regulação*. Isto significa aceitar o fracasso das estratégias e táticas que o capitalismo pôs em funcionamento durante quase vinte e cinco anos (modo de regulação), assim como assumir a crise simultânea de uma forma particular de organizar a luta de classes (regime de acumulação). O colapso de um modo de regulação deve ser interpretado como o fracasso do capital em impor uma determinada forma de organização do trabalho diante da resistência do movimento dos trabalhadores. Nesse sentido, o drama manifesto do pós-fordismo deve ser visualizado a partir do rápido crescimento alcançado pela nova figura operária, o trabalhador social, e a dificuldade do capital em contê-lo. Atravessamos assim uma etapa de transição entre um modo de acumulação com forte inspiração fordista e outro cujas características não estão ainda delineadas.

Estamos conscientes de que nossa análise incorpora categorias próprias da escola francesa da regulação que, em alguns aspectos, poderiam ser consideradas antitéticas com relação à teoria do operaísmo italiano. A razão principal para este ecletismo reside nos benefícios e na clareza que sua utilização confere ao desenvolvimento de nosso raciocínio. Até porque as categorias regulacionistas vêm sendo utilizadas em numerosos escritos autonomistas. Se tivéssemos que explicitar as diferenças entre a escola da regulação e o operaísmo italiano, para além de suas influências mútuas, deveríamos assinalar que, enquanto para a escola da regulação a dinâmica fordista sempre foi abordada a partir das permanentes formas de mediação entre o capital e o trabalho — daí a ênfase no desenvolvimento das formas institucionais, para o operaísmo italiano o fordismo sempre foi analisado como dinâmica social alimentada pelo permanente conflito, por um antagonismo que nunca deixou de atravessá-lo. Nesta perspectiva, a regulação terminaria por reduzir a subjetividade operária às determinações institucionais de regulação das relações industriais, para culminar na busca das possíveis saídas da crise. Assim, a *relação salarial*, categoria tipicamente regulacionista, incorporará à relação *capital-trabalho* conteúdos diametralmente distintos. Não apenas não a contém, como representa tão-somente um aspecto desta relação, privilegiando os momentos de harmonia em detrimento dos momentos de conflito.

Ao contrário, a relação capital-trabalho na perspectiva do operaísmo se funda na determinação específica do antagonismo de classe operário-capital, em última instância, nas subjetividades que constituem essa polarização. A constituição e a transformação cotidiana das relações de força entre capital e trabalho ultrapassam sempre qualquer aproximação econômica, cujo horizonte social vê-se histórica e terrivelmente reduzido a uma visão claramente formalista dos jogos institucionais, donde sua corporação fica restrita à análise das formas de organização sindical e à das contradições sociais que se expressam no nível das instituições.

No que nos diz respeito, as mudanças sociais mencionadas estimulam também as alterações da figura característica do operário. É a *composição de classe* que se vê alterada, em virtude não só das mudanças produzidas nas relações capitalistas de produção mas também de modificações que se alimentam da mesma *subjetividade* operária: a nova figura operária, o operário-social, é portadora da agressividade e da modalidade de luta características do operário anterior — fenômeno que, como veremos, reveste-se de particular significação e imprime uma característica singular à luta. O capitalismo, em seu desenvolvimento, vai reestruturando a classe trabalhadora, a qual reage se opondo; este é um processo que se acelera e se potencializa em tempos de crise. Com efeito, a particular reprodução do capital possibilita que determinado setor da classe trabalhadora — enquanto expressão das contradições do capital — se lance como o "sujeito social" daquela fase. Ao mesmo tempo, o processo de acumulação vai produzindo contradições e tensões sociopolíticas, determinando assim o "sujeito histórico" como expressão das contradições políticas da etapa. Desta maneira, vemos perfilar-se uma fração operária hegemônica, articuladora dos diversos estratos de trabalhadores, mediante um verdadeiro processo social que assume assim a condição de direção das lutas do conjunto da sociedade. Esta figura do sujeito histórico pode ou não coincidir com a do sujeito social. Quando se apresenta uma discordância entre essas figuras, as lutas passam a adquirir uma característica fragmentária, parcial e de profundo isolamento.

Contudo, cada regime de acumulação, com as tensões sociais que provoca, não é apenas provedor de um sujeito histórico singular, é também portador de uma forma particular de intervenção operária na sociedade, de uma modalidade de luta própria, enfim, de uma estruturação de alianças também particulares em uma dinâmica global que dá lugar à configuração do "*ciclo de luta operária*". Neste sentido, estamos também transitando por um período de mudança entre dois ciclos de lutas operárias, protagonizadas por sujeitos históricos diferentes: um é o *operário-massa*, produto do período de acumulação, com fortes traços de inspiração fordista das décadas de 1960 e 1970. O outro é o operário-social, produto da crise e da reestruturação capitalista de nossos dias, com uma tática de intervenção na sociedade que incorpora ao cenário social e político alguns traços do passado. Assim, podemos afirmar que o operário-social, figura produzida pela crise e pela reestruturação, é duplamente uma continuação do operário-massa: em primeiro lugar, por ser produto da reestruturação, produtiva capitalista; em segundo lugar, por ser promotor de lutas operárias com características semelhantes às do operário-massa.

COMPOSIÇÃO DE CLASSE E OS CICLOS DE LUTA

Trata-se de avançar na análise da dinâmica do capitalismo em termos da contradição entre capital e trabalho. Tal concepção significa aceitar que o elemento articulador e central da dinâmica capitalista está condensado na tensão sempre presente entre estrutura e luta. Implica compreender o capitalismo como choque permanente entre dois vetores opostos: a exploração do trabalho pelo capital e a resistência dos trabalhadores a essa exploração. Qual o significado deste posicionamento?

Em primeiro lugar, uma recusa a todo tipo de economicismo que empreenda o estudo da economia em termos de relações entre coisas, privilegiando assim a análise que valorize as *relações sociais*. A leitura economicista exerceu uma influência nefasta sobre amplos setores intelectuais que viram o desenvolvimento das forças produtivas como o pivô central da dinâmica social e abordaram o estudo das tecnologias como elemento neutro no desenvolvimento da humanidade. De certa maneira, tal concepção fica bastante próxima daquela outra idéia que vê o desenvolvimento do capitalismo em termos do cumprimento de leis inexoráveis que "são impostas por cima da vontade dos homens". Neste sentido, a autonomização e o reinado do *objetivo* — enquanto *leis objetivas* — contrapõem-se a uma leitura da dinâmica que privilegia a construção das *subjetividades*. Ressaltar o fenômeno objetivo e as leis como mecânica de funcionamento significa, na nossa análise, resgatar os termos da dominação, perceber em todo caso os mecanismos de dominação, pondo em relevo, neste momento, os termos e os aspectos que tocam à liberação, aqueles fenômenos ligados diretamente à construção do elemento subjetivo.

Em segundo lugar, cria as condições teóricas para uma leitura política da *Crítica da economia política*, de Marx, processo que significa indagar e resgatar, no fundo de cada categoria marxista, sua relação com a totalidade, entendida como a natureza antagônica presente na luta de classes. Significa considerar que não existe em Marx uma esfera política distinta de uma esfera econômica ou sociológica, e sim que todas as categorias devem ser abordadas como essencialmente políticas. Ao contrário, o marxismo tradicional sempre tentou separar os espaços econômicos dos políticos; aborda o espaço político em si mesmo, como um sujeito especial entre outros e particularmente distinto do campo econômico, e de alguma maneira oculto na chamada superestrutura política. Durante muitos anos o marxismo reduziu sua crítica da crítica da hegemonia capitalista e suas leis de funcionamento. É que a fascinação gerada pelo despotismo fabril capitalista aos olhos marxistas, com seus mecanismos de dominação cultural e a instrumentalização das lutas operárias, impediu de ver a atividade e a emergência do outro sujeito antagônico. Nesta perspectiva, as lutas operárias foram incorporadas de maneira subordinada e derivada das características que assumia o desenvolvimento do capitalismo. De maneira funcional a esta idéia, a dinâmica do capitalismo foi incorporada, quase invariavelmente, como resultado das disputas intercapitalistas, como fruto da competição entre capitais. Nesta visão, as políticas capitalistas ajustam sua forma de ação a situações condicionadas e movidas pelas chamadas leis de funcionamento da economia sem incorporar em tais decisões o movimento e a dinâmica de comportamentos da classe antagônica.

Há um conjunto de intelectuais e teóricos marxistas que, inicialmente ligados ao operaísmo italiano que se desenvolveu no outono quente italiano, expressou com bastante clareza estas concepções, tornando-se conhecidos em diversos países europeus e americanos. Referimo-nos a teóricos como Antonio Negri, Yann Moulier Boutang, Sergio Bologna, Jean Marie Vincent, Maurizio Lazzarato, Carlo Vercellone, Giuseppe Cocco, Paolo Virno, Michael Hardt e Harry Cleaver, entre outros. Muitos deles, inicialmente, aglutinaram-se ao redor de publicações italianas como *Potere Operaio* e *Primo Maggio*, posteriormente, reuniram-se na revista francesa *Futur Antérieur*, para finalmente congregar-se na versão atual da *Multitudes*, da revista italiana *Posse* e das brasileiras *Lugar Comum e Global/Brasil*.

O que o operaísmo ressalta em suas análises é a tensão cada vez maior entre a dialética do capital e a lógica antagônica da classe trabalhadora. Na ótica do operaísmo, a dialética é a maneira pela qual o capital busca capturar as lutas dos trabalhadores; quando a política do capital consegue integrar as lutas ao sistema capitalista, impondo-lhes um limite e portanto resolvendo a contradição, diz o operaísmo que ela lhe impôs a unidade contraditória da relação dialética. Se esta fase é alcançada, logo o capital conseguiu derrotar o outro sujeito da relação, a classe trabalhadora. Esse, ao contrário se movimenta a partir de uma lógica de separação antagônica com relação ao capital. É uma lógica que não é, por sua vez, dialética, na qual a classe não visa controlar o outro, não busca subsumi-lo, mas sim, em todo caso, destruí-lo para poder se libertar. Esta leitura implica reconhecer a existência de duas lógicas diferentes, antagônicas.

O desenvolvimento histórico da sociedade capitalista produziu um movimento operário que, enquanto sujeito separado e antagônico, construiu seu próprio poder e, nesta construção, acaba por colocar o sistema em crise e em uma situação de potencial destruição. Este aspecto é central na abordagem do conceito de crise que maneja o autonomismo marxista. A crise não pode ser considerada expressão de leis imanentes que conduzem o sistema ao estancamento e à paralisia do desenvolvimento. Deve, sim, ser apreendida a partir da ação operária que enfrenta o capital como sujeito antagônico. Neste sentido, a análise de Marx, segundo o autonomismo, se projeta a partir da dominação formal capitalista da produção através do dinheiro até a dominação direta da produção e da circulação como etapa intermediária, para alcançar finalmente o nível do mercado mundial. As modalidades de crise, vistas em termos de níveis e situações-limite de enfrentamento antagônico, se desenvolvem e se reproduzem paralelamente ao crescimento e à modificação que a própria classe trabalhadora experimenta: desde uma etapa na qual a força de trabalho — sob a forma do proletariado industrial — era dominada pelo capital, até um nível de desenvolvimento avançado em que o trabalhador social manifesta seu antagonismo político no âmbito da reprodução social. Neste sentido, o autonomismo nos diz que o desenvolvimento capitalista conduziu a uma sociedade em que o trabalho industrial — como trabalho imediato — se transforma em um elemento secundário na organização capitalista, quando o capital subsume a sociedade organizando-a à sua imagem e semelhança. Neste momento, o trabalho produtivo torna-se trabalho imaterial, cooperativo, intelectual. Na atualidade vivemos, segundo o autonomismo, em uma sociedade da hegemonia do trabalho intelectual, imaterial, científico, tecnológico, na qual os nexos estabelecidos entre a produção das mercadorias — inclusive com alto grau de informatização — e sua distribuição, ou seja, as relações sociais que são incorporadas à produção e à circulação, apresentam um viés marcadamente imaterial. Isto equivale a dizer que, na constituição da produção e da distribuição, o trabalho imediato é cada vez mais secundário e que a produção e a distribuição são efetivamente organizadas segundo a cooperação tecnológica e comunicativa.

Em um mundo onde coexistem dois sujeitos antagônicos, a única objetividade possível é o produto de seus conflitos; por isso a hegemonia como categoria política não faz parte do horizonte teórico operaísta. Assim como na física a resultante de duas forças é outra força cuja direção e sentido são distintos às das outras duas, no plano da dinâmica social o resultado imprevisível da confrontação constitui o verdadeiro determinante do movimento do capital. No desenvolvimento deste enfrentamento de subjetividades, o contínuo desenvolvimento da classe trabalhadora e o crescimento paralelo produzido no poder relativo do vetor de classe solapam e minam permanentemente o poder capitalista. Por este motivo a competição intercapitalista deve ser vista muito mais como uma disputa de tipo familiar do que como vetor substantivo do desenvolvimento capitalista. Na realidade, o poder capitalista substancial se reduz à sua habilidade para forçar os trabalhadores ao trabalho, para incorporá-los no mercado e poder assim extrair sobretrabalho, que será convertido em lucro. Nesta disputa com o trabalho, o capital nunca pode ganhar de uma vez e para sempre, já que isto implicaria a desaparição da classe operária.

Quando a mais-valia, sob a forma de dinheiro, se converte em benefício, em mais-valia socializada ao nível do capital social, metamorfoseia-se, neste momento, em um dos pólos do antagonismo social e, ao mesmo tempo, na medida do desenvolvimento antagônico do capital. Surge então a crise capitalista entendida como a contradição presente entre uma classe trabalhadora que se apresenta como trabalho necessário e o capital que adota a forma do sobretrabalho. A dinâmica fundamental deste antagonismo produz uma tendência à baixa da taxa de lucro, processo amplamente mistificado pelos marxistas e que constitui a forma pela qual as lutas bloqueiam o desenvolvimento capitalista. Com efeito, ao disputar uma porção maior do trabalho necessário, levam o capital a incrementar a composição orgânica como um modo de extrair mais-valia relativa. A pressão operária é que gera a resposta capitalista que busca renovar o capital fixo expandindo-o e tentando reorganizar o proccsso de trabalho. Este processo provoca, ao mesmo tempo, uma recomposição política da classe, gerando assim um novo ciclo de lutas.

Acabamos de descrever sucintamente o mecanismo de enfrentamento entre as classes. Trata-se agora de avançar em sua análise detalhada. O autonomismo diferenciou-se do restante das correntes teóricas marxistas pelo menos em três aspectos primordiais: sustentou a existência de uma liberdade potencial — ou autonomia — do movimento operário com relação ao poder de dominação do capital. Este ponto de partida, assumido pelo autonomismo como um articulador desta concepção, implicou o reconhecimento de uma potência cuja manifestação se renova e se recria permanentemente nas lutas operárias em sua disputa com o capital. Com base na idéia original de Mario Tronti sobre a necessidade de inverter a polaridade na análise da sociedade capitalista que vinha sendo desenvolvida até aquele momento, ou seja, começar pelas lutas da classe trabalhadora, o operaísmo resgatou a idéia de que, longe de ser um elemento passivo dos desígnios capitalistas, o trabalhador é, de fato, o agente ativo da produção, a fonte da inovação, cooperação e qualificação das quais o capital depende. Embora no ciclo de valorização o capital busque incorporar o trabalho como o objeto "força de trabalho", mesmo que esta inclusão se dê de maneira parcial, ela nunca chega a ser definitiva. Na realidade, o trabalho implica para o capital um problema permanente que deve ser controlado e dominado. Não é o capital que caracteriza os trabalhadores, mas é a sua luta que os constitui como classe. Esta afirmação deveria abrir diferenças significativas com relação ao marxismo oficial, já que, ao negar toda taxonomia que circunscrevesse os trabalhadores reais aos trabalhadores de colarinho azul, trabalhador de fábrica ou trabalhador qualificado, o autonomismo privilegiou uma leitura de classe operária como pólo de uma contenda, como sujeito que se constitui na luta, em sua predisposição para deixar de ser considerado classe trabalhadora, classe unidimensional. Para analisar a luta, o autonomismo lançara mão da categoria *composição de classe*.

O autonomismo enfatizou de modo particular o espaço destas lutas, que se estendem para além da fábrica, para incorporar o espaço social em seu conjunto. Neste sentido, não apenas incorpora as lutas dos trabalhadores ligados à esfera reprodutiva — referimo-nos à circulação, ao transporte ferroviário etc. —, como também as lutas dos desempregados não-assalariados, donas-de-casa, estudantes etc. Embora cada uma dessas lutas tenha uma dinâmica e siga um curso particular, o conjunto delas se organiza e se subordina à relação salarial. Cada sujeito particular define sua organização e seus níveis de autonomia com relação à dominação do capital. A análise autonomista não supõe a centralização das lutas através de algum partido ou organização política particular que hierarquize o movimento e o subordine. Resgata, ao contrário, o entrelaçamento das lutas como produto do que denomina "a circulação das lutas".

Por outro lado, o autonomismo rechaçou, de maneira categórica, tanto o autoritário socialismo real, que perdurou até finais da década de 1980, quanto o reformismo social-democrata, propondo em seu lugar a construção de uma alternativa social contra o capital e seu estado. Contrapôs, nesta perspectiva, às fórmulas ortodoxas a expressão de "Marx, para além de Marx", resgatando, neste sentido, a idéia de um *ciclo de lutas*.

A *composição de classe* constitui, na realidade, o ponto decisivo da inversão das categorias de classe já mencionadas. Enquanto Marx enfatizava as mudanças na composição orgânica do capital, derivadas das modificações e inovações tecnológicas — a maneira pela qual o capital fortalece seu poder na produção —, os autonomistas invertem a análise, buscando determinar, através da categoria *composição de classe*, o fortalecimento do poder do trabalho vivo para disputar e retirar definitivamente do capital sua dominação sobre o trabalho. Embora ambas as categorias estejam referenciadas na organização do processo de produção, enquanto a categoria marxiana tem como alicerce a dominação do capital fixo sobre o capital variável, o autonomismo busca incorporar um panorama desagregado da estrutura do poder de classe dentro da produção, correspondente a uma divisão particular do trabalho associada a uma também particular relação entre o capital fixo e o capital variável. A categoria *composição de classe* incorpora não apenas as lutas dos trabalhadores, seu desenvolvimento e crescimento, seus níveis de isolamento e/ou de articulação com as lutas do restante dos trabalhadores, mas também sua capacidade e potencial para subverter o poder do capital. Leva em conta, assim, a dimensão das necessidades e dos desejos dos trabalhadores, que se expressam na organização política, cultural e social alcançada para este momento. Em suma, o que Negri denomina o *sujeito dinâmico*, aquela força antagônica que busca construir sua própria identidade independente.

Por fim, a utilização desta categoria não significa negligenciar a debatida lei da tendência decrescente do lucro. Ao contrário, tal análise estimula sua incorporação como frente de combate permanente entre capital e trabalho. Na ótica do autonomismo, a incorporação do capital fixo no processo de produção não deve ser vista como produto da concorrência capitalista, mas essencialmente como resultado da necessidade do capital de controlar, através da automação, as ameaças trazidas pelos conflitos de classe. Da mesma maneira, a habilidade do capital para evitar ser asfixiado pela inovação tecnológica dependerá do quanto vai poder mobilizar e se apropriar das contratendências previstas. Em cada caso, o elemento crítico em toda composição orgânica de capital é a composição de classe do trabalho que enfrenta, o grau de resistência ou de complacência que o capital encontra para impor sua disciplina laboral e exercer o comando. Esta tendência à queda da taxa de lucro, mistificada por muito tempo pelos marxistas, deve ser vista como a forma em que as lutas operárias bloqueiam o desenvolvimento capitalista. Com efeito, na medida em que as lutas operárias disputam uma porção maior do trabalho necessário, elas forçam o capital a incrementar sua composição orgânica como forma de extrair uma mais-valia relativa também maior. É a pressão operária que provoca a queda da taxa de lucro e, por conseguinte, a resposta capitalista para renovar o capital fixo e buscar reorganizar o processo de trabalho. Ao mesmo tempo, gera-se uma recomposição política da classe que impulsiona, por sua vez, um novo ciclo de lutas. O processo de robotização e substituição do capital variável por capital morto provoca uma ameaça social que se amplifica, à medida que existe uma dificuldade cada vez maior para colocar gente para trabalhar e controlar socialmente esta força de trabalho.

Quando os assalariados, no seu processo de questionar o controle e o domínio do capital, se mobilizam e alcançam um certo grau de unidade, ou seja, algum grau de composição de classe, o capital responde mediante inovações tecnológicas, organizacionais e políticas, desenhadas para decompor estes movimentos, seja por cooptação, seja por eliminação. Como o capitalismo é essencialmente um sistema de dominação de uma classe por outra, o capital, enquanto dependente do trabalho assalariado, não pode, pura e simplesmente, eliminar o sujeito antagonista, ele precisa constantemente recriar um novo proletariado, cujo desenvolvimento e movimento virão a ameaçar, por sua vez, a dinâmica capitalista, mediante processos de ataque e resistência parciais e conjunturais, no marco do surgimento de novos modos de resistência. Desta maneira, a *composição de classe* como tal encontra-se em permanente mudança, na medida em que, diante da resistência operária, o capital tenta *decompor* a composição de classe mediante a chamada *reestruturação* capitalista, ou seja, aquelas mudanças organizacionais na produção resultantes das inovações tecnológicas que eliminam, desqualificam e debilitam os núcleos de trabalhadores mais dinâmicos. Por sua vez, cada reestruturação capitalista, como não pode acabar definitivamente com o sujeito antagonista assalariado, provoca uma nova *recomposição* de classe que incorpora novas camadas e estratos de trabalhadores, com renovadas capacidades de resistência e contra-iniciativas. Desta maneira, é gestado um processo de *composição*, *decomposição* e *recomposição* como momentos do *ciclo de lutas*.

O conceito *ciclo de lutas* é importante porque permite distinguir, entre um ciclo e outro, as qualidades das diferentes lideranças que são exercidas por distintos setores de trabalhadores no processo de luta, as estratégias particulares assumidas, enfim, a organização particular alcançada. A classe operária, neste sentido, não se constitui de uma vez e para sempre, mas encontra-se em uma permanente constituição, mediada por um processo de transformação constante de sua cultura, de seus costumes e capacidades estratégicas e táticas. É um processo matizado pelo enfrentamento permanente entre o capital e o trabalho, considerado um processo de uma espiral dentro de outra, desenhando um implacável duplo helicoidal.

Neste processo de disputa constante, os trabalhadores assalariados e não-assalariados não podem ser percebidos como meras vítimas passivas do processo de mudança tecnológica, mas sim como agentes ativos em enfrentamento constante com o capital. Este enfrentamento, esta resposta ao capital, pode adotar diversas formas: uma delas é o que os autonomistas denominaram por recusa ao trabalho, sabotagem, operação tartaruga, interrupção da linha de produção, possível apenas nos casos de produção em série. A outra é a reapropriação, em que o próprio poder inventivo do trabalho é usado para recuperar, refuncionalizar e/ou desviar a maquinaria capitalista, separando-a do gerenciamento da produção e colocando-a a serviço de propósitos subversivos.

Raniero Panzeri (s/d b), já desde os começos do movimento autonomista, havia advertido que as mudanças tecnológicas não poderiam ser vistas como elementos progressistas. Com efeito, Panzeri havia rompido com aquela leitura que via no desenvolvimento técnico-científico uma proposta progressista em si mesma. Na realidade, a revolução científica e técnica constitui um campo de disputa permanente e de luta permanente contra o movimento operário.

Negri enfatiza em seus trabalhos iniciais a primeira resposta, reservando a trabalhos posteriores a segunda alternativa de resposta; de qualquer maneira, cada tipo de enfrentamento pode ser utilizado em ciclos de lutas distintos e em conjunturas diferentes. Colocando em uma perspectiva histórica, é possível falar de três ciclos de lutas neste século:

1. Um primeiro ciclo diz respeito à era do *operário profissional*, que transcorre de meados do século XIX até a Primeira Guerra Mundial, quando os trabalhadores altamente especializados e vinculados a algum ofício usaram toda a sua bagagem de conhecimentos no processo de trabalho para fazer frente à autoridade do capital na fábrica nos primeiros anos do século XX. O operário especializado constituiu o sujeito político das lutas, no momento mesmo de buscar alcançar o controle da produção e de preservar a dignidade do valor do trabalho. Este setor particular de classe haveria de prover os quadros políticos mais importantes para os movimentos revolucionários da época, constituindo assim o sujeito político desta etapa. A atividade do capital fora da fábrica era ainda escassa, ao passo que a intervenção do Estado na sociedade encontrava-se ora ligada ao expansionismo imperialista, ora a uma administração do mercado livre. Trata-se igualmente de um período de fortes flutuações cíclicas na economia e com grandes dificuldades de coordenação entre a produção e o consumo. Quando, ainda em 1917, esta particular composição de classe converteu-se em ameaça real, o capital tratou de providenciar um processo de reestruturação bastante profundo.

2. Um segundo ciclo de lutas que teve como referência o operário-massa iniciou-se posteriormente à Revolução de Outubro. Com efeito, o processo de reestruturação capitalista impôs uma divisão taylorista do processo de trabalho em tempos e movimentos, acompanhada de um processo de desqualificação da força de trabalho e do gerenciamento da linha de produção fordista; enquanto isto, surgiam simultaneamente o

welfare state e as políticas keynesianas. Tratava-se de decompor o poder de controle do operário profissional, destruindo sua base técnica profissional. A organização científica do trabalho cumpria este objetivo. Essa reestruturação capitalista daria origem a uma nova figura operária, o operário-massa, nascido a partir da concentração de operários semi-especializados na linha de montagem e na produção em série, assim como nas fábricas de processo contínuo. A desqualificação do operário foi combinada mecanicamente com a linha de montagem. Esse processo foi acompanhado por uma substancial participação do Estado no gerenciamento social da força de trabalho e da moeda, assim como nas áreas de bem-estar social e educação, que permitiram acoplar a produção em massa ao consumo de massa. Buscava-se, desta maneira, atenuar as flutuações cíclicas características do período anterior. O nexo construído entre salário e produtividade serviu para impulsionar ao mesmo tempo a inovação tecnológica e neutralizar a resistência operária. Eram os tempos da institucionalização das relações industriais e do surgimento e consolidação dos planos e gerenciamento sociais. Como resultado das pressões operárias, o salário de fábrica seria complementado pelo *salário social*, originado dos pagamentos de diversos benefícios sociais, de responsabilidade do Estado keynesiano: coberturas para a saúde, educação, pensões, aposentadorias e assistência social fazem parte deste pacote global. Esse conjunto de medidas estatais contribuiu para sustentar um novo regime de acumulação como forma de prevenir e conter as lutas sociais e integrar o grosso dos trabalhadores no circuito de consumo do capital. O processo de integração do consumo operário ao circuito de acumulação induziu a forte valorização da vida e do trabalho doméstico. O rádio e a televisão cumpriram uma tarefa importante ao incutir na vida doméstica normas de consumo e preferências de mercado. Certo é que até o final da Segunda Guerra Mundial nada permitia prever o questionamento do regime de acumulação que tinha sido alcançado. As minorias étnicas e os intensos processos migratórios ajudavam a configurar um importante exército industrial de reserva, que era funcional para trabalhadores além das fronteiras fabris. Simultaneamente, o sistema de educação de massas garantia a preparação dos futuros quadros técnicoburocráticos demandados para garantir a sustentação do Estado providência. Na verdade, o autonomismo viu no operário-massa uma figura de transição para outra figura que ainda não se delineava com muita nitidez, na época.

3. Porém, nos meados dos anos 1960 e 1970, a revolta do operário-massa acabou com o disciplinamento presente na linha de produção. À revolta operária respondeu-se com maior disciplina interna e intensificação do trabalho na linha. Embora o operário-massa não dispusesse da capacidade própria do operário de ofício para controlar a produção, ele tinha ainda assim possibilidades de detê-la. Foi o momento do surgimento da recusa ao trabalho, das sabotagens e operações tartaruga que paralisavam as linhas de produção. Uma onda de greves selvagens se abateu na Europa e nos Estados Unidos, afetando significativamente as plantas automobilísticas, tornando o controle capitalista praticamente imanejável, desde Detroit até Turim, passando por Dagenham. Este processo de luta iria convergir com aquele derivado dos tensionamentos provocados pelo Estado benfeitor: a luta dos estudantes e das donas-de-casa, a irrupção da mulher no mercado de trabalho, as insurreições das minorias dos guetos, um processo de conjunto que provocou o desencadeamento de uma crise global na sociedade. Os estudantes rechaçavam a integração social que os preparava para justamente serem integrados às linhas de montagem; as comunidades de imigrantes e os guetos negros rebelavam-se contra os baixos salários e as tarefas perigosas e insalubres. As mulheres haviam abandonado o trabalho doméstico, integrando-se ao mercado de trabalho capitalista, demandando salários semelhantes aos que eram pagos a seus maridos. Eram os primeiros tempos do movimento feminista, que posteriormente iria se consolidar. Embora o conjunto de lutas aparecesse na maioria das vezes de maneira dispersa, tais lutas não podem ser interpretadas como negação das lutas dos operários, mas em todo caso como uma enorme proliferação e diversificação das demandas sociais criadas pelas revoltas anteriores dos setores fabris. Este processo resultou em uma importante circulação das lutas que, come-

çando nos mais diversos lugares, ameaçaram definitivamente o conjunto do equilíbrio social alcançado pela fábrica social.

Este processo de recomposição operária desencadeou a resposta capitalista dos anos 1980 e 1990 que, adotando a modalidade de um verdadeiro contra-ataque, buscava recuperar o controle e o domínio no interior da fábrica, através da *reestruturação capitalista*. O *Estado providência* foi substituído pelo *Estado crise*, as garantias keynesianas foram desmanteladas em favor da disciplina e restrições das despesas públicas; e as políticas monetaristas foram recriadas para fazer baixar os salários e gerar desemprego. Neste processo, que em alguns âmbitos acadêmicos costuma ser qualificado como de transição do *fordismo* ao *pós-fordismo*, a alta tecnologia desempenharia um papel central, materializado na modalidade de *comando cibernético*, que promoveu a desestruturação do movimento operário. Nesse sentido, os investimentos massivos em microeletrônica e biotecnologias, muitas vezes vistas como a ponta de lança de uma revolução técnica e científica emancipatória, devem ser vistos muito mais como parte da ofensiva capitalista ante o poder do trabalho. Se a automação dizimou a base fabril do operário-massa, as telecomunicações permitiram às grandes empresas globalizarem sua busca de mão-de-obra e obter regulações mais frouxas. Se o cronômetro e a linha de produção foram as armas de ataque do capital contra o operário especializado, o robô e a rede computadorizada desempenharam o mesmo papel no caso do operário-massa. No chão de fábrica, os sistemas de controle de fluxos computadorizados, as Células de Produção Flexíveis (*Flexible Manufacturing Cells* — FMC), os Sistemas de Produção Flexíveis (*Flexible Manufacturing Systems* — FMS), os Planejamentos de Processo Guiados por Computador (*Computer Aided Process Planning* — CAPP) e o *Just in Time* (JIT) permitiram romper a cadeia de solidariedade da linha de produção, mediante a criação de equipes de trabalho que passaram a competir entre si, alimentadas por sua vez por cadeias de robôs que reduziam a força de trabalho utilizada, aproximando-se em alguns casos a cenários típicos de uma fábrica automatizada. Enquanto isso, as tecnologias da informação monitoravam e regulavam a vida cidadã, desmontavam-se os benefícios do Estado de Bem-estar Social e se impulsionava a austeridade imposta pelo Estado Crise. Ao lado das políticas de privatização, da legislação repressiva e da desregulação, a robótica e a fibra ótica aniquilaram o poder de negociação dos sindicatos, desagregando os movimentos sociais, ao passo que condenavam ao fracasso as políticas social-democratas. Muitos viram neste processo a vitória definitiva do capitalismo, simbolizada pela queda do muro de Berlim em dezembro de 1989. Os dispositivos de microeletrônica e de comunicação inicialmente projetados para desempenhar funções militares contra o inimigo externo na década de 1950 foram *endocolonizados*, para usar uma expressão de Paul Virilio (1980), com o objetivo de derrotar o inimigo interno fabril. A rede eletrônica originalmente desenvolvida para a guerra nuclear receberá seu batismo civil na administração Nixon, quando se resolve monitorar o congelamento dos salários e os piquetes de grevistas desencadeados pelo conflito de caminhoneiros nos Estados Unidos. Estávamos diante do momento de transição do *welfare state* ao *warfare state*. Os efeitos sobre a composição de classes são devastadores, à medida que proporcionam ao capital um enorme poder de fogo. A força dos operários das montadoras de automóveis italianas se vê debilitada quase até a extinção logo depois da introdução dos sistemas de automação total de Robogate e Digitron; os mineiros britânicos vêem-se ameaçados também definitivamente pelo robô de minas Minos; os altamente especializados trabalhadores gráficos britânicos perdem seu peso sindical quando se colocam em uso as impressoras computadorizadas. Ao mesmo tempo, produz-se um importante retrocesso e desmantelamento dos principais movimentos surgidos nos anos 1960. A autonomia operária italiana é dizimada, os Panteras Negras, banidos e as minorias étnicas, encurraladas. A desesperança e a sensação de um triunfo definitivo do capitalismo vagueiam por todas as geografias.

O autonomismo, em particular Negri, diante desta situação, apontará, ao contrário, a aparição de um novo tipo de operário, um trabalhador pós-fordista que, sob distintas denominações, como "operário social", "trabalhador socializado", "intelectual de massas" ou "trabalhador imaterial", se constitui como produto direto da interação contínua entre a atividade técnico-científica e o trabalho *duro* da produção de mercadorias. Trata-se da potência emergente de uma nova classe trabalhadora, que agora se estende ao conjunto da produção e da reprodução capitalista, concepção adequada ao alargamento e às novas dimensões alcançadas então pelo controle capitalista sobre a sociedade e sobre o trabalho social. O operário social converte-se no agente de um processo produtivo que se tornou co-extensivo à própria sociedade. Se na era do operário profissional o capital se concentrava na fábrica, e na era do operário-massa a fábrica se tornara o próprio eixo articulador da sociedade, na era do trabalhador social a fábrica, com a ajuda da tecnologia da informação, se disseminará na sociedade, desterritorializando, dispersando e descentralizando as operações para constituir o que o autonomismo denominou "a fábrica difusa".

Com efeito, o operaísmo italiano observou um conjunto de transformações que foram alcançadas a partir da organização tecnológica e produtiva das metrópoles industriais italianas, cujas características provocaram: 1) a descentralização da fábrica, que se estendeu pelo conjunto do território (conjunção de um núcleo central, uma sede de comando, um cérebro dirigente e uma multiplicidade dispersa de unidades subordinadas); 2) o salto tecnológico (informatização, robotização...); 3) e, por último, a modificação da composição técnica, com a introdução de novas formas de cooperação produtiva (um amálgama de trabalhadores estáveis, eventuais, trabalhadores clandestinos, utilização massiva do trabalho autônomo, trabalho ao domicílio etc.). Tais transformações inscrevem-se no marco da reestruturação capitalista dos anos 1970, da qual um dos objetivos consistiria na desarticulação da força estrutural do operário-massa (trabalhador da linha de produção) e do contrapoder paradigmático do ciclo de lutas precedente (no caso italiano, as lutas do operário-massa da Fiat nos anos 1968-1973, em Milão e Porto Marghera). O trabalho abandona a fábrica para encontrar na sociedade um lugar adequado às novas funções de atividade produtiva concentrada e sua transformação em valor. A difusão deste tipo de trabalho desenvolve-se através da flexibilização, da terceirização e da socialização do trabalho. Na medida em que os grandes centros de produção se automatizam, as empresas se organizam segundo modelos flexíveis baseados em um pequeno núcleo de empregados permanentes e uma periferia flutuante de trabalho contingente, precário, temporário e dependente de operações de subcontratação. É o trabalho clandestino, informal e externo. O trabalho assalariado desconcentra-se temporal e espacialmente na sociedade, entrelaçando-se com tempos de trabalho não-remunerado em novos e irregulares ritmos. Simultaneamente, enquanto o capital reduz sua força de trabalho industrial, ele vai buscar novas áreas de investimento no setor de serviços. Este processo levará à entrada massiva da mulher no mercado de trabalho, reconvertendo o trabalho feminino doméstico em novos serviços de *fast food*, cuidados de saúde, cuidado das crianças, trabalho a domicílio; provocará ainda uma extraordinária diversificação da indústria cultural, onde o conhecimento, a estética e a comunicação tornam-se materiais incorporados pelas mídias: a música, o entretenimento, a propaganda, o marketing, a indústria da moda. Esta expansão do trabalho assalariado vai provocar um salto qualitativo na ordem de grandeza da mercantilização da vida humana. No entanto, o aspecto mais significativo associado a esta socialização do trabalho estará referido à forma difusa que adotará daí em diante a divisão entre tempo de trabalho e tempo de vida.

As diversas atividades a que se dedicam as pessoas, não apenas como trabalhadores, mas também como estudantes, consumidores, compradores, telespectadores, estarão diretamente integradas ao processo de produção. Se na era do operário-massa o consumo das mercadorias e a reprodução do trabalho estavam organizados como esferas adjuntas da produção, ainda que diferentes, na era do operário social tais fronteiras se diluem. Na área educacional, a escolaridade é explicitamente incorporada como treinamento laboral; a aprendizagem como capacitação a longo prazo para as mudanças tecnológicas; e as universidades caracterizam-se como corporações onde se faz pesquisa. Na área do consumo, a integração da propaganda com a pesquisa de mercado, os diversos pontos de venda, bem como o controle *just in time* dos estoques levam o monitoramento do consumidor — da mesma maneira que o trabalhador direto-integral — ao ciclo de produção. O trabalho, a escola e as tarefas domésticas são integrados, formando uma só constelação.

O mundo do operário social transforma-se num mundo onde o capital impregna todas as formas de vida. A socialização do indivíduo exige que ele seja um indivíduo produtivo, ao mesmo tempo que sua validação como sujeito significa estar sujeito ao valor, não só enquanto empregado, mas também enquanto pai ou mãe, consumidor, estudante, trabalhador flexibilizado ou como audiência em uma rede de comunicação. A demarcação entre produção, circulação e reprodução do capital se dilui em uma rede de vários mecanismos diferenciados, apesar de convergentes. Nestas condições, quando a localização espacial da exploração deixa de ser a fábrica e se converte em uma rede; ou quando o tempo de trabalho deixa de ser a clássica jornada de oito horas para estender-se a todo o espectro da vida, neste momento Negri vai falar não mais de um trabalhador, mas de um operador e/ou agente. Trata-se de um trabalhador de tipo novo, caracterizado pelo seu compromisso com a produção informatizada e computadorizada; por sua relação e imersão em redes comunicacionais; pela sua presença nos mais diversos postos de trabalho espalhados na sociedade; e pela forte e cada vez mais próxima recomposição e combinação dos tempos de trabalho e tempos de vida. É um trabalhador que, diante da tecnologia com a qual se depara, adota uma resistência diferente à assumida pelo operário-massa do ciclo anterior. Com efeito, enquanto o operário-massa só podia parar a linha de produção, o trabalhador do fim do milênio está de tal maneira implicado num mundo de alta tecnologia que ele se diverte e sente até um certo prazer quando consegue se apropriar ainda mais da ecologia das máquinas para propósitos subversivos. Capacidade inclusive auto-evidente, se levarmos em conta o quanto é vital para o capitalismo contemporâneo o sistema das comunicações. Não se trata da emergência de uma inteligência seletiva própria de trabalhadores técnicos, mas de uma forma generalizada de força de trabalho que é exigida por um sistema imerso e banhado pela tecnociência.

Para Negri, as capacidades comunicativas e as competências tecnológicas que se manifestam na nova força de trabalho não se constituem como atributos exclusivos deste segmento; existem também de maneira virtual, na força de trabalho precária e desempregada. Não são, neste sentido, resultado de um treinamento particular ou de um trabalho ambiental específico, mas sim requisitos e premissas diariamente exigidos em um sistema tecnocientífico altamente integrado, permeado por máquinas e meios de comunicação. O capitalismo avançado expropria diretamente a cooperação do trabalho: para assegurar a cooperação, o capital deve apropriar-se da capacidade comunicativa da força de trabalho, permitindo que flua pelos canais administrativos e tecnológicos estipulados. Esta *composição de classe* particular emergiu na França com as revoltas estudantis de 1986 e as mobilizações conjuntas de estudantes, imigrantes e trabalhadores contra a proposta de redução do salário mínimo para os novos ingressantes do mercado de trabalho, em 1994. A referência é também a grande greve de vinte e um dias dos ferroviários franceses, diante dos planos neoliberais de Alain Juppe, em 1996. Temos que reconhecer que as posições de Negri sofreram, neste aspecto, inúmeras críticas, tanto pelo apego sobredeterminado à nova figura de operário social, quanto pela dificuldade que manifesta em dar conta da divisão de interesses e a segmentação entre os assalariados, assim como pela ênfase particular nas novas lutas, a expensas do velho movimento de classe. Inclusive a sugestão lançada por Negri sobre o começo de um novo ciclo de lutas, em que a alta tecnologia aparece não apenas como um instrumento de dominação capitalista, mas também como um recurso de contrapoder nas mãos do novo sujeito produtivo. Assim, o próprio Lipietz classificou as idéias de Negri neste sentido como um "mergulho voluntário no futuro" (Lipietz, 1983, p. 141). Mas não se trata apenas de críticas provenientes de escolas teóricas diferentes. Companheiros teóricos de Negri formularam críticas importantes, tomando distância das posições deste último com relação ao novo sujeito social. A persistente adesão do revolucionário italiano às evidências do despertar de um novo ciclo de lutas gerou, quase que simetricamente, uma desconfiança particular sobre o verdadeiro poder alcançado por um movimento que já na época assumia de maneira evidente sinais de indubitável segmentação, fragmentação e hierarquização. As críticas, neste sentido, são compreensíveis: quase razoáveis, na medida em que foram geradas pelas dificuldades e vazios que se produzem quando se tenta dar forma a uma periodização da luta de classes. Com efeito, muitas vezes, quando se está em busca de eixos articuladores das lutas, termina-se deixando de lado as intenções e as tendências do capital de impor aos sistemas de produção classes e modalidades de trabalho bastante diferentes.

George Caffentzis (1992) observou, neste sentido, como a decomposição do operário-massa pelo capital durante a segunda metade da década de 1970 foi acompanhada simultaneamente pela redistribuição do trabalho em duas direções: por um lado, o crescimento de setores organizados ao redor de uma alta tecnologia, da energia/informação, como o setor petroleiro, elétrico, as usinas nucleares e a microeletrônica, que promoveram um tipo de trabalhador assalariado de perfil bastante particular. Por outro, o desenvolvimento do setor de serviços assentado em uma tecnologia pobre, fundado com o ingresso massivo da mulher no mercado de trabalho que desenvolveu uma composição de classe particular, de características qualitativamente diferentes das dos trabalhadores qualificados do setor *high tech*. De qualquer maneira, tanto um quanto outro setor comportam-se de maneira funcionalmente complementar à dinâmica do capital, ainda que sejam substancialmente diferentes no que diz respeito às condições laborais: o primeiro, provendo o campo substantivo de extração de sobrevalor para o aumento dos benefícios capitalistas; o segundo, dando sustentação a um emprego de massas necessário para estabilizar a relação salarial. Enquanto os trabalhadores do setor *high tech* são trabalhadores tecnologicamente qualificados, ocupando postos de trabalho relativamente seguros, os trabalhadores do setor de serviços exibem salários pobres, postos de trabalho desqualificados e trabalhos precarizados. Além disso, esses setores são igualmente atravessados por diferenças de raça, gênero e idade: os setores de alta tecnologia integrados por trabalhadores do sexo masculino e brancos; os de baixa tecnologia, por trabalhadores negros, jovens e, em sua maioria, mulheres. A velha divisão existente, que reservava ao setor de serviços uma tipologia de trabalho não-assalariado, viu-se modificada ao induzir a entrada plena do setor de serviços no espaço de trabalho assalariado, fenômeno que provocou, a partir da integração da mulher no mercado de trabalho, a transformação parcial do trabalho doméstico da mulher em campo de exploração direta.

Na perspectiva de Negri, uma tal polarização do mercado de trabalho parece, quando menos, minimizada na abordagem do novo sujeito, o operário social, que assinala uma composição de classe moderna muito mais homogênea, anulando assim as diferenças mencionadas. Neste sentido, a possibilidade de reapropriação tecnológica que Negri defende seria uma qualidade exclusiva dos trabalhadores ligados à alta tecnologia, prescindindo de grande parte dos novos trabalhadores de serviços. Deve-se mencionar igualmente a pouca relevância dada por Negri às lutas dos "velhos" trabalhadores: estamos nos referindo aos mineiros britânicos e canadenses, e os mesmos caminhoneiros norte-americanos. Todos estes fenômenos indicam que as divisões na força de trabalho pós-fordista são muito mais importantes do que o próprio Negri sugere. Com relação aos "novos sujeitos sociais" característicos dos países capitalistas menos desenvolvidos, pensamos no caso dos integrantes do Movimento dos Trabalhadores Sem Terra brasileiro, dos indígenas zapatistas mexicanos, dos indígenas equatorianos, dos piqueteros argentinos etc., todos estes movimentos foram integrados nas análises de seus últimos trabalhos (Negri e Hardt, 2004; Negri e Cocco, 2006).

Por outro lado, Negri confere uma importância particular ao papel da comunicação e da informação no desenvolvimento das lutas dos trabalhadores associados aos setores de alta tecnologia. A "fábrica sem muros", a fábrica informatizada, é concebida por Negri como um sistema cuja operatividade manifesta uma observância especial da "identidade cada vez maior entre processo produtivo e formas de comunicação" (Negri, 1988, p. 239). Em outras palavras, referimo-nos às novas realidades apresentadas pelo sistema fabril informatizado e pelo setor terciário avançado. Foram precisamente, segundo o autonomismo, os conflitos na era fordista que impulsionaram o capital a interconectar e relacionar os computadores, as telecomunicações e os meios através de uma extensa e efetiva rede, ainda para subordinar o conjunto da sociedade e quebrar a resistência dos trabalhadores. Enquanto a produtividade do operário-massa estava ligada à linha de montagem, lugar de onde as tarefas eram desenvolvidas, na era do operário social a produtividade vem associada a terminais de fibra ótica, como é o caso dos auxiliares de medicina que observam os eletrocardiogramas nos monitores, ou dos empregados bancários e do sistema financeiro que realizam as transações via internet ou através do telefone, assim como o programador e o técnico de vídeo. Em todos esses casos, a produtividade do trabalhador depende de uma elaborada e complexa rede de sistemas informáticos. Distante dos teóricos da sociedade da informação que vêem no armazenamento, no processamento, na transmissão e no controle dos dados o pivô moderno das relações sociais e econômicas, a expensas da transformação da matéria e da energia, ao contrário dos que acreditam na obsolescência de um marxismo assentado na contradição capital-trabalho, a análise de Negri da comunicação é definitivamente ancorada em Marx quando retoma o conceito marxista da *cooperação produtiva do trabalho*.

Com efeito, para Marx a tarefa central capitalista à época da "subsunção real do trabalho pelo capital" consiste precisamente na apropriação da cooperação coletiva e de todas as vantagens advindas da divisão do trabalho. A partir desta temática, Negri sugerirá que o advento da fábrica social vai estimular um tipo específico de constituição social: a da cooperação, ou da *cooperação intelectual-comunicação*, sem a qual a sociedade já não poderá ser concebida (Negri, 1989, p. 51). Para Negri, esta trama tecnológica não implica apenas uma potencial subjugação ou submissão do trabalho social. Da mesma maneira que o sistema de máquinas se tornou familiar para o operário-massa, o trabalhador social também "desfruta" de uma relação orgânica crescente com a tecnociência (ibidem, p. 93; 1992a, p. 86). À medida que o sistema cresce, ele se torna para o trabalhador social algo total, global, uma verdadeira *ecologia de máquinas*. Na perspectiva de Negri, a elaboração e as mudanças introduzidas por este tecno-hábitat são tão fortemente socializadas que já não podem ser manipuladas pelo capital. Enquanto na era do operário-massa as condições produtivas próprias da fábrica, e gerenciadas pelo capital, induziram a um forte rechaço à ciência por parte dos trabalhadores, na era do operário social esta situação é superada na medida em que o capital se vê obrigado a difundir e a transmitir o conhecimento tecnológico para a força de trabalho. É a natureza social crescente do aparato tecnológico que torna obsoleta a *sabotagem* — particular método de luta utilizado pelo operário-massa da década de 1970 —, ao passo que permite a este operário reapropriar-se do poder baseado na tecnociência. Neste sentido, Negri sustenta que, com relação à crescente informatização da produção, que quanto mais abstratos e imateriais se tornam os instrumentos de produção, maior é a implicação que adquirem nas lutas sociais, e mais vulneráveis se apresentam determinados setores. Basta pensar na potencial autonomia a que a cooperação social pode chegar e na autovalorização dos sujeitos proletários. É importante assinalar, de toda maneira, que para Negri não se trata da emergência de um setor de trabalhadores portadores de uma seleta inteligência tecnológica, mas sim da existência de uma força de trabalho generalizada que começa a ser requerida por um sistema que está, por sua vez, imerso na tecnociência. Há que se considerar, ao mesmo tempo, que as novas capacidades comunicativas e as competências tecnológicas manifestadas não são atributos exclusivos destes trabalhadores, mas que existem virtualmente no contingente da força de trabalho social (Lazzarato e Negri, 1991). Trata-se muito mais de premissas e requisitos pertencentes à esfera da vida que diariamente se desenvolve em um sistema científico altamente integrado e permeado por máquinas e redes do que o produto de determinado treinamento ou qualificação profissional. É neste ponto que Negri sugere a construção social específica da comunicação.

Mas, para poder assegurar esta cooperação, o capital terá que se apropriar da capacidade comunicativa da força de trabalho, promovendo sua fluidez pelos canais gerenciais e tecnológicos pertinentes. Segundo Negri (1989, p. 116), a apropriação da comunicação é a forma que adquire a expropriação no capitalismo avançado. Entretanto, para concretizar esta expropriação, o capital deve fazer o trabalhador socializado circular por uma densa rede de canais e dispositivos comunicativos. Negri chega a afirmar que a comunicação representa para o trabalhador socializado o que a relação salarial foi para o operário-massa. É óbvio que esta afirmação não implica afirmar que os programas de TV podem substituir o salário; em todo caso, Negri parece estar sugerindo que os recursos comunicacionais fazem parte do conjunto de bens e serviços que o capital deve oferecer aos trabalhadores para o seu desenvolvimento.

Da mesma maneira que no keynesianismo o capital institucionalizou o aumento salarial para convertê-lo no motor do crescimento econômico e da generalização do consumo de massas, na era pós-keynesiana o capital institucionaliza a estrutura informática como forma de se fortalecer, conectando a força de trabalho socializada, multiplicando os pontos de contato com as redes, facilitando e familiarizando o trabalho com um ambiente que serve de meio de realimentação para as instituições. Esta analogia, no entanto, vai mais além. No keynesianismo, as tentativas de domesticar as demandas salariais como parte do crescimento econômico capitalista fracassaram, o que derivou em um foco de luta permanente. Da mesma maneira, Negri vê no controle dos recursos comunicacionais um campo de tensionamento permanente. Apesar de por um lado o capital parecer aumentar ainda mais seu poder de controle, mediante a produção informatizada, ao mesmo tempo ele estimula aquelas forças e capacidades que buscam o tempo todo escapar a seu controle e empregar estas capacidades em espaços que se mostrem independentes do benefício capitalista. Desta maneira, enquanto a cada vez maior textura comunicacional das sociedades modernas revela e intensifica a natureza social cooperativa do trabalho, da mesma maneira se constitui em ponto friccional, questionando o comando e o controle do capital. O antagonismo pode ser apresentado esquematicamente como o conflito presente entre a comunicação e a informação, de maneira semelhante à oposição estabelecida entre trabalho vivo e trabalho morto. De acordo com esta perspectiva, a atividade comunicacional — que é atividade comunicativa em ato — é vista como fluxo, enquanto a informação permanece enclausurada dentro dos mecanismos inerciais do real, uma vez que a comunicação é expropriada de seus agentes (Negri, 1989, p. 115).

Podemos afirmar que, enquanto a informação é centralizada, vertical e hierárquica, a comunicação é distribuída, transversal e dialógica.

Negri conclui afirmando que as formas de domínio do capitalismo maduro e de expropriação da comunicação representam um nível muito elevado de comando. No nível da comunicação se deslocam então o contraste, a luta, a diferença. É assim que o capital tenta constituir previamente as determinações da vida através da comunicação.

Mas não se trata apenas de uma análise no âmbito da produção. A circulação é o tendão que organiza e enlaça não somente os momentos deslocalizados da produção, mas também todas as condições sociais para a reprodução. A circulação incorpora a socialização do capital, sua emergência como capital social. O autonomismo irá ressaltar de maneira particular as lutas dos trabalhadores como as que marcam a dinâmica de desenvolvimento capitalista. O capital, em seu afã de conquistar novos espaços de controle e comando, como meio de se emancipar do trabalho, dará lugar à criação da *fábrica social*. Em outras palavras, na medida em que o capital tem a tendência a controlar e comandar os mais diversos espaços sociais, transita por um cenário onde os avanços das relações capitalistas subsumem o conjunto da sociedade: a sociedade inteira passa a funcionar como momento da produção, à medida que a distribuição e o consumo tenham sido colocados sob a órbita do controle do capital. Esta leitura encontrou um grande impulso nos enfoques feministas que começaram a ver na reprodução da força de trabalho um lugar essencial para o capital social, embora ainda sem reconhecimento real. Tornava-se cada vez mais claro que a força de trabalho masculina não estaria em condições de comparecer diariamente à fábrica sem o acompanhamento de um conjunto de tarefas domésticas imprescindíveis. A tarefa vital da reprodução da força de trabalho — tradicionalmente feminina, não-assalariada e não-remunerada — tinha estado subordinada até aquele momento à tarefa masculina do sustento da casa e da família. Por isso o salário, intermediado pela autoridade patriarcal, era o que dirigia e escamoteava o tempo de trabalho não pago não somente no local de trabalho, mas também fora dele. Ao estender o conceito *composição de classe* ao conjunto das tarefas reprodutivas como as das trabalhadores donas-de-casa e os desempregados, o autonomismo deveria revolucionar o horizonte teórico e organizativo do marxismo.

Daí em diante, o bombardeio permanente das bases do capitalismo já não seria obra de uma única toupeira. Trata-se agora de uma tribo de toupeira. O autonomismo do marxismo operaísta reafirmava-se não só na alteridade do outro como trabalho diante do capital, mas ao mesmo tempo reconhecia uma variedade de trabalhos pertinentes.

Além disso, na circulação aparece o duplo caráter do salário. Por um lado, o intercâmbio entre força de trabalho e salário; por outro, o salário funcionando para satisfazer as necessidades dos trabalhadores, como poder da classe operária para satisfazer e impor suas necessidades. Fica claro que, no marco desta análise, a extensão desse poder só é determinada pela luta de classes. Assim, o autonomismo chega àquela leitura pouco usual porém não menos reconfortante de um capital que se esforça por conter o desenvolvimento autônomo do sujeito trabalhador, que se projeta nas necessidades a serem satisfeitas, ao mesmo tempo que se expressa em sua recusa da via capitalista do trabalho baseado no sobretrabalho. Se os anos 1960 e 1970 testemunharam a explosão de ambos os processos, os anos 1980 e 1990 ressaltam, ao contrário, uma renovada ofensiva capitalista para conter e abreviar esta explosão de necessidades e gerar um retrocesso mediante o ataque ao consumo, através do salário. Trata-se de um movimento helicoidal da composição de classe e reestruturação capitalista, uma envolvida pela outra, alargando seus respectivos campos de ação.

A análise atinge sua máxima expressão em escala mundial. No mercado capitalista mundializado, o imperialismo capitalista, fugindo dos obstáculos gerados nos âmbitos nacionais pela luta de classes, estende o antagonismo de classe por todo o planeta. É o momento do mercado mundial, da fábrica mundial e da internacionalização da classe operária. O capital responde reorganizando o processo de trabalho em escola internacional mediante a reestruturação ou a reindustrialização, buscando desarticular o movimento operário. Mas a crise se mantém porque o capital não alcança este objetivo. A luta dos trabalhadores encontra-se modelada por dois aspectos centrais de extrema importância:

a) O primeiro, a pura *recusa*, tese elaborada por Negri em seu livro *Domínio e sabotagem. Sobre o método marxista de transformação social* (Negri, 2004), em que a sabotagem operária é colocada como uma das armas favoritas para enfrentar os grandes sistemas de controle semi-automático introduzidos nas grandes fábricas automobilísticas italianas. Esta interpretação circunscreve, de alguma maneira, o autonomismo às posições neoludistas ou ludistas primitivas.
b) O segundo está relacionado à *capacidade criativa* operária, da qual depende o capital para sua incessante inovação tecnológica, que é colocada sob a forma de *reapropriação produtiva* do trabalhador.

CAPÍTULO 1 A escola francesa da regulação

A constituição da escola francesa da Regulação deve ser situada no marco da conjuntura socioeconômica aberta em 1973, a qual significou, para o conjunto dos países europeus, uma ruptura irreversível do modelo de crescimento dos assim chamados "trinta gloriosos". Nesse contexto, os encadeamentos da crise apareciam como completamente originais, se tivermos de dar-lhes um marco histórico. Em particular, a presença simultânea de inflação e desemprego deu lugar a um conjunto de fenômenos muito diferentes do modelo da grande crise de 1929 — esta, sim, marcada pela queda cumulativa e constante dos salários, dos preços e da demanda. Durante os anos 1970, as tentativas de relançamento do keynesianismo provocaram estagflação e restrições externas, além de se revelarem incapazes de reabsorver um desemprego cuja origem derivava não somente da demanda efetiva mas também da oferta, bem como dos desvios que se manifestavam entre salários crescentes e uma produtividade em baixa. Esta dinâmica fez entrar em crise a teoria keynesiana, quando não na sua versão reducionista, formalizada no esquema IS-LM[5], que buscava dotar os Estados de instrumentos de regulação contracíclicos que permitiram estabilizar a repartição adequada do valor agregado e alcançar o crescimento nas proximidades do pleno emprego.

Porém a impotência do keynesianismo abriria as portas às concepções neoclássicas que interpretavam o estancamento do desenvolvimento

[5]O modelo IS-LM (sigla em inglês que se refere à renda-poupança-trabalho-dinheiro) é uma representação matemática de inspiração neoclássica do paradigma keynesiano formulado por Hicks e Hansen, que visa estabelecer as condições de equilíbrio entre o mercado de dinheiro (LM), que depende da taxa de juros, e um mercado de bens (IS), referido à demanda agregada (renda) para evitar o desemprego e a inflação. O equilíbrio é encontrado mediante uma política fiscal apropriada (renda [Y]) e monetária (taxa de juros [i]), que determinam o gasto.

a partir de alterações exógenas, auto-reguladoras do mercado e exercidas substancialmente através de intervenções perturbadoras do Estado e de instituições como os sindicatos. De alguma maneira, os keynesianos e os neoclássicos reproduziam as controvérsias que, a partir da saída da crise dos anos 1930 pelo *laissez-faire* e pelo papel do salário, haviam culminado com a vitória das idéias de John Maynard Keynes (Coriat, 1994). Diante da crise do fordismo, as teses neoliberais assumiam sua verdadeira revanche histórica. Isto tanto no plano teórico quanto no das políticas econômicas. Após a segunda metade da década de 1970, assistimos ao ressurgimento das políticas neoliberais, coroadas pelo triunfo do reaganismo e do thatcherismo. Na França, em particular, esta conjuntura ganha corpo com a política do franco forte de Raymond Barre, distanciando-se desta maneira da filosofia de distribuição dos frutos do crescimento que havia inspirado a experiência de planificação francesa, modelo que a regulação logo tentará colocar novamente em prática.

Em face da ofensiva neoliberal, a teoria marxista tradicional mostrou-se incapaz de oferecer uma explicação dinâmica da passagem do crescimento à crise. No geral, permaneceu tributária de uma interpretação da crise como produto inevitável das contradições de acumulação do capital. Abordagem determinista, catastrofista e dogmática que, em termos políticos, se traduziu na incapacidade demonstrada pelos diversos partidos operários em responder ao avanço da crise e às dimensões antitayloristas que as lutas operárias haviam logrado alcançar. Tal foi a característica do *programa comum* do Partido Comunista Francês, que retomava a bandeira de um keynesianismo abandonado pela direita, propondo o relançamento de um modelo fordista em crise. Não cabe nenhuma dúvida de que o reformismo radical da escola regulacionista, neste contexto, continha instâncias progressistas com relação aos que haviam passado do impulso desenvolvimentista de uma esquerda que alcançara o poder e o protagonismo social, à adesão ao "realismo" das políticas neoliberais de *desinflação competitiva* (Coriat e Taddei, 1993).

Na realidade, estritamente falando, coexistem no interior da teoria da regulação uma infinidade de posições de diferentes autores que dizem pertencer à escola regulacionista: desde as posições de Alain Lipietz, hoje militante dos verdes franceses, passando por Robert Boyer, que adota leituras mais de tipo keynesiano e ligadas à tecnoburocracia do Partido Socialista Francês, até as posições de Gérard Destanne de Bernis, que faz uma leitura da regulação em termos de equilíbrio biológico, todos esses autores dão conta da amplitude das linhas de trabalho e de pesquisa. Partindo de uma matriz inicial que se encontrava no ponto de convergência de certas intuições comuns a Marx e a Keynes, a escola da regulação é atravessada hoje, portanto, por influências as mais diversas. De qualquer maneira, não trataremos das particularidades da teoria da regulação, e sim daqueles pontos comuns que emergiam e que seriam posteriormente desenvolvidos.

O grupo inicial dos regulacionistas foi constituído, na realidade, pela conjunção de um grupo "sessenta-e-oitista" ligado ao Ministério do Planejamento francês, no qual coexistiam reformistas impregnados pela renovação do marxismo crítico dos anos 1960 (Althusser e Bettelheim), imbuídos de uma forte visão crítica à "versão pobre do marxismo" representada pelo *programa comum* e por um conjunto de economistas pragmáticos de origem keynesiana que já haviam participado de experiências estatais de políticas econômicas em anos anteriores. Este encontro, no interior dos aparelhos de planificação do neomarxismo e da tradição keynesiana, estruturou, desde o começo, a maneira pela qual a escola regulacionista definiria sua abordagem da economia no campo das relações sociais e da intervenção do Estado. Sua representação da dinâmica econômica e social parte de um ponto de vista macrorracionalizador com relação a uma dinâmica estruturalmente instável do mercado, que faz do plano o instrumento privilegiado para a necessária coerência dos comportamentos e as antecipações dos diferentes agentes econômicos e sociais. Este ponto de vista macro conjuga-se a uma aproximação do Estado referenciada numa concepção neogramsciana, em que o pivô se estrutura ao redor da autonomia relativa do Estado: o poder político pode divergir do poder econômico conjugando, na ocasião, um papel central na concretização dos compromissos entre as diferentes classes e a reorientação dos códigos da economia e das relações sociais.

Desta maneira, a articulação operada entre a problemática das teorias da autonomia relativa e a da tradição econômica aplicada, própria da planificação, permite uma aproximação original do papel do Estado. Assim, com relação à tradição keynesiana, esta concepção contribui para formar uma idéia que relativiza tanto o poder quanto o caráter funcional das políticas econômicas de curto prazo. De modo inverso, permite ampliar o campo de análise da intervenção econômica do Estado, no momento em que enfatiza as estruturas e a codificação das relações sociais como origem das regularidades do processo de acumulação. Chegamos assim à noção central de *compromissos institucionais* que tem suas raízes na extensão, proposta por Nicos Poulantzas (1976, 1969), da reprodução das relações sociais aos encadeamentos econômicos.

Assim, embora o Estado não seja prisioneiro dos monopólios, seu grau de liberdade *relativa* permanece limitado frente a um vasto campo socioeconômico, estruturado de maneira autônoma pela dialética das relações sociais na "sociedade civil". É ela que segrega de maneira endógena os compromissos entre as classes e instituições — como as convenções coletivas — que desempenham um papel decisivo nos mecanismos de regulação da reprodução econômica e das relações sociais. O Estado, de acordo com esta concepção, permanece portanto como a instituição garantidora da permanência de todas as outras instituições, porque é ele que materializa um complexo conjunto de compromissos não apenas entre o próprio Estado e as classes dirigentes, mas também entre estas últimas e as classes dominadas (Coriat, 1994). Este lugar central do Estado emerge durante os períodos de crise quando "a miopia e a anarquia das estratégias dos diferentes grupos sociais são incapazes, a não ser por aproximações sucessivas e aleatórias, de restabelecer as compatibilidades necessárias para pôr em marcha um novo modo de desenvolvimento" (Boyer e Mistral, 1983, p. 274). Neste tipo de conjuntura, graças ao ponto de observação econômica e social, é que o Estado pode desempenhar eventualmente um papel político de agente impulsionador de novas formas de coerência econômicas e sociais. "Só o poder político pode e deve propor certos eixos estratégicos de recomposição dos compromissos institucionais entre grupos sociais e a restauração da coerência dinâmica entre transformação das condições de produção e a vida" (ibidem, p. 276). Estas passagens sintetizam de alguma maneira a aposta que a escola da regulação, desde seu nascimento, fazia nos aparatos do Estado, como lugares desde os quais se pode dar andamento à grande esperança coletiva, o que posteriormente se traduziria no triunfo socialista de 1981.

DA VARIABILIDADE NO TEMPO E NO ESPAÇO DAS LEIS ECONÔMICAS...

A teoria da regulação se constitui, na realidade, para fazer frente a um desafio particular: explicar a passagem do crescimento à crise, rechaçando o recurso a fatores exógenos para dar conta desta transformação.

Até aquele momento, a crise era explicada segundo duas linhas de interpretação particulares: a) a crise nascia de um choque externo que perturbava os mecanismos naturais do equilíbrio, podendo localizar-se tanto em uma crise monetária (dissolução do sistema de Bretton Woods) quanto no choque do petróleo, que provocou o encarecimento de um bem básico na economia; b) uma segunda linha de interpretação propunha-se interpretar a crise não por fatores externos, mas pela própria rigidez institucional construída no mercado, que impedia que os processos de ajuste se desenvolvessem até alcançar o equilíbrio.

Se quisermos avançar neste aspecto, teremos que partir do princípio de que para os neoclássicos existiam (e existem) três tipos de rigidez para explicar a crise: 1) a rigidez dos salários a baixar e doído desemprego, motivada pela presença dos sindicatos em um mercado de trabalho distorcido; 2) a administração dos preços das mercadorias que impedem a tendência à baixa e, portanto, gera inflação; 3) a existência de contratos coletivos, causa fundamental do desemprego, idéia recriada por Milton Friedman em 1976. Colocando de outra maneira, para os neoclássicos, as instituições sempre constituíram um elemento perturbador que impede o retorno ao equilíbrio, constituindo finalmente uma das origens da crise.

Para os keynesianos daquela época, a segunda metade dos anos 1970 constituiu tempos verdadeiramente difíceis: assistia-se ao fracasso das políticas de relançamento keynesiano tanto em países europeus quanto nos Estados Unidos.

Por sua vez, a ortodoxia marxista apresentava uma linha de explicação da crise incapaz de dar conta da qualidade e da complexidade dos fenômenos. A tese da tendência decrescente do lucro não foi capaz de responder às interrogações que começaram a ser colocadas por um conjunto de intelectuais franceses, muitos deles herdeiros do movimento de 1968, "filhos rebeldes do althusserianismo" (Lipietz, 1993a, p. 99). Finalmente, a tese hegemônica no marxismo oficial francês da época, sustentada por Paul Boccara, adotava uma interpretação da crise na perspectiva da sobre-acumulação e da desvalorização. Boccara enfatizava as formas da concorrência na centralização financeira e, sobretudo, na relação entre o Estado, a concentração industrial, os monopólios e a centralização financeira. Para todos os efeitos, mesmo esta concepção mostrou-se insuficiente para responder satisfatoriamente às principais interrogações.

Com efeito, tratava-se de dar conta de maneira endógena da passagem do crescimento à crise, uma passagem que levava, ao mesmo tempo, a outras interrogações: 1) como foi possível um crescimento sustentado durante quase 25 anos? Não se tratava apenas de explicar a crise. Tinha-se que dar conta também do crescimento dos trinta gloriosos; 2) apesar de a tendência decrescente da taxa de juros ter desempenhado um papel nada desprezível, e esta baixa já vir sendo observada desde 1960, por que a explosão da crise só foi se dar em 1974-1975?); 3) por que a crise dos anos 1970 assumia a forma de estagflação — ou seja, desemprego com inflação — se a crise dos anos 1930 havia se manifestado como uma depressão cumulativa acompanhada de queda generalizada dos preços? Por que, enquanto a solução da crise dos anos 1930 implicou fechamento dos mercados, protecionismo e redução drástica dos intercâmbios internacionais, a crise da década de 1970 assumia a forma de crescimento lento com a manutenção dos intercâmbios internacionais?

As teses do Partido Comunista Francês não só não atendiam a estas questões, como também diziam pouco, ou quase nada, sobre as relações de trabalho e exploração, que se entrelaçavam com o núcleo duro da explicação de maneira *externa*, sem conseguir desepenhar um papel central na explicação da crise.

Por sua vez, a escola althusseriana mostrava-se igualmente incapaz de dar conta da crise. Para além da importância que o althusserianismo outorgara às relações de produção em oposição às forças produtivas, abordagem que se aproximava do papel das instituições na regulação macroeconômica, também é certo que a busca das invariantes, no modo de produção capitalista, isolava-o para poder dar conta do movimento e da passagem do crescimento à crise, bem como de suas diferenças e especificidades. Mais ainda, a busca destas invariantes apresentava-se quase antinômica com relação à busca das mudanças, diferenças e formas particulares que a crise adotava. Mas não terminavam aí as limitações do estruturalismo francês. Sua maior debilidade, para os regulacionistas daquela época, residia naquela interpretação de sujeitos sociais como simples portadores (*tagger*) de estruturas, negligenciando o fato de que os sujeitos sociais estão sempre em conflito. E que se as estruturas existem é porque, de alguma maneira, foi alcançado algum tipo de acordo entre os sujeitos, na forma de um grande acordo ou compromisso. Os althusserianos haviam trabalhado fundamentalmente o período de crescimento do pós-guerra, donde tinha sido quase natural para eles fazer uma leitura de funcionamento do capitalismo de maneira rígida e fortemente centralizada pelo Estado, e não contraditória. Para os regulacionistas, o problema era compreender aquele paradigma societal que havia outorgado às estruturas uma tal forma rígida de funcionamento, durante o período de grande crescimento.

Para completar o espectro do marxismo francês, talvez devêssemos agregar o aporte realizado por teóricos que, como Suzanne de Brunhoff, trabalhavam de maneira solitária. Seus livros *Estado e capital* (1978a) e *A política monetária* (1978b) haviam aberto uma linha de análise da crise em termos dos mecanismos de pseudovalidação ou validação prévia dos trabalhos privados pelo mercado, uma linha de análise que seria posteriormente retomada por autores como Lipietz (1983) para analisar a inflação.

A regulação buscou teorizar sobre três grandes paradoxos:

1) Por que, em uma formação socioeconômica, se pode passar de um crescimento forte e regular a uma quase estagnação e à instabilidade dos encadeamentos conjunturais?
2) Tratando-se de uma mesma época histórica, como explicar que a crise e o crescimento assumam formas significativamente diferentes em cada país? Como explicar que os desequilíbrios se aprofundem em determinados países, enquanto em outros se afirma uma relativa prosperidade?
3) Como explicar, para além de certas invariantes gerais, que as crises revelem aspectos contrastantes no curso do tempo e que, por exemplo, sejam diferentes as crises do entreguerras da crise dos anos 1970? (Boyer, 1986).

De fato, estas três questões paradoxais poderiam ser bem resumidas em uma questão central: *como dar conta da variação no tempo e no espaço das dinâmicas econômicas e sociais?*, um processo que conduzia à interseção de duas disciplinas tradicionalmente distintas: a história e a economia. Por isso que numerosos trabalhos dos regulacionistas adquiriram uma dimensão de abordagens de longo prazo. Diante do desafio da história, a escola da regulação realiza, no corpo da economia política, uma formidável inversão metodológica que forja a marca principal de sua heterodoxia com a riqueza de sua contribuição. Tratava-se de alcançar não uma nova teoria que explicasse as leis universais que regem o desenvolvimento capitalista, e sim de uma aproximação que fosse capaz de dar conta de sua variabilidade no tempo e no espaço, assim como da dinâmica de sua transformação.

... AOS DIFERENTES MODOS DE DESENVOLVIMENTO

Neste processo, a escola da regulação buscou operacionalizar uma hierarquização entre os conceitos mais abstratos (modo de produção, assalariados etc.) e aquelas noções que podiam e deviam ser confrontadas nas evoluções observadas (a estabilidade ou não das regulações parciais, o caráter cíclico ou estrutural da crise etc.). Entre uma relação social em geral e a *forma particular* que ela passava a adotar ao longo do tempo.

Essas *categorias intermediárias* deveriam dar conta dos níveis de realidade e pertinência necessários para compreender e explicar tanto as formas adotadas pelo crescimento e a crise, quanto a passagem de um a outro. Tratava-se então de construir diferentes noções e/ou categorias que permitissem passar dos graus de abstração mais elevados para proposições suscetíveis de serem confrontadas, tanto com os materiais recolhidos no campo, quanto com as próprias vivências mais imediatas dos atores sociais. Para a escola da regulação era necessário analisar as relações mercantis de maneira endógena, deixando de lado o peso outorgado ao Estado, tanto no desencadeamento da crise quanto na saída dela. Este processo requeria também um segundo nível de análise que permitisse passar das relações sociais em geral a uma configuração específica a um país em uma fase histórica. Desta maneira, a escola da regulação se constitui na base da busca daquelas condições sob as quais certas regularidades se formam, assegurando uma regulação macroeconômica de um conjunto de forças essencialmente divergentes.

O trabalho inaugural da escola é, sem dúvida alguma, o livro de Michel Aglietta (1986), *Regulação e crises do capitalismo americano*, publicado pela primeira vez em 1976. É o próprio Aglietta que introduz o conceito das chamadas "formas estruturais", que são ao mesmo tempo econômicas e não-econômicas. Quando tais forças alcançam um certo nível de coerência, elas passam a assegurar as famosas regularidades da economia em seu conjunto, permitindo a convergência das forças sociais e econômicas e, por fim, o crescimento contínuo durante um período de tempo relativamente longo.

Estas "formas estruturais" adquirem, na teoria da regulação, o estatuto de verdadeiras categorias "intermediárias", à medida que são elas que vão garantir, para além das mudanças, as permanências e as especificidades; as relações entre invariantes, de um lado, e os feitos que sustentam o crescimento, de outro. Na construção dessas categorias, assim como na eleição das "relações sociais capitalistas fundamentais codificáveis", a regulação parte de uma releitura crítica das principais correntes de pensamento econômico. Em primeiro lugar, é herdeira do keynesianismo, mantendo-se fiel à heresia do princípio da demanda efetiva; realiza também uma leitura kaleckiana ao apoiar-se na acumulação de capital como princípio estruturante de sua concepção. E, no momento em que se torna quase imperativo contornar as limitações de uma elaboração essencialmente descritiva, surge a escola *institucionalista*, para retomar a problemática central do direito, as convenções, os contratos e as formas de organização como sustentáculos das regularidades econômicas e sociais, opostas àquelas do "equilíbrio geral". Finalmente, é também herdeira da teoria marxista da reprodução, através de uma aproximação com os estudos do tomo II de *O Capital* sobre os setores da produção (Bertrand, 1986), permitindo, pode-se dizer, uma aproximação seccional da acumulação. Este é um ponto de ruptura com o keynesianismo, que via o crescimento em termos abstratos e atemporais. A regulação, pelo contrário, irá estabelecer uma variedade e uma pluralidade de "regimes de acumulação" — primeira grande categoria intermediária — historicamente observáveis e caracterizáveis a partir de relações diferentes que se estabelecem entre o setor I e o setor II[6]. Esta é uma leitura que recoloca no centro da dinâmica as contradições da reprodução em relação ao duplo caráter da mercadoria como valor de uso e valor de troca. De modo complementar, e apoiando-se em outro conjunto de contradições, o regime de acumulação é definido em termos das condições através das quais são obtidos, divididos e difundidos

[6]Referimo-nos às concepções sustentadas pelo economista polonês Michael Kalecki, precursor e continuador das idéias keynesianas.

os "ganhos de produtividade". Esta maneira de definir o regime de acumulação põe no centro a contradição "capital-trabalho".

Cada uma destas definições do regime de acumulação requer uma complementaridade entre as formas estruturais essenciais e o lugar que ocupam na dinâmica de conjunto. Assim, Boyer (1986) vai definir cinco "formas institucionais" como o processo de codificação das relações sociais fundamentais no capitalismo:

1) a *moeda* e a *restrição monetária* como a relação mais abrangente;
2) a *relação salarial* essencial enquanto caracteriza um tipo particular de apropriação da mais-valia;
3) a *concorrência*, ao descrever as modalidades de relação entre os capitalistas;
4) modalidade de integração ao regime internacional;
5) formas de Estado.

No que diz respeito à moeda, a aproximação feita por Aglietta está longe de incorporar o tratamento que é dado por Marx em *O Capital*. Na realidade, Aglietta tenta resolver a questão através de uma definição de moeda congruente com as determinações institucionais específicas que necessita gerar para poder adequá-la a sua construção histórica. A realidade social, neste caso, é construída com base em sistemas formais de regras e leis. A aproximação da moeda feita por Aglietta se articula sobre o sistema monetário, até ultrapassar uma dimensão de "equivalente geral". Nesta dinâmica, termina-se abordando as contradições do dinheiro antes mesmo do que a constituição contraditória do mundo capitalista. A moeda, o dinheiro, é também poder e, portanto, uma relação de classe. Mas Aglietta aborda o problema a partir das funções que o dinheiro exerce no sistema capitalista, isto é, como objeto, não como expressão de uma relação social. Daí a compreensão do trabalho como substância do valor e do trabalhador como criador do valor — e, portanto, de mais-valia — ser vista como conseqüência de algo *exterior* ao papel contraditório do dinheiro em si mesmo.

Influenciado pelas concepções elaboradas por Carlo Benetti (1976) e Jean Cartelier (1976), Aglietta privilegia a categoria *forma do valor* como modo de existência do valor, pelo que não podia diferenciar a "relação monetária" — que é a relação através da qual surge o valor — do valor propriamente dito. Neste sentido, Aglietta termina concebendo a relação monetária como antecessora do desenvolvimento da sociedade mercantil. A relação monetária deixa de ser uma relação mercantil, e já não se pode derivar a moeda a partir da mercadoria, ao passo que é a própria relação monetária que constitui a relação fundacional. A moeda, desta maneira, adquire uma característica institucional, não mercantil, e acaba sendo abordada de acordo com as formas de relação dos centros de acumulação, dos assalariados e dos outros sujeitos mercantis. A restrição monetária adotará diferentes formas, dependendo do caráter materializado ou desmaterializado da moeda, do desenvolvimento alcançado por suas funções, da dominação de uma lógica privada ou pública, nacional ou internacional.

Por sua vez, a "relação salarial" incorpora as relações que se constituem entre diferentes tipos de organização do trabalho, modos de vida e modalidades de reprodução dos assalariados. Analiticamente, cinco componentes participam da configuração histórica da relação capital-trabalho: 1) o tipo de meio de produção; 2) a divisão social e técnica do trabalho; 3) a mobilização e apego dos assalariados, à empresa; 4) a conformação do salário — direto ou indireto; 5) os modos de vida dos assalariados, segundo estejam mais ou menos ligados ao consumo de mercadorias, à utilização dos serviços públicos por fora do mercado (Boyer, 1986).

A escola da regulação distingue historicamente três modalidades de relação salarial: a) uma relação salarial de tipo concorrencial, caracterizada por uma inserção frágil dos trabalhadores no mercado de consumo; b) a relação salarial *taylorista*, que acarreta uma significativa reorganização do trabalho mas sem mudanças equivalentes no modo de vida dos assalariados; c) finalmente, a relação salarial *fordista*, acompanhada por modificações simultâneas nas normas de produção e de consumo dos assalariados. De fato, os regulacionistas estabelecem uma correspondência entre a relação salarial e as modalidades de acumulação do capital, pelo menos nas economias capitalistas dominantes.

Por sua vez, a categoria "formas da concorrência" tenta dar conta da relação estabelecida entre diferentes centros de acumulação com decisões iniciais independentes umas das outras. A escola da regulação incorpora neste sentido duas modalidades de concorrência *competitiva* e *monopolista*, dependendo de ser a confrontação *ex-post* que define a validação dos trabalhos sociais ou se prevalecem determinadas regras *ex-ante* da socialização da produção. A ênfase nesta codificação não é propriamente colocada nos fenômenos de concentração e centralização de capital, mas sim na contribuição que tais mudanças realizam na passagem de um regime de acumulação para outro.

A quarta forma codificada — essencial para a análise das dinâmicas macroeconômicas — é configurada pelas modalidades de inserção internacional das economias nacionais. Neste aspecto, a teoria da regulação incorpora diversos elementos, tais como: os intercâmbios comerciais, a localização das produções, os investimentos de capitais, o financiamento e os fluxos e saldos exteriores etc. A escola da regulação deixa de lado a abordagem de desenvolvimentos autônomos ou subordinados, de economias abertas ou fechadas, de autonomias nacionais e restrições externas. Neste contexto geral, a escola regulacionista mostra uma preocupação especial pelas forças que assegurem a coesão do regime internacional considerado em seu conjunto.

Finalmente, a discussão das três primeiras formas institucionais coloca em discussão o espaço sobre o qual operam, isto é, essencialmente o Estado-nação. A regulação está interessada em apreender o Estado em sua relação e influência com as dinâmicas econômicas. É neste sentido que se define o Estado como o espaço contraditório de um conjunto de compromissos institucionalizados, que geram, por sua vez, regras e regularidades na evolução dos gastos e investimentos públicos. Desta forma, estabelece-se uma estreita relação entre as formas institucionais e os compromissos institucionais. Assim, a regulação vai estabelecer uma estreita relação entre regimes de acumulação e formas de Estado. Daí que o Estado faça parte do estabelecimento, desenvolvimento e crise de todo regime de acumulação.

Não obstante, devemos ressaltar que a escola da regulação, ao romper com o marxismo oficial, situa no coração de sua análise das formas institucionais as diferentes configurações da relação capital-trabalho. Esta centralidade está assentada em duas referências básicas que combinam a) a abordagem kaldoriana[7] do papel central da indústria manufatureira e b) a concepção marxista-estruturalista do trabalho produtivo fundada na distinção entre classe assalariada e classe operária fabril como centro da produção de mais-valia. De qualquer maneira, esta abordagem do trabalho vivo leva a localizá-lo integrado ao capital. Sua emergência é pensada, por um lado, como forma econômica estruturada pelas transformações materiais da organização capitalista do trabalho; e, por outro, como uma forma não econômica resultante da codificação jurídico-contratual, isto é, das convenções coletivas do trabalho. Este papel está representado no modelo canônico de um compromisso capital-trabalho que garanta ao mesmo tempo a interação das normas de consumo e as normas de produção, e onde a luta de classes se encaixa no interior da configuração.

Para além das críticas que poderiam ser feitas com relação ao conteúdo das formas institucionais, o ponto importante reside no fato de que estas *formas institucionais* entram em ressonância umas com as outras, alcançando uma disposição particular que permite tipificar um determinado regime de acumulação. Assim, a escola da regulação, no afã de definir tipos diferentes de regimes de acumulação, impôs uma nova periodização ao capitalismo, articulada pela estabilidade relativa de cada regime de acumulação, conferida, por sua vez, pela interação das formas institucionais consideradas típicas do regime em questão.

Esta argumentação permite abrir para a segunda grande categoria intermediária, isto é, o modo de regulação, definido como o conjunto de codificações das relações sociais fundamentais que, ao reafirmar e realçar as modalidades de compromisso assumidas nos diversos espaços institucionais de divisão e difusão dos ganhos de produtividade, assegu-

[7]Estamos nos referindo às concepções do economista húngaro Nicholas Kaldor, integrante da London School of Economics, reconhecido por haver elaborado um "modelo de crescimento".

ra no longo prazo a reprodução da sociedade em seu conjunto: "Designa o processo dinâmico de adaptação da produção e da demanda social que resulta da conjunção dos ajustes econômicos associados a uma dada configuração das formas institucionais (Boyer, 1986, p. 54)."

Desta maneira, a escola da regulação propôs uma periodização fundada na sucessão de vários *modos de desenvolvimento* definidos pela conjugação de um *regime de acumulação* e um *modo de regulação*.

DO CARÁTER PARTICULAR DA CRISE DOS ANOS 1970...

Os regulacionistas negaram sistematicamente toda relação com o funcionalismo. Assim, para B. Coriat, os regimes de acumulação e, mais ainda, os modos de regulação são verdadeiros descobrimentos históricos, produto do encaixe das formas institucionais fundamentais, resultado, por sua vez, do jogo dos atores e, portanto, do movimento das classes e seus enfrentamentos em uma sociedade que oscila sobre um conjunto de contradições essenciais. Donde se conclui que a perenidade de um regime de acumulação ou de um modo de regulação jamais se adquire. Quaisquer que sejam as condições determinadas pelas formas institucionais, os atores individuais ou coletivos não param de defender ou fazer frutificar seus interesses, processos que determinam as rupturas tanto dos regimes de acumulação quanto dos modos de regulação.

Chegamos assim à concepção de crise subjacente a toda teoria da regulação. A abordagem regulacionista distingue entre *pequenas* e *grandes crises*, dependendo da importância das rupturas que afetam as formas estruturais. Quando as rupturas que afetam a regulação são relativamente marginais, sem necessidade de ajustes reais ou institucionais, dizemos que estamos na presença de uma pequena crise. De maneira inversa, quando, para retomar a senda de crescimento, são requeridas reacomodações reais e institucionais fundamentais, então dizemos que estamos na presença de uma grande crise. Finalmente, em relação às grandes crises ou crises estruturais, a regulação entende que estas são, por natureza, essencialmente distintas umas das outras e se apresentam sob formas cada vez mais inéditas e originais. Em se tratando de uma crise de regulação, é óbvio que as formas institucionais que lhe servem de suporte — historicamente originais — só podem ser dissolvidas de maneiras cada vez mais específicas. A crise da *regulação concorrencial* não pode ser assimilada à crise de um modo de *regulação monopolista*, da mesma maneira que a crise dos anos 1930 não pode ser assimilada à dos anos 1970.

Os regulacionistas encontram a passagem do crescimento à crise a partir da análise das condições do crescimento. De modo geral, o crescimento do pós-guerra pode ser explicado pela ativação da seqüência Taylor, Ford e Keynes (Coriat, 1982) . O ponto de vista articulador pode ser resumido no fato de que uma larga série de transformações conjuntas no aparato produtivo, nas convenções coletivas do trabalho e na gestão estatal da força de trabalho e da moeda (de *curso obrigatório*) vai permitir, em um contexto de abertura internacional crescente mas sem comprometer a eficácia das políticas econômicas nacionais, um potente destravamento dos ganhos de produtividade, a distribuição destes ganhos entre benefícios e salários e sua difusão entre as empresas e setores da economia social, seguindo regras compatíveis com a manutenção de um crescimento que possa adquirir as características de um círculo *virtuoso*. "Depois de Taylor e Ford, Keynes vem terminar o edifício. Por trás da teoria e da prática da produção em massa e na oficina, a teoria e a prática do tipo de Estado e de regulação que lhe correspondem (Coriat, 1982, p. 88)."

Mas por que o sistema entrou em crise? Para os regulacionistas em geral, o sistema entra em crise pelo esgotamento dos ganhos de produtividade e dos mecanismos de extração de mais-valia que desde Taylor e Ford haviam prevalecido, esgotamento determinado pelo limite histórico do fordismo. Lipietz (1984, 1989) e Coriat (1982) compartilham em grande medida as causas últimas da crise. Para ambos, a razão de fundo devia ser buscada no coração mesmo do modelo de organização produtiva do fordismo, isto é, na crise da implicação ou do compromisso paradoxal dos trabalhadores, processo que havia colocado em questão a iniciativa e a dignidade laboral sob o comando taylorista. A onda mundial de revoltas e conflitos menores que se estenderam durante os anos

1960 e 1970 desnudaram a fragilidade dos princípios de organização do trabalho. Até aquele momento, as mudanças operadas na composição do movimento operário — incorporação ao mercado de trabalho de jovens, mulheres e trabalhadores imigrantes provenientes do Terceiro Mundo — haviam permitido a manutenção da disciplina fabril. Mas a educação de massas e de manifestos em prol da elevação do nível geral de instrução, bem como a consciência adquirida pelo coletivo de trabalhadores, a aspiração universal ao tempo livre e à dignidade no trabalho derivaram em uma revolta generalizada e cada vez mais aberta contra aquela negação da pessoa expressada na grosseira divisão entre os trabalhadores que projetavam e os que executavam. Esta situação motivou uma urgente renovação tecnológica, densidade de investimentos que provocavam, ao fim, aumento da composição orgânica de capital e, portanto, uma queda da taxa de produtividade jamais neutralizada. Assim, o fordismo — que havia sido historicamente eficaz desde os anos 1970 — alcançava limites ao mesmo tempo técnicos, sociais e econômicos. A diminuição dos ganhos de produtividade provocou, como era de esperar, uma tensão pela sua distribuição, ao mesmo tempo que provocava também importantes diferenciações de produtividade entre as firmas, como efeito do resultado da má alocação intersetorial ou interempresarial do investimento, enquanto se inaugurava um período de crescimento lento.

Boyer (Boyer e Mistral, 1983) compartilha os argumentos anteriores: as lutas dos trabalhadores haviam alcançado maior abrangência sobre a distribuição dos lucros do que sobre uma degradação da eficiência técnica e produtiva, pressionando desta maneira a rentabilidade do capital. De qualquer maneira, Boyer concentra sua análise mais sobre a gênese dos encadeamentos do processo depressivo do que na busca das causas últimas da crise.

Entretanto, na caracterização do modo de regulação, diversos autores acabam relegando os conflitos sociais ao plano de simples lutas de classes no interior de uma *hierarquia* fixada. Assim, Boyer atribui às lutas, de maneira intempestiva, um papel determinante, tanto no desencadeamento da crise quanto na saída dela. "Dependendo da maneira como se desenvolvem as lutas sociais, podem surgir novas formas institucionais capazes de expressar uma nova regulação social e econômica" (Boyer e Mistral, 1983, p. 37). Neste sentido, cabe perguntar: tal concepção não estaria próxima daquela abordagem neoschumpeteriana segundo a qual a crise corresponderia a uma fase de *destruição criadora* em uma dinâmica histórica marcada por sucessivos processos de afirmação e esgotamento de paradigmas tecnológicos também sucessivos? Decerto, a regulação rechaça todo determinismo tecnológico, ainda que privilegie as formas institucionais que viabilizam os novos regimes de acumulação típicos dos novos paradigmas produtivos. Donde concluímos que a saída para as grandes crises permanece, na perspectiva da escola regulacionista, um processo aberto: as novas funções do Estado que podem acelerar esta saída são construídas por tentativa e erro.

A partir dessas idéias a regulação pode desenvolver uma interpretação da crise do fordismo, do ponto de vista de sua especificidade e manifestação, em comparação com as duas crises estruturais anteriores. Referimonos à grande crise do final do século XIX e à crise de 1929-1930. Esta última havia localizado sua principal causa na inadequação entre um modo de regulação ainda competitivo, basicamente em relação à formação dos salários, e o desenvolvimento de normas de produção de massas. A *acumulação intensiva*, sem encontrar uma transformação correlata das normas de consumo, tropeçava em limites claros derivados da auto-acumulação no setor produtor de meios de produção, bem como nos obstáculos ligados à demanda de bens de consumo. Para a regulação, as receitas keynesianas de relançamento contracíclico da demanda não haviam dado conta de resolver o espectro de desequilíbrios estruturais sem que esta política fosse acompanhada por uma reforma radical da relação salarial que permitisse o crescimento dos salários com a produtividade.

O fordismo haveria de se caracterizar assim mais pela intervenção direta do Estado no arcabouço das novas formas institucionais — isto é, canalizando, *ex-ante*, as condições socioeconômicas de um crescimento auto-sustentado — do que no exercício de políticas de relançamento keynesianas. De resto, o caráter autocentrado da acumulação, para o qual a taxa de câmbio e o cenário internacional desempenhavam um papel instrumental, constituiu a outra coerência estrutural do novo modo de desenvolvimento. Sobre esta coerência interna repousava a eficácia da autonomia das políticas orçamentárias e monetárias. Mais ainda, a miopia presente na base do keynesianismo consistirá, justamente, na inversão da representação desta relação entre o *motor* — o regime de acumulação — e o *freio* e *acelerador* — as políticas keynesianas.

A crise do fordismo — diferentemente da crise de 1929 — encontra sua causa principal no esgotamento endógeno do regime de acumulação que afetará simultaneamente sua regulação. Será o amadurecimento mesmo do fordismo que conduzirá progressivamente à sua própria crise, que acompanha três tendências principais: 1) a mais importante tem a ver com o esgotamento da reserva taylorista-fordista dos ganhos de produtividade, determinado por um processo de saturação técnica ligada à perda do impulso e da eficácia da mecanização fordista. Essa tendência se traduz em uma alta da composição orgânica do capital e na diminuição da produtividade do trabalho, provocando a baixa da taxa de rentabilidade; 2) a segunda relaciona-se com o esgotamento paralelo das *normas de consumo fordistas*, uma vez que o fordismo havia conseguido integrar na reprodução do capital as condições de reprodução dos assalariados. Esta tendência, sempre latente no âmbito da demanda, logo repercutiu sobre a organização fordista do trabalho, fazendo emergir outro fator da crise, desta vez ao nível da oferta: a rigidez da cadeia de montagem frente a uma diversificação qualitativa e instabilidade quantitativa da demanda; 3) uma tendência, em estreita correlação com esta última, que havia induzido as empresas fordistas a buscarem novos mercados, necessários para a realização de economias crescentes de escala, que assim haviam pulverizado os mecanismos de acumulação autocentrados.

Diante do papel motor destas tendências objetivas, o impacto das lutas operárias não havia provocado mais do que uma aceleração puramente conjuntural, incapaz de explicar a crise da produtividade em finais da década de 1970. É que a tese fundamental defendida pelos regulacionistas supõe a existência de uma estabilidade substancial até que a crise de 1973 fosse deflagrada. Neste sentido, para o caso francês, as lutas de 1968 haviam operado como um pára-quedas do compromisso fordista baseado na fase mais virtuosa do desenvolvimento da produção e do consumo de massas. Desta maneira, a explicação dos mecanismos que conduziram, de uma crise latente, com ritmos que acompanhavam a lenta evolução das tensões objetivas derivadas do esgotamento do regime de acumulação, aos movimentos brutais próprios da passagem a uma crise aberta, encontra-se nos cataclismos internacionais da época: o desmantelamento do sistema de Bretton Woods, a crise interna do modelo fordista americano — hegemônico em termos mundiais — e, certamente, a alta dos preços do petróleo. Foi a violência das desordens monetárias e financeiras que desestabilizaram desde então a economia mundial e impactaram a economia francesa — como um verdadeiro choque externo —, afetando o compromisso fordista ao questionar as bases nacionais de acumulação e impulsionando o amadurecimento das tendências internas de queda da taxa de lucro.

Diante da desaceleração do crescimento e da afirmação de uma lógica de competitividade internacional que ocupava o lugar das economias autocentradas, a fórmula fordista tradicional de formação dos salários apareceu, *ex-post*, como acelerador da crise, diminuindo os benefícios e afetando os investimentos. Foi precisamente o impulso de políticas de tipo keynesiano — uma vez desencadeada a crise — que deu conta da crise fiscal do Estado de providência keynesiano: enquanto as tentativas de relançamento se chocavam com as novas restrições externas e com a estagflação, a separação cada vez maior entre emprego e desemprego solapava as bases do financiamento do salário indireto e a seguridade social, provocando um endividamento crescente do Estado que culminaria na chamada *crise fiscal* do Estado.

Contrariamente às teses neoliberais, a ruptura dos mecanismos socioinstitucionais — que conferiam rigidez aos salários — mostrou-se incapaz de oferecer uma saída à crise, uma vez que o que estava em jogo era a construção de um novo paradigma técnico-organizacional capaz de substituir a produção de massas. O programa neoliberal representava uma saída à crise ao mesmo tempo *defensiva* e ineficaz.

Por sua vez, a regulação lançaria a proposta da constituição de um modelo pós-fordista de *flexibilidade ofensiva*. A estratégia de saída diante da crise da linha de montagem consistia em: 1) favorecer o desenvolvimento de um sistema tecnológico capaz de conjugar ao mesmo tempo flexibilidade e produtividade, lançando uma nova geração de produtos em resposta ao esgotamento das normas de consumo fordista; 2) esta mudança técnico-organizacional não seria possível senão na base de uma refundação antitaylorista da organização do trabalho, a partir da implicação coletiva dos trabalhadores na batalha da produtividade e da qualidade; 3) este novo compromisso impulsionado pelo Estado devia significar uma adaptação, não o desmantelamento dos pilares institucionais da regulação fordista dos salários e do emprego.

... À CRISE DA TEORIA DA REGULAÇÃO

Embora existisse consenso entre os regulacionistas para modelar as respostas nacionais, as divergências começavam quando se tratava de dar uma resposta à crise no cenário internacional. Assim, enquanto Lipietz afirmava que o desenvolvimento de uma política radical reformista em um só país exigiria a saída do sistema monetário europeu e uma política neoprotecionista, Aglietta, apoiado pela inevitabilidade da globalização financeira, sustentava um ponto de vista essencialmente europeísta.

A escola da regulação ver-se-á abalada por dois processos sociais que revelaram sua impotência operacional e aceleraram o processo para uma segunda fase de elaboração teórica: a) os socialistas franceses, que haviam alcançado o poder na França em 1981, rechaçaram as políticas regulacionistas e inclinaram-se para o relançamento keynesiano. Seu fracasso os atiraria, quase de maneira irremediável em 1983, à opção neoliberal; b) a recusa do sindicalismo francês em estabelecer compromissos pós-fordistas e a posterior divisão sindical, que desencadeou uma crise de representatividade sindical impensada, debilitam a noção mesma de compromisso das instituições e seus atores como um dos princípios constitutivos dos novos laços sociais em transformação.

Assistimos assim à implosão da unidade política interna da regulação, em conseqüência das divergências surgidas em relação à Europa e às políticas de desinflação competitiva. Desta maneira, Lipietz (1992, 1993b) desloca-se neste roteiro da crítica das políticas econômicas da esquerda para novos espaços de elaboração, articulados agora pela problemática da *ecologia política*. Aglietta, por sua vez, proporá uma Europa unida como resposta possível diante da crise do Estado-nação, privilegiando a análise da moeda e o conteúdo teórico e histórico de um espaço monetário europeu.

Simultaneamente detonava-se uma crise que minava a unidade teórica interna focalizada na noção dos *compromissos institucionalizados*. Enquanto núcleo do vínculo social, constitui-se em disparador de um crescente distanciamento inicial e a subseqüente decantação de duas concepções que irão se delineando no tempo.

A primeira delas — fiel aos modelos canônicos do compromisso fordista — desenvolverá análises comparativas em diferentes espaços nacionais, confrontando com uma grande variabilidade nas configurações de relações salariais, as quais estruturam formas de regulação e crise também particulares. Destes estudos surgirão distintas qualificações de fordismos nacionais. Desde o *fordismo constrangido*, na Inglaterra, passando pelo *fordismo atíbico* ou *atrasado* da Itália, até chegar ao *fordismo flexível* da Alemanha, variantes nacionais do modelo canônico fordista.

A segunda concepção — apoiada em uma paulatina perda de interesse das urgentes definições de política econômica perante as derrotas políticas — levava paralelamente a deixar de lado as análises *ex-post* do fordismo, substituindo-as pela tentativa de determinar as condições *ex-ante* do surgimento de novas formas institucionais capazes de sustentar um sistema estável e viável de saída da crise. Assim, surgiram neste exercício de macroeconomia de ficção cenários hipotéticos e desejáveis como os da *democracia salarial* de Coriat (1992), os modelos neotayloristas anglo-saxões de Michael Piore e Christian Sabel (1990) da *especialização flexível*, até aquele da implicação ou compromisso operário de tipo *kalmariano*[8], de Alain Lipietz (1989) e Danièle Leborgne.

[8]Referimo-nos à Kalmar, a fábrica sueca de automóveis Volvo situada na cidade homônima, onde se iniciou o processo de implicação dos operários que veio a inspirar o chamado "modelo sueco".

Na realidade, na base das divergências encontrava-se a dificuldade para identificar formas institucionais coerentes que fossem capazes de estabelecer compromissos-base para um novo *modelo de desenvolvimento*. A crise dos atores sociais que deram conteúdo às formas institucionais do fordismo ensejavam novas definições. Neste sentido, a teoria da regulação acaba mordendo a própria cauda. Se as formas institucionais básicas deram consistência ao fordismo e sustentaram sua fortaleza teórica, a dificuldade para encontrar novas formas institucionais seria a causa de uma verdadeira diáspora, da perda da bússola teórica, o que levaria à crise da teoria da regulação.

É precisamente esta dificuldade que levará Boyer a recorrer às ferramentas neoclássicas da teoria das convenções e a transformar o método *regulacionista* em método *holístico individualista*, como forma de construir uma teoria dos mecanismos de constituição das regras do jogo e das instituições capazes de superar os limites da aproximação estrutural-marxista tradicional em termos do compromisso capital-trabalho.

No caso de Aglietta (Aglietta e Orlean, 1990; Aglietta e Brender, 1984), foram a insuficiência e o déficit demonstrados pelos contratos de arbitragem que o levaram a criticar e a se afastar da noção de compromisso institucional e da teoria marxista do valor, que haviam sido os pilares teóricos de sua obra *Regulação e crise*, de 1976. A *forma monetária* é agora repensada como o fundamento constitutivo e essencial da relação social e de suas transformações, substituindo de alguma forma o papel desempenhado em outro momento pelo compromisso institucionalizado das convenções coletivas. Eram estas últimas que garantiam, em um determinado estágio da luta de classes, a reprodução das relações sociais. E, ao mesmo tempo, eram elas que outorgavam uma centralidade estruturante à lei do valor, na dinâmica de acumulação do capital.

Esta ruptura adquiriu uma verdadeira dimensão a partir da reinterpretação radical da crise do fordismo, transformada agora em *crise do desenvolvimento da sociedade salarial*. Isto é, o processo de integração a título "vitalício" dos assalariados no capitalismo — que o fordismo havia desenvolvido com êxito — havia solapado a sociedade burguesa e sua escala de valores, fundadas na lei e no enriquecimento. De onde havia emergido a *sociedade salarial,* cuja característica consistia na perturbação da natureza dos ganhos de produtividade, que passavam a ter um caráter cada vez mais social. Rompia-se assim toda lei de proporcionalidade entre esforço individual e remuneração. Sua permanência como norma não era mais do que uma concessão, resquício do capitalismo do século XIX. O reconhecimento do caráter coletivo do desenvolvimento das forças produtivas impunha uma desconexão entre renda e trabalho individual, por trás da idéia do *salário universal garantido*. A lei do valor entrava em crise. O resultado previsível, neste caso, pertenceria, segundo Aglietta, sempre à sociedade salarial. E derivaria muito mais das transformações internas do assalariado, impregnadas pelo crescimento generalizado do individualismo, do que de um processo inacabado de desenvolvimento social da produtividade. A emergência deste modelo cultural teria suas raízes nos comportamentos que estiveram na base da resposta dada pelo fordismo e seu tipo de compromisso. Porém, a partir deste momento, o crescimento do individualismo terminava por minar as próprias bases da homogeneidade social sobre a qual repousavam simultaneamente a representatividade dos sindicatos e as relações de pertencimento capazes de permitir a constituição do assalariado para si.

Em Aglietta, a análise da *moeda* como o fundamento da ligação social pode ser interpretada como a única norma que pode garantir a sobrevivência da lei do valor e, portanto, da reprodução da relação salarial como horizonte insuperável da sociedade. Esta nova subjetividade pós-fordista desliza até o *individualismo metodológico*. É a desagregação do trabalho assalariado em uma pluralidade de sujeitos diferenciados que conduziria ao esgotamento da concepção marxista do antagonismo capital-trabalho, processo que cederia seu lugar às simples lutas de classe no interior da classe assalariada. De acordo com esta caracterização, os indivíduos comportam-se como átomos iguais entre si e com aspirações idênticas, alcançando-se assim uma dinâmica de polarização de uns contra os outros através dos mecanismos de *rivalidade mimética*. Dito de outra maneira, não há estrutura que separe *a priori* — e Aglietta diz isto explicitamente — dominados e dominantes, exploradores e explorados. Desta maneira, Aglietta compartilha as idéias de Boyer no âmbito da teoria das convenções, situada em um mundo onde são válidas todas as críticas que Marx fazia com relação às *robinsonadas*. Parte-se de um mundo sem estruturas, introduzem-se rivalidades miméticas e, posteriormente, tenta-se reduzi-las mediante a introdução de todas as convenções possíveis entre elas.

Desta maneira, a escola da regulação, no devir de sua crise, deixou de lado suas concepções fundantes para adquirir conotações diversas. Talvez seja Lipietz (1996) quem manterá uma fidelidade maior às posições iniciais dos regulacionistas. Neste processo, as novas investigações da regulação irão concentrar-se nos aspectos microeconômicos das mudanças em curso. A razão última desta inflexão do *macro* ao *micro*, incentivada pelas condições sociais, será traduzida na necessidade de buscar nos comportamentos individuais dos agentes as codificações em gestação. Busca-se ficar em dia com as novas microrregularidades nascidas das relações entre os agentes, suscetíveis de constituir formas elementares de futuras formas estruturais dos regimes de acumulação pós-fordistas. Nesta perspectiva, a microeconomia começa a adquirir relevância, abrindo um espaço comum com as perspectivas individualistas heterodoxas. Desta maneira, a escola da regulação, que se havia constituído como uma teoria da transformação social a serviço do reformismo radical, torna-se, na confluência com a teoria convencionalista, simplesmene uma teoria acadêmica com relação ao existente.

CAPÍTULO 2
O operaísmo italiano[9]

[9]Embora, estritamente falando, o operaísmo italiano e a autonomia operária (ou pós-operaísmo) representem dois momentos distintos da escola italiana, por razões expositivas designaremos indistintamente com qualquer destas denominações, ou ainda como "operaísmo", este espaço teórico. Da mesma maneira que, para John Holloway e o Open Marxism, tanto o operaísmo quanto a autonomia operária serão sempre assimilados às idéias e concepções de Antonio Negri.

INTRODUÇÃO

Qualquer evocação social da Itália nos remete não apenas à exuberância mediterrânea, à boa mesa, ao papado e à máfia. Remete também — no plano político — à perpetuação da democracia cristã sobre um pano de fundo de escândalos e instabilidades. Ao impensável ressurgimento de uma direita vernácula e secessionista personificado em Berlusconi, o czar dos meios de comunicação. Às lutas operárias, ao desenvolvimento desigual, ao colonialismo do norte sobre o sul, à crise, ao desemprego e à ausência de futuro.

Entretanto a Itália dos anos 1970 era o lugar onde os marginais, as mulheres e os desempregados, os jovens e os trabalhadores clandestinos, produzindo bens e serviços e também lutas, negavam-se a se acomodar, como desejava o Partido Comunista Italiano, sob a direção dos operários tradicionais. A Itália daquela época tornar-se-ia o terreno de lutas sociais que propunham uma nova via, diferente na política, por fora dos partidos, mais próximo dos desejos individuais, dos problemas sociais, das aspirações específicas e concretas, sem delegação de poder nem representação. Esta realidade constitui o substrato do chamado *operaísmo italiano* e a *autonomia operária*.

Em geral, o conhecimento sobre a saga do marxismo italiano deixa muito a desejar nos países ao norte dos Alpes. Limita-se, em geral, a resgatar a figura de Antonio Gramsci, formular algumas poucas palavras sobre Galvano Della Volpe, incluindo Lucio Colletti, em especial seu trabalho "From Rousseau to Lenin" (*apud* Colletti, 1975). Quiçá demasiadas alusões, ainda que com pouca substância. O pensamento britânico não escapou a esta tendência. Perry Anderson, em *Considerações sobre o marxismo ocidental* (1979), não dedica sequer uma linha à tradição do operaísmo italiano, que veio à luz com os *Quaderni Rossi* em 1960 e com os grupos da esquerda extraparlamentar que nunca se proclamaram herdeiros das ideologias oficiais do movimento operário (trotskismo, anarquismo ou maoísmo). Mais de duas décadas depois de sua publicação, o livro de Mario Tronti, *Operários e capital* (2001), um dos maiores trabalhos no desenrolar desta escola, não havia sido totalmente traduzido para o inglês. Com relação à difusão das idéias de um de seus principais integrantes, Toni Negri, só em 1989 haveria de aparecer uma série de trabalhos seus no texto *Revolution retrieved*. A tais obstáculos devemos acrescentar o uso permanente nesta escola de diversos níveis de abstração fortemente aparentados com reflexões filosóficas — forma de marxismo tão atípica e diferente de outras escolas — que acabam explicando, em seu conjunto, o vazio existente com relação ao desenvolvimento teórico e político desta corrente de pensamento marxista.

Onde estaria a originalidade desta forma de marxismo que coexistiu com outras modalidades mais extensas e conhecidas, presentes em outros países europeus, como o trotskismo, o próprio marxismo-leninismo, ou as diversas versões pró-China que proliferaram logo após a Revolução Cultural do Exército Vermelho? A originalidade parece repousar, em parte, na sua constituição como alternativa teórica à ortodoxia marxista predominante nos partidos comunistas, à teoria crítica produzida pela escola de Frankfurt, ao existencialismo humanista de Jean-Paul Sartre e ao estruturalismo de Louis Althusser. Por aquela época, na Europa do segundo pós-guerra, a excelente saúde que mostrava o capitalismo era interpretada pelos que acreditavam na inevitável superioridade do socialismo como um infeliz contratempo, como uma contratendência secundária à tendência de queda do capitalismo. Não cabia dúvida de que os dias do sistema estavam contados e que as catastróficas condições de sua derrubada apareceriam cedo ou tarde. No entanto, durante a década de 1950, a taxa de crescimento do capitalismo se manteve, o processo de internacionalização do capital não se deteve, a classe trabalhadora melhorou seu padrão de vida, e a inovação tecnológica floresceu. Em suma, as forças produtivas desenvolviam-se sem contratempos.

Enquanto isso, as rebeliões na Polônia e na Hungria, acompanhadas pela revisão teórica que se produzia na China e na União Soviética, davam conta do questionamento à causa socialista. Por sua vez, os partidos socialistas da Europa do norte assumiam-se como admiradores das virtudes da economia mista — também chamada economia social de mercado controlada — abandonando o marxismo canônico e substituindo-o pela nova tese da *transformação socialista*. A desordem era ainda mais dramática nos partidos comunistas europeus diante do revisionismo que os envolvia. O marxismo revolucionário do Partido Comunista Francês se dissolvia na humanização do progresso técnico proposto por Roger Garaudy. E o determinismo tecnológico funcionava como suporte às novas alianças propostas pelos partidos comunistas europeus, que abandonavam assim a tese da ditadura do proletariado. Pelas mãos da revolução tecnológica, o conceito de trabalho produtivo se ampliava, alcançando agora os técnicos, engenheiros e *staffs* de supervisores e tecnocratas do aparelho de Estado, os quais, a partir da reunificação do movimento operário em um só partido, tornavam inviável, social e politicamente, a tese da ditadura do proletariado.

A doutrina do capitalismo monopolista de Estado de Paul Boccara e a transição pacífica para o socialismo, a partir de uma política de *controle democrático* e de nacionalizações, constituíam a correspondência teórica e referência política dos novos ventos. As lutas sociais por fora destas políticas de abertura às reformas estruturais ficaram relegadas à esfera dos sindicatos, únicos opositores nos momentos em que, precisamente, perdiam influência diante da reestruturação capitalista e o peso crescente de trabalhadores sem qualificação e as migrações. Estas concepções encontravam-se tão enquistadas que, apesar das revoltas de 1968-1969, os partidos políticos de esquerda permaneceram fiéis a seus intentos de reformas estruturais, enquanto as condições de trabalho nas fábricas pioravam e os salários ficavam para trás em relação ao crescimento da produtividade.

Frente a uma leitura *ortodoxa* da crise que imperava, já como resultado do subconsumo dos trabalhadores e em reflexo ao desequilíbrio no ciclo de acumulação — isto é, uma crise de sobre-acumulação de capital —, o operaísmo italiano enxergou na nascente crise do Estado keynesiano o efeito direto das lutas operárias no terreno econômico salarial. A preocupação dos marxistas instalados nos partidos comunistas do Ocidente encontrava-se a anos-luz desta leitura, coincidindo com Krushchev, que, a partir da União Soviética, falava de convergência de modos de vida nos dois lados da Cortina de Ferro e da diminuição das tensões internacionais.

Neste contexto, não parecia estranho que o "revisionismo" de Moscou atacasse o stalinismo, enquanto se desenhava no plano internacional uma política de coexistência pacífica, a expensas das lutas de um Terceiro Mundo cada vez mais influenciado pelas idéias de Frantz Fanon e de Mao Tsé-tung. O conjunto destas tendências internacionais, guevarismo incluído, buscava de alguma maneira constituir um corpo teórico político que relativizasse o marxismo da III Internacional sem abandonar a ética revolucionária do processo.

Em linha com este marco, a esquerda européia iria adotar uma política de renúncia implícita à tática de confrontação, à luta de classe contra classe, de bloco de poder contra bloco de poder, à necessidade teórica da revolução violenta e à luta armada, enquanto privilegiava as *condições objetivas de desenvolvimento das forças produtivas*. Neste contexto, o operaísmo italiano produziu uma verdadeira ruptura teórica, em muitos pontos coincidente com a crítica do revisionismo formulada por Althusser. Ruptura que pressupunha o retorno ao Marx científico de *O Capital*, priorizando a luta de classes e rechaçando o abandono do conceito de ditadura do proletariado.

Na década de 1970 os jovens que engrossavam os grupos extraparlamentares da esquerda italiana sentiram-se atraídos pelo comunismo chinês — mediatizado fundamentalmente pela Revolução Cultural —, pela guerra do Vietnã e pela Revolução Cubana, ao passo que declaravam guerra ao oportunismo e ao determinismo economicista que esqueciam a luta de classes e privilegiavam o desenvolvimento das técnicas e os avanços na produção.

O *operaísmo* representa hoje, na realidade, uma "escola de pensamento", não uma linha política exclusiva e pertencente a alguma organização política em particular. Os que defendem suas principais teses falam em geral de uma *matriz operaísta*, oposta às posturas ligadas ao PCI e, inclusive, em alguns casos, àquelas aparentadas com a própria autonomia. Se falamos do operaísmo enquanto matriz, é possível distinguir duas etapas diferenciadas em sua evolução: uma primeira, que se estende desde o seu nascimento — atravessando as revistas *Quaderni Rossi* e *Potere Operaio* — até as insurreições e ocupações de fábricas do verão de 1973, com a dissolução do grupo Potere Operaio[10]; e uma segunda fase ligada diretamente à evolução e ao desenvolvimento da chamada *autonomia operária*. Uma primeira etapa ligada à composição de classe estruturada ao redor do *operário-massa*; e uma segunda, que teve como pivô o surgimento do *operário-social*. Uma primeira fase com uma concepção de centralidade da fábrica como espaço primordial das lutas; e uma segunda, onde a concepção prevalecente no operaísmo moderno estenderia a luta ao conjunto da sociedade. É a época do slogan "Direito à cidade!" ("*Riprendiamoci la città*") popularizado por *Lotta Continua*.

Apesar disso, o operaísmo não foi um fenômeno de elite intelectual, como se tentou apresentá-lo muitas vezes. Pelo contrário, foi essencialmente o produto de fenômenos de massas. Suas origens não devem ser buscadas somente nos grupos políticos da esquerda extraparlamentar dos anos 1960, mas devem ser referenciadas também na tradição do movimento operário italiano. Sua história, cultura, tradições e influências políticas. As lutas da Fiat em Turim no "outono quente" de 1969 constituem, na realidade, o nascimento definitivo do chamado operaísmo ita-

[10]Este grupo, cujo nome deriva do título de sua revista institucional, haveria de se configurar, por ocasião do "outono quente", de março de 1969, a partir da confluência de cisões produzidas nos *Quaderni Rossi* por grupos autônomos provenientes de Turim e Milão. O nome se inspirava no grupo francês Pouvoir Ouvrier, agremiação de esquerda proveniente de uma divisão de *Socialismo ou Barbárie*.

liano organizado. Verdadeiro caldeirão de discussão política para os diversos grupos operaístas reunidos a partir da Lotta Continua e Potere Operaio, o "outono quente" italiano constituiu uma reabilitação do *operário-massa* e sua projeção contra o Estado. É o momento de constituição formal do grupo Potere Operaio que, como um produto direto da dinâmica de massas, será perpassado até a sua dissolução — em 1973 — pela tensão constante do dualismo entre os pesos e ponderações conferidos à subjetividade e aos momentos da luta enquanto tal. Sua preocupação central voltava-se para resolver a relação entre a *subjetividade teórica militante* e o *movimento de massas,* este último entendido como uma relação interna e não de externalidade, como propunha a concepção leninista de construção do sujeito político. Este é o aspecto medular de diferenciação entre o operaísmo italiano e o leninismo. É exatamente a presença constante desse um dualismo que o operaísmo da primeira fase não chegou a resolver, e que motivou sua autodissolução. A busca quase permanente de uma teoria da organização que desse conta, ao mesmo tempo, da nova composição de classe, bem como da capacidade de desenvolver o movimento revolucionário excluindo as mediações institucionais. Enquanto o processo de massas não se massificou, esta tensão foi resolvida no âmbito dos pequenos grupos políticos existentes. Porém, quando o processo atingiu uma escala massiva, quando começou a ser colocado o problema da organização das massas dentro do movimento, então as dimensões do problema foram bastante similares às enfrentadas no *Que Fazer* de Lenin.

As razões da dissolução do Potere Operaio (em 1973) devem ser buscadas na dificuldade que tinha o grupo para resolver esta tensão política, que se tornaria ainda mais aguda quando, em conseqüência da própria dinâmica das lutas contra a reestruturação capitalista em marcha, a tensão se deslocou para a relação entre *autonomia* e *contrapoder*. Contrapoder, neste caso, entendido como a construção de um espaço político no interior da fábrica que, no entendimento dos operaístas, estava sintetizado na *apropriação da cadeia produtiva e da autonomia* como forma de evitar o confronto entre a centralização tática e a rigidez imposta pela camisa-de-força sindical; construção subjetiva congruente com a nova composição de classe. Paralelamente, esta passagem ao discurso da autonomia e do contrapoder seria mediada por uma reinterpretação sobre a lei do valor[11], sobre a crise do Estado-plano e as novas características assumidas pelo Estado na época.

O conceito de *operário-social* é inseparável do nascimento e desenvolvimento da tendência política conhecida como autonomia operária*. De toda maneira, analisar o autonomismo como um todo não é uma tarefa fácil. Ideologicamente heterogênea, territorialmente disperso, organizativamente fluido e politicamente marginal, o autonomismo como tal constituiu um verdadeiro arquipélago político. Nunca conseguiu formar uma organização política nacional; menos ainda pode constituir-se na facção de massas das organizações armadas italianas dos anos 1970. Por tudo isto, o autonomismo haveria de começar a se dissolver quase tão subitamente como conquistara a hegemonia da esquerda italiana.

Na realidade, o autonomismo cristalizou-se como entidade política distintiva em março de 1973, quando algumas centenas de militantes provenientes de toda a Itália — rompidos com as distintas organizações da esquerda extraparlamentar — reuniram-se na província de Pádua para acertar as bases de uma nova organização política da esquerda revolucionária.

Contudo, o autonomismo como expressão política e social do conjunto de agremiações a que deu lugar o processo dos anos 1970 tampouco pode dar conta da contradição que já estava presente. Isto é, da dificuldade para encontrar a forma adequada de organização naquele momento, para a fase de uma nova composição de classe que emergia da transformação global das relações de poder. Neste sentido, as formações da esquerda extraparlamentar repetiram quase liturgicamente os critérios de organização da III Internacional, formais e burocráticos para

[11]"Por outro lado, na medida em que o processo de produção se ia distendendo socialmente, a lei do valor começava a funcionar apenas formalmente, ou seja, não funcionava na relação direta entre trabalho individual e determinado e mais-valia arrancada, e sim sobre o conjunto do trabalho social" (Negri, 1980, p. 134-135).

*Daqui em diante chamaremos "autonomismo". Seu maior teórico foi Antonio Negri. (*N. do R. T.*)

a época. A crise em que mergulhou posteriormente, expressão de sua derrota política, responderá à dificuldade para fazer frente às mudanças produzidas na composição de classe, diante da socialização das forças produtivas, processo que imporia a ampliação das necessidades operárias.

Durante os dezoito anos subseqüentes, o programa do autonomismo exerceria uma influência decisiva na esquerda italiana. Assim, em fins de 1973, o grupo Potere Operaio se dissolvia no autonomismo, no que seria acompanhado por um importante número de pequenas organizações políticas de esquerda. Reconstituído como Colletivi Politici Operai, originariamente aglutinados também no Grupo Gramsci, este setor iria produzir a mais profunda autocrítica de todas as correntes leninistas que se incorporaram ao autonomismo. Seu documento liminar na revista *Rosso* rompia com a lógica dos grupos de esquerda. Influenciada substancialmente pelas concepções anarquistas e libertárias, *Rosso* encarou a análise de questões relacionadas com a dominação social e emocional, com a natureza da família e a marginalização dos que eram considerados socialmente anormais. Um ano mais tarde, Negri e seus seguidores se uniriam a *Rosso* para constituir a organização *autônoma* mais importante do norte da Itália.

O período 1973-1977 significará para o autonomismo uma releitura das categorias marxistas: "Modificação real do nosso modo de entender o marxismo" (Negri, 1980, p. 150). Se o período anterior podia ser interpretado como de apego teórico às grandes categorias marxistas, daquele momento em diante passava a se tratar da reconstrução sistemática destas categorias. Era a época da comprovação prática e da construção teórica do operário-social, assim como do descobrimento de uma difusão generalizada dos comportamentos operários na sociedade, seja nos movimentos feministas, seja nos grupos homossexuais. Época também do reconhecimento de um proletariado difuso, sujeito/agente da nova composição de classe, intimamente ligado à expansão da produção para a esfera da circulação. Nesse contexto, o processo de circulação já não funcionava como elemento externo à produção, mas como componente interno, razão pela qual os gastos de circulação deveriam ser doravante assumidos como custos de produção. O autonomismo deve ser entendido então não apenas como a busca da independência operária diante dos sindicatos e partidos, mas também como o resultado da extensão da fábrica na sociedade, processo que elevará os níveis de cooperação autônoma como qualificação comunista da independência proletária.

Neste sentido, o autonomismo deve também ser abordado como um processo de recomposição política que teve como pivô a *autovalorização*, ou seja, a reconstrução das relações subsumidas pelo capital através da *reapropriação operária*. Este processo de reapropriação se materializou na atitude dos operários da linha de montagem da fábrica Alfa Romeo, que, por conhecerem e dominarem a linha de montagem, exercitaram todos os sistemas possíveis de bloqueio e sabotagem. Tratava-se, definitivamente, da transformação do conhecimento em um sistema de bloqueio e obstrução do fluxo de produção capitalista. Esta transformação pressuporá para o autonomismo a conversão da linha de montagem em valor de uso operário, em linha com as mudanças produzidas na organização do trabalho; ao mesmo tempo, plasma a capacidade de subordinar a produção às exigências do domínio político. Este fenômeno, que levava ao reconhecimento de um novo sujeito, será interpretado por Negri como a morte do operaísmo (ibidem, p. 155).

A derrota política do autonomismo pode ser mais bem compreendida se consideramos que na época ainda subsistia uma certa centralidade política das lutas em torno da figura do operário-massa, em discrepância com a recomposição técnica que se operava, e em cujo novo sujeito político apostava o autonomismo. Tratava-se simplesmente da dificuldade para transformar em recomposição política uma recomposição técnica em desenvolvimento. A dinâmica social, própria de um período de transição, embora tenha dissolvido a centralidade material do operário-massa, não pôde fazer o mesmo com sua centralidade política, e deixou incólume a continuidade da ação política do operário-massa em todo o território nacional.

ANTECEDENTES POLÍTICOS DO OPERAÍSMO

Quaderni Rossi

Com a publicação de *Storming Heaven* em 2002, Steve Wright produziu o primeiro trabalho histórico sobre o operaísmo e o autonomismo italianos a romper com as abordagens de cunho autobiográfico tradicional que vinham sendo realizadas até aquela época, ao mesmo tempo que desvelava a superficialidade e a necessidade de se fazer uma leitura crítica e rigorosa de um amplo conjunto de ensaios e trabalhos publicados até então sobre a escola italiana. Utilizando a categoria "composição de classe" como fio condutor, Wright dá conta das peculiares políticas e controvérsias intelectuais que o operaísmo produziu não apenas internamente, mas também externamente à geografia política italiana. Para o desenvolvimento da saga política operaísta, apoiamo-nos em grande medida no texto de Wright.

Até finais dos anos 1970 as idéias do operaísmo italiano e seu desdobramento no movimento do autonomismo ainda ocupavam um lugar central na vida intelectual e política da esquerda italiana. Com efeito, as discussões relativas à natureza cambiante do Estado, à estrutura de classe, à reestruturação econômica em curso, bem como às respostas adequadas que deveriam ser construídas para todas essas questões, eram atravessadas pela concepção operaísta e apresentavam sua marca.

As origens do operaísmo italiano podem ser situadas no começo da década de 1960, quando os jovens dissidentes do Partido Socialista Italiano (PSI) e do Partido Comunista Italiano (PCI) tentaram aplicar a *Crítica da economia política* de Marx ao âmbito geográfico-político italiano, o qual se encontrava no momento da passagem ao amadurecimento industrial. Impulsionados por um afã não só filológico — de uma maior compreensão de suas leituras sobre Marx — mas também, e fundamentalmente, pelo desejo político de desbastar e tornar transparentes as relações de poder fundamentais na moderna sociedade de classes, os operaístas tentaram confrontar *O Capital* com o estudo real da fábrica italiana. Nesta perspectiva, em que o operaísmo atribuía uma relevância e um significado particular à luta de classes, buscava-se dar conta das novas instâncias de ação independente que a classe operária italiana começava a desenvolver naquele momento. Desta maneira, o operaísmo, segundo Harry Cleaver (1979, p. 30), evitou toda teorização e abstração em favor da apreensão de conceitos que dessem conta essencialmente da totalidade concreta da luta, cuja determinação já se encontrava designada de antemão.

De que maneira seria possível caracterizar o operaísmo? Adotando um léxico marxista, poderíamos dizer, *prima facie*, que se tratava de um espaço político que privilegiava com particular obsessão o trabalho sobre os trabalhadores industriais, ao considerá-los a força substantiva da mudança social, ao mesmo tempo que cultivava um certo olhar depreciativo para com as outras camadas e setores sociais. No entanto, esta definição seria também aplicável ao conjunto da geração do maio de 1968, se deixarmos de lado as características específicas do operaísmo. Como uma tendência herética do movimento operário italiano, o operaísmo repensou o marxismo à luz das lutas dos anos 1960 e 1970, enquanto mantinha uma relação paradoxal com o marxismo tradicional e o movimento operário oficial. Ao passo que a análise marxista oficial considerava que o que tornava o trabalho alienado era a exploração capitalista, o operaísmo, ao se recusar a entender o trabalho como o fator que define a vida humana, considerava que a alienação capitalista consistia precisamente em reduzir a vida ao trabalho. Neste sentido, os operaístas mostravam-se contrários ao próprio trabalho, distanciando-se neste momento de toda ética socialista que ressaltava "a dignidade" que o trabalho proporciona. Justamente por isso, os operaístas jamais propuseram a apropriação dos meios de produção, mas sim, em todo caso, a redução da jornada de trabalho. Na perspectiva operaísta, os sindicatos e partidos, à medida que se relacionam com salários e condições de trabalho, não lutam para mudar o destino dos trabalhadores, mas apenas para tornar sua vida mais tolerável. Adotando esta linha teórico-política, os operaístas pressionavam pela redução do tempo de trabalho e a transformação da produção mediante a aplicação do conhecimento tecnológico e a inteligência socializada.

O "operaísmo italiano", que emergiu desde o início dos anos 1960, nutriu-se na insurgência operária italiana que adotou a forma não só de total recusa às modalidades de trabalho da chamada organização científica do trabalho, mas também o caráter de um agudíssimo confronto com a política e a ideologia do Partido Comunista e suas principais organizações sindicais. Este confronto iria crescendo à medida que a dinâmica alcançada pelas lutas, das fábricas até as ruas, escapava ao controle do partido e seus órgãos. Se na França o ponto de ruptura encarnou o maio de 1968, quando milhões de trabalhadores e dezenas de milhares de estudantes ocuparam as fábricas e ergueram barricadas nas ruas de Paris, em uma sublevação verdadeiramente autônoma que tomou de surpresa o governo e o Partido, na Itália a rebelião foi menos "inesperada": gestada desde o início da década de 1960, escapou de toda maneira à compreensão e ao controle da ortodoxia marxista.

Com efeito, 1962 marcou o começo da insurgência, com a greve selvagem na Fiat, coração da produção fabril de Turim, dando início a um processo que iria culminar, naquele mesmo ano, nos violentos enfrentamentos na Plazza Satuto, onde se saqueou a sede do sindicato social-democrata. De resto, o processo de formação da corrente operaísta estaria marcada pela permanente confluência e fusão do movimento operário com o movimento estudantil italiano. Desta maneira, o conflito desencadeado entre, de um lado, a classe operária italiana e a intelectualidade militante e, do outro, as organizações oficiais de classe levariam com o tempo à ruptura e à formação de novas organizações.

As diversas organizações políticas de esquerda — em geral, extraparlamentares, na medida em que se opunham aos partidos social-democratas e comunistas comprometidos com a atividade parlamentar — foram protagonistas ativos em significativas polêmicas e avanços teóricos impressionantes, através de seus órgãos de imprensa: *Potere Operaio*, *Il Manifesto* e *Lotta Continua*. Os *Quaderni Rossi* (1960-1966), *Classe Operaia* (1964-1967), *Lavoro Zero* (1975-), *Contropiano* (1967-1972), *Primo Maggio* (1973-) e *Quaderni de Territorio* (1976-) figuram entre os principais periódicos da esquerda operaísta daquela época.

Nas duas décadas que se seguiram ao seu surgimento, a característica mais importante do operaísmo foi a importância conferida à *relação* entre a estrutura material da classe operária e seu comportamento como sujeito autônomo dos ditames do capital e do próprio movimento operário institucional. O operaísmo entenderá esta relação como o nexo entre a *composição técnica* e a *composição política* da classe. Comprometido com o assalto das classes dominantes, a única teoria válida e aceitável, segundo o operaísmo, para todo o corpo de idéias que se tinha como revolucionário, deveria estar referenciada na análise do comportamento dos setores de classe pertencentes aos setores produtivos mais avançados da economia. Pode-se bem dizer, neste sentido, que buscava determinar as leis de mobilidade política da mercadoria força de trabalho.

De fato, o desenvolvimento da categoria *composição política* buscava dar conta do comportamento de classe em termos que haviam sido negligenciados pelo marxismo oficial, começando pela luta contra a dupla tirania da racionalidade econômica e a divisão do trabalho. A categoria *composição de classe* haveria de desempenhar, no operaísmo e em seu sucessor, o autonomismo, o mesmo papel que a categoria *hegemonia* desempenharia no comunismo italiano (Wright, 2002, p. 5).

De acordo com Negri (1980, p. 31), o operaísmo italiano surgiu como resposta política à crise que sacudiu o movimento operário durante os anos 1950. Dois fatores internacionais contribuíram para acelerar a crise na esquerda italiana: por um lado, a explosão da Revolução Húngara; por outro, o colapso do mito stalinista no XX Congresso do Partido Comunista da União Soviética (PCUS). O ano da invasão soviética à Hungria — 1956 — constituiu, nas palavras de Pietro Ingrao (*apud* Wright, 2002), um ano inesquecível para os comunistas italianos. Apesar das denúncias de Palmiro Togliatti sobre os perigos que se aproximavam com a degeneração burocrática soviética, o PCI viu-se bastante atingido quando a revelação da verdade sobre o stalinismo induziu ao êxodo político de numerosos intelectuais afiliados, até aquele momento, ao partido. O PSI, por sua vez, conduzido por Pietro Nenni, conseguiu superar, em 1956, os vinte e dois anos de *unidade na ação*, o que o havia vinculado ao PCI. Quando, seis meses depois, por ocasião do 320, Congresso do PSI, Nenni alcançou a direção do partido, o PSI começou a explorar novos cursos de ação política que culminariam, no início dos anos 1960, com a entrada dos socialistas na coalizão de governo encabeçada pela Democracia Cristã.

Embora o colapso da União Soviética tenha ajudado a consolidar um perfil social-democrata no interior do PSI, abriu igualmente um espaço, ainda que por pouco tempo, de investigação crítica para a esquerda. Neste espaço decolaria Renato Panzieri, cuja resposta perante as incertezas da época foi continuar avançando na pesquisa da relação entre a classe e sua organização política.

Da mesma maneira que a maioria dos intelectuais do partido, Panzieri aceitava as teses do chamado "caminho italiano" — isto é, "democracia mais pacificação" — apoiadas na excepcional experiência histórica da política unitária. Estratégia política que, vista como uma interpretação da ação das massas, se baseava no pressuposto da coincidência necessária e concreta da luta das massas com os objetivos projetados por uma visão democrática, crítica e construtiva dos problemas nacionais. Panzieri canalizaria suas idéias, tão logo deixou o comitê central do PSI em 1957, para a revista *Mondo Operaio*. Durante seus dezoito meses de existência, a revista converteu-se em um foro vivo de debate, em torno tanto dos acontecimentos da época, como dos diversos autores marxistas (Lukács, Rosa Luxemburgo, Trotsky) vetados pelo socialismo italiano. As concepções de Panzieri iriam mais além dos enunciados oficiais do partido. Embora não renegasse a experiência política institucional, a luta pelo socialismo exigia, segundo Panzieri, a renovação desde baixo do movimento operário, na forma de uma democracia total (Wright, 2002, p. 18). Novas instituições eram requeridas, que deitassem raízes na verdadeira fonte do poder, a esfera econômica. Do contrário, o caminho democrático converter-se-ia numa espécie de adesão tardia ao reformismo ou em uma simples casca protetora de uma concepção dogmática do socialismo.

Foi precisamente o colapso do dogma comunista que tornou possível afirmar com todo vigor o autonomismo como princípio de ação das classes exploradas e oprimidas na luta por sua libertação. Apoiando fortemente esta posição, Panzieri romperia com o PSI, que, conduzido por Nenni, enveredava por uma aliança com a Democracia Cristã. A partir da idéia de que a crise dos partidos e sindicatos italianos era sustentada pelo seu alijamento do movimento real das lutas e das necessidades dos trabalhadores, Panzieri propunha o retorno à plena e direta ação política da intelectualidade nas bases trabalhadoras como meio de superar a crise política aberta. Surgiam assim os *Quaderni Rossi* (1960-1966).

Desde o começo, os *Quaderni Rossi* haveriam de registrar seus estudos teórico-políticos em dois espaços diferenciados. Um deles, articulado pelo resgate da categoria *autonomia*, inicialmente acolhida pelo marxismo dissidente dos anos 1950. O outro, referenciado na utilização da sociologia burguesa como instrumento de trabalho para compreender a realidade da moderna classe operária. Neste sentido, Panzieri formulava uma questão que logo seria retomada: é possível construir uma sociologia do trabalho e da indústria que não esteja a serviço do desenvolvimento tecnológico e sim das lutas dos trabalhadores?

A novidade dos *Quaderni Rossi* consistia no desenvolvimento da enquete operária. À pergunta "Por onde começar?" os *Quaderni Rossi* respondiam: "Pela compreensão da classe operária, da nova classe operária e, mais precisamente, da mentalidade das novas gerações que, lutando com a polícia nas ruas em julho de 1960, haviam defendido a democracia de um novo avanço do fascismo" (Bologna, 2004).

As reflexões de Panzieri iriam estimular diversos projetos de pesquisa e estudos, muitos deles construídos a partir de entrevistas diretas com os operários de fábrica — fundamentalmente, com os trabalhadores da fábrica da Fiat em Turim, assim como locais de trabalho dotados de importantes avanços tecnológicos, como era o caso da planta da Olivetti em Ivrea e a têxtil Valdiulsa (Negri, 1980, p. 58). Estas tarefas converteram-se no verdadeiro ponto de partida sobre a investigação operária de Marx, assim como no renascimento da sociologia do trabalho. O desenvolvimento teórico de Panzieri constituía um verdadeiro avanço com relação à Escola de Frankfurt, preocupada apenas com a planificação capitalista[12], bem como em relação aos que haviam enfatizado o desenvolvimento autônomo das lutas de classes com relação à dita planificação, mas que não haviam conseguido concretizar e desenvolver uma teoria própria.

Com efeito, se o poder dos trabalhadores é o que força a reorganização e as mudanças no capital que se desenvolve, logo o capital não pode ser entendido como uma força externa independente dos trabalhadores. Deve ser então entendido como uma relação de classe em si mesma. Esta idéia levou Tronti (outra das figuras de *Quaderni Rossi* e *Classe Operaia*) a uma justaposição teórica da força do trabalho e a classe operária. Em outras palavras, enquanto o capital tenta incorporar a classe trabalhadora *em si*, como simples força de trabalho, o movimento operário se autoafirmava como classe independente *para si*, através das lutas que rompem o processo de auto-reprodução capitalista.

Alessandro Pizzorno argumentava, já naquela época, sobre a necessidade de modernizar a análise, uma vez que muita coisa havia mudado desde o tempo de Marx e Lenin, para privilegiar o pensamento destes últimos. Outros membros do Partido Socialista Italiano mostravam-se resistentes a tentar novos caminhos de estudo e investigação. Por sua vez, o marxismo dissidente dos anos 1950 havia feito da pesquisa sociológica o instrumento para estabelecer uma nova relação orgânica entre os intelectuais e a classe trabalhadora, com base na produção conjunta de conhecimento social "desde baixo". Para Danilo Montaldi[13], as histórias de vida e as entrevistas desempenhavam igualmente papel central contra a cultura das "classes" do marxismo oficial. Neste percurso, os *Quaderni Rossi* contariam também com o aporte daqueles grupos que, abandonando o âmbito do trotskismo, haviam resolvido abordar a verdadeira experiência proletária mediante o estudo de seu comportamento. Referimo-nos a Socialismo ou Barbárie, de Cornelius Castoriadis e Claude

[12]"O frankfurtismo é uma concepção na qual o totalitarismo da produção capitalista não vê a presença de um antagonismo operário, nega totalmente o fato de que este processo de exploração seja o processo de uma relação" (Negri, 1980, p. 68).

[13]Que havia abandonado o PCI em 1946, em oposição à linha de Togliatti de "reconciliação nacional".

Lefort[14] na França, assim como ao grupo formado nos Estados Unidos por Raya Dunayevskaya e C.L.R. James. As *pesquisas* também levariam a algumas conclusões importantes para o desenvolvimento do operaísmo. Em primeiro lugar, permitiram fazer a constatação de que o antagonismo de classe contra a organização capitalista do trabalho, ainda que contraditório em sua forma, era permanente e universal. Em segundo lugar, mostravam que a separação entre a classe e os partidos ou sindicatos, que pretendiam converter-se em seus representantes, estava assentada em uma clivagem estrutural. Porém, a ausência de unanimidade no interior do grupo impediu o avanço sistemático do estudo proposto.

Romano Alquati, principal apoiador da pesquisa operária com viés marxista, assentou as bases metodológicas da enquete, em conjunto com Romolo Goggi e Gianfranco Farina[15]. No entanto Alquati, como integrante dos QR, manifestou desde o início suas divergências com Panzieri, apenas aceitando incorporar a sociologia como espaço interno, como uma primeira aproximação à auto-investigação que a organização autônoma da classe demandava. Posteriormente, Alquati iria responsabilizar Panzieri por uma confiança excessiva na ciência social tradicional ao invés de no desenvolvimento da reconstrução marxiana na perspectiva da crítica da economia política.

De toda maneira, o grupo formado ao redor de Panzieri assim que ele saiu de Turim — Tronti em Roma com militantes do PCI, Luciano Della Mea em Milão com militantes do PSI e Negri no Veneto, também com militantes do PSI — estava consciente das limitações envolvidas no trabalho de *pesquisa-ação*, ao tratar as percepções subjetivas como simples espelhos superficiais das relações sociais capitalistas. Em todo caso, estavam prevenidos e buscavam inserir seu trabalho de pesquisa em uma estrutura similar à da enquete operária de Marx de 1880, enfatizando a

[14]A revista *Socialismo ou Barbárie* era uma publicação francesa porta-voz do rupo homônimo proveniente do trotskismo heterodoxo que, através de uma crítica aao stalinismo, construiu uma interessante revisão crítica do marxismo. Seu principal teórico foi Cornelius Castoriadis.

[15]Gianfranco Farina fez parte da experiência de *Classe Operaia*, mas não chegou a se incorporar no Potere Operaio. Manteve relações com os grupos anarquistas de 1970. Morreu na prisão, em 1981.

construção de um quadro que pudesse dar conta da composição técnica e política da força de trabalho. Panzieri abriu caminho para novos desenvolvimentos teóricos com sua releitura do volume I de *O Capital*, cujos resultados são seus trabalhos "O uso capitalista da máquina: Marx *versus* os objetivistas" e "Mais-valia e planificação, notas e leituras sobre o volume I".

O primeiro número dos *Quaderni Rossi* apareceu na segunda metade de 1961, gerando uma grande controvérsia no movimento operário. Um ano mais tarde era incorporado o núcleo romano ligado a Tronti. Contudo, em outubro de 1964, o grupo foi sacudido pela morte inesperada de Panzieri, da qual nunca se recuperaria, até desaparecer definitivamente quatro anos mais tarde. A polarização e as diferenças no interior do grupo não diminuíram; as diferentes interpretações sobre o comportamento de classe tiveram mais força do que a perspectiva comum de impulsionar uma prática política compartilhada. Na realidade, a corrente operaísta propriamente dita não se desenvolveria antes do surgimento de *Classe Operaia* em 1963. Apesar disto, pode-se dizer que nos três primeiros números de *Quaderni Rossi* já se haviam delineado os principais eixos que configurariam os temas centrais do operaísmo italiano.

Uma primeira tarefa visava a elucidar o significado atribuído ao desenvolvimento do capitalismo. Até aquele momento não eram poucos os que, amparados na relação binária *forças produtivas-relações sociais de produção*, apesar do ciclo econômico bem-sucedido do pós-guerra, postulassem a existência de uma oposição excludente entre capitalismo e desenvolvimento. Diante do milagre italiano, os teóricos do PCI e do PSI aderiram à leitura do crescimento vinculado ao desenvolvimento tecnológico interno e propulsor de uma força progressiva autônoma e inata. *Quaderni Rossi* rechaçaria a tese assentada nesta falsa relação binária, avançando no estudo da relação entre classe operária e desenvolvimento tecnológico, chegando a conclusões bastante críticas sobre a cultura sindical da Confederação Geral do Trabalho Italiana (CGIL, ligada ao Partido Comunista Italiano) e sua aceitação subalterna com relação ao desenvolvimento capitalista.

Em sua primeira contribuição a *Quaderni Rossi* "A fábrica e a sociedade" — de 1962 —, Tronti (2001), buscando *uma depuração marxista do marxismo*, tentava dar conta das mudanças que a generalização da mais-valia relativa, sob a forma de *capital social*, havia forçado na sociedade capitalista. O operaísmo tentava avançar na análise da relação entre luta de classes, desenvolvimento e formas de exploração. O exemplo histórico da lição britânica de meados do século XIX poderia ser sintetizado, segundo Tronti (2001, p. 51), no fato de que "a pressão da força de trabalho é capaz de construir o capital ao modificar sua composição interna, intervindo no interior do capital como componente essencial do desenvolvimento capitalista". Para Tronti, a relação social não está nunca separada da relação de produção, e a relação de produção se identifica cada vez mais com a relação social de fábrica. E a relação social de fábrica adquire cada vez mais um conteúdo diretamente político (ibidem, p. 58).

O segundo objetivo postulado por Tronti em "A fábrica e a sociedade" era descrever as dimensões que adquiria o processo de socialização capitalista. Em 1923 Lukács já havia argumentado em *História e consciência de classe* que o destino dos trabalhadores tornava-se o destino da sociedade em seu conjunto, na medida em que a fábrica contém, de maneira concentrada, toda a estrutura da sociedade capitalista. O advento da indústria em grande escala significava para Tronti que a fábrica passava agora não só a enfrentar a sociedade, como também tendia a absorvê-la completamente. Enquanto a subsunção de todas as relações sociais ao capital crescia com a generalização da relação salarial, a crescente proletarização das novas camadas sociais adquiria uma forma mistificada. "Quando a fábrica se apodera de toda a sociedade — toda a produção se converte em produção industrial —, os traços específicos da fábrica se perdem dentro dos traços genéricos da sociedade" (Tronti, 2001, p. 57). *Quando toda a sociedade é reduzida à fábrica, a fábrica enquanto tal tende a desaparecer*. Esta manifestação constitui, para Tronti, um dos fenômenos invertidos que se apresentam diante do surgimento da chamada "fábrica social".

O desenvolvimento da categoria *capital social* permitira ao operaísmo italiano assentar as bases de uma das grandes contribuições que realizou, com relação à modalidade de trabalho assumida pelas fábricas capitalistas modernas. Referimo-nos aqui ao caráter essencialmente social do poder do capital, o que Negri acabou chamando, em referência ao Estado, de Estado-plano*, e que Tronti já havia antecipado em seu livro. Com efeito, partindo da premissa de que o capital incorpora em *si mesmo* a classe operária, Tronti retomou o Marx de *O Capital*, a partir do qual analisa o processo de acumulação de capital como um processo essencialmente de acumulação de classes, da classe capitalista e da classe operária. E neste direcionamento analisa as formas como Marx abordou a circulação e a reprodução do capital no volume II de *O Capital*, incorporando simultaneamente a reprodução das classes sociais. A partir deste momento infere que aquela concepção, própria da economia política, que atava o capital à fábrica, tornava-se inadequada e mesmo errônea. E que a reprodução da classe operária incorporava não apenas o trabalho na fábrica, mas também o trabalho doméstico nas comunidades de trabalhadores. A acumulação de capital implicava não apenas a acumulação do *exército de reserva* — conceito desenvolvido no primeiro volume, no capítulo dedicado à acumulação —, mas também a acumulação do *exército ativo*, isto é, daqueles que trabalham para reproduzir a classe e daqueles que trabalham produzindo outro tipo de mercadorias *junto* à força de trabalho. A fábrica moderna, na qual trabalhava o operário, não poderia mais, na perspectiva de Tronti, ser remetida à fábrica clássica, já que esta havia ampliado suas fronteiras, incorporando o conjunto da sociedade. Nascia assim a categoria *fábrica social*. E, com isso, a categoria *operário* devia ser redefinida para incorporar os trabalhadores de fora da fábrica. O *operário-massa* convertia-se em *operário-social*. Esta concepção haveria de desempenhar um papel igualmente central no reconhecimento das lutas empreendidas pelos novos movimentos sociais, em particular o movimento das mulheres, como forma de expressão das lutas anticapitalistas.

De resto, o guarda-chuva do capital social invalidava toda derivação substantiva da concorrência intercapitalista, motivo pelo qual a contra-

*"Plano", ou seja, planejado. (*N. do R. T.*)

dição intercapitalista passou a ocupar o lugar de categoria subordinada, enquanto o capital lançava seu poder sobre o conjunto da sociedade. A partir daquele momento, a planificação socialista, como organização social que se contrapunha à anarquia capitalista, ficava ultrapassada diante do avanço da planificação capitalista. E, neste mesmo ato, o socialismo real era desfeito.

Não menos importante é a leitura que o operaísmo fará do Estado, a partir da análise de Tronti. Para esta corrente política, a máquina política de Estado tendia a identificar-se cada vez mais com a figura do capitalista coletivo; convertia-se cada vez mais em propriedade do modo capitalista de produção, operando, portanto, em função do capitalista. Daí que, no processo da morte do capital, o aparelho do Estado burguês deveria ser destruída com a fábrica capitalista. Na realidade, Panzieri já havia antecipado análises similares. A novidade em Tronti estava nas implicações políticas que daí em diante assumiria o duplo caráter do trabalho. A partir daquele momento, Tronti passava a analisar a classe operária em sua luta contra o capital, não mais como elemento externo ao próprio capital. "A classe operária deve descobrir-se a si mesma, sua materialidade, como *parte* do capital, se quiser depois contrapor *todo* o capital a si mesma. Deve reconhecer-se como um *elemento particular* do capital se quiser apresentar-se como sua antagonista *geral.*" Agregando em seguida que "o trabalho precisa ver a força de trabalho *enquanto mercadoria* como seu próprio inimigo, de maneira a poder declinar a íntima natureza do capital em potencialidade antagônica das partes que organicamente o compõem" (Tronti, 2001, p. 60).

O aspecto mais interessante deste argumento refere-se às conseqüências que traz embutidas a superação das relações sociais capitalistas, agora incorporando uma orientação completamente diferente daquela tradicionalmente adotada, desta vez dirigida para a construção da auto-organização produtiva operária. Se, como todos os descobrimentos de Tronti, a luta contra o trabalho era resultado de dedução lógica, este processo remetia a um escalão superior do marxismo, relacionado aos problemas que o trabalho parcelado da grande indústria representava para as forças que resistiam a ele. Embora este ponto nunca tenha sido motivo de discussão com Panzieri, a defesa realizada por Tronti sobre o antagonismo existente entre trabalho e força de trabalho constituiu, de fato, um sinal precoce a ser incorporado no vasto campo cultural que logo dividiria os *Quaderni Rossi*.

Ao enfatizar em "A fábrica e a sociedade" que as relações de produção eram principalmente relações de poder, Tronti recuperava o espírito política da *Crítica da economia política* de Marx, enquanto a identificação da contradição política, sob a forma mercadoria, promovia uma nova e genuína estratégia política anticapitalista.

De toda maneira, a importância particular que Tronti conferira, com Panzieri, à grande indústria e à força de trabalho empregada nesses espaços produtivos haveria de gerar não poucas contradições e desajustes teórico-metodológicos na continuidade do desenvolvimento da categoria *fábrica social*. Para Tronti, a noção de classe operária encontrava-se intimamente ligada aos trabalhadores das grandes empresas, e só aqueles que executavam tarefas manuais. De modo que, se este reducionismo contribuiu para focar a atenção sobre as fábricas de maneira poucas vezes vista até aquele momento na Itália (desde as notas sobre americanismo e fordismo de Antonio Gramsci), ao mesmo tempo esvaziava de conteúdo aquela imagem de um proletariado que se ampliava a partir da fábrica social. Tendo argumentado que a fábrica, longe de ser uma simples aglomeração de homens e máquinas, constituía o mais alto grau de desenvolvimento da produção capitalista, a maioria dos operaístas dedicaria poucos estudos ao mundo situado fora do processo imediato de produção.

Ao longo do desenvolvimento do operaísmo, a abordagem do papel da tecnologia no processo de desenvolvimento capitalista obteve significativa consideração. Uma das principais contribuições de Panzieri (s/d a) foi desafiar e se diferenciar daquela leitura, compartilhada por grande parte dos marxistas italianos, que consideravam o progresso tecnológico algo separado e descolado de toda relação de classe. Incapazes de visualizar que uma leitura assentada na suposta racionalidade objetiva e indiferenciada jamais poderia ser utilizada para analisar a produção capitalista, não conseguiam entender que era (e é) precisamente o despotismo capitalista que assume a forma da racionalidade tecnológica. O uso capitalista da máquina não constitui, afirmava Panzieri em seu trabalho, um desvio ou deformação de algum desenvolvimento objetivo que seja racional em si mesmo. Ao contrário, o capital determina tecnologicamente o desenvolvimento. Em segundo lugar, as gigantescas forças naturais e a massa de trabalho social estão incorporadas no sistema de maquinaria conjunto que, em termos globais, constitui o poder do patrão. Por isso, na relação com o trabalhador individual, o desenvolvimento tecnológico apresenta-se a si mesmo como desenvolvimento do capitalismo, *como capital*. À medida que o processo de industrialização avança, incorporando novos níveis de progresso tecnológico, verifica-se um crescimento contínuo da autoridade capitalista. Na realidade, na mente do capitalista o comando e a dominação do trabalho morto, na forma de ciência e maquinaria, eram uma só e mesma coisa (idem).

Ao mesmo tempo, enquanto o fluxo contínuo da produção oferecia ao capital, na época, novas possibilidades para consolidar seu poder, fortalecia, no olhar do operaísmo, o braço subversivo do trabalhador coletivo, à medida que potencializava seu poder disruptivo no próprio processo de produção. Esta leitura pressupunha aceitar que o processo de recomposição unitária não poderia ser alcançado, uma vez que a conexão entre os elementos tecnológicos e político-organizacionais (o poder) no processo de produção capitalista fosse negada ou deixada de lado. O nível de classe expressa a si mesmo não como progresso, mas como ruptura. Não como revelação de uma racionalidade oculta inerente ao moderno processo produtivo, mas como construção de uma nova racionalidade, contraposta de maneira radical à racionalidade praticada pelo capitalismo. Finalmente, implica dizer que o que caracteriza o processo nas grandes fábricas onde os trabalhadores adquirem a consciência de classe não é a demanda de expansão de sua personalidade no trabalho, e sim uma demanda motivada estruturalmente para exercer o poder econômico e político na empresa e, através dela, na sociedade (Panzieri, s/d a).

Mas Panzieri não só haveria de se levantar contra a concepção objetivista que reificava a racionalização da produção, contrapondo a esta concepção a idéia de que as "relações de produção estão presentes nas próprias forças produtivas", mas também iria questionar a concepção hegemônica no PCI e no PSI, bem como na esquerda sindical italiana, que atrelava o desenvolvimento do capitalismo italiano à consolidação da racionalidade exercida pelo capitalismo no âmbito da fábrica, mesmo em escala nacional. Seu trabalho "Mais-valia e planificação, notas de leitura de *O Capital*" (s/d a) buscava demonstrar que o desenvolvimento do planejamento capitalista estava fortemente relacionado com o uso capitalista da máquina, e que no mundo maduro da fábrica social o planejamento da esquerda havia se convertido na expressão da lei da mais-valia. Crítico da concepção assumida por Lenin com relação aos méritos da planificação, Panzieri concluiria que a repetição das formas capitalistas de produção, tanto no nível da fábrica, quanto no nível da produção social em seu conjunto, havia continuado, lenta mas ininterruptamente, na União Soviética, com a doutrina do socialismo em um só país, funcionando como uma enorme tela ideológica.

Panzieri combinou uma análise do crescimento do fordismo na Itália e a emergência do operário-massa desqualificado com uma reavaliação do trabalho feita pela Escola de Frankfurt, além da releitura de Marx sobre a dominação tecnológica. Neste processo, descobriu — da mesma maneira que antes dele os teóricos vinculados a *Socialismo ou Barbárie* — que a organização capitalista do trabalho promovida pelo capital era indissolúvel do objetivo capitalista de busca permanente da divisão e controle sobre o movimento operário. Dessa maneira, Panzieri formulará a idéia de que a evolução tecnológica do capital encontra-se modelada de maneira substantiva pela resposta que o capital precisa promover ante as lutas operárias permanentes. Neste sentido, 1930 marcou — para Panzieri — o começo de uma nova fase de planejamento capitalista, como resposta à dinâmica original que assumia a luta de classes no marco da revolução tecnológica capitalista, e como resposta da organização operária. O que este trabalho fazia emergir era o caráter incontrolável, na perspectiva da planificação capitalista, das lutas operárias.

A incorporação da autonomia operária na teoria do desenvolvimento capitalista implicou uma nova forma de apreender e relacionar a luta de classes com o desenvolvimento da estrutura da divisão capitalista do trabalho. Essa deixava de ser vista de maneira excludente como a arma hierarquizada utilizada pelo capitalista para debilitar o operário, ao mesmo tempo que era incorporada a idéia de que as lutas operárias contra o uso capitalista da tecnologia poderiam levar simultaneamente a uma recomposição das relações de poder em favor da classe operária. De fato, significava uma nova maneira de compreender tanto a natureza do capital quanto sua relação com a organização da classe trabalhadora.

A partir de uma reinterpretação do "Fragmento sobre as máquinas", dos *Grundrisse*, Panzieri formularia uma aguda crítica à visão fatalista e objetivista dos sindicatos italianos com relação ao progresso tecnológico. Com efeito, com esta leitura os sindicatos acabavam limitando suas demandas à correção dos excessos provocados pelo desenvolvimento tecnológico, sem entender que este fortalecia ao mesmo tempo a estrutura autoritária na fábrica. Nas palavras de Panzieri, "o despotismo capitalista toma a forma da racionalidade tecnológica" (citado por Bologna, 1991). Neste sentido, era pouco o que faziam os sindicatos para corrigir distorções e disfunções, enquanto aceitavam a ordem imposta pelo capital fixo como uma espécie de imperativo ajustado à racionalidade tecnológica.

De qualquer maneira, tendo corretamente criticado todos aqueles que prognosticavam que o desenvolvimento italiano estava condenado ao estancamento, Panzieri incorreria no erro oposto de superestimar as perspectivas de crescimento sem contratempos sob o planejamento capitalista, associando, de modo equivocado, a tendência geral do capital a uma manifestação particular da sua ação. Panzieri iria ainda mais longe, quando, ao defender que a única ameaça ao capital provinha de algo legitimamente externo, deixou de lado as leituras de Tronti, que enxergava no capital uma relação de classe assentada na unidade forçada de elementos não idênticos e potencialmente antagônicos. Na sua análise do planejamento capitalista Panzieri confundiria o desenvolvimento lógico de *O Capital* com o curso histórico assumido pela relação social, processo que o conduziria ao erro de pretender elaborar uma nova teoria a partir dos laços que assumiam, nesse momento histórico, a racionalidade instrumental do capital na fábrica, a sociedade e o Estado. Apesar disso, entretanto, não se pode negar o aporte inestimável de Panzieri ao desenvolvimento do operaísmo italiano.

Outro dos temas que percorreu a maioria dos ensaios publicados nos *Quaderni Rossi*, diretamente relacionado com o desenvolvimento da categoria *composição de classe*, foi a insistência na existência de uma nova classe operária com necessidades e comportamentos que não se correspondiam com as que caracterizavam o velho movimento operário. Baseados inicialmente nos trabalhos que Romano Alquati realizara em duas das maiores firmas da Itália — Olivetti e Fiat —, acabariam registrando problemáticas não detectadas pela esquerda sindical tradicional. Assistia-se a fortes mudanças na composição de classe a partir de um processo de desqualificação e requalificação da força de trabalho, enquanto se incorporava ao processo de produção uma nova força de trabalho, ainda que de menor qualificação. Esse processo de socialização massiva da desqualificação provocou, paralelamente, o esvaziamento do trabalho do seu conteúdo concreto, enquanto potencializava seu caráter abstrato, comum a todos os trabalhadores. Embora o relatório de Alquati sobre a Fiat não mencionasse de maneira explícita a categoria *composição de classe*, dava conta dela de fato ao abordar as variadas formas que adotava o comportamento da classe em momentos em que se inseriam formas particulares de força de trabalho em processos de produção específicos. O relatório de Alquati não somente deixava de lado qualquer etiqueta sobre uma classe mitologizada como objeto de estudo por inúmeros intelectuais de esquerda, que tinham rejeitado veementemente qualquer comportamento que a distanciasse da ideologia socialista e que a aproximasse do espontaneísmo, como também, ao mesmo tempo, reposicionava o espontaneísmo e adotava uma leitura de *Que fazer?* onde a espontaneidade era vista como a forma embrionária da consciência. Não se tratava de descartar as ações espontâneas. Pelo contrário, Alquati reconhecia nelas um significado político inato. Visto desta maneira, o termo *espontaneidade* conferia um significado à já existente, porém invisível, forma de organização alcançada pelos trabalhadores na ausência de uma organização opéraria formal.

Embora a tensão entre ser e consciência, entre condições materiais e subjetividade, tenham sido lugares-comuns em Marx, seus seguidores tinham congelado essa relação abordando tal tensão a partir de rígidos preconceitos imutáveis no tempo e no espaço. Apesar de Alquati concordar com Lenin em que a consciência de classe provinha de fora, ele rejeitava a idéia de que a mesma pudesse fazê-lo fora do processo produtivo. Finalmente Alquati não considerava, ao contrário de Lenin, a organização política mero reflexo da divisão capitalista do trabalho. Na verdade, esta devia ser enxergada como resposta ao irracionalismo do próprio processo de produção. Alquati aproximava-se do que ele mesmo denominaria no seu relatório o tema fundamental do marxismo-leninismo, aquele da transformação das forças objetivas em forças subjetivas, quer dizer, a problemática da organização política. Levantava a questão de que a organização política deveria responder à realidade atual da exploração de classe. Igualmente, no relatório da Fiat, Alquati mostrava-se influenciado pela ideologia da auto-organização produtiva tão defendida por Panzieri e a ultra-esquerda da época. Sua leitura, nesse aspecto, retomava as idéias de *Socialismo ou Barbárie*, que via na divisão social do trabalho tanto a expressão de um setor que dirigia o trabalho e a vida social, quanto a de um setor majoritário que simplesmente executava. De qualquer forma, suas análises não consideravam as idéias de Panzieri, para o qual, em determinadas circunstâncias, as próprias relações de classe podiam assumir a forma de máquinas. É possível concluir que, apesar de o primeiro trabalho de Alquati sobre a Fiat ter servido para aprofundar alguns aspectos e transformações na classe operária italiana, ele não deixou de ser o produto de um olhar político tradicional, embora dissidente.

O trabalho sobre a Olivetti, ao contrário, mostraria uma notável influência das idéias desenvolvidas por Tronti e Panzieri. Comparado ao relatório sobre a Fiat, o trabalho sobre a Olivetti colocava ênfase particular na análise da relação entre operários e máquinas. Agora, para Alquati, a introdução da nova maquinaria era uma amostra do nível geral e da qualidade das relações de força entre as classes naquele momento. Da mesma forma que Taylor tinha desintegrado politicamente o proletariado como força política, o comando capitalista, mediante a introdução das máquinas, poderia atingir o mesmo objetivo. A máquina era vista como parte integrante do edifício de dominação capitalista socializado (Wright, 2002, p. 55). Para Alquati, falar de desenvolvimento capitalista em termos de forças produtivas socialmente neutras, imersas em relações de produção decadentes, já não era adequado. Devia-se substituir essa visão por uma leitura de oposição de classe contra classe com final aberto.

Surgia assim uma nova corrente marxista fundada na relação estabelecida entre a autonomia da classe com relação ao poder do capital e a organização que a própria classe podia construir, mostrando como os operários forjavam e descartavam formas de organização de acordo com o caráter concreto que assumia a relação de classe. Sindicatos, partidos social-democratas, conselhos operários, partidos leninistas constituem nesse sentido, para a corrente operaísta, produtos históricos particulares de organização da classe. Desta maneira, deslocava-se o foco de estudo do autodesenvolvimento do capital ao autodesenvolvimento da classe trabalhadora, pondo a nu nesse ato o idealismo daqueles marxistas que concebiam um caráter permanente e eterno das relações estabelecidas entre a forma do capital e as formas de organização da classe operária. Dessa maneira, foi sendo elaborado um corpo teórico que buscava dar conta de um paulatino deslocamento — em ato — dos operários italianos com relação a suas organizações *oficiais*, assim como o deslocamento de seus pontos de referência orientados a novas modalidades de organização.

Paralelamente, desenvolveu-se uma corrente de pensamento que apreendeu a relação entre a dinâmica das lutas operárias européias contra a *planificação* capitalista e os diversos termos de unidade e organização que a classe assumia na confrontação com o capital. Estabelecia-se assim uma relação entre a *composição de classe* e as formas de *organização das lutas*. Sergio Bologna (1977), em seu estudo sobre os processos de sovietização e das formas-conselho na organização dos operários alemães, estabeleceu uma correlação entre as modalidades particulares que assumia a organização impulsionada pela apropriação dos instrumentos de trabalho e a alta concentração de trabalhadores qualificados e prévio controle destes instrumentos. Dito de outra maneira, tratava-se de uma relação entre a composição de classe e as formas de organização adotadas.

Essa abordagem tentou dar conta não apenas das lutas no chão da fábrica, mas também do papel do Estado keynesiano no milagre econômico italiano do pós-guerra. Neste ponto, expressava-se mais uma vez uma ruptura e/ou distanciamento da Escola de Frankfurt. A Escola de Frankfurt, com efeito, abordou o keynesianismo como uma tentativa capitalista de controle e integração do movimento operário ajustado a uma lógica de consumo, na medida em que buscava satisfazer suas necessidades de consumo.

As análises do Toni Negri no tocante a este tema constituíram uma importante resposta a essa concepção.

O OPERAÍSMO PROPRIAMENTE DITO: *CLASSE OPERAIA*

Podemos situar o nascimento do operaísmo nos acontecimentos da Piazza Statuto em 1962, quando dezenas de milhares de operários do setor metal-mecânico e estudantes assaltaram e incendiaram em Turim os escritórios da União Italiana do Trabalho (UIL), a menor e mais conservadora das três maiores confederações sindicais italianas. O protesto contra a organização sindical, que contou inclusive com a participação de membros da própria UIL, teve origem na sabotagem realizada pela UIL da primeira grande greve iniciada pelos trabalhadores da Fiat, que se propunham justamente assinar um convênio com a empresa não tutelado pela UIL. Os acontecimentos da Piazza Statuto levaram os *Quaderni Rossi* a uma crise quase terminal, apesar das tentativas de Panzieri em descolar seu grupo desses acontecimentos e manter os laços já debilitados da revista com a CGIL, o PSI (do qual tinha sido membro do Comitê Central) e o próprio PCI, em prol de um reposicionamento político sem rupturas. Contudo, também integravam os *Quaderni Rossi* aqueles que lutavam por criar um novo movimento que, desenvolvendo-se na era do pós-comunismo, fosse capaz de experimentar uma nova forma de fazer política com a classe trabalhadora. Nesse sentido, o papel de Antonio Negri foi central e decisivo. Mais do que qualquer outro membro, Negri impulsionou fortemente esta última linha de trabalho, procurando convencer Panzieri de que aquele era o caminho correto (Bologna, 1991).

Piazza Statuto implicou o abandono definitivo de toda e qualquer tentativa de racionalização e trabalho em comum com o sindicalismo organizado por parte dos militantes operaístas ligados aos grupos autônomos. A partir de agora, apoiados na iniciativa de grupos do Vêneto que, a partir da organização de Comitês de Base de Porto Marghera*, impulsionavam a reanimação do trabalho político industrial entre os metal-mecânicos e da disposição favorável do grupo romano de Tronti, abria-se uma nova etapa de intervenção dos grupos autônomos em direção a uma propaganda de agitação de caráter nacional. Começava no grupo uma época de discussão sobre os métodos de luta apropriados, de diferenciações com relação ao comportamento operário, onde a sabotagem, como arma ofensiva de manifestação antagônica aberta com o capital, determinava diferenças cada vez mais profundas no interior dos *Quaderni Rossi*. Naquela época, Panzieri caracterizava a sabotagem como expressão permanente da derrota política dos trabalhadores. Estávamos no limiar da separação definitiva entre os *Quaderni Rossi* e o operaísmo nascente propriamente dito, que começava a consolidar-se no âmbito nacional.

É possível afirmar que a fase de desenvolvimento do operaísmo clássico começou com a aparição do jornal de Tronti — *Classe Operaia*. O novo grupo baseou-se fundamentalmente em Roma e no Vêneto, regiões onde as defecções dos *Quaderni Rossi* tinham sido quase totais. O novo jornal operaísta mobilizou os novos componentes do operaísmo italiano sob as idéias de: a) identificação da classe operária com o trabalho subsumido no processo imediato de produção; b) a ênfase na luta salarial como chave do conflito político; e c) a resistência da classe operária como força motora da sociedade capitalista. De qualquer maneira, o novo grupo, apesar dos esforços realizados e da importância que ele dava às

*Zona Industrial de Veneza. (*N. do R. T.*)

concentrações operárias do norte italiano, não alcançou significativa penetração política nas fábricas.

Em janeiro de 1964 apareceria no primeiro número de *Classe Operaia* o trabalho do Tronti "Lenin na Inglaterra" (cf. Tronti, 2001, p. 93-99), que se transformou em um verdadeiro ponto de ruptura, ao levantar claramente, pela primeira vez, a inversão da primazia entre trabalho e capital. Nesse trabalho, Tronti advertia: "Temos trabalhado com um conceito que coloca em primeiro plano o desenvolvimento capitalista e os operários em segundo. Isso é um erro. E agora devemos colocar o problema no seu lugar. Começar pelo princípio, e o princípio é a luta de classes" (Tronti, 2001, p. 93).

Nesta perspectiva, a reestruturação capitalista mundial somente podia ser compreendida como resposta ao movimento da classe trabalhadora que se tornou uma massa social em posse das mesmas atitudes coletivas, as mesmas práticas básicas e o mesmo crescimento político unificado. Tratava-se, para Tronti, de construir uma nova mirada política capaz de incorporar a totalidade do ponto de vista operário, levando adiante o projeto político de Lenin da tomada do poder na maturação do desenvolvimento capitalista analisado por Marx (ibidem, p. 99). O ponto de partida do Tronti assentava-se no ciclo de lutas inaugurado naquela época, processo que indicava a rejeição de importantes setores sociais a toda restrição salarial e à excessiva disciplina do trabalho exigida e imposta pelas inovações tecnológicas em curso. Para o capital, tratava-se de introduzir um elemento de flexibilidade nas relações industriais, ao passo que se mantinha a relação de funcionalidade que garantia o regime de acumulação. Na prática, para *Classe Operaia*, esse vínculo garantia uma política salarial que institucionalizara a relação entre os aumentos de salário e os incrementos de produtividade. Para Tronti, os aumentos salariais deviam ser levados além dos ganhos de produtividade, provocando assim seu desequilíbrio e assumindo tal ação como um fato político — que devia ser entendido enquanto tal e utilizado nesse sentido.

Nesta perspectiva, com efeito, a clássica distinção entre luta econômica e luta política deixava de ter sentido na medida em que as principais relações de poder remetiam ao espaço da produção. De acordo com os fundamentos do capitalismo moderno, desde o ponto de vista operário, a luta política é aquela que tende conscientemente a provocar a crise do mecanismo econômico do desenvolvimento do capitalista (ibidem, p. 116). Para Tronti, o desenvolvimento capitalista devia ser entendido como uma série de ciclos políticos que não necessariamente devem coincidir com os ritmos econômicos: "O desenvolvimento do capitalismo caminha sobre uma cadeia de conjunturas. Afirmamos que cada elo desta cadeia oferecerá a ocasião de um enfrentamento aberto, de uma luta direta, de um ato de força; e que o elo em que a cadeia se quebrará não será naquele em que o capital é mais débil, mas naquele em que a classe operária seja mais forte" (ibidem, p. 105).

A lógica dessa análise rejeitava completamente a tese leninista de que o capitalismo se desmoronaria onde o elo da cadeia fosse mais débil, e também a chamada via do Terceiro Mundo para o socialismo, na época muito difundida na nova esquerda ocidental.

Neste aspecto, referido ao papel central outorgado às lutas operárias na dinâmica da produção capitalista, pode-se sintetizar uma das principais contribuições do operaísmo italiano. Fazendo uma analogia com a revolução de Galileu, podemos dizer que se tratava de uma verdadeira revolução copernicana, em que o papel de Ptolomeu estava reservado à concepção sustentada no materialismo dialético. Com efeito, o materialismo dialético, no quadro do marxismo oficial, supunha que as relações sociais de produção — quer dizer, as relações de classe — são dependentes das relações de produção; as quais, por sua vez, desempenham papel determinante no desenvolvimento das forças produtivas. Essa abordagem da dinâmica capitalista trazia também implícito o fato de que no jogo das tensões entre as relações econômicas e as relações sociais eram (e são) os aspectos econômicos os determinantes em última instância. As relações de classe assumiam (e assumem) uma existência dependente e subordinada nessa implacável dinâmica. O complemento desse discurso é conhecido: o feudalismo está relacionado com o moinho d'água; a burguesia, com a máquina a vapor; e os sovietes, com o motor elétrico. E o modo de produção socialista deverá seguir o da produção capitalista, quando o desenvolvimento das forças produtivas — isto é, a ciência, a tecnologia e a acumulação de capital — rompa os alicerces das superestruturas obsoletas, essencialmente as jurídicas e políticas.

Restam hoje poucas dúvidas de que esse marxismo oficial, tão pobre em qualidade — "verdadeira fábula para crianças", como escreveu Tronti em *Operai e Capitale* — desempenhou o papel de poderoso extintor de toda racionalidade política, sob a aparência de favorecer os interesses do líder operário mundial, enquanto o tornava funcional para a manutenção do *status quo* nos países desenvolvidos e à construção de um socialismo em estágios, processo que para muitos era semelhante a uma acumulação capitalista disfarçada. Se nos anos 1960 as teses operaístas apareciam como provocadoras, trinta anos mais tarde, aos olhos de seus principais opositores, essa *inversão* — pivô central das idéias operaístas — constitui ainda um ponto de fricção importante, gerador de inúmeros problemas que acompanham a abordagem de suas concepções. Dificuldades ainda muito mais agudas que as imaginadas com relação a certas categorias operaístas que têm sido incorporadas quase como um dogma religioso. Nesse sentido, podemos mencionar o conceito de *operário-massa*, como oposto ao de *operário qualificado*, o qual tem sido assumido como fragmento do seu edifício teórico, apesar de ser completamente alheio ou quase estranho ao seu espírito.

Para o operaísmo, tratava-se de compreender uma das mais complexas formações que já existiram: *o capitalismo mundial integrado* (Negri e Guattari, 1985, p. 47), desde uma ótica particular capaz de dar conta das brutais recessões capitalistas, inclusive da sua irracionalidade mais incompreensível. Qual é a tese principal sustentada pelo operaísmo? Ali onde a historicidade acadêmica contemporânea, recatada, prudente e igualmente cética exibe-se enfatizando a pluralidade das causas geradoras da crise; ali onde o marxismo gramsciano historiciza a contradição, e onde o marxismo althusseriano sobredetermina a contradição, pela vigência de uma estrutura ausente, o operaísmo regressará ao nível quase mais simples da explicação. Tronti, em *Lenin na Inglaterra*, formulou essa concepção quando fez da classe o motor dinâmico do capital, enquanto retornava, simultaneamente, ao capital dependente da classe;

concepção que significava uma verdadeira inversão das perspectivas políticas. Desta perspectiva, a única leitura capaz de dar sentido ao mundo da produção capitalista de maneira profunda e exaustiva, e que permita alcançar sua dimensão ontológica, é examinar a história daquilo que os operaístas chamarão de *articulação da classe operária*.

O processo de *articulação da classe operária* estava assentado em dois aspectos centrais: a) a primazia das relações de classe *vis-à-vis* as relações de produção; b) a assimetria particular resultante da socialização produzida e o poder exercido pelas duas classes fundamentais, mediante o intercâmbio de equivalentes trabalho-dinheiro, em benefício da classe operária.

O primeiro aspecto tem a ver com a constituição das mesmíssimas relações capitalistas, a partir da separação dos produtores diretos dos seus instrumentos de trabalho. A unidade contraditória constituída pela confluência da venda da força de trabalho pelo operário e a falta dos instrumentos de trabalho como condições próprias do trabalho dá lugar, segundo o operaísmo, à *relação de classe*. De fato, as classes não existem previamente a essa unidade contraditória. São o produto dessa unidade entre os dois pólos, pelo que, de alguma maneira, podemos afirmar que as classes são antecipadoras.

O segundo aspecto, igualmente crucial para o operaísmo, destaca que na gênese do modo de produção capitalista não existe nascimento simultâneo da classe operária e da classe capitalista. Historicamente, pode-se demonstrar na trajetória que vai desde o trabalhador que vende individualmente sua força de trabalho — logo, o proletário —, passando pela classe operária e suas distintas formas de negociação — desde a grande fábrica fordista até a fábrica automatizada. De toda maneira, segundo o operaísmo, é possível afirmar que o movimento operário tem mostrado sempre graus de socialização superiores aos da sua classe antagônica. Onde estaria então, na perspectiva operaísta, a superioridade do modo de produção capitalista com relação aos modos de vida anteriores? No fato de que a forma valor de troca do salário deixa indeterminada a forma valor de uso. Isto é, no nível microeconômico, no curto prazo, os trabalhadores assalariados desconhecem o valor de uso da sua força de trabalho e sua própria produtividade, que serão posteriormente determinadas, de maneira retrospectiva, pela mecanização que as confronta. No longo prazo, será possível alcançar algum equilíbrio quando o trabalhador, a partir da experiência passada, seja capaz de prognosticar o uso da sua força de trabalho e modificar assim seu valor de troca. Enquanto isso, no nível macro o essencial é o surgimento da mais-valia absoluta e relativa. Opondo-se ao dinheiro — condição de trabalho — como condição do capital e possuindo simultaneamente a qualidade de rejeitar toda valorização do capital, os trabalhadores aceleram a socialização da relação, enquanto suas lutas potencializam a subsunção real do trabalho pelo capital.

A classe operária oferecerá às relações sociais de produção uma tendência quase permanente para o conflito, ficando em mãos do capital a capacidade para se auto-organizar, reagir e contornar as dificuldades manifestas. Que outro significado podemos atribuir à questão levantada por Tronti de que a particularidade da mercadoria força de trabalho é seu valor de uso, e que é o valor de uso que a constitui como classe operária? Em outras palavras, sem as lutas da classe trabalhadora o capitalismo teria permanecido como um sistema vulgar assentado na geração de mais-valia absoluta, oferecendo uma perspectiva de futuro tão triste e desoladora quanto a da escravidão. Sem a contínua pressão interna subjacente, não teria havido novos mecanismos, inventos, nem a progressiva incorporação da ciência às cambiantes condições do trabalho; e a acumulação capitalista teria permanecido mais próxima à acumulação de castelos e jóias do que de máquinas e equipamentos. Dessa forma, a lei da acumulação não pode ser entendida como um mecanismo econômico dotado de algum grau de autonomia para a geração suficiente de mais-valia absoluta ou relativa. A acumulação representa a única via consistente para controlar e conter o antagonismo onde reside todo o mistério da geração de mais-valia. As modalidades próprias da acumulação, isto é, seus ritmos, setores, períodos, dinâmicas etc. são formas de reação capitalista frente a uma dada composição de classe alcançada. Nesse momento, produz-se *a inversão da perspectiva marxista* existente até aquele momento.

Na seção central de *Operários e capital*, "Marx, força de trabalho, classe operária", Tronti (2001, p. 127 e seguintes) argumentará que as chamadas leis econômicas deviam ser redescobertas como forças políticas, a partir das quais as lutas da classe operária funcionam como motor. A mesma formulação devia ser aplicada ao núcleo central marxista da *Crítica da economia política*, a lei do valor. Para Tronti, resultava falso interpretar a lei do valor como prova de que os trabalhadores produzem toda a riqueza na sociedade, rejeitando esse argumento por considerá-lo moralista e incorreto. O aspecto crucial devia ser enxergado segundo ele no fato de que, ao aceitar que o trabalho é a medida do valor, o capital reconhecia sua dependência da única mercadoria que dispunha do potencial suficiente para destruí-lo completamente. Para Tronti, "Valor trabalho quer dizer, portanto, *primeiro a força de trabalho e depois o capital*; quer dizer, capital condicionado pela força de trabalho, movido pela força de trabalho; nesse sentido, valor *medido* pelo trabalho. *O trabalho é medida do valor porque a classe operária é condição do capital*" (Tronti, 2001, p. 234).

Em tempos em que a generalização da produção mecanizada projetava a diluição do caráter individual do trabalho, a estratégia de oposição ao trabalho assalariado encontrava seu sustento material no fato de que a moderna classe operária "só tem que olhar para si mesma para destruir o capital. Deve reconhecer-se como potência política. Deve negar-se como força produtiva" (ibidem, p. 270). Nessa perspectiva, Tronti outorgaria uma importância singular aos que estivessem ligados ao processo de produção. "Não podemos compreender o que *é* a classe operária se não enxergamos *como ela luta*" (ibidem, p. 209). Para Tronti, será precisamente no terreno da produção, como espaço privilegiado, que, através da luta, a composição de classe poderá experimentar um salto político[16]. Nessa direção, resgatava toda oposição operária ao capital no processo produtivo, inclusive a passividade, entendida diferentemente de Panzieri, que a considerava muitas vezes uma derrota política, como

[16]"O operário sai do processo de produção diferente de como entrou nele. [...] Esta diferença supõe um autêntico e verdadeiro salto político" (Marx, 1975a, p. 212).

uma opção possível de resistência operária frente a um novo processo de desenvolvimento capitalista[17]. Como a opção colocada de fora, expressa na "renúncia da classe operária a sentir-se parte ativa da sociedade do capital". Para abordá-la logo depois como organização sem organização, espontaneidade da passividade, entendida como organização operária sem institucionalização burguesa (ibidem, p. 271). Talvez a maior importância de "Marx, força de trabalho, classe operária" resida no apelo à nova esquerda italiana para investigar "o que tem acontecido dentro da classe operária depois de Marx" (ibidem, p. 272).

Falar de modificação nas relações sociais de produção já significava em si um corte abrupto com as concepções do marxismo oficial, que as via como categorias rígidas e sem variações no tempo. De qualquer maneira, o caminho a percorrer nessa transformação da socialização, subjacente à constituição e reconstituição das relações sociais de produção, as quais ia (vai) modelando, estava cheio de riscos. A classe capitalista não surgiu espontaneamente da cabeça de Taylor ou de Marx. Sua experiência e resposta somente foi possível a partir da dinâmica social que imprimia o movimento de massas. É essa dissimetria, a tão apregoada falsa homologia das relações de classe, que pode iluminar o caráter *miraculoso* dos acontecimentos que se têm transformado em revolução, permitindo uma abordagem igualmente nova com relação aos processos contemporâneos. Da mesma maneira, permitindo uma leitura enriquecedora e original dos fenômenos contemporâneos, tal como a fase de internacionalização do capital aberta sob o imperialismo. Com efeito, fiéis a essa concepção, os operaístas interpretaram a exportação de capitais não como simples exportação de produtos ou mercadorias, mas de relações sociais, isto é, de luta de classes, uma forma de o capital controlar sua própria classe operária. Essa interpretação permitir-lhes-ia dar conta, de maneira distinta, tanto das concepções assentadas no ciclo produtivo do Vernon, da dinâmica schumpeteriana dos empresários, ou ainda

[17]"A passividade das massas era sempre conseqüência ou de uma derrota política dos operários, imputável às organizações oficiais, ou de um avanço no desenvolvimento capitalista na apropriação das forças produtivas sociais" (Tronti, 2001, p. 271).

das vicissitudes do sistema monetário internacional após a ruptura da convertibilidade ouro-dólar em 1971. Enfim, também distinta da moderna fase de internacionalização do capital na era do capitalismo global como reação à homogeneização da composição de classe, aliás muito mais unificada no seu comportamento individual do que normalmente se reconhece.

ROMANO ALQUATI, A SUBJETIVIDADE OPERÁRIA E *CLASSE OPERAIA*

Dando continuidade aos grupos de estudo iniciados por Panzieri, *Classe Operaia* prolongou a pesquisa com relação ao comportamento da classe operária, com base nos estudos de Alquati. Com efeito, Romano Alquati e outros, em particular aqueles que trabalhavam nas cidades com altas concentrações operárias, como Milão, Turim, Porto Marghera, tentaram compreender a dinâmica dos movimentos dos trabalhadores e prever os tempos de greves e revoltas, para poder estabelecer as conexões existentes entre eles. Tratava-se de um pensamento genuinamente operaísta a serviço da recomposição de classe.

Na primeira contribuição que fez à revista Alquati focalizou o estudo nas greves selvagens da Fiat de 1963, que tinham sido portadoras de uma nova vanguarda de massas em movimento. A característica mais importante dessas lutas é que se afirmavam na recusa a desempenhar qualquer papel mediado pelas normas das relações industriais estabelecidas. Nesse contexto, as lutas tornaram-se imprevisíveis e excluíam os sindicatos enquanto direção. Alquati tampouco compartilhava a idéia de que se tratava de lutas "transicionais" até que se fossem alcançadas novas modalidades de organização.

Os aspectos mais interessantes do relatório de Alquati, "Luta na Fiat", estão relacionados com a recusa explícita da ideologia da autogestão e das tentativas em identificar o fio condutor que percorre desde as formas de luta aberta — como a greve selvagem — às formas de resistência mais subterrâneas. Para Alquati, as suspensões e paradas na linha de produção eram significativas dos desejos e da consciência revolucionária dos trabalhadores, expressando sobretudo a recusa a toda demanda do patrão. Tais ações independentes eram demonstrativas de que os trabalhadores haviam começado a enfrentar metas inteiramente diferentes das colocadas pela CGIL, isto é, tratava-se da organização na perspectiva de uma autogestão política por fora da produção capitalista e contra o poder político do capital em geral.

Desenvolvendo a temática da composição de classe a partir dessa concepção, o grupo de Tronti tendia a rejeitar toda noção de consciência de classe como agregado externo à filosofia de vida de cada trabalhador. A luta era vista como o melhor educador da classe operária, na medida em que ligava os diversos estratos da força de trabalho e transformava o conjunto das forças de trabalhadores individuais em uma massa social, o operário-massa. Era precisamente a luta que distinguia a autonomia da classe dos movimentos do capital, assim como a articulação objetiva da força de trabalho. Negri afirma neste sentido: "A classe operária apresenta-se cada vez mais compacta internamente e busca, em si mesma, articular-se com maiores níveis de unidade na organização. Hoje o conjunto da classe operária em luta é a vanguarda".[18] Entretanto, os limites dessa aproximação teórica da *Classe Operaia* mostravam-se evidentes quando argumentava que "a espontaneidade da passividade devia ser entendida como uma instância do antagonismo de classe, uma forma de organização sem organização" (Tronti, 2001, p. 271).

De toda maneira, os argumentos de Alquati levantaram a contradição que haveria de percorrer o operaísmo clássico: a insistência, por um lado, na natureza do antagonismo permanente da força de trabalho nas relações de produção capitalista, enquanto se falava, por outro lado, de um *caminho tecnológico da repressão* (Negri, 2002, p. 14), através do qual o capital estaria em condições de destruir a qualidade política das concentrações de poder alcançadas pela classe operária. Diferentemente de muitos marxistas, os editores de *Classe Operaia* jamais acreditaram que a reconfiguração da classe operária em uma formação social parti-

[18]Antonio Negri, "Operários sem aliados", publicado em *Classe Operaia*, 3 de março de 1964 (citado por Steve Wright, 2000).

cular fosse um acontecimento restrito a determinado período de tempo. Era muito mais o resultado do desenvolvimento de um jogo entre as articulações da força de trabalho produzidas pelo desenvolvimento capitalista e as lutas de classe operárias pela sua superação. Mas qual desses elementos era o mais forte? A continuidade da luta ou a habilidade do capital em decompor o antagonismo? A reorganização produtiva, que se seguia a todo conflito industrial, implicava a destruição do sujeito político? Ou estaríamos diante de uma criatura monocelular que podia ser dividida infinitamente enquanto mantinha seu código genético? Seria suficiente argumentar, com Negri e Tronti, que a reestruturação do capital simplesmente deslocava o conflito para níveis cada vez mais elevados de socialização? Finalmente, qual o papel, se é que existia algum, a ser atribuído ao problema da memória na reprodução do antagonismo de classe? Todas essas interrogações alcançariam muita importância no final da década seguinte.

Entretanto, no final da década de 1960, a maioria dos operaístas considerava suficiente levantar, de maneira reducionista, a questão de uma determinada relação entre a articulação material da força de trabalho na composição orgânica do capital — quer dizer, a composição técnica de classe — e sua luta para superar tal subordinação em novos espaços de unidade política. Contudo, Alquati, ainda nos *Quaderni Rossi*, tinha ido além desse reducionismo ao relacionar a hostilidade inerente do trabalho para com o capital com os problemas advindos do amplo *gap* cultural entre os milhões de novos trabalhadores do milagre italiano e a velha mão-de-obra industrial. Em *Classe Operaia* Alquati aprofundará sua compreensão da cultura de fábrica colocando a ênfase na importância que os filtros e transmissões da memória entre gerações sucessivas de trabalhadores proporcionavam à experiência imediata da produção. A partir dos estudos realizados em *Classe Operaia* Alquati começou a se distanciar tanto da noção convencional leninista da organização da vanguarda quanto da simplificadora caracterização de uma classe operária como massa única e homogênea, tão própria de *Classe Operaia*. Dessa maneira, suas pesquisas sobre as formas invisíveis de organização da classe adquiriram substância, podendo ressaltar aqueles elementos da resistência operária que, a partir da organização do trabalho e das redes sociais, já tinham sido explorados por alguns radicais americanos. A classe operária italiana não podia ser abordada como uma massa social compacta, e sim sob um olhar em que essa homogeneidade fosse uma meta a ser alcançada e pela qual lutar.

A leitura de Aquati ia em direção diametralmente oposta à do velho "conselhismo" comunista. A partir da categoria *fábrica social*, seu argumento era de que nenhum aspecto da vida do operário poderia fugir do alcance da dominação capitalista direta. Entretanto, a insistência de *Classe Operaia* sobre a centralidade do trabalho produtivo no processo de produção direto imporia sérias restrições às interpretações das relações de classe fora do mundo da produção imediata.

TEORIA E PRÁTICA

Para o operaísmo clássico a teoria estava assentada tanto no conhecimento centífico quanto na própria prática. Para Tronti, "o conhecimento está ligado à luta. Conhece verdadeiramente quem verdadeiramente odeia" (Tronti, 2001, p. 19). O ponto de vista da classe operária é, portanto, o de "uma ciência social não objetiva, que não pretende sê-lo" (ibidem, p. 242), cuja motivação é apoiada no ódio de classe, por aquela parte que deseja derrocar a sociedade.

Quando em 1996 as contribuições de Tronti em *Quaderni Rossi* e *Classe Operaia* foram reeditadas no livro *Operários e capital*, também foi publicado seu trabalho *Marx, força de trabalho, classe operária* (Tronti, 2001, p. 127 e seguintes), escrito no mesmo ano em que saía *Para ler O Capital* de Louis Althusser. Buscando estabelecer as premissas metodológicas para uma ciência de classe, tomando como ponto de partida as duas categorias centrais em Marx, Tronti tentava dar conta de uma leitura de *Crítica da Economia Política*. Para desgosto dos partidários de Althusser, Tronti não acreditava que a dita ciência pudesse depender de provas internas verificáveis. Se a teoria informa a prática, permitindo organizar os fatos e penetrar no mundo da nova aparência, era igualmente certo que determinados avanços teóricos somente seriam possíveis através de avanços na prática. Sob essa ótica, Tronti propôs-se a filtrar uma leitura de Marx após as lutas dos anos 1960, tentando escapar do marxismo vulgar fossilizado que dominava o movimento comunista oficial.

Na primeira parte de *Marx, força de trabalho, classe operária*, Tronti tentou demonstrar que era possível achar a gestação da categoria *força de trabalho* nos primeiros trabalhos de Marx. Com isso tentava dar sustentabilidade a sua concepção do desenvolvimento da teoria assentado em uma prática social específica. Para Tronti, esta origem poderia ser identificada nos *Manuscritos econômico-filosóficos de 1844*, peça que era necessário resgatar das mãos do humanismo e do existencialismo conduzido por Althusser.

> Antes de 1848 já encontramos em Marx o trabalho abstrato como força de trabalho. Encontramos já a força de trabalho como mercadoria. Porém unicamente no percurso revolucionário de 1848 se delineia com nitidez na cabeça de Marx o processo teórico que o levará a descobrir o conteúdo particular da mercadoria força de trabalho não ligada somente à figura histórica do operário — através da alienação do trabalho —, mas ligada também ao nascimento do capital, através da produção de mais-valia" (Tronti, 2001, p. 135).

Foi precisamente esse catalisador prático que permitiu a Marx fundir e sobrepor o pensamento de Hegel e Ricardo. Nesse sentido, Tronti apóia-se em Raya Dunayevskaya, cujo texto *Marxismo e liberdade* enfatizava a dialética entre teoria e atividade de classe.

Classe Operaia foi não somente um extraordinário laboratório de idéias, mas também constituiu um espaço que impulsionou novas experiências políticas em cidades de alta concentração operária, idéias que se difundiriam em outros ambientes. No ano de 1964, os panfletos de *Classe Operaia* eram distribuídos e debatidos em quinze centros fabris na zona de Milão, lugares de produção onde o operaísmo havia alcançado expressiva penetração política. Eram essas mesmas idéias que disparariam as lutas da fábrica *Innocenti* (automóveis e motos leves), cujos operários invadiram a cidade. O operaísmo, graças à iniciativa política e às idéias inovadoras, também conquistaria aliados em diversos círculos intelectuais — tais como arquitetos, urbanistas, planejadores do território — que iriam introduzir os temas do operaísmo nas suas disciplinas. Nos últimos tempos de *Classe Operaia*, em 1966, sua geração jovem era integrada por um corpo de militantes que desempenhariam papel decisivo em 1968 e durante os anos 1970 (Bologna, 1991).

POTERE OPERAIO E O FIM DE *CLASSE OPERAIA*

O refluxo das massas durante o ano 1964 levaria Tronti, através de *Classe Operaia,* a revalorizar as opiniões e concepções que haviam sido antecipadas em *Quaderni Rossi*: desde o papel dos sindicatos, até a valorização da organização política. Com efeito, se anteriormente a integração orgânica dos sindicatos no programa da sociedade capitalista havia sido considerada um verdadeiro retrocesso na luta contra o capital, como o próprio Tronti explicitaria, "o sindicato, a luta sindical, não pode sair, por si mesma, fora do sistema, dado que se encontra destinada a fazer parte do seu desenvolvimento de maneira inevitável. Um sindicato que sem partido e sem organizaçao política de classe pretenda ser autônomo do plano do capital não consegue mais nada do que ser a mais perfeita forma de integração da classe operária dentro do capitalismo" (Tronti, 2001, p. 85)[19], agora em *Classe Operaia* iria insistir naqueles aspectos contraditórios que a luta sindical contém. Por um lado, a posição assumida pela classe operária em torno do conflito entre o trabalho necessário e a mais-valia; por outro, o papel do sindicato, fundamentalmente no que diz respeito à constante racionalização do capital estimulada pelo trabalho. Nesse processo, será revitalizada a necessidade de uma orga-

[19]A citação pertence a "O plano do .apital" originalmente publicada em *Quaderni Rossi* sob o título de "O capital social". Citamos de Tronti, 2001.

nização política quando, "nessas circunstâncias, unir o sindicato ao partido, como uma correia de transmissão, parece ser o caminho mais prático para a luta de classes" (idem), inclusive com os partidos de esquerda tradicionais. Como se tratava de manter a continuidade da luta aberta, a espontaneidade continuava sendo interpretada como um indicador positivo da irredutível natureza antagônica do capital e do trabalho, da inesgotável combatividade da classe operária.

De qualquer maneira, e pressagiando sua ruptura com o operaísmo, Tronti já se mostrava pessimista com relação à possibilidade de a classe ter alcançado uma atividade autônoma capaz de quebrar o ritmo imposto pelas lutas contratuais e constituir um espaço político, uma nova organização. Nesse contexto, sua proposta de reconstituir o PCI desde uma perspectiva reformista não destoava. Contudo, à luz desta orientação, o grupo romano tornar-se-ia incapaz de formular, no interior de *Classe Operaia*, uma análise estrutural coerente do reformismo comunista.

Naquele contexto, a política oficial lançada por *Classe Operaia*, que propunha abertamente a entrada no PCI, assentava-se na necessidade de evitar a consolidação dos projetos social-democratas no comunismo italiano. Simultaneamente, o grupo romano afirmava sentir-se distanciado de toda prática trotskista, dado que não alentava a necessidade de resolver a relação entre Togliatti e Stalin, ao tempo que defendia que o principal problema a resolver era a relação entre a classe operária e o PCI. No fundo, a tese política sustentada girava em torno da possibilidade de que o reagrupamento da esquerda pudesse deixar a social-democracia em franca minoria e, desse modo, fazer inclinar o equilíbrio de forças em favor dos operários.

Durante o ano de 1965, Tronti levantaria a questão de que a existência da revista *Classe Operaia* deveria ser interpretada como um sintoma da debilidade das lutas operárias, e apontava também sobre a possibilidade de uma vida curta. Dois anos mais tarde, ao avaliar o ciclo de lutas, reafirmava essa posição ao defender que as lutas do movimento não ameaçavam seriamente o capital. Pelo contrário, o sistema, baseado na acumulação de valor para sua própria satisfação, encontrava-se bastante próspero: a incorporação de milhares de camponeses no Terceiro Mundo no trabalho assalariado assim o demonstrava. A classe não estava madura para superar o capitalismo. Abria-se assim a etapa do *entrismo* no Estado. A classe operária podia utilizar a social-democracia: não havia solução, afirmava Tronti, que não pudesse ser descartada de fato; qualquer solução podia ser aceitável, acrescentava. Diferentemente das posições defendidas por Tronti, o grupo do norte da Itália continuava apostando na construção de uma organização política a partir dos pólos industriais. Abria-se, portanto, uma brecha irreconciliável com as posições dos romanos. Um ano antes do último número de *Classe Operaia*, em 1967, já se tinha produzido a divisão política. Apesar de esta separação não implicar para o conjunto dos operaístas radicais uma ruptura com o movimento operário oficial, bem como a colaboração teórica com o círculo de Tronti, era óbvio que se privilegiava a agitação industrial em detrimento do desenvolvimento da política no interior do Partido Comunista.

O ciclo de lutas aberto no começo de 1967 foi muito mais profundo do que qualquer outro, incorporando na sua dinâmica milhares de universitários e estudantes que conseguiram parar o sistema educativo. O novo movimento procurava redefinir a noção de política, construindo formas de organização fundamentalmente assemblecitárias, que deixaram de lado e questionavam a clássica organização estudantil. Diferentemente de outras sociedades capitalistas avançadas, o conflito social na Itália, que acompanhou a revolta mundial de 1968, prolongou-se no tempo, gerando uma onda que atingiu seu momento mais intenso no "outono quente" de 1969, com as lutas dos operários industriais do norte. Na Itália, o Maio francês se prolongaria no tempo, enquanto o movimento estudantil passaria a colocar na agenda política da época a necessidade da aliança entre operários e estudantes. Pelo fato de que a sua atividade não podia ser reduzida à de um simples trabalho, a ação dos estudantes e dos técnicos trouxe importantes questionamentos para o operaísmo. A dificuldade inicialmente experimentada pelos operaístas em compreender a relação entre os novos técnicos e o movimento estudantil marginalizou, no princípio, o operaísmo no interior do movimento estudantil[20]. Esse isolamento inicial seria superado em meados de 1968, quando o próprio movimento sentiu-se preocupado com a classe operária industrial e um importante número de suas lideranças em Roma incorporou as teses do operaísmo. Na realidade, o isolamento seria efetivamente superado na primavera de 1969, com a migração dos quadros estudantis para a Fiat de Mirafiori, ocasião em que inúmeras fábricas industriais do norte encontravam-se em conflito.

Com a dissolução de *Classe Operaia*, a presença dos operaístas "puros" no movimento ficou confinada praticamente ao nordeste da Itália, ao redor do Potere Operaio da zona do Vêneto-Emilia Romana. Apesar de rapidamente estender sua influência sobre o movimento estudantil daquela área, as relações políticas estabelecidas pelo grupo diferiam bastante das alcançadas pelo grupo de Pisa. Antonio Negri procurou dar conta em *Do operário-massa ao operário-social* das diferenças que separavam o grupo veneziano do grupo toscano, a partir da distinta composição de classe que os constituía. Enquanto para os toscanos o movimento estudantil era forte, para os grupos do Vêneto prevalecia o componente operário. Além dessa interpretação, tudo parecia indicar que, para o Potere Operaio vêneto-emiliano, o único problema político significativo não resolvido, desde a experiência de *Classe Operaia*, referia-se à relação entre a classe e o movimento operário. Com tais antecedentes, não causa estranheza o fato de que, inicialmente, o jornal dos venezianos não prestasse atenção ao desenvolvimento do movimento estudantil antes da metade do ano de 1968. Entretanto, a partir da virada de importantes setores do movimento estudantil, que lidavam com dificuldades para alcançar uma verdadeira reforma educacional, o setor veneziano começou a tornar público seu interesse no desenvolvimento do movimento

[20]Particular importância adquiriram as "Teses de Pisa" em 1968. Neste documento, produzido pelo Potere Operaio toscano, propunha-se a existência na sociedade italiana de novas figuras de assalariados à margem da classe operária: os intelectuais em geral, aqueles que, diante do novo tipo de capitalismo que se inaugurava, vinham fazer parte do circuito de reprodução do capital. Devemos enxergar nesta tese os antecedentes da posterior formulação operaísta da extensão do processo de produção para além das fronteiras fabris.

estudantil. Naquelas circunstâncias, o objetivo principal do Potere Operaio vêneto-emiliano assentava-se na procura de meios que pudessem dar conta das relações entre operários e estudantes fora do espaço acadêmico. A unidade entre operários e estudantes somente podia ser alcançada nas imediações da fábrica, onde o plano do capital se encontra mais organizado e onde mostra sua força. A proposta operaísta do vêneto supunha, portanto, a subordinação dos interesses estudantis ao desenvolvimento das lutas operárias, posição que o distanciava de importantes setores do movimento estudantil da época.

A luta dos trabalhadores da Petroquímica Montedison em Porto Marghera, no verão de 1968, seria o momento de inflexão com respeito à relação que o grupo mantinha com o movimento sindical e os partidos de esquerda. A dinâmica das lutas dos operários químicos era reveladora do surgimento de uma nova forma organizativa articulada na relação operário-estudantil. Na prática, essa unidade significou que o movimento estudantil desempenhasse o papel de "correia de transmissão" dos operários contra os patrões e as direções sindicais. Prática social em sintonia com as idéias de Sérgio Bologna, que naquela época valorizava e potencializava o papel dos estudantes no Maio francês, apresentando-os como a força de choque que originou o conflito. De qualquer maneira, a aproximação do Potere Operaio ao movimento estudantil antecipava a prática geral que assumiriam os grupos extraparlamentares depois do "outono quente". Em poucos anos, ao redor de 1972, o Potere Operaio alcançaria ampla legitimidade nas lutas estudantis, impossível de ser imaginada na época pelos grupos rivais.

Somente a partir da crise da extrema esquerda, em meados dos anos 1970, alguns operaístas reconsiderariam inteiramente a relação entre os intelectuais e a classe. A figura operária dos técnicos, ocasional no começo dos anos 1960, tornar-se-ia particularmente importante na segunda metade de 1968. Para inúmeros operaístas, cautelosos com relação às teorias e às práticas vanguardistas externas à classe, esses técnicos, com suas greves e ocupações dos lugares de trabalho, pareciam encarnar, pelo menos naquele momento, a ponte necessária entre a luta dos trabalhadores fabris e os estudantes universitários, uma temática que também colocava em discussão a eleição do setor operário que seria a vanguarda das lutas, assim como a relação entre a vanguarda e a massa. Nesse sentido, Bologna rejeitaria a leitura sociológica que, reproduzindo as discussões da II Internacional, transformaria os técnicos, expressão avançada da força de trabalho do capital, na expressão política mais avançada do comportamento de classe. Bologna opunha-se igualmente à leitura que associava a desqualificação técnica e a massificação operária à despolitização operária e à carência de toda leitura integral sobre o mecanismo de produção. Pelo contrário, para Bologna, nenhuma distinção sociológica entre os diversos estratos e/ou níveis da força de trabalho poderia conduzir de maneira automática a uma determinada leitura sobre os técnicos, já que os setores politicamente avançados não podiam ser deduzidos *a priori* da estrutura do próprio processo de trabalho. Somente uma análise *ex post*, que percorresse o caminho traçado pelas lutas operárias, podia determinar essa relação. Naquele momento, o papel dos técnicos no processo de luta contra o capital permanecia aberto. Apesar dos esforços de Bologna e outros em avançar numa caracterização política do novo proletariado, a verdade é que suas observações seriam deixadas de lado perante o "outono quente". Pressionado politicamente pela questão da insurreição, o operaísmo terminaria dissolvendo as diferenças específicas dos técnicos nas dos trabalhadores industriais em seu conjunto. Todo trabalho seria abordado como trabalho simples, enquanto os técnicos se confrontavam com a disjuntiva de reforçar o comando do capital ou agir como agentes no campo inimigo. A problemática do trabalho complexo deveria esperar pelas incertezas da metade dos anos 1970 para poder fazer um balanço de avaliação da corrente operaísta.

Já em dezembro de 1967, procurando analisar várias das afirmações e teses adiantadas por Tronti em *Operários e capital*, trabalho que havia sido então recentemente publicado, tinha se realizado na Universidade de Pádua[21] um importante encontro de intelectuais relacionados com a corrente radical do operaísmo. A reunião resgatou a experiência operária

[21]Reunião que se realizou em ocasião da posse de Antonio Negri da cátedra Doutrina do Estado, na faculdade de Ciências Políticas da Universidade Pádua.

nos Estados Unidos como a mais importante da época, onde os trabalhadores haviam confrontado um capital que havia sido capaz de dar um salto social, apesar da inexistência de um partido social-democrata. Nesse sentido, para os operaístas, o New Deal rooseveltiano concretizava em termos práticos naquela época o que John Maynard Keynes havia antecipado de forma mistificada em *Teoria geral do emprego, da taxa de juros e do dinheiro,* de 1936. O salário seria abordado, a partir daquele momento, como variável independente, e nenhuma política de renda assentada na regulação e na organização legal da classe trabalhadora poderia, com alguma esperança, evitar a repetição de um desastre como o da crise de 1929.

A análise e o estudo do operário-massa e do salário tornar-se-iam, a partir de então, temáticas inseparáveis no campo do operaísmo em processo de separação de *Classe Operaia*. Se até a conferência de Pádua aquela figura de classe havia permanecido oculta, se não com escassa relevância, após o encontro o operário-massa começaria a se revelar como uma figura de carne e osso. Era portador de três atributos decisivos: estava difundido no território e, portanto, massificado; dava conta do trabalho simples; e, finalmente, estava localizado no coração do processo imediato de produção. Sendo individualmente intercambiável, apesar de indispensável coletivamente, não carecendo de qualquer laço de união parecido com o que vinculava o operário especializado ao processo de produção, o operário-massa personificava a subsunção do trabalho concreto no trabalho abstrato, como característica da sociedade capitalista moderna (Bologna, 1972b). Com uma presença organizativa restrita ao nordeste da Itália durante os anos de 1967 e 1968, era natural que o trabalho político e a discussão sobre a composição de classe se fortalecessem na Emilia Romagna e no Vêneto. O norte industrial encontrava-se em pleno processo de intensificação do trabalho. A progressiva homogeinização do trabalho na maioria das grandes e médias indústrias da Itália nos anos 1960 reforçava o caráter compacto alcançado pela difusão das técnicas de produção de massa. Da mesma forma, modificavam-se as escalas salariais que seguiam, até aquele momento, as diferenciações baseadas nas qualificações laborais.

Eram tempos em que o processo de modificação da composição de classe tinha reflexos também nas modificações graduais que afetavam o pagamento dos salários. Se anteriormente a diferença de salário de acordo com os ofícios tinha sido determinante para defender as condições salariais dos operários profissionais e qualificados, esta racionalidade foi sendo abalada pela fragmentação das tarefas em conseqüência do avanço da mecanização taylorista.

Os acontecimentos de 1968 acabariam com qualquer expectativa ou crença do grupo acerca de uma possível renovação do sindicalismo oficial ou de algum papel que pudesse ser atribuído ao PCI. O Maio francês fortaleceu os grupos da extrema esquerda italiana, fossem leninistas ou espontaneístas, impulsionando-os para a verificação na prática das políticas que defendiam. Nesse caminho, ia se fortalecendo a leitura que relacionava o enfraquecimento das lutas francesas à carência de uma organização política revolucionária. Foi se potencializando a idéia do abandono definitivo, por parte do operaísmo, de toda tática que implicasse o uso político do PCI. Com efeito, na perspectiva do operaísmo, o confronto aberto entre a autonomia real dos movimentos de classe e seu controle oportunista por parte das tradicionais organizações políticas e sindicais estava na raiz do fracasso do Maio francês. Entretanto, a riqueza crescente que ia oferecendo a militância operária e o estímulo político que alcançaram as organizações autônomas das lutas incentivaram o operaísmo a lançar-se à procura de formas específicas de organização de greves e conflitos. Foi assim que o Comitê Unitário de Base (CUB), surgido das iniciativas autônomas nas lutas da Pirelli em Milão, marcou uma nova etapa nos conflitos industriais italianos. A característica mais importante desse processo foi a limitação da produção através do trabalho "não comprometido". Esse *go and slow* alterou o balanço ente o custo da greve para a firma e para os trabalhadores, balanço que a prática tinha estabelecido e legitimado. Deixando pouca margem de ação aos sindicatos, esse método de luta provou ser uma arma poderosa para os CUB contra o controle dos patrões da Pirelli.

Logo após 1968, o grupo do nordeste italiano, em conjunto com outras frações operaístas nacionais — pequenos grupos de Milão e Turim, mais alguns importantes setores do movimento estudantil de Roma —, lançaram, em março de 1969, um novo jornal de circulação nacional — *La Classe* —, deslocando a atenção para sua fonte original de inspiração: a planta da Fiat em Mirafiori. Com efeito, durante os anos 1960 a Fiat tinha implementado um sistema de produção baseado na aceleração dos ritmos da linha de montagem, o que conduziria a uma importante resistência operária liderada por operários "comuns" (parcialmente qualificados), de modo diferente das lutas que até então tinham sido insufladas pelos operários especializados. Esses operários faziam a sua estréia como protagonistas diretos das lutas operárias, desencadeando uma profunda transformação das relações internas à classe trabalhadora e rejeitando a divisão do trabalho existente na época. Tratava-se de uma nova etapa em que as lutas estariam em mãos do novo sujeito social: o operário-massa do operaísmo. Para *La Classe*, tanto quanto para seu antecessor *Classe Operaia*, a materialidade das demandas dos operários das categorias mais baixas tirou o véu dos que, na esquerda, tinham falado do "novo homem socialista". Para os operaístas, a classe operária era carente de uma ideologia a ser realizada. O ponto de partida das suas lutas devia ser procurado mais nas necessidades materiais a serem atendidas do que na realização de qualquer ideologia. Da mesma forma que *Classe Operaia*, *La Classe* focalizava sua compreensão da composição política da classe sobre a questão do salário, embora sem certezas sobre o objetivo último a ser perseguido nessa disputa que, em alguns casos, era sinônimo de mais dinheiro e menos trabalho, procurando descolar os incrementos dos salários da produtividade. Em outras palavras, recusava-se a divisão do trabalho proposta e privilegiava-se a luta pela apropriação da riqueza social por fora da lógica das relações mercantis. Em outros casos, a luta pelo salário adquiria a forma da luta para conseguir um salário igual para todos, independentemente da especificidade dos diferentes postos de trabalho. Nesse esquema, o salário relativo convertia-se em uma medida do poder, um indicador da relação de forças existente entre as classes. Tal leitura do salário apoiava-se, por sua vez, em uma leitura inovadora de Keynes, onde o salário assumia sua condição de variável independente na sociedade capitalista (Negri, 2002).

Na verdade, a abertura de um novo ciclo de lutas, agora protagonizado por um novo sujeito social, exigia, para os operaístas, a constituição de uma organização revolucionária no nível nacional capaz de descobrir, generalizar e transformar o conteúdo político emergente das lutas operárias em violência revolucionária. A ausência dessa organização aumentava a possibilidade de um contra-ataque do inimigo de classe, que colocaria a autonomia operária em uma situação de derrota política com conseqüências inimagináveis.

No final de 1969, após a fracassada tentativa da União dos Comunistas Italianos (UCI) em unificar a esquerda anti-revisionista, surgiram na Itália uma série de agremiações originadas no movimento estudantil, que dariam lugar a outros grupos políticos de novo tipo: Movimento Studentesco e Avanguardia Operaia (provenientes da Università Statale de Milão), *Il Manifesto** (grupo oriundo do PCI), Lotta Continua e o mesmo Potere Operaio.

Apesar de seu curto período de existência, a organização revolucionária Potere Operaio representou um momento único no desenvolvimento do operaísmo. No momento em que muitos jovens do Ocidente procuravam repetir o sucesso do bolchevismo, a adesão e o desenvolvimento de um leninismo muito particular por parte de Potere Operaio podem ser comparados com a experiência da extrema esquerda alemã no começo da República de Weimar. Profundamente antiparlamentaristas, refratários ao trabalho nos sindicatos e comprometidos com uma linha política claramente insurrecional, a linha política do Potere Operaio seria logo colocada no olho do furacão. Porém, da mesma maneira que o Potere Operaio personificava o operaísmo em carne e osso, bem como suas dificuldades e fracassos de implementar politicamente a teoria dos anos 1960.

A energia e a criatividade do operário-massa de 1969 apareceria, sob a forma de uma conflitualidade permanente, nos começos dos anos 1970. Eram tempos em que milhares de operários comprometidos com o questionamento prático das organizações sindicais existentes procuravam

*O Diário editado pelo grupo continua sendo publicado. (*N. do R. T.*)

transformar a forma do movimento operário italiano. Nessa dinâmica, o Potere Operaio apostou nos confrontos nas ruas, mais do que no desenvolvimento de uma luta que girasse em torno da figura do operário-massa. Deslocamento teórico que, tal como em outros movimentos, era fortemente influenciado pela própria dinâmica conflitual da época. O surgimento e a consolidação do Black Power nos Estados Unidos, assim como o desenvolvimento das lutas feministas na Itália, promovidas, entre outras organizações, pela Luta Feminista, configuravam os dois pilares sobre os quais se sustentavam os novos estudos teóricos. Relacionados com a Liga Operária Revolucionária Negra, organização de ativistas negros da indústria automobilística de Detroit, o Potere Operaio enxergou no Black Power a organização autônoma revolucionária dos negros em ato. Dessa forma, para o Potere Operaio o racismo constituía a nova face do antagonismo social. Os negros americanos eram, de acordo com essa perspectiva, o proletariado do Terceiro Mundo que emergia no próprio coração do sistema capitalista. Eles tinham aprendido, desde a guerra do Vietnã, que o proletariado não podia ficar indefinidamente a reboque de uma classe branca como a americana, dominada como estava por um sindicalismo reacionário.

A emergência das mulheres como novo sujeito coletivo da mudança social já estava presente no movimento estudantil do fim dos anos 1960. No entanto, naquela época nem o movimento estudantil nem os grupos extraparlamentares conseguiram fazer mais do que oferecer palavras de apoio às lutas contra a opressão da mulher. Para o Potere Operaio, o problema seria assumido politicamente em fevereiro de 1970, quando a Fiat incorporou um importante contingente de mulheres na sua planta de Mirafiori. A Luta Feminista era um grupo de peso político no Vêneto, e uma das suas mais notórias militantes era Maria Rosa Dalla Costa, cujo trabalho — "O poder da mulher e a subversão da comunidade" — alcançaria ampla difusão internacional nos círculos feministas. Nesse artigo, Dalla Costa tenta demonstrar que o desenvolvimento do trabalho doméstico da mulher não apenas contribuía para reduzir o custo da força de trabalho, como também para a produção de mais-valia. Nesse sentido, Dalla Costa acabou sendo uma das primeiras militantes operaístas a levantar a questão da possibilidade de extração de mais-valia fora do âmbito fabril. Com base nesse importante pressuposto teórico seria estabelecida a reivindicação do Potere Operaio com relação ao salário para o trabalho doméstico das mulheres como suporte do salário social. De qualquer modo, a condição da mulher continuava a ser vista como algo marginal para a compreensão da composição de classe ou, no melhor dos casos, como insumo para a abordagem da problemática da reprodução da força de trabalho, porém sem avanços sobre questões como o gênero e a sexualidade.

Sem dúvida, o fator que impulsionou de maneira mais clara e intensa a incorporação das perspectivas de vida da classe trabalhadora no Potere Operaio foi o descontentamento crescente que se observava na população do sul da Itália — ainda que viesse encapsulada em uma perspectiva de "chão de fábrica" como *locus* do antagonismo. Nesta perspectiva, deixavam-se de lado as alternativas do confronto com os problemas sociais específicos dos que tinham emigrado do campo para a cidade.

O estudo realizado pelo Potere Operaio sobre a questão meridional permitiu atualizar a preparação do operaísmo para dar conta da fábrica social e ampliar as relações capitalistas além do salário. Apesar disso, a estrutura teórica respondia a uma sociedade polarizada em torno do trabalho assalariado e do capital. Contudo, mantinha sua lealdade à hegemonia dos trabalhadores industriais, já que a revolta e a espontaneidade do campo somente podiam se desenvolver, segundo o Potere Operaio, sob a orientação da organização e das lutas dos operários de fábrica.

Para o Potere Operaio, no "outono quente" de 1969 a luta de classe tinha se tornado independente da acumulação de capital, fraturando a relação entre dominação e desenvolvimento. Ao recusar-se a ser um simples ator econômico, o operário-massa questionava de maneira direta o funcionamento da lei do valor, forçando o capital a depender cada vez mais da intervenção direta do Estado para sustentar as relações de classe. Mas, pelo fato de não poderem transcender as fronteiras da fábrica, as lutas operárias haviam ficado isoladas, enquanto as melhorias salariais eram absorvidas lentamente pela inflação e pelo desemprego crescente.

Mantendo-se no campo das lutas na fábrica, a dinâmica do confronto conduzia inevitavelmente a uma derrota. Em tais circunstâncias, o

Potere Operaio utilizaria as categorias leninistas de luta econômica e luta política como espaços diferenciados de enfrentamento, o que permitiria ao grupo reorientar sua tática de confronto.

Se a luta econômica estava atrelada a uma luta defensiva da classe operária para melhorar seu nível de vida e sua relação com o capital, a luta política afetava diretamente as relações de produção. Em tempos de crise, a fábrica se constituía num espaço hostil para os trabalhadores, impedindo toda comunicação entre as lutas econômicas e as lutas políticas. Somente a intervenção consciente de um partido constituído externamente, mas não estranho à classe, permitiria dar um salto qualitativo no confronto. Voltando a suas premissas de 1969, o Potere Operaio abandonou a identificação da categoria *operário-massa* com a dos operários das grandes fábricas. Caracterizando como oportunista a ênfase que *Il Manifesto* conferia às lutas de fábrica, o grupo operaísta rejeitou o que chamava de "concepção de uma classe atada à estrutura da produção, atada estatisticamente ao emprego". A crise, na sua dinâmica, tinha proletarizado e, simultaneamente, desestruturado a força de trabalho, potencializando uma recomposição de classe que se estendia para além da minoria dos trabalhadores produtivos.

Pela primeira vez na história do operaísmo toda relação necessária entre o processo de trabalho de fábrica e o comportamento da classe seria descartada. A subjetividade revolucionária colocava-se agora por fora e contra o capital, de modo que o problema central da recomposição colocava-se na relação entre os operários de fábrica e o número crescente de desempregados. O principal perigo para a recomposição era a identificação com o "chão de fábrica", quer dizer, a defesa que os operários produtivos faziam do seu posto de trabalho diante do risco do desemprego. Na medida em que a resistência ficasse confinada à fábrica, os riscos de uma derrota aumentavam. Porém a solução do Potere Operaio tampouco se sustentava no apoio às demandas esquerdistas de trabalho para os desempregados, já que esse apoio significaria pôr nas mãos do capital toda e qualquer solução que ligasse a renda ao emprego. O que era preciso, segundo o Potere Operaio, era uma política salarial para todos, isto é, um salário garantido. Se nos anos 1960 a luta dos operários procurou descolar os aumentos de salário da produtividade, nos anos 1970 tratava-se de separar o salário do emprego; tratava-se do trabalho afirmando a reprodução do proletariado por sobre e contra as demandas do capital.

JOHN MAYNARD KEYNES E O ESTADO-PLANO

Em 1968, Antonio Negri publicou na revista *Contrapiano* ("Contraplano") dois artigos[22] que, apesar da sua aparente forma acadêmica, influenciariam notavelmente os militantes operários e estudantis da época, formados nas lutas de massas das fábricas, escolas e universidades. Esses trabalhos constituiriam uma importante resposta à concepção frankfurtiana do keynesianismo.[23]

Em primeiro lugar, porque abordava o keynesianismo como *estratégia capitalista em marcha para dar resposta ao poder operário,* demonstrado pelo movimento operário, modelado nas lutas que tinham acabado com as tentativas capitalistas de diminuição dos salários. Sem dúvida alguma, essa leitura descartava imediatamente qualquer abordagem do keynesianismo como astuta resposta capitalista.

[22]Trata-se de "Keynes and the capitalist theory of the state post 1929" e "Marx on cycle and crisis", trabalhos reeditados em Negri (2002). Foram ambos resultado de pesquisas que o autor havia realizado na Universidade de Pádua.

[23]Recordemos que a Escola de Frankfurt havia abordado o keynesianismo como integração e controle do movimento operário, ajustado à lógica de consumo que o acompanhou. Esta escola, constituída em 1923 como centro de estudos da teoria marxista na República de Weimar, contava, entre seus principais integrantes, com Max Horkheimer, Theodor Adorno, Herbert Marcuse e, por último, Jurgen Habermas. O desenvolvimento da teoria crítica da sociedade realizado por Horkheimer e Adorno constitui o fio condutor dos estudos desta escola, que tem papel significativo no ressurgimento da sociologia marxista de finais dos anos 1960. Tomados por um pessimismo cultural por ocasião da ascensão do nazi-fascismo e, em seguida, por uma crítica filosófica neo-hegeliana da ideologia, seus principais expoentes foram se afastando da teoria marxista, no marco de uma importante crítica à irracionalidade cultural e social do capitalismo moderno. Traduzem o desencantamento de uma grande parte da Intelligentsia européia ante a evolução do mundo contemporâneo, acompanhado de seu pessimismo frente aos resultados do projeto político-revolucionário (Vincent, 1976; Bottomore, 1984).

Em segundo lugar, porque uma releitura dos trabalhos de Marx com relação às crises e à produção de mais-valia relativa permitiu a Negri desvelar o coração da estratégia keynesiana: isto é, os aumentos salariais, que operavam como contrapartida proporcional dos incrementos da produtividade, procuravam integrar as lutas operárias, sob a forma de aumento do consumo, a uma perspectiva do desenvolvimento capitalista. Quando essa interpretação foi confrontada com a insurgência operária italiana dos anos 1960, as conclusões foram quase que óbvias: as demandas de aumento dos salários tinham provocado a explosão dos acordos de produtividade e desencadeado a tormenta econômica. Nesse contexto, as políticas keynesianas do Estado italiano revelavam-se impotentes para sair da crise.

Simultaneamente, e em terceiro lugar, a perspectiva que assimilava o keynesianismo à resposta política que o capitalismo oferecia às crises de 1930 e 1940 acabou questionando a concepção da separação entres os espaços político e econômico, arraigada na esquerda desde a II Internacional, tornando mais dramática a crise dos partidos da esquerda italiana.

No primeiro desses trabalhos Negri elaborou uma crítica à teoria política do keynesianismo planejador, na época muito difundida e desenvolvida na Itália. Negri (2002, p. 622) abordará o Estado keynesiano (e o chamará de "Estado-plano") como a nova forma do Estado capitalista, orientado para gerar uma nova modalidade de controle político sobre o trabalho, através da tentativa de regular o processo de acumulação. A forma "Estado-plano" foi construída como resposta à ameaça revolucionária surgida após a crise capitalista do período entreguerras. O taylorismo e o fordismo constituíram as duas "inovações capitalistas" que, para os operaístas dos anos 1960, contribuíram para modificar substancialmente os termos da luta de classes. O taylorismo, como técnica eficiente destinada a decompor as tarefas do trabalho e para depois recompô-las em índices precisos de produção, foi um processo que também permitiu a decomposição da força de trabalho e sua posterior massificação. O fordismo, ao descobrir o valor e a função dinâmica dos salários, os incorporará não mais como simples dados vinculados à posição específica do trabalhador na empresa, mas como parcela agregada da renda a ser utilizada de maneira virtuosa na nova dinâmica do desenvolvimento planejado. Ambos, taylorismo e fordismo, configuraram as armas fundamentais que o capitalismo americano desenvolveu, que permitiriam que a indústria manufatureira norte-americana conseguisse um avanço tecnológico capaz de revolucionar a relação de forças entre trabalho e capital, alterando sua composição orgânica e lançando as bases para uma rápida socialização global da produção capitalista.

Com efeito, o taylorismo e o fordismo foram interpretados por Negri como a resposta capitalista à Revolução de 1917. Para Negri, 1917 significava tanto a aparição definitiva de uma classe operária — agora convertida em variável independente — quanto a transformação da União Soviética no ponto de identificação política interna para a classe operária internacional, indicador objetivo das possibilidades de construção do socialismo no presente. Naquele momento, o socialismo havia passado da utopia à realidade. A interiorização desse dado político no movimento operário indicará uma nova composição política, que na época se expressava na explosão dos movimentos sindicais e das experiências dos conselhos, embora sob a direção política da aristocracia operária de massa. Em face desses fenômenos, a política do capital deveria orientar-se para combater e derrotar a vanguarda operária, destruindo toda possibilidade de confluência entre vanguarda e massa proletária. Nessa perspectiva, o taylorismo e o fordismo, ao modificar o processo de trabalho massificando a produção e desqualificando a força de trabalho, procuraram abrir uma brecha na vanguarda operária. Estávamos na presença do que Negri (2002, p. 60) denominaria "a via capitalista da repressão tecnologizada". Repressão esta que, por sua vez, levaria à recomposição política do movimento para níveis superiores. O reconhecimento da emergência política da classe e a necessidade de reestruturar os mecanismos de extração de mais-valia relativa exigiriam o controle político da classe. Nesse sentido, para Negri, 1929 foi o contragolpe das técnicas repressivas que repercutiram sobre a estrutura do Estado capitalista. Foi 1917 transformado agora em momento capitalista (ibidem, p. 61). Nessa nova periodização do desenvolvimento capitalista, a década de 1920 teria para o operaísmo um significado particular. Seriam os anos em que o capital foi forçado a entrar no campo de batalha da própria classe operária, da luta de classes. A tarefa principal era dupla: por um lado, isolar a União Soviética, símbolo internacional da vitória operária sobre o capital e da reconstrução da base material para o desenvolvimento da classe operária; e, por outro, debilitar de maneira permanente a classe operária e impedir sua constituição como força revolucionária. Na perspectiva do operaísmo, seria precisamente a dificuldade capitalista em reconhecer o impacto da particularidade política operária que provocaria o enfraquecimento e o fracasso do projeto da década de 1920, com a explosão na crise de 1929. O momento dialético do desenvolvimento capitalista começava a evidenciar-se de maneira mais intensa. O ano de 1929 representa de fato o fracasso capitalista na tentativa de recompor e encontrar um espaço de relação política com a classe operária de uma maneira funcional a seu desenvolvimento. Em termos estratégicos, para Negri, assistíamos ao fracasso da ofensiva capitalista que tinha se revelado incapaz de combinar, em um mesmo espaço, sua política de confronto com a União Soviética, no terreno internacional, e a necessidade de reorganizar, nos espaços nacionais, uma nova relação de poder. Será Keynes, segundo Negri, que visualizará essa dupla tarefa, propondo um novo tipo de inserção da classe no desenvolvimento capitalista, assim como uma nova forma de Estado baseado no reconhecimento do caráter irredutível do antagonismo de classe.

Diante da política de frente única antifascista proporcionada pelo marxismo oficial e das organizações ligadas à II Internacional, para quem a classe operária era um elemento político a mais na aliança antifascista, o operaísmo argumentará que a existência de um novo sujeito de classe, o operário-massa, havia provocado um verdadeiro deslocamento político do confronto com o capital, para além do postulado do socialismo e de qualquer objetivo de planificação democrática, bem como de qualquer negociação sindical sem controle operário, um verdadeiro desafio à organização capitalista do trabalho e à sociedade como um todo.

O *laissez-faire* e a lei de Say perdiam vigência na medida em que não reconheciam o *problema* colocado pela ameaça à estabilidade dos postulados que defendiam uma ordem construída de maneira espontânea.

A classe operária oferecia como negação, agora em ato. A crítica a Jean-Baptiste Say já estava implícita na afirmação do Negri de que a sociedade se configurava como fábrica: "O 29 representa [...] um momento de ruptura longamente incompreendido pelas tradições econômicas do marxismo. O que se transforma é o fundamento material da vida constitucional." Para logo acrescentar: "É o fim do 'Estado de direito', enquanto figura histórica de uma máquina do poder estatal orientada para proteger formalmente os direitos individuais mediante a salvaguarda burguesa do *due proces*, em resumo, de um poder estatal estabelecido como garantia da hegemonia social burguesa baseada na cidadania: é o enterro definitivo do mito liberal clássico da separação do Estado do mercado. É o fim do *laissez-faire*" (Negri, 2002, p. 15). A crise havia destruído a confiança e as certezas no futuro; daí que um dos imperativos de Keynes fosse precisamente recuperar a confiança no futuro.

Nesse sentido, o pacto do New Deal encarnava a eliminação do medo do futuro, embora a intervenção estatal não garantisse a sua concreção, e a do desenvolvimento capitalista, somente a certeza do pacto. Sobre a base da incorporação do econômico no jurídico, o Estado desenvolve agora sua atividade planejadora. O Estado somente pode dar conta de um presente projetado no futuro. Que outro significado podemos dar à famosa frase de Keynes "no longo prazo estaremos todos mortos" senão o reconhecimento explícito da ameaça latente da classe operária que pressagiava o fim do capitalismo, e que agora tentava se renovar? A intervenção estatal diante do "partido da catástrofe" — entendido como a luta da classe operária que se impunha ao projeto keynesiano — acabará transformando definitivamente o Estado no *representante coletivo* do capital produtivo. Mas não será suficiente a garantia do Estado. Ele mesmo, o Estado, deverá transformar-se em capital e tornar-se estrutura econômica e *sujeito produtivo* de si mesmo. O Estado deve transformar-se no centro organizador da atividade econômica (Negri, 2002, p. 27). Ao mesmo tempo que garante o nexo entre o presente e o futuro, encontra-se a serviço dos capitalistas. Contudo, quando se coloca como capital produtivo, nesse momento procura superar as fricções próprias de uma economia de mercado e sua vinculação com os capitalistas individuais. O Estado torna-se a partir de então o Estado do *capital social*. Momento que coincide com a formulação teórica keynesiana da poupança = investimento; quer dizer, com a transição para um modelo prescritivo, na medida em que essas condições somente podiam ser garantidas pelo Estado. Nessa equação econômica, S = I*, se condensa a nova figura do Estado como sujeito totalizante da atividade econômica (ibidem, p. 28). Nesse sentido, o devir capitalista estará sempre aberto, enquanto resultado da dinâmica do conflito.

Segundo Negri, foi o próprio movimento operário no começo dos anos 1920 que impôs ao Estado capitalista a necessidade da sua intervenção. Por isso o formidável salto para a frente que provocou Keynes na ciência do capital foi precisamente "o reconhecimento da classe operária como momento autônomo dentro do capital" (Negri, 2002, p. 29). A *demanda efetiva*, enquanto conceito teórico, deve ser interpretada como a procura de um equilíbrio de poder entre as classes em luta. Equilíbrio que somente poderia ser alcançado de maneira conjuntural e instável, postergando para o futuro a possibilidade dessa utopia. Entretanto, a partir da busca de estabilização do sistema, com base precisamente na teoria da *demanda efetiva*, Keynes viu-se forçado a reconhecer que a classe operária era o motor do desenvolvimento capitalista. Análise que conferia importância política para o movimento operário. Com efeito, esse desenvolvimento teórico singular questionava a raiz da base específica do reformismo, assim como as políticas trabalhistas que confiavam na estrutura do plano e viam nas políticas keynesianas de desenvolvimento uma alternativa progressista perante um capitalismo sem regulação. Nesse sentido, a esquerda era globalmente keynesiana.

Para Negri, o "Estado-plano", representado na teoria por Keynes, reconhecia e assumia o antagonismo de classe no processo de acumulação ao potencializar a variável salarial, procurando regular dinamicamente o processo e tendo como mecanismo principal o planejamento do desenvolvimento. Por causa disso, o "Estado-plano" deve ser entendido não apenas pelo seu intervencionismo, como também, e fundamentalmente,

*S, Saving, ou seja, poupança; I = Investimento. (*N. do R. T.*)

pela dinâmica de classes resultante do tipo de *desenvolvimento* que impulsionou. Com efeito, a forma Estado, segundo Negri, ao registrar no âmbito da sociedade o impacto operário, reproduzia socialmente, na figura do Estado, a modalidade do controle da classe. A nova forma do Estado seria induzida a organizar socialmente a exploração e o despotismo, anteriormente limitados à fábrica. O "Estado-plano" reproduzirá socialmente a figura da fábrica. Em termos da teoria keynesiana, esse salto de qualidade é produzido com a incorporação do estudo das taxas de juros. A procura pela coincidência da taxa de juros — "*i*" — com a eficiência marginal do capital, condição na qual existiria, segundo Keynes, o pleno emprego, implicava de fato a integração da teoria monetária e da teoria da produção no nível do capital social. Mas esse processo de subordinação monetária à esfera produtiva significará de fato, na teoria keynesiana, o reconhecimento da doutrina do valor-trabalho. Por isso Negri afirma que "o Estado social é igual a um Estado baseado no trabalho". A integração da teoria monetária à produção significará politicamente a redução a zero do lucro e do juro, bem como o desaparecimento da relação monetária como constituinte da esfera autônoma do poder capitalista, deixando de lado, nesse momento, os motivos para a preferência do dinheiro e projetando, simultaneamente, a existência do interesse social por cima do interesse individual[24]. Ao apoiar-se na realização plena da lei do valor, o keynesianismo não suprimia a exploração, apenas sua figura anárquica e competitiva, já que "lucro e juro unificados e reduzidos a zero não são, na realidade, mais do que a figura na qual se expressa a taxa média de mais-valia da produção social do capital" (Negri, 2002, p. 33). Um "Estado-plano" que, segundo Negri, recupera a noção de revolução permanente para sua própria conservação "exaltando sua essência de classe como Estado capitalista [...] e impondo um reformismo capitalista longe de qualquer queixume social-democrata com relação aos desequilíbrios do sistema" (ibidem, p. 34-35).

[24]"O capital se faz comunista: é precisamente a isso que Marx chamava o comunismo do capital" (Negri, 2002, p. 33).

A teoria geral de Keynes, verdadeiro manifesto político, representou o ponto culminante do desenvolvimento de uma teoria que incorporou a reconstrução do moderno Estado capitalista como meio de retomada do desenvolvimento capitalista, agora baseado em um novo, e necessário, equilíbrio do poder. Essa concepção é a mesma que se encontra na base da *demanda efetiva*. A intuição genial do fordismo se estenderá ao nível da economia social. Nesse contexto, a necessidade da sindicalização da força de trabalho tornava-se imperiosa não somente para intermediar a relação entre o Estado e a figura social do operário — relação intrinsecamente explosiva —, como também porque as organizações sindicais são as que estimulam e garantem o recomeço e a aceleração do desenvolvimento, iniciando o processo no único ponto em que esse recomeço poderia ser alcançado de maneira estável. Nesse sentido, a sindicalização transformava-se em uma exigência e uma necessidade capitalista. A crise de 1929 assumia um significado particular: configurar a primeira grande crise do capital social. Nessas circunstâncias, o capital coletivo reconhecerá sua precariedade, visto que o caráter cíclico do desenvolvimento leva sempre a uma explosão de nível maior da sua natureza contraditória.

O outro trabalho mencionado, "Max sobre o ciclo e a crise", além de ser uma continuação do documento anterior publicado em *Contrapiano*, significou a ruptura definitiva do autor com algumas figuras importantes da cultura operaísta da época, principalmente Mario Tronti. Dando continuidade às críticas que o operaísmo manifestara desde o começo às categorias objetivas e economicistas do marxismo ortodoxo e das suas chamadas "leis da acumulação", Negri desenvolveu em "Marx sobre o ciclo e a crise" uma crítica ao objetivismo no seu nível mais elevado, através de uma reinterpretação singular do ciclo capitalista, do desenvolvimento capitalista e da sua crise. Para isso, Negri valeu-se de uma interpretação da relação entre crise e desenvolvimento capitalista orientada segundo uma relação dialética de tipo essencialmente político. Para Negri, as crises capitalistas não podem ser inferidas a partir da anarquia do mercado, nem da desproporcionalidade dos intercâmbios, nem dos déficits do planejamento capitalista. Devem ser auscultadas, em todo caso, no antagonismo e na luta sempre presente entre trabalho necessário e trabalho excedente. Assim, a gestão capitalista da crise deve ser abordada como resposta capitalista à crise do trabalho e da relação do valor enquanto tal.

A experiência da crise de 1929 colocaria à ciência do capital a necessidade urgente de controlar o caráter cíclico do desenvolvimento do capitalismo. Com efeito, a dinâmica do processo indicava que o movimento agregado dos componentes do sistema conduzia a um equilíbrio em que as contradições inerentes ao mesmo precisavam ser contidas. E que tal contenção podia ser alcançada através de dois caminhos possíveis: a) mediante a programação do desenvolvimento como alternativa à crise (leitura keynesiana); b) através de uma leitura que abordava a crise como um movimento particular e essencial do desenvolvimento cíclico do capital, que devia ser recuperado nos termos do seu desenvolvimento (leitura schumpeteriana). Em ambos os casos, a consciência crítica do capital reconhecia que o desenvolvimento do capitalismo assentava-se sobre as relações de poder que exigiam uma dominação permanente, constante e absoluta, do capital sobre o desenvolvimento. Nessa perspectiva, Negri demonstrará como a intuição de Schumpeter ia mais longe que a de Keynes. Enquanto em Keynes encontramos basicamente uma articulação formalista na procura de um hipotético equilíbrio, em Schumpeter temos uma invocação à crise como oportunidade para a reativação e inovação do processo econômico. Crise entendida como campo de batalha que convoca a uma nova relação qualitativa entre o capital e os elementos agregados da produção, um projeto político que reexamina a relação.

Segundo Negri, a semelhança entre Schumpeter e Marx é surpreendente com relação à abordagem da relação entre crise e desenvolvimento. Entretanto, se o primeiro se dirige para os típicos modelos mistificadores do institucionalismo, dissolvendo o antagonismo de classe, a teoria de Marx, como Negri demonstra meticulosamente, conduz à relação fundamental subjacente à realidade do capital: a relação antagônica entre capital e classe operária, entre força de trabalho e benefício social. Negri elabora a relação entre crise e desenvolvimento no nível do capital social, caracterizado pela existência do benefício social que se encontra constantemente ameaçado pela pressão operária.

Nessa perspectiva, desenvolvimento e crise são enxergados como pólos complementares de uma nova integração, conseqüência do fato de considerá-los partes do ciclo capitalista de controle e dominação do trabalho. Seja na leitura schumpeteriana, em que a crise é reconhecida como condição necessária para o desenvolvimento; seja na leitura de Kalecki, onde se reconhece a crise como integrando o ciclo político comercial, a crise capitalista seria incorporada definitivamente no horizonte teórico burguês. Por isso a referência de Negri ao "uso capitalista da crise". Estado-crise, como outro lado do "Estado-plano" que tenta controlar a crise como condição para o desenvolvimento. Sob tais pressupostos, estamos em presença de uma leitura baseada na sobredeterminação política da crise, concepção que permaneceria nos escritos posteriores de Negri. Essa leitura, de raiz essencialmente política, sobre a relação entre crise e desenvolvimento levará Negri a se distanciar de Tronti, o qual, na época, aceitava a possibilidade de construir um arranjo político associando autonomia operária e reformismo político keynesiano — posição sintetizada na palavra de ordem "dentro e fora" como constituição do poder dual.

No seu estudo sobre desenvolvimento e crise, Negri realizará um percurso particular: a partir da abstração determinada desde o ponto de vista capitalista, passando por uma abordagem do desenvolvimento como tendência, para finalizar no fator concreto determinante, quer dizer, a insurgência operária contra o capital. Como abstração, o capital é apresentado sob a forma de ciclo, como o resultado cíclico de um movimento global. Segundo Negri, desenvolvimento, expansão da base econômica, aperfeiçoamento do processo de trabalho, aprofundamento da valorização e da exploração constituem o verdadeiro ciclo do capital. Visto como movimento cíclico, seu desenvolvimento vai junto com as crises: "O progresso cíclico é o que caracteriza o movimento do capital, e a crise, a forma característica pela qual esse ciclo é periodizado" (Negri, 2002, p. 51). Mas não se trata ainda, segundo Negri, de analisar a crise desde a aparência capitalista (desproporcionalidade vertical — entre produção e consumo — crise de subconsumo; ou desproporcionalidade horizontal — entre setores produtivos e distributivos — crises de desproporcionalidade), ambas consideradas por Marx leituras tautológicas, mas de incorporar o ponto de vista da classe operária nessa análise, o que significaria levar a análise da abstração à possibilidade e forma atual da crise, quer dizer, ao estudo da dialética do seu desenvolvimento. Ao movimentar-se desde a possibilidade formal do ciclo geral da acumulação capitalista, o ciclo deve ser enxergado em termos da necessidade da exploração. O desenvolvimento estará atravessado pelo mesmo antagonismo de classe congênito da produção capitalista. A partir desta perspectiva, a totalidade da relação de classe deverá ser vista dentro do desenvolvimento. Esse processo de leitura do desenvolvimento em termos do antagonismo de classe é apresentado por Marx quando associa a teoria do ciclo à lei geral da tendência decrescente da taxa de lucro. Para Negri, nesse momento, haveria necessidade de colocar de lado as leituras acadêmicas, para passar a incorporar a perspectiva da classe operária, como índice do progresso da relação social de exploração. Vista nesses termos, a forma essencial do desenvolvimento transforma-se em uma colisão constante entre a existência da classe operária dentro do capital e a necessidade do capital, não somente de conter essa relação, como também de reprimi-la. A forma essencial desse confronto será revelada, em última instância, na crise. A forma do ciclo deve ser vista, segundo Negri, como a forma de uma relação de poder entre duas classes em luta. Nesse momento, a análise do ciclo se deslocará para o desenvolvimento do conflito entre duas estratégias: a da classe operária e a do capitalista coletivo que se vê obrigado a mobilizar todo o potencial político e econômico para poder alcançar a relação de classe. Na análise do desenvolvimento do ciclo, Negri avança da fenomenologia de Marx para uma teoria da luta de classes.

A análise de Negri trazia uma conclusão importante: a imensa precariedade na qual se debatia o novo tipo de desenvolvimento capitalista. Será a consciência critica capitalista, a nova economia keynesiana, com efeito, que se verá forçada, diante dos novos conteúdos apresentados pelo ciclo, a regulá-lo para poder conter o antagonismo. Com efeito, os permanentes esforços do capital por aumentar sua capacidade produtiva estavam sendo ameaçados pela pressão operária que obrigava o capital a ampliar a base dos seus investimentos, embora sem aumentar sua composição orgânica, a avançar claramente sobre seus lucros, na medida em que as demandas operárias superavam os aumentos de produtividade. Como conseqüência dessa situação social, a taxa de lucros permanecia relativamente estável, questionando o desenvolvimento capitalista e fazendo surgir o estancamento no horizonte econômico. No entanto, a própria reestruturação capitalista poderia provocar, segundo Negri, maior resistência operária, pelo que o chamado uso capitalista da crise seria capaz de revolucionar por si só a composição política da classe, lançando as bases para posterior agudização do antagonismo. O desenvolvimento capitalista era analisado a partir do capital, vinculado a uma dialética entre crise e desenvolvimento que se apoiava na precariedade política permanente. O capital tentará superar essa precariedade destinando esforços para reestruturar o Estado e para estruturar um Estado de novo tipo: "Garantir o desenvolvimento econômico perante a pressão social de um poder da classe operária que atua com força antagônica e contraditória dentro desse desenvolvimento" (Negri, 2002, p. 60). Ao contrário do marxismo de Lenin e Rudolf Hilferding, que conseguiu traçar uma estratégia adequada à nova organização do trabalho — o partido bolchevique —, os tempos que se seguiram à crise de 1929 encontraram um marxismo incapacitado de ir além da repetição espasmódica dos velhos modelos e polêmicas próprias da idade dos monopólios, alheio aos novos antagonismos que floresciam e levado pelas aparências do estancamento capitalista. Onde ancorar a análise que justificara a intervenção do Estado? A resposta de Negri vai além da leitura clássica orientada pela necessidade de frear a queda da taxa de lucros. Devemos encontrá-la na redefinição da forma do lucro que, a partir daquele momento, deveria ser visto como uma função política da dominação e da violência, e não como função econômica. Nesse processo, a nova forma Estado desempenhará um papel central de repressão política, funcional a uma taxa de lucro estabilizada. Assistimos a uma verdadeira reformulação da concepção do desenvolvimento capitalista: este, pressionado pela necessidade de conter a pressão operária, tornar-se-á essencialmente político. É o mecanismo de regulação do ciclo que assume traços definitivamente políticos. Sob essas características, a nova dinâmica institucional procurará traduzir a relação desenvolvimento/crise por organização/violência. Dito de outra maneira, se até aquele momento o Estado tinha sido interpretado como garantidor da relação fundamental do desenvolvimento, agora apresentava-se como a força capaz de organizar o próprio desenvolvimento.

Ao mesmo tempo, para fazer frente ao perigo da presença ameaçadora da classe operária, o desenvolvimento capitalista exigirá, como resposta à crise, o uso da violência do Estado. Circunstância que se repete, enquanto a pressão operária obriga o capital a tornar-se "político". Será precisamente a partir dessa resposta violenta do Estado que Negri sustentará sua dissidência fundamental com Tronti. Com efeito, o desenvolvimento capitalista e o poder antagônico da classe operária não poderão se manifestar politicamente de maneira indefinida. Diante da violência manifesta do capital para superar a crise, a classe deverá redescobrir no antagonismo a capacidade de destruir o capital, sob risco de prolongar uma situação estéril e perigosamente dramática para ela mesma. Daí, segundo Negri, a necessidade de uma ruptura violenta com o sistema capitalista. Fica evidente a oposição com a leitura do Tronti de "dentro e contra" que propunha uma aliança com o reformismo keynesiano. "O projeto operário deve ser destruir o desenvolvimento capitalista no seu ponto mais fraco, destruir a forma Estado que organiza o desenvolvimento geral e permanece como o último bastião da defesa do sistema" (Negri, 2002, p. 71).

Nesse contexto, não resultará estranho que as concepções keynesianas assumidas pela esquerda oficial acarretassem consideráveis conseqüências políticas, permitindo que grupos como Potere Operaio questionassem abertamente a participação do Partido Comunista Italiano nos esforços governamentais para reforçar os acordos de produtividade com os operários, processo que o convertia, na perspectiva do operaísmo, em verdadeiro cúmplice da estratégia capitalista de amarrar as lutas operárias. Naquele momento, a crítica central da esquerda extraparlamentar centrava-se no ataque ao "Estado-plano". Perante a política da frente única antifascista proporcionada pelo marxismo oficial e pelas orientações políticas nacionais da II Internacional, para quem a classe operária era mais um elemento político da aliança, o operaísmo argumentava que a existência de um novo sujeito de classe, o operário-massa, tinha deslocado politicamente o confronto com o capital para além das posições do socialismo, dos objetivos de planejamento democrático e de qualquer negociação sindical sem controle operário. E que esse deslocamento implicava de fato o desenvolvimento de um verdadeiro desafio para a organização capitalista do trabalho e da sociedade. Evidentemente, a esquerda operaísta se opunha frontalmente à concepção que enxergava os males do capitalismo na ausência de planejamento, e que procurava corrigi-lo com a mesma metodologia.

A convergência entre o movimento estudantil e a insurgência operária, especialmente aquela ligada ao setor automotivo, dariam lugar aos principais grupos políticos da época. Potere Operaio propunha aumentos salariais com diminuição do trabalho e da produtividade, estratégia que minava a política keynesiana. Sua palavra de ordem "recusa do trabalho" sintetizava no terreno político uma prática social operária que, através do absenteísmo e da sabotagem na fábrica, resistia ao despotismo taylorista. Prática de luta que, na perspectiva do Potere Operaio, implicava também a recusa política à lei do valor enquanto intercâmbio de equivalentes entre horas pagas e trabalho realizado, dando assim sustentação a uma outra moção, a da etapa do *salário social ou político*, chamada a desvincular os salários da produtividade. Na realidade, a concepção da recusa ao trabalho já estava presente em *Quaderni Rossi* antes da constituição de Potere Operaio. Essa estratégia política foi reforçada também por um verdadeiro *turn over* concebido na abordagem teórica sobre o trabalho. Com efeito, até aquele momento o acordo tácito no interior da esquerda centrava-se — a partir da experiência política dos trabalhadores qualificados — no respaldo às lutas operárias, com o objetivo de liberar o trabalho do capital, processo que permitiria materializar um trabalho não alienado. Tronti sustentará que os *operários-massa não qualificados* enfrentavam o trabalho como modo de controle social capitalista e que, portanto, a perspectiva não podia ser a de melhorar seu caráter, mas a de simplesmente aboli-lo. Enxergadas desse modo, as lutas operárias não constituíam em si mesmas uma fuga do capital, mas a condição de fuga da própria condição operária. O objetivo operário devia ser o de negar-se a si mesmo, de deixar de ser operário e não de fazer do trabalho uma religião.

O operaísmo italiano, em seu devir, questionará também a velha concepção da escola de Frankfurt, que interpretava as mudanças tecnológicas fosse como conseqüência da competição capitalista, fosse como produto da chamada racionalidade tecnológica capitalista. Nesse contexto, a alternativa era aprofundar as abordagens que incorporavam os conceitos de autonomia e de dominação capitalista. Dito de outra maneira, a compreensão dialética do processo da luta de classes, na perspectiva das necessidades estratégicas da classe operária, requeria a *integração* dos fatores tecnológicos, da estratégia capitalista e da autonomia das lutas operárias.

O AUTONOMISMO OPERÁRIO

As polêmicas internas debilitariam o Potere Operaio como força política um ano antes da sua dissolução, em 1973. Já Lotta Continua acusava o Potere Operaio de ter abandonado a categoria central, operário de fábrica, substituindo os protagonistas do "outono quente" pelos desempregados do sul. Quando o debate posicionou novamente a questão do significado político do operário-massa, um pequeno grupo de militantes alavancou o abandono dessa categoria e colocou a necessidade de encontrar uma figura operária que fosse expressão da crise do fordismo e do reynessianismo. Mas existia uma enorme dificuldade para encontrar essa figura. Foi somente na metade dos anos 1970 que Negri trabalhou mais sistematicamente na figura do *operário-social* e, com ela, no questionamento do conjunto do operaísmo.

Para o Potere Operaio, a experiência fracassada do "outono quente" tinha deixado seqüelas que somente poderiam ser superadas se fosse possível constituir o partido da insurgência, como condição necessária para evitar outra grande derrota do movimento. Nessa perspectiva, o

Potere Operaio avançou na constituição de comitês de base nas fábricas como modo de dar continuidade às lutas e canalizar o descontentamento no momento certo. Assim, Potere Operaio com *Il Manifesto* lançaram, no começo de 1971, a constituição desses comitês, que logo também fracassariam.

Na realidade, desde o começo em *Classe Operaia* o ponto político de referência do operaísmo havia oscilado constantemente, nem sempre com coerência, entre os pólos do operário-massa e o partido da vanguarda. Quer dizer, entre as exigências de uma composição de classe contemporânea e as restrições impostas pelo inimigo de classe. Tronti, no fim dos anos 1960, iniciou um movimento de abandono do operaísmo, ao privilegiar as restrições capitalistas. Agora, um ano após a sua constituição, o grupo mostrava-se obcecado pela política do inimigo, deixando poucas saídas para quem achava essa alternativa uma interpretação inadequada, como fora o caso de Sergio Bologna e de Franco Berardi ("Bifo").

Negri delimitaria os contornos do partido da vanguarda em seu trabalho "Crise do Estado-plano" ("Crisi dello Stato piano") (Negri, 1988, p. 73 e seguintes). Diante de um Estado arbitrário e temporal em seu comportamento, patrocinador de um desesperado desejo de sobrevivência de classe, somente o retorno à problemática leninista da insurgência seria capaz de direcionar a luta de massas para resultados satisfatórios. Desse modo, Negri retomava as idéias que provocaram a ruptura com Tronti. Enquanto a matéria-prima desse processo estivesse constituída pelos militantes formados no último ciclo de lutas, subsistia sempre o perigo de que, em face da ausência de um verdadeiro salto adiante, essa vanguarda pudesse se afogar em mãos dos níveis pré-constituídos de autonomia e espontaneidade de classe. Para Negri, "a ação da vanguarda desprendida da classe era vazia, e a ação solitária dos organismos de massa era intrinsecamente cega" (ibidem, p. 103), embora resultasse perigoso "misturar os dois momentos em uma vanguarda de massas unificada" (ibidem, p. 103-104). Na realidade, a concepção política que operava por trás do Potere Operaio era a teoria da ofensiva que havia brevemente florescido no movimento comunista do começo dos anos 1920, antes de qualquer noção puramente leninista (Wright, 2002). A estratégia de forçar a marcha da luta de classes através de ações exemplares do partido, condenada pelo próprio Lenin como insana e prejudicial, encontrou seu defensor mais inteligente em Luckács, para quem essa estratégia funcionava como meio de sacudir a letargia menchevique do proletariado.

No entanto, o chamado à constituição de um partido de vanguarda fracassaria, do aprofundamento das diferenças no interior do grupo se aprofundavam, sobretudo em torno da questão da organização política. Com efeito, se por um lado o setor negriano da organização impulsionava a revisão do significado da autonomia da classe operária e do modelo insurgente, pelo outro, o segmento de Roma, liderado por Franco Piperno e Oreste Scalzone, defendia a urgência da construção do partido.

A conjuntura aberta em 1972 encontraria Antonio Negri relendo Lenin e elaborando uma proposta para adaptar a forma partido à nova época "da subsunção real do trabalho no capital" (Negri, 2004a). Negri propunha-se a fazer derivar da especificidade da composição da classe na época o tipo de organização política correspondente, diferenciada, evidentemente, daquela levantada no seu momento por Lenin. No fundo, entretanto, subsistia a idéia que Lenin desenvolvera em *Que fazer?* (1905), adaptada aos novos tempos. Essa posição iria se distanciando daquela sustentada pelos que consideravam que a autonomia de classe *vivia em e para* as relações capitalistas de produção, e que somente uma *organização política militar*, comprometida com a destruição do Estado, era capaz de interromper o estancamento da luta. Para esse setor, a forma e função da organização revolucionária não podiam ser ditadas pela natureza das lutas, mas pela tarefa de arrebatar violentamente o poder político ao inimigo de classe. Era um erro, portanto, falar de direção partidária como defendia Negri, já que o partido era uma organização voluntária cujos membros eram incorporados de acordo com o compromisso que assumiam com o comunismo. Havia, entretanto, coincidência a respeito da luta armada como momento necessário na transição para o comunismo.

Profundamente dividido com relação ao significado do comportamento da classe e a função da organização política, o Potere Operaio colapsou em meados de 1973, quando os partidários de Negri (os coletivos operários de Marghera e Milão) se mobilizaram para dar lugar ao que seria logo depois denominado *Área da Autonomia*. Seus oponentes (o segmento de Roma) tentaram manter viva a organização, porém acabando também por integrar-se à Autonomia. Outros, seguindo o caminho de Mario Tronti, como Alberto Asor Rosa e Massimo Cacciari, integraram-se novamente ao PCI. Cada uma dessas alternativas oferecia variantes para a problemática do operaísmo. Em todos os casos, o estudo atento do comportamento da classe, que tinha sido motivo de preocupação especial no operaísmo dos anos 1960, ia ser sacrificado, em maior ou menor grau, à impaciência política e a um aparato conceitual cada vez mais rígido. Na metade dos anos 1970, eram poucos os que ainda estavam dispostos a estudar as vicissitudes de setores mais amplos da população operária.

Posteriormente ao colapso do Potere Operaio, a corrente operaísta que alcançaria maior influência política e suscitaria grandes controvérsias teóricas na extrema esquerda italiana seria aquela associada às análises do Estado e das classes desenvolvidas por Negri. A hipótese sobre o surgimento de um novo proletariado disseminado na sociedade e intimamente relacionado às esferas de produção e reprodução do capital, o denominado *operário-social*, constituiu o aporte substantivo de Negri. Na realidade, o desenvolvimento da Autonomia Operária como tendência política do campo do operaísmo encontra-se indissociavelmente ligado à elaboração negriana dessa nova figura operária da época: o *operário-social*.

O trabalho do Negri, "Partido operário contra o trabalho" (2004b), escrito em 1973, marcaria a etapa política inicial da Autonomia, abordando a relação entre as lutas operárias e o processo de acumulação. Se até então o Potere Operaio havia pensado essa relação como um jogo de soma zero entre salários e benefícios, em "Partido operário contra o trabalho" Negri realizaria uma abordagem da relação entre *composição da classe* e *crise*, assentado em um longo, embora homogêneo, caminho de disputas no terreno da produção e no processo de reprodução do capital. No seu trabalho "Marx sobre o ciclo e a crise", Negri havia de fato adiantado parte dos argumentos que se consolidariam depois no operaísmo. Tentava realizar uma leitura *política* da crítica da economia política de Marx, distanciando-se de toda e qualquer ótica objetivista. Ao abordar os esforços de Keynes e Schumpeter em proporcionar uma saída às dificuldades enfrentadas pelo capital na sua dinâmica de reprodução, Negri, acompanhando Tronti na polêmica com Luckács, não considerava que isso fosse impossível para a "consciência crítica" do capital. Melhor ainda, mostrava um particular respeito por Schumpeter, segundo o qual a economia política carecia de uma tendência interna que a levasse automaticamente ao equilíbrio. Ao visualizar o desenvolvimento da crise como um momento estimulante do sistema para produzir benefícios, Schumpeter assumia que as correlações de forças entre as classes estão sempre presentes no movimento aparentemente autônomo das categorias econômicas[25].

"Partido operário contra o trabalho" significou uma melhor aproximação de Negri às problemáticas das crises. Sustentado nos *Grundrisse* e no "Resultado imediato do processo de produção" (capítulo VI, inédito)[26], Negri enfrentava o problema central da acumulação capitalista, isto é, da diminuição permanente da parte da jornada de trabalho necessária para a reprodução do valor da força de trabalho. Para Negri, a disputa em torno do tempo de trabalho necessário e o tempo de trabalho excedente na época da subsunção real havia conduzido a uma luta entre variáveis independentes. A recusa do trabalho, evidente em uma ampla faixa da juventude italiana, não somente questionava o funcionamento e a validade do conceito marxiano de Exército Industrial de Reserva, como também apontava para o fato de que o salário apresentava uma indiferente rigidez frente às necessidades da acumulação. Sem sombra de dúvida, tais concepções pouco tinham a ver com os preceitos do marxismo convencional. Embora a idéia do salário como variável independente fosse problemática no contexto do Capítulo VI sobre o salário,

[25]"Boa parte das análises de Schumpeter tentou mover-se a partir de considerações inteiramente internas ao processo econômico; em outras palavras, excluindo referências a qualquer fator externo à dinâmica econômica pura e simples" (Negri, 1988, p. 47-48).

[26]Trata-se do livro de Marx, *O Capital*, livro I, capítulo VI (inédito), "Os resultados do processo de produção" (México, Siglo Veintiuno, 1975, 5ª. ed.).

volume I de *O Capital*, deixava de sê-lo quando referido ao volume III. Entretanto, mais significativo do que a comprovação e o contraste com os "textos sagrados", era o testemunho das economias fordistas tentando enfrentar os problemas de produtividade e lucros.

Em um trabalho posterior (publicado em 1979) intitulado "Marx além de Marx" (Negri, 2001a), Negri avançaria ainda mais com relação a essa problemática. Ao analisar a tendência decrescente da taxa de lucros e abordá-la a partir da relação entre tempo de trabalho excedente e tempo de trabalho necessário, ficava claro, com efeito, que a expressão da lei derivava da rigidez própria da magnitude do tempo de trabalho necessário: "A rigidez da parte necessária da jornada de trabalho constitui sempre o limite da valorização" (ibidem, p. 118). A partir daí, Negri pôde concluir sobre a "estranheza absoluta e radical, a autonomia da classe operária com relação ao desenvolvimento do capital" (ibidem, p. 119). Mas iria além ao afirmar que "a parte necessária da jornada de trabalho não apenas é cada vez mais rígida, mas que também tende a valores superiores e, conseqüentemente, a diminuir subjetiva e ativamente a mais-valia". No Marx dos *Grundrisse*, "a desvalorização da força de trabalho como compressão da jornada de trabalho não somente é indefinida, como é também uma realidade delimitada e irreversível" (idem). Dessa forma, no processo de trabalho a classe operária é capaz de cortar o ganho potencial do capital.

Em 1973, em "Partido Operário contra o trabalho", essa idéia estava presente quando se apontava a jornada de trabalho como o campo de uma luta civil permanente entre as duas classes. Longe de desenvolver esse ponto, "Partido operário contra o trabalho" retomou a análise realizada em "Crise do Estado-plano" de 1971, onde Negri afirmava que, apesar da existência de um processo de valorização normal, o capital empurrava permanentemente em direção a uma socialização crescente do trabalho, obrigando à redefinição do trabalho produtivo. De modo que as verdadeiras dimensões desta categoria somente poderiam ser abordadas do ponto de vista *histórico*, quer dizer, de acordo com o avanço do processo de subsunção do trabalho no capital. Podemos agora afirmar que o conceito de trabalho assalariado e o conceito de trabalhador produtivo tendem para a homogeneidade, resultando em uma nova figura social do proletariado unificado.

O trabalho de Negri "Partido Operário contra o trabalho" deve ser lido como um artigo de transição da concepção negriana sobre o capital e a classe, que, a partir da leitura dos *Grundrisse*, finalizaria posteriormente na figura do *operário-social*. Nessa perspectiva, embora a sociedade e a fábrica, assim como a produção e a reprodução, não fossem idênticas, existiam sob uma relação dialética que o capital procurava manter separando a queda da taxa de lucro (dos seus agentes) do processo de socialização do trabalho produtivo desenvolvido na sociedade. Conseqüentemente, os operários das grandes fábricas, enquanto sujeitos privilegiados da exploração, continuavam sendo absolutamente hegemônicos, teórica e politicamente, com relação ao restante da classe. A leitura de Negri afirmava-se principalmente na experiência da greve e da ocupação massiva da planta industrial da Fiat em Mirafiori, em março de 1973.

Em face das dificuldades para levar o conflito além das portas da fábrica, conjugando o processo de luta pela reapropriação social, observadas na vanguarda de massa formada durante o "outono quente", Negri defendeu uma interpretação da recomposição da classe baseada na unidade do trabalho social abstrato, leitura que colocava de lado as diferenças específicas entre os operários de fábrica e os demais trabalhadores sociais: mulheres e jovens marginalizados. Essa interpretação se sustentava, por sua vez, em uma visão da crise da lei do valor como crise do comando capitalista, que já tinha sido desenvolvida pelo Potere Operaio. O valor remetia diretamente ao problema do poder. Por isso, o conteúdo das necessidades não satisfeitas incitara à formação de organizações em lugares que somente podiam ser subsumidos na perspectiva da constituição de um projeto de contrapoder frente ao Estado.

Durante o ano de 1974, momento em que a crise exacerbava a inflação doméstica, a sociedade italiana era testemunha da explosão de lutas que levavam a marca de uma socialização do trabalho antecipada por Negri. Assistia-se à constituição de um importante movimento de massas iniciado em Turim, na planta Rivalta da Fiat, onde a recusa dos operários a convalidar os aumentos das tarifas de ônibus se estenderia rapidamente a outras áreas da cidade e para a própria capital do país. Não tratava apenas do aumento da passagem de ônibus, já que incluía também os aumentos nos preços dos serviços de eletricidade e telefone.

Simultaneamente, a ameaça de corte do orçamento para a educação gerou um novo movimento, a partir da resposta dos estudantes universitários, com ocupações de prédios e manifestações na rua. Na época também se fortalecia o movimento de ocupações, que em Turim contava com a participação de trabalhadores de fábrica nas operações de ocupação de moradias impulsionados pelos marginalizados. Finalmente, em outubro daquele mesmo ano, inaugurava-se um novo método de luta: o *political shopping*, quando manifestantes entravam em um supermercado de Milão e forçavam a venda de mercadorias a preços reduzidos.

Um dos principais aportes da Autonomia à cultura da extrema esquerda italiana foi sua recusa de separação entre a luta econômica e a luta política, e com essa negativa a rejeição a todas as normas de organização da esquerda articuladas em torno do partido e do sindicato. Apesar de representar uma nova forma experimental de organização política, que se disseminou em distintos espaços do trabalho — a auto-organização da militância no lugar do trabalho surgida nas lutas dos anos 1960 —, a Autonomia foi incapaz de dar continuidade a essa estratégia. Atravessada pela crítica violenta ao leninismo realizada por alguns grupos feministas radicais e exposta às variações políticas próprias de uma rede que agregava militantes de diversas opiniões sociopolíticas, a Autonomia não conseguiu manter seu projeto político. Ela mantinha um posicionamento político que, apesar de fortemente crítico em relação à ação armada, não deixava de considerar essa possibilidade como momento final da luta de classes. Diante da política do Estado italiano de criminalização do protesto social, que tinha custado a vida de manifestantes de esquerda, muitos ativistas jovens universitários, formados nas lutas e nos confrontos de rua, assumiriam o projeto do leninismo armado. Esse processo debilitou muito as bases políticas nas grandes fábricas, gerando uma verdadeira sangria política para a Autonomia. Além disso, subsistiam internamente duas linhas políticas claramente diferenciadas. Por um lado, os que procuravam um modelo de organização que privilegiasse o "movimento"; por outro, os que, partindo de um posicionamento ortodoxo, aderiam a uma concepção leninista de organização. Evitando atuar como partido, seguindo a tradição do Potere Operaio e Lotta Continua, as forças dominantes da Autonomia arriscaram uma nova aposta política, pensando também na superação dos erros cometidos.

Nesse contexto, em meados de 1975 surgiu um novo trabalho de Negri intitulado "Proletari e stato" (Negri, 2004b), no qual, retomando a perspectiva operaísta de Tronti, afirmava que os esforços do capital para retomar o comando do trabalho durante e após o "outono quente", através da decomposição técnica da classe, não haviam sido bem-sucedidos. Pelo contrário, emergia uma nova figura operária, o *operário social*, cujo nascimento era produto da própria crise capitalista. Da mesma maneira que em "Partido Operário contra o trabalho", em "Proletários e Estado" Negri tentava desenvolver a análise da composição de classe no contexto da tendência decrescente da taxa de lucro.

De acordo com as análises que Christian Marazzi realizara no jornal *Primo Maggio*, o capital, como parte das políticas para conter a queda da taxa de lucro, passava agora a instrumentalizar as propriedades da forma dinheiro, para restabelecer uma proporção correta entre a massa e a taxa de lucro. Entrávamos na era da *função do dinheiro como comando*, fenômeno que significava ampliar a crítica da economia política. Apesar de a reestruturação capitalista ter desestruturado o operário-massa, "gerando um trabalho socialmente difuso e predisposto para a luta", e de a categoria *classe operária* ter entrado em crise, Negri insistia, em seu novo trabalho, "Proletários e Estado" , em que "a classe operária continuava projetando todos seus efeitos sobre o terreno social, como um proletariado".

Na realidade, havia sido Romano Alquati que um ano antes cunhara a denominação *operário-social*, diante da evidência da massificação de um trabalho que superava as fronteiras da fábrica, identificando-se com o trabalho intelectual. Por sua vez, Negri ampliou as fronteiras do operário-social para além da 'ntelectualidade. O operário-social como figura operária não pertencia a nenhum setor industrial em particular.

Representava o conjunto do proletariado que, submetido ao trabalho abstrato, ia se constituindo ao longo do processo de valorização. Neste sentido, o posicionamento de Negri com relação ao operário-social em "Proletários e Estado" representou uma ruptura radical com a genealogia das figuras de classe do operaísmo italiano até então. O operário-social não era o produto de uma reestruturação qualitativa no processo de produção imediata. Mais do que um acidente tecnológico, com efeito, a nova composição de classe devia ser vista como uma *confluência da generalização das lutas com a socialização da relação capitalista*. Negri abordou a figura do operário-social de maneira geral, aprofundando pouco na questão das mudanças que haviam sido produzidas no operário-massa e que conduziram à nova figura operária. Sua análise procurava mais remarcar a potencialidade revolucionária do operário-social e resgatar o processo de recomposição social extraordinário aberto com amplitude e intensidade. Outrossim, a existência de uma única lei de exploração capitalista fornecia o marco social para potencializar a unidade das lutas em crescimento.

Os conflitos que se desenvolviam naquela época davam sustentação aos posicionamentos de Negri. Enquanto se assistia à auto-organização dos jovens operários empregados nas pequenas oficinas de Milão e Turim, através dos círculos proletários da juventude, e também núcleos dos desempregados de Nápoles, o movimento feminista ganhava relevância social nas lutas pelo divórcio e no questionamento de outros aspectos da dominação social. Segundo Negri, todas essas lutas procuravam satisfazer as necessidades dos seus protagonistas fora das relações capitalistas. Embora tais necessidades sejam historicamente determinadas, as necessidades do operário-social só podiam se constituir dentro do universo do capital. Nesse contexto, somente um valor de uso determinado, retomando o Marx dos *Grundrisse*, poderia ser capaz de romper o círculo vicioso da reprodução capitalista: o trabalho vivo.

Entretanto, o trabalho vivo é capaz de subverter a relação de classe apenas quando se torna recusa ao trabalho, quando sua criatividade se dirige diretamente contra a reprodução do proletariado. Nesse sentido, o sistema de necessidades existente precisava ser substituído por um sistema de lutas cuja promoção exigia a existência de uma organização revolucionária de tipo novo. Mais uma vez, Negri analisava o processo dialético entre forças produtivas e relações de produção a partir do antagonismo puro: quando a velha contradição parecia diluir-se em função da subsunção do trabalho vivo no capital, a força do trabalho social, e, nesse sentido, a força encarnada no trabalho vivo social, opõe-se como luta às relações de produção e, portanto, às forças produtivas incorporadas nelas. A partir de então, a tradicional fórmula de Marx se transformaria no antagonismo direto entre proletários e Estado.

"Proletários e Estado" também subvertia outra das categorias marxianas: o salário. Durante muito tempo o salário e os objetivos da reapropriação da riqueza tinham marchado juntos, afetando os benefícios do capital. No tempo do operário-social, entretanto, o salário devia ser subordinado ao processo de reapropriação das forças produtivas como riqueza social, que era o objetivo perseguido pela classe naquele momento. O proletariado passava a insistir agora na diminuição do trabalho necessário como forma de acelerar a queda da economia. Contudo, apesar das prefigurações sociais elaboradas por Negri, as lutas sociais não estavam correspondendo às suas teses. Em primeiro lugar, não houve a aproximação esperada das lutas dos operários das plantas industriais do norte com as lutas das mulheres, estudantes e desempregados do sul. Pelo contrário, após quase cinco anos de lutas, os protagonistas do "outono quente" haviam ingressado em uma trégua produtiva, os sindicatos tinham recuperado o terreno perdido nas fábricas e, como conseqüência, as demandas operárias resultavam mais uma vez funcionais ao processo de acumulação.

"Proletários e Estado" foi recebido em alguns círculos da Autonomia como um novo programa político a impulsionar, mas não foram poucas as críticas recebidas, em especial daqueles setores que tinham permanecido fora do "setor organizado" da Autonomia, entre os quais Sergio Bologna, que, na qualidade de editor da revista *Primo Maggio*, continuava trabalhando com Negri em vários projetos de pesquisa. Bologna afirmava que Negri incorporava em sua análise alguns dos mecanismos objetivos da composição política da sociedade italiana, mas tinha deixado de lado outras importantes tendências que a percorriam.[27] Também reconhecia mudanças na composição política da classe, mas não na direção apontada por Negri em "Proletários e Estado". Segundo Bologna, estava-se longe da unidade apresentada por Negri; assistia-se, em todo caso, a uma enorme divisão já não mais entre a fábrica e a sociedade, mas dentro da própria fábrica, onde se produzira uma importante recuperação da ideologia reformista. Criticava Negri por ter assumido a posição de teórico, inventando uma figura social diferente à qual atribuir o processo de libertação da exploração. Negri, de acordo com Bologna, havia "lavado as mãos" diante do processo político de decomposição e desconstrução que mostrava a Autonomia, e também diante das crescentes dificuldades encontradas pelo operário-massa.

Para Romano Alquati, o *operário-social* constituía uma categoria sugestiva, embora advertisse sobre os riscos de construir uma ideologia em torno de uma figura de classe que ainda tinha que aparecer como sujeito político maduro. Por outro lado, havia também os que criticavam Negri pela falta de uma análise crítica dos comportamentos da luta e das atitudes políticas de muitos operários formados no "outono quente": entre a prática crítica da organização do trabalho nas fábricas e o apoio à classe operária do PCI, que assumia as relações de produção existentes como naturais.

Contudo, a despeito das críticas, Negri continuaria avançando na definição da categoria do *operário-social*. Em "Domínio e sabotagem. Sobre o método marxista da transformação" (Negri, 2004b), escrito em 1977, afirmava que o equilíbrio de poder tinha acontecido pelo fato de o poder capitalista ter se tornado cada vez mais vazio, em face de uma insubordinação operária de enorme racionalidade e valor.

Apesar da crescente complexidade da classe política italiana, Negri superestimava demais o potencial político da classe. O risco era o de que, ao não incorporar as determinações contraditórias que o panorama político italiano mostrava, a noção de classe autovalorizando suas

[27]Cf. S. Bologna, "*Proletari e stato* di Antonio Negri: una recesione", artigo publicado em *Primo Maggio* n. 7, p. 27 (citado por S. Wright, 2002).

necessidades se diluísse e virasse um "saco sem fundo". Mesmo com as noções de unidade e pluralismo que apresentava como um elemento afirmativo dos movimentos autônomos, a concepção de operário-social prescindia do específico e contraditório que o diferenciava, ficando relegado à idéia de trabalho abstrato. Diante de tal triunfalismo político, a Autonomia foi duramente atingida pela onda de prisões em massa nos anos 1979 e 1980. Em novembro de 1981, Negri romperia definitivamente com a Autonomia, acusando-a de seguir um modelo bolchevique de organização política fora do tempo e do espaço, e de dar suporte a um sujeito — o operário-massa — que, embora não se pudesse chamar de anacrônico, era no mínimo parcial e corporativo (Wright, 2002, 174).

O ano de 1977 seria decisivo para a extrema esquerda italiana. Tendo sido considerados pela juventude os intérpretes privilegiados da oposição italiana diante do crescente descontentamento social, as três maiores organizações à esquerda do PCI encontravam-se também contaminadas e ultrapassadas por uma luta de novo tipo, que valorizava as necessidades antes dos deveres, as diferenças em detrimento das homogeneidades, o pessoal e o local por cima das lutas de classes mais amplas. Lotta Continua tinha sido a primeira a entrar em crise, dissolvendo-se já no fim de 1976. PDUP dividiu-se em dois, tensionado entre seu papel de consciência crítica do PCI e as possibilidades de ampliar sua influência fora do partido. Avanguarda Operaia tampouco escaparia à crise, pouco tempo depois. Ao mesmo tempo, o ano de 1977 foi também um ano decisivo para o autonomismo. As diversas organizações puderam substituir por pouco tempo à crise da *tríplice* — Lotta Continua, Avanguarda e PDUP — e os inúmeros problemas que o novo contexto político levantava empurrariam o aparelho conceitual do operaísmo "para limites extremos" (Negri, 1980, p. 161-162).

Entretanto o movimento de 1977 inspiraria um importante debate na revista *Primo Maggio*, ao levantar, mais uma vez, a questão das características dos novos sujeitos que alimentavam a força de trabalho da Fiat; e a discussão sobre a intensificação dos conflitos industriais nos setores de serviços e transportes. Para Bologna, o movimento de 1977 teria o mérito de colocar em pauta uma série de conteúdos e valores políticos por fora da agenda política reconhecida até aquele momento. Além de ter revelado a crise das formas políticas, inclusive da forma partido, esse processo deveria ser considerado uma das maiores antecipações sobre as formas e conteúdos da vida social e política que se afirmariam nos anos seguintes. Após 1977 não haveria mais retorno, apesar dos erros cometidos. Foi um ano de enorme riqueza e complexidade política, em que a forma política capaz de conter os problemas e organizá-los de maneira adequada não conseguiu se concretizar.

Em fevereiro de 1977, a Universidade de Roma foi ocupada pelos estudantes durante quatorze dias em protesto contra as tentativas do governo de restringir o acesso à educação superior. Durante esse tempo, o *campus* da universidade foi transformado em uma verdadeira zona livre, onde floresceria uma cultura política bastante distanciada do espaço político dos círculos operários jovens de Milão. Embora muitos dos novos militantes discordassem fortemente das Brigadas Vermelhas[28], o uso da força não foi alheio a importantes segmentos do movimento, que adotavam a forma de saques em massa, expressando uma violência comum a uma série de atos ilegais desencadeados logo após 1976. A ocupação da Universidade de Roma terminou com uma violenta repressão

[28]Constituída inicialmente por jovens militantes operários e ativistas estudantis integrados aos comitês fabris ou aos grupos marxistas-leninistas de Milão, e comprometidos com o desenvolvimento de um aparato militar clandestino de propaganda, as Brigadas Vermelhas formara-se como organização política na década de 1970. Seu núcleo primário de dirigentes participou do "outono quente", e, em conformidade com esta prática, as primeiras ações do grupo mostravam um interesse particular em acompanhar os conflitos e as lutas sindicais e no interior das fábricas (sabotagens industriais, atentados a dirigentes das empresas etc.). Optando por entrar definitivamente na clandestinidade em 1972, e incorporando em suas fileiras militantes provenientes da crise do Potere Operaio naquela época, foram paulatinamente embarcando em uma transformação radical das primitivas concepções políticas e ações armadas até uma guerra abstrata contra o Estado das multinacionais. Com o encarceramento massivo de seus dirigentes em 1974 — posteriormente ao seqüestro do juiz Mario Sossi —, recompõem sua estrutura com o ingresso de novas levas de ativistas, no calor das mobilizações de 1976-1978. A perseguição e o isolamento social haveriam de aumentar depois do seqüestro e posterior execução, em 1978, do político democrata-cristão Aldo Moro, gestor do "compromisso histórico", um acordo de governo entre o PCI e a Democracia Cristã. Apesar disso, a crise que sacudia na época a Autonomia contribuiu para o crescimento das Brigadas Vermelhas; não foram poucos os militantes da primeira organização a engrossar as fileiras da segunda. As ações haveriam de continuar sob um novo nome: Brigadas Vermelhas para a Construção do *Partito Comunista Combattente*, já entrados os anos 1990.

policial, depois de os estudantes terem expulsado do *campus* o líder da CGIL. Nos primeiros dias de março a revolta chegou à Universidade de Bologna, coração da Emilia-Romana dominada pelo Partido Comunista Italiano (PCI), logo depois que um militante de Lotta Continua foi morto pelos policiais. Dois dias seguidos de enfrentamento estudantil provocaram a extensão do conflito ao âmbito nacional, com uma massiva demonstração de forças em Roma. A morte de um policial romano em abril, o assassinato de um militante romano em maio, seguido da morte de outro policial em Milão pressionaram os membros da Autonomia a passarem "das armas da crítica à crítica das armas", isto é, a procurarem valorizar uma correta avaliação das forças antes de entrar num desespero voluntarista.

Escrevendo nas páginas de *L'Unità*, Asor Rosa descreveria a Itália daquela época como um país dividido, constituído por duas sociedades. Uma baseada na classe operária organizada e comprometida com as instituições existentes; a outra vinculada aos marginalizados e desempregados da nação, cujo comportamento era sintomático da desintegração da velha ordem. A revolta da nova geração de estudantes italianos era vista como uma nova forma de anticomunismo oficial. Os rebeldes de 1977, com efeito, diferentemente da esquerda de 1968, acusavam de contra-revolucionárias tanto as lideranças da esquerda histórica como os seus seguidores. As revoltas estudantis e a magnitude sociopolítica do confronto colocaram mais vez em primeiro plano a discussão sobre as novas características da composição de classe, agora baseada na problemática da natureza e da função da força de trabalho intelectual.

Franco Piperno, que na época comungava com a tese do operário-social com Oreste Scalzone, apoiando-se na peculiar força produtiva dos sujeitos políticos organizados nos novos movimentos que haviam alcançado protagonismo, descrevia essa figura de classe como emergente de um *trabalho não operário*, ou seja, um trabalho produtivo indireto que, estranho à produção física da mercadoria, incorporava no seu desenvolvimento o "intelecto geral" da força de trabalho. Uma nova figura que deveria ser considerada expressão da crescente incorporação da ciência no capital, assim como da recusa de milhares de jovens em seguir os passos dos pais na linha de produção. Nesse sentido, Asor Rosa tinha razão quando afirmava a existência de uma divisão cultural e política fundamental na Itália, entre o setor da classe operária que aceitava a lógica da produção mercantil e o movimento do valor de uso que desafiava a legitimação social da forma dinheiro.

Naquela época, Alquati, fiel à tradição operaísta, enfatizava a tendência à proletarização desenvolvida na moderna sociedade capitalista que, no caso da Itália, havia emergido de maneira tardia. Se o trabalho intelectual se concentrava em outros espaços diferentes dos habitados pelo operário-massa, a progressiva e gradual incorporação desse tipo de trabalho na fábrica indicava uma convergência com o comportamento dos setores mais tradicionais da população operária. Tornava-se imprescindível, entretanto, não mistificar os atributos específicos do trabalho intelectual. Afinal, em certo sentido, era um trabalho como outro qualquer. Talvez o aspecto mais inovador do discurso de Alquati, pelo menos no que diz respeito ao aparelho conceitual tradicional do operaísmo, foi sua tentativa de dar conta das camadas médias da moderna sociedade italiana. Segundo ele, havia se configurado um sistema complexo de estratificação social que, longe de desacreditar a centralidade da relação trabalho e capital, tinha conduzido o trabalho, através da ação do próprio capital, a um patamar ainda mais agudo da luta de classes. Este processo permitiria aos marxistas falarem de "classe média" enquanto "camada social", uma vez que o conceito de "média" era associado ao verbo mediar, fundamental na linguagem política. Na Itália dos anos 1970, a função estabilizadora dessa camada social tinha sido questionada, forçando a polarização entre capital e trabalho. Nesse sentido, Alquati acreditava que a Universidade podia ser vista como o lugar privilegiado da crise, em que as camadas médias — uma vez vinculadas ao bloco político da classe operária — podiam constituir uma aliança, promovendo a integração de novas forças para a recomposição de classe.

As tentativas da revista *Primo Maggio* de dar peso e significado ao novo movimento tiveram seu batismo no trabalho de Sergio Bologna de 1977, "A tribo das toupeiras". Para Bologna, diferentemente da interpretação de Asor Rosa, o comportamento do novo protagonista social não podia ser situado em uma localização material alheia ao mundo produtivo. Pelo contrário, para Bologna seria um erro concluir que o sujeito da luta devia estar associado à figura do estudante, mesmo que o espaço do conflito estivesse localizado nas universidades. Era um erro politicamente grave inferir essa caracterização de comparações com os conflitos de 1968. Em suas palavras, "assistíamos à emergência de uma composição de classe completamente nova, oriunda do entorno universitário" (citado por Wright, 2002, p. 203). Para Bologna, embora as raízes do movimento de 1977 estivessem fortemente assentadas no mundo do trabalho, tratava-se de um mundo do trabalho radicalmente diferente do conhecido na planta de Mirafiori.

Distanciada dos protagonistas sociais da década anterior, com efeito, a nova composição de classe não havia sido configurada para detectar e/ou encontrar uma saída para suas necessidades individuais e/ou coletivas em estruturas organizativas típicas do marxismo-leninismo. Enquanto a militância dos anos 1970 aderia a uma leitura da política em termos de choque de aparelhos, o novo ativismo político afirmava e internalizava a esfera pessoal no espaço da política. Segundo Bologna, os deslocamentos sociais observados eram produto de profundas alterações na reprodução das classes, processo que agora tinha se transformado em um

> [...] problema de legitimação política, antes do que numa questão material: uma questão de identidade social e cultural, de aceitação ou rejeição das normas de comportamento social requeridas pela forma Estado. Como tendência, as classes perderam suas características objetivas e se definem, cada vez mais, em termos de subjetividade política. Nesse processo, a maior força de definição veio desde baixo: isto é, da contínua reprodução e invenção de sistemas de luta e contracultura na esfera da vida diária, tornadas cada vez mais ilegais (Bologna, 1977).

Essa nova subjetividade não estava isenta de determinações materiais, como a densa rede de pequenas fábricas que tinham florescido desde começos dos anos 1970 no nordeste da Itália, a qual tinha visto crescer significativamente, com o setor de serviços, seu número de trabalhadores.

A estrutura e o comportamento da força de trabalho vinculada aos serviços estavam longe de ser homogêneos. Pelo contrário, abrangiam desde a militância dos desempregados dos hospitais, sujeitos a condições de trabalho quase primitivas, até os relativamente privilegiados empregados dos bancos estatais; desde os trabalhos garantidos através de relações de trabalho contratuais, até os trabalhos precários e casuais oferecidos pelas empresas de subcontratação. Se algum elemento de homogeneidade existia nesses casos, era a pressão política constante a que vários dos componentes do setor de serviços estavam sujeitos pela crise italiana, que se tornava mais aguda. Bologna atribuía particular importância às empresas de contratação e subcontratação. Nesses casos, a firma, como lugar de produção de mercadorias, tendia a dissolver-se, permanecendo como mera administradora de um trabalho descentralizado, dissolvendo-se também como sujeito protagonista do conflito e instituição da luta de classes.

A infinita cadeia de descentralização produtiva romperia a rigidez da geografia, da idade e do sexo, assim como o *background* social, enquanto fatores de peso na constituição da nova composição de classe. "Essa cadeia de infinitas descentralizações é um dos elementos mais progressivos do capitalismo de hoje em dia; é uma arma de massificação muito mais poderosa do que a linha de montagem" (Bologna, 1977). Com essa composição de classe, os grupos autonomistas alcançavam rapidamente um lugar hegemônico, por conta de sua habilidade para antecipar uma problemática política completamente diferente à dos anos 1960. Diante desse panorama social, o erro fundamental da Autonomia em forçar o peso da luta ficou claro à medida que, contrariamente às posições vanguardistas anteriores, "a organização estava obrigada [agora] a medir-se a cada dia contra a nova composição da classe, devendo encontrar seu programa político no próprio comportamento da classe e não em algum conjunto de estatutos" (idem).

Os argumentos de Bologna produziriam diversas reações críticas. Desde os teóricos do PCI, que rejeitavam a ênfase colocada na determinação subjetiva da identidade de classe, até os que aderiam à linha editorial da revista *Primo Maggio*, que consideravam que pecava ao impor uma abstrata relação fabril aos sujeitos sociais em formação. Na tentativa de utilizar as categorias marxistas além do território de uma coerente aplicabilidade, Bologna caiu em um formalismo que somente lhe permitiria descrever o operário-massa como um precursor do novo movimento. Porém, enquanto o Estado desempenhava um papel cada vez mais central na vida social, a identidade de classe estava cada vez menos relacionada com o resultado da vida produtiva. Pelo contrário, o ponto de partida da proletarização política situava-se de modo cada vez mais extensivo fora do lugar de trabalho, em áreas tais como o próprio sistema educacional. Nessa nova articulação entre fábrica e sociedade, o movimento molecular emergente se constituía, desafiando a legitimidade privada, até aquele momento, pela perspectiva tradicional da sociedade de classes (Wright, 2002, p. 208).

Uma aproximação crítica semelhante seria a desenvolvida por Christian Marazzi. Com efeito, segundo Marazzi, mesmo observando que as pequenas fábricas e o setor de serviços eram os lugares privilegiados da formação do novo movimento, Bologna continuava analisando a luta de classes exclusivamente a partir do confronto entre capital e trabalho (ibidem, p. 209). Não conseguia ver, de acordo com Marazzi, que o Estado, enquanto estratégia de comando mediante a regulação da renda via trabalho na fábrica, tinha induzido a consolidação de um novo sujeito fora da relação de produção. Se o lugar social da reprodução do antagonismo e/ou do determinante do comportamento da classe havia deixado de ser a fábrica e se deslocado para o território, esse fenômeno significava também que a organização capitalista ultrapassava a funcionalização do sistema político. O sistema de relações políticas entre as classes devia se tornar produtivo; a política devia atuar como se fosse o capital fixo na sua relação com o trabalho vivo. Já não era suficiente com a fetichização das máquinas, que tinha deixado de ser importante. Agora era a vez de a política ser fetichizada, na medida em que aparecia como relativamente autônoma. Naquelas circunstâncias requeria-se uma nova definição do trabalho produtivo que levasse em conta, ou pelo menos incluísse, o papel central que a força de trabalho desempenhava no processo de acumulação, intercambiada com o sistema político e sob comando direto do capital. Para outros críticos, o erro de Bologna residia no superdimensionamento da subjetividade, ao custo de uma análise material das relações de produção, processo que o levou a enterrar prematuramente o operário-massa, num momento em que ainda seria possível identificar elementos comuns no confronto com o capital.

Sergio Bologna contestaria essas críticas qualificando-as de "otimistas". Esqueciam, segundo ele, que "a autonomia do sujeito não pode ignorar o poder, ou seja, sua realidade". Também reiterava sua convicção de que todo esforço para entender o comportamento proletário contemporâneo demandava focalizar o estudo em um setor concreto da força de trabalho.

Enquanto isso, à medida que avançava o ano de 1978, o movimento de 1977 entrava em crise. Os enfrentamentos com os *carabineri* e a polícia demonstraram rapidamente a existência de um reduzido espaço político para o movimento. Cercado pela repressão estatal e pela determinação do PCI para se legitimar como partido do governo a expensas das forças sociais, o movimento começou a vacilar. Revelou-se incapaz de encontrar um caminho proveitoso capaz de conter suas próprias tensões internas e de estender sua base de sustentação para outros círculos operários. Nesse contexto, a substituição da política pelas armas era uma questão de tempo. Esse processo levaria à divisão do movimento. De um lado ficaram os que enfatizavam os temas libertários da autonomia e do desenvolvimento pessoal, recusando o confronto direto com os obstáculos que limitavam a ampliação do movimento. Do outro lado estavam os que encobriam tanto as implicações políticas da crítica à corrente libertária com um tradicional anti-revisionismo italiano, como também toda discussão séria sobre a composição de classe, promovendo, pelo contrário, debates relacionados à viabilidade da guerra civil. Tal divisão já tinha acontecido no grande Fórum de setembro de 1977, realizada na cidade de Bologna, quando ficaria exposto o impasse político da Autonomia.

O seqüestro de Aldo Moro em 1978 seria revelador da determinação das Brigadas Vermelhas em levar a luta de classes para o coração do Estado. Apesar das críticas ensaiadas pelos distintos setores autonomistas, a Área continuou perdendo militantes e ativistas em prol da luta armada.

CICLOS DE LUTA E COMPOSIÇÃO DE CLASSE

Em contraposição com as hipóteses ortodoxas, que faziam do movimento de massas um movimento dependente do processo de acumulação e de suas *leis objetivas*, o operaísmo privilegia as descontinuidades e mudanças produzidas nos diversos regimes de acumulação, diferenciando-se nesse ponto da escola francesa da regulação. Essa inversão será igualmente responsável pelo caráter essencialmente político que assumem para o operaísmo as chamadas leis objetivas da acumulação, como a tendência decrescente da taxa de lucro. Ainda em linha com essa mesma crítica ao objetivismo, se insistirá também na necessidade de uma reavaliação do *subjetivismo operário*, distanciando-se de toda possibilidade de institucionalização do movimento operário.

Analisado a partir da própria subjetividade operária, cada regime de acumulação constrói a figura operária característica de cada período. Nesse sentido, os regimes de acumulação não podem ser corretamente abordados senão em consonância com a ação e a resposta operária. O operaísmo italiano associou o dinamismo capitalista ao comportamento da classe operária em luta. Daí a estreita relação entre acumulação de capital e *ciclos de luta*. Por outro lado, quando se coloca a subjetividade operária no cerne do regime de acumulação, sua compreensão global somente será possível a partir da análise do dinamismo da *composição de classe*.

A *composição de classe* está substancialmente relacionada ao processo de socialização do movimento operário. Ela dá conta da extensão, unificação e generalização da tendência antagônica da classe operária para com o capital. Nesse sentido, a categoria *composição de classe* procurou substituir o conceito estático, acadêmico e politicamente pouco produtivo de "classe social" . Nesse sentido, Negri (1988, p. 71) afirmará que "somente a composição de classe nos oferece a complexidade material e política da figura do sujeito. Ou seja, uma análise materialista do sujeito tem necessariamente que passar pela análise da composição de classe". A análise da *composição de classe* incluirá não apenas a composição técnica do capital, o estado do desenvolvimento das forças produtivas, como também a composição técnica operária que diz respeito ao grau de cooperação e divisão social do trabalho. A análise da composição técnica da classe não pode ser separada da análise da composição política, verdadeira razão da sua existência, no que se refere à construção das necessidades e desejos subjetivos coletivos. Do mesmo modo, podemos afirmar que a categoria *composição de classe* tentou, de alguma maneira, substituir a categoria *hegemonia*, na medida em que esta última conferia à classe um papel estático e passivo na sua relação com o capital.

Vista a partir da subjetividade operária, a dinâmica capitalista pode ser entendida como um processo de *constituição da composição de classe, decomposição* e posterior *recomposição política*, processo que, no conjunto, define as particularidades dos ciclos dc luta. Com efeito, o processo de constituição da composição de classe está estreitamente ligado ao regime de acumulação vigente. Sua *decomposição* se relaciona à reação capitalista; quanto à posterior *recomposição política*, deve ser entendida a partir de respostas operárias às mudanças tecnológicas e à divisão do trabalho. O capital procura alcançar uma determinada composição de classe, uma distribuição do poder determinada entre e no interior da classe, que garanta o controle sobre o movimento operário e a acumulação. Entretanto o movimento operário pode romper essa política, minando as alianças estabelecidas com suas lutas e alcançando assim um processo de *recomposição política*. Essa ruptura política somente é possível naqueles setores capazes de provocar mudanças qualitativas na relação de poder com o capital. Luta que pode transcender o âmbito da fábrica e prolongar uma maior recomposição do poder no *interior* das classes. Quando as mudanças modificam também as relações *entre* as classes, então nos encontramos perante um questionamento global do sistema, momento que pode conduzir a situações revolucionárias. Por sua vez, o capital procura a decomposição política mediante a introdução de novas tecnologias, nova organização das máquinas e dos trabalhadores, minando o alcance das suas lutas e tentando reduzir seus efeitos sobre a compra e a venda da força de trabalho.

Esses três conceitos, *composição de classe* (técnica e política), *recomposição política* e *decomposição política*, conferem uma imagem particular aos ciclos de luta, mediam-nos e realizam a sua configuração. Todo o ciclo de lutas dá lugar a uma figura operária característica, "uma figura operária especial" (Negri, 1980, p. 70), que assume a direção hegemônica[29] do processo de confronto com o capital. Se o conceito de *recomposição política* articula o papel central do movimento operário, de suas lutas no coração das mudanças tecnológicas frente à reestruturação capitalista, os conceitos de composição de classe e decomposição oferecem o veículo para se repensar o resultado da dominação tecnológica em termos dos esforços do capital para fazer frente a um sujeito histórico oposto e autonomamente ativo.

Para o operaísmo, o capital enquanto relação social é primeiro um *poder social em luta*. As debilidades do capitalismo, seguindo seu raciocínio, não devem ser procuradas nas suas contradições internas, nem nas suas crises, visto que estão determinadas pelas *dinâmicas das lutas da classe operária*. Compreender essa dinâmica e o ciclo de lutas requer uma análise que opera em quatro níveis conectados entre si:

1) Um primeiro nível, o nível das lutas em si mesmas: seu conteúdo, direção, desenvolvimento e circulação. Não se trata de uma pesquisa sobre o processo de estratificação ocupacional. Nem dos níveis de emprego e desemprego. Nesse caso, o operaísmo recusa a leitura da estrutura da força de trabalho baseada na organização da produção capitalista. Pelo contrário, demonstra interesse em determinar a forma através da qual os trabalhadores podem se esquivar às restrições técnicas da produção e afirmar-se como classe com poder político próprio.

[29] Observe-se a acepção ou conotação distinta que tem, neste caso, o conceito de hegemonia, com relação àquele adotado pelo PCI na figura de Togliatti, mais próximo a uma interpretação social estática relativa à direção e ao domínio social do capital. Com efeito, com relação à resistência e à mobilidade operária, reveste-se de um significado dinâmico, de enfrentamento e antagonismo de classe, muito mais próximo da concepção leninista de hegemonia.

2) Um segundo nível relacionado com as dinâmicas que assumem os diferentes setores do movimento. A maneira como interagem entre si e, portanto, sua relação com o capital. As diferenças entre os setores refletem nos diversos níveis e organização que adotam na luta. Essas diferenças se expressam centralmente nas diferenciações salariais e, em particular, nas disparidades entre assalariados e não-assalariados. O capital dirige e domina com base na divisão social que gera. Nesse sentido, o fundamento estratégico da acumulação capitalista reside na capacidade de recriação permanente das divisões entre assalariados e não-assalariados. A cultura da esquerda hegemônica tem contribuído para perpetuar essa política, identificando sem mediações a classe trabalhadora com os produtores ou com os assalariados. Para o operaísmo, a classe operária se define, pelo contrário, não pela sua função produtiva, mas pela sua capacidade para disputar com o capital o controle social.
3) O terceiro nível inclui a relação entre o movimento e suas organizações "oficiais", sejam os sindicatos, os partidos operários ou mesmo as organizações vinculadas à assistência social. Nesse sentido, o autonomismo rejeitará qualquer tentativa de identificar a classe com suas organizações. Melhor ainda, para o autonomismo as lutas dos anos 1970, geradoras das crises capitalistas, desenvolveram-se por fora e contra essas mesmas organizações — embora desconsidere, sob o mesmo critério, as perspectivas "puristas" que analisam as lutas independentemente das organizações da classe. Independentemente do que impulsione o ponto de vista da classe no processo de luta, toda organização do movimento desempenha um papel na relação entre classe operária e capital.
4) Finalmente, todos esses aspectos devem ser relacionados com as iniciativas capitalistas em termos de planejamento geral social, investimentos, inovações tecnológicas, políticas de emprego e o conjunto de instituições da sociedade capitalista. É no espaço das relações entre as dinâmicas das lutas da classe operária e as mudanças institucionais que a análise da recomposição de classe alcança seu nível mais significativo, porque revela o poder da classe operária para transformar o capitalismo.

Através desses níveis de análise de classe interdependentes é que podemos compreender a relação entre classe operária e capital. Processo que nos permite especificar a chamada composição de classe e observar como a classe operária vai transformando sua relação com o capital, reconstituindo sua composição a níveis superiores de confronto; isto é, alcançando níveis superiores de recomposição política. Por recomposição política entendem-se os níveis de homogeneidade e unidade que a classe alcança durante o ciclo de lutas, bem como na passagem de uma composição de classe para outra. Trata-se, essencialmente, da superação das divisões induzidas pelos capitalistas, da criação de novos laços de união entre os diferentes setores e da expansão da própria fronteira de classe.

Essa abordagem em termos de composição de classe conduzirá o operaísmo a uma leitura da crise oposta àquelas realizadas pela esquerda tradicional, qualificadas como economicistas e próximas do ponto de vista do capital. Será precisamente esse "pecado original" do marxismo tradicional que lhe impedirá apreender, tanto nas suas conotações teóricas quanto práticas, que a luta de classes de desenvolve *contra* o trabalho e que, ao mesmo tempo, deve ser vista como fonte da crise e, pois, como ponto de partida de toda organização. Ao contrário, a interpretação ortodoxa tem procurado ver nas lutas reações da classe *para* com o trabalho. Donde se segue uma leitura da crise pautada nas dificuldades do capital em planejar a produção. É a *anarquia da produção*, como irracionalidade externa do modo de produção capitalista, o fator que desencadeia as crises, que adotam formas diversas, seja de competição entre os capitalistas, seja de guerras imperialistas. Na perspectiva da esquerda, a classe operária não é a geradora da crise, mas uma vítima inocente das contradições internas do capital, um elemento subordinado à contradição global. É por isso que a esquerda está preocupada com a *defesa* da classe operária.

Essa leitura da crise feita pelo operaísmo levará o movimento a recusar a proposta básica ensaiada pela esquerda até aquele momento: o socialismo. O operaísmo colocará a necessidade de se libertar de velhas concepções e terminologias obsoletas em face dos níveis mais modernos de confronto entre as classes. Nesse sentido, o socialismo somente pode significar ou uma tentativa de encontrar uma solução à degradação do trabalho em pequena escala, situação em que acabaria sendo completamente inútil, ou uma estratégia capitalista de planejamento, a qual devemos recusar.

De qualquer forma, nesse ponto da composição de classe, o operaísmo se diferenciará também das análises de Luckács presentes, em particular, em *História e consciência de classes*, vinculadas com a tradição subjetiva hegeliana da passagem da *consciência em si* à *consciência para si*. Afasta-se igualmente da construção subjetivista de E.P. Thompson em *Formação da classe operária inglesa*, por considerar que este autor, após a acumulação de fatos subjetivos, acaba assumindo em sua interpretação a progressiva domesticação do proletariado. Distanciamento similar se produz com relação a Michel Foucault e sua teoria do disciplinamento dos assalariados[30]. Pelo contrário, a análise do operaísmo dos anos 1960, extraída da acumulação dos fatos objetivos, nos oferece uma imagem da classe operária que é explorada porém não submetida, significando sempre uma ameaça para o capital.

As diversas manifestações do operaísmo concluirão diferenciando-se das correntes marxistas contemporâneas, assim como da escola do pensamento crítico. Com efeito, apesar de compartilhar com Althusser a crítica do revisionismo e o retorno ao Marx de *O Capital*, o operaísmo rejeitará a proposta estruturalista da articulação entre o econômico e o político, sua linha de trabalho de continuidade e ruptura entre Marx e Hegel, e o papel outorgado às ideologias. A questão da recusa do trabalho, que o operaísmo coloca como uma dimensão fundamental da luta de classes, e a crítica radical à utopia do trabalho liberado separarão o operaísmo também dos posicionamentos críticos de trabalhos como os de Stephen Marglin (1996) e André Gorz (1989, 1991). Em todo caso, o argumento de que no coração do sistema capitalista ainda existe outra

[30]Embora Foucault não faça menção explícita ao disciplinamento dos assalariados, em obras como *Vigiar e punir* (1988) e, particularmente, na sua conferência na Universidade de Brasília em 1976 (Foucault, 1981), ele aborda esta temática.

forma de trabalho corresponde, para os operaístas, seja à utopia, seja à embalagem teórica que dá origem à nova produtividade social do trabalho assalariado.

Finalmente, com relação à Escola de Frankfurt, apesar de no início ter havido um distanciamento, posteriormente, nos anos 1970, quando a problemática da subjetividade revolucionária e a análise do processo de legitimação ganharam importância para o autonomismo, as diferenças foram abreviadas. No âmbito teórico, o operaísmo afirma que a capacidade de integração do capitalismo tem limites internos estruturais. De fato, para o operaísmo, a classe operária deve mover-se *no* capital e, sobretudo, *contra* o capital, porque de outra forma o capitalismo não poderia funcionar. Daí que o capital não consiga alcançar um controle unilateral sobre a classe operária. Tanto a revolução quanto a subversão constituem uma possibilidade permanente que persiste subjacente no coração do sistema, e não nas suas margens culturais, isto é, nos excluídos pela crise do trabalho assalariado, como supõe Herbert Marcuse (1972).

PRESENTE E FUTURO DO AUTONOMISMO

O que é o autonomismo hoje na Itália? Responder a esta pergunta exige que levemos em consideração alguns de seus elementos constitutivos.

Em primeiro lugar, um estranho paradoxo envolve sua história. Com efeito, apesar de recusar de maneira explícita o papel de vanguarda, não se torna difícil seguir no rastro do seu desenvolvimento o papel desempenhado pela *intelligentsia*, ou seja, o *quadro político*. A prática social e as lutas permanentes que caracterizavam sua dinâmica impulsionaram em direção à ampliação das suas fronteiras, processo que podemos identificar nas tentativas em conhecer e desenvolver as tendências futuras; e por descobrir as grandes correntes da história, ainda que se mantivessem subterrâneas. Nesse sentido, o operaísmo jamais se respaldou nas forças inerciais do movimento, nem nos condicionamentos da memória, nem sequer no processo histórico do "já vivido e atuado". A função da *intelligentsia* na sistematização das teorias sociais e na produção do imaginário coletivo constituiu, para o operaísmo, uma espécie de "atitude vital". Ao mesmo tempo, quase como um reflexo compensatório, o intelectual assumia os sinuosos meandros da Realpolitik, do mundano e do concreto. Assumia, enfim, os resultados tangíveis da ação política da organização, com o risco de se transformar em ideólogo do milênio. Foi nesse aspecto que se destacou a função essencial e contraditória do quadro político. Com essa atitude o autonomismo distanciou-se das estruturas partidárias do marxismo oficial, as quais sempre criticou por elas cultivarem um certo desprezo pela *intelligentsia* e valorizarem a constituição de uma burocracia que, apoiada nos reflexos das massas inertes, sustentava politicamente uma reciclagem do já vivido. Dessa maneira, para o operaísmo, o marxismo oficial acabava subordinando a política às necessidades e interesses do partido.

Em segundo lugar, devemos lembrar que o sistema teórico do operaísmo se transformaria profundamente em 1977, no contato com o movimento de massas. A centralidade operária foi substituída pela centralidade do novo "operário-social". Assim, a perspectiva política sustentada na "tomada do poder" deu lugar ao desenvolvimento de uma contra-sociedade que se retirava do poder, para valorizar as emoções, os desejos e a subjetividade desta nova centralidade. Tal valorização de emoções potencializadas e de prioridades subjetivas acabou finalmente retirando a ênfase na violência espontânea das massas em seu confronto cotidiano com o capital e o Estado.

Apesar disso, subsistiram inúmeros conceitos e categorias próprias do velho andaime teórico, como a noção de *identidade de classe*, constituída segundo os parâmetros da divisão do trabalho e do espaço urbano. Além da categoria *recusa do trabalho* enquanto forma de libertação do assalariado e, simultaneamente, de sabotagem à produção; a idéia da *defesa pelo trabalhador* do tempo para si, de seu tempo de vida; e a importância atribuída às lutas relativas aos *termos monetários do câmbio*, assim como a fidelidade ao *pensamento de Marx*, considerado verdadeira fronteira teórica para qualquer análise crítica da sociedade.

Essa continuidade, entretanto, também significou um processo de ruptura irreversível com o passado. Com efeito, serão os próprios fundadores do operaísmo que abandonarão as idéias centrais, enquanto uma minoria, numa espécie de ritual de veneração, recusou-se a abandonar esses conteúdos primários. Repetia-se com o operaísmo italiano uma experiência semelhante à sofrida pelas idéias operaístas, revolucionárias e de ação direta que, pertencentes ao primeiro movimento comunista, tinham sido postas de lado em prol da constituição das frentes populares de 1935. Depois do ano 1977[31], as idéias do autonomismo cairiam em nebulosas teóricas. Enquanto as minorias operaístas se aglutinavam para render culto ao operário-massa, a maioria dos quadros políticos lançava-se à procura dos novos problemas levantados pelo desenvolvimento da crise capitalista e da reestruturação em marcha. Naqueles tempos de confusão, acabaram sendo surpreendidos pela repressão.

Finalmente, em 7 de abril de 1979[32], abria-se uma nova etapa no desenvolvimento do autonomismo, caracterizada pela coerção judicial e pela sobrevivência material. Provavelmente, um dos efeitos mais importantes produzidos pela repressão sobre a natureza da autonomia tenha a ver com o isolamento a que foram submetidos seus quadros políticos. A tese sustentada pelo juiz Pietro Calogero e pela Justiça romana afirmava que no indivíduo social e político produzido pelo Potere Operaio estavam instalados os códigos genéticos subversivos das Brigadas Vermelhas. A suposição do mero pertencimento a uma organização, independentemente das condições históricas particulares em que ela

[31]Referimo-nos à eclosão do movimento dos marginais (*emarginatti*) em todas as cidades italianas a partir da primavera de 1977, processo no qual os movimentos culturais pós-68 conheceram uma expansão sem precedentes. Os violentos confrontos em Bolonha, que tinha na época o papel de vitrine política do *compromisso histórico*, precipitaram a ruptura definitiva dos movimentos sociais e da esquerda extraparlamentar com o PCI.

[32]Data da detenção de Antonio Negri e de três dezenas de militantes da Autonomia Operária em Milão e Pádua e Roma, sob a acusação de formarem o braço político das Brigadas Vermelhas, que haviam seqüestrado e executado o ex-primeiro-ministro italiano e presidente da Democracia Cristã Aldo Moro, em março de 1978.

tivesse surgido, era razão suficiente para criminalizar esses indivíduos como "elos de uma cadeia subversiva". Dessa maneira, o vínculo entre os quadros políticos não foi considerada pela Justiça uma relação mediada pela organização política, mas como uma relação em si mesma. Diante de tais acusações, os operaístas reagiram primeiro reivindicando, cada um deles, sua história pessoal e depois adotando uma linha de defesa coletiva que recebeu o nome de *dissociação*. Sob o guarda-chuva da libertação dos presos e do retorno dos exilados, e como forma de aproximar as posições em um diálogo com o "sistema de partidos", para sair da *emergência*, a *dissociação* empreendeu uma crítica sem concessões da linha do projeto e da prática política da luta armada. O operaísmo entrava assim em uma nova fase da sua história. De todos os comportamentos desenvolvidos durante o período das prisões, sem sombra de dúvida a *dissociação* foi o único capaz de gerar alguma aglutinação política. Inclusive aqueles que a consideraram uma traição, permitiram que ela representasse o conjunto dos prisioneiros políticos. Alguém poderia dizer que, depois da centralidade dos marginalizados, o autonomismo havia escolhido a centralidade dos prisioneiros políticos.

Nesse processo de obscurantismo teórico e marginalidade política, o operaísmo acabou mergulhando em uma profunda crise que determinaria seu fracasso político.

De qualquer maneira, o autonomismo representa a memória de uma época cuja experiência foi intensa e criativa o suficiente para deixar uma importante herança política, transformada hoje em uma cultura residual, embora não minoritária. Após sua crise e com o encarceramento e exílio de seus quadros políticos, teria início um sombrio período de abstencionismo político de massas e de passividade conflitual, o que acentuou ainda mais a diáspora. O problema de transformar o operaísmo, como cultura política residual, em um novo motor da transformação social é uma tarefa que ficou pendente. Para os avanços nesse sentido têm contribuído os últimos trabalhos de Antonio Negri, Sergio Bologna, Paolo Virno, Franco Berardi ("Bifo"), Christian Marazzi, Giuseppe Cocco e outros.

Se o que está em jogo é a recomposição de uma perspectiva de sobrevivência e de continuidade de uma história política, então o operaísmo deveria retomar o processo de reflexão social que lhe permitiu ser o veículo político de diversas experiências de luta em diferentes geografias, e produtor de imaginários coletivos. Conta para isso com a sedimentação de uma cultura operaísta que se transformou quase em senso comum nos tempos das lutas operárias da década de 1970. Cultura fundamentada na firme convicção de que a classe operária seria capaz, sob relações de força favoráveis, de impor melhores condições de trabalho, de compreender, apreender e utilizar melhor em seu proveito as armas da tecnologia, de se assumir como o motor do processo de reorganização sindical, além de funcionar como o fiel da balança do equilíbrio político geral. A rigor, a centralidade operária do operaísmo italiano materializou-se no protagonismo operário, pivô dessa cultura política. Cultura que desenvolveu um universo de signos típicos. E que não se limitou a propor reivindicações, mas que proporcionou uma metodologia de discussão e de encontros coletivos: as assembléias nas fábricas testemunham o desenvolvimento desses gestos e ações características. A dinâmica social e as marchas, a desarticulação crescente da disciplina na *linha*, a capacidade para alterar as relações de força com o setor patronal, a prática de greves que, com pouco dispêndio de energia, provocavam o máximo de caos na produção, tudo isso impregnou durante longos anos o cotidiano sindical nas fábricas italianas dos anos 1970.

Para finalizar, se observarmos o que existe de novo sob o céu político europeu e americano nos últimos anos, percebemos que as práticas dos *novos movimentos* têm traduzido e recuperado as idéias do movimento italiano anteriores a 1977. A análise de classe e da divisão do trabalho produzido no seu momento pelo operaísmo, assim como a importância atribuída aos problemas de identidade coletiva e da autovalorização da classe, permanecem ainda válidos. A luta contra a poluição, contra as drogas e contra a destruição física da classe operária operada pelo processo de desindustrialização, assim como a pressão pela permanência do Estado do Bem-estar foram questões relevantes levantadas em seu momento pelo operaísmo. No que diz respeito às análises do desenvolvimento capitalista, da gestão imperialista da moeda e do dólar, da desregulamentação, do empobrecimento social e do desemprego crescente, do fim das ideologias e das práticas de integração social, todas essas questões também pertencem ao patrimônio do operaísmo e do autonomismo após o movimento italiano de 1977.

CAPÍTULO 3 Open Marxism

INTRODUÇÃO

Um dos primeiros trabalhos do Open Marxism[33], *In and again the state* (1980), associa as origens desta escola aos fenômenos da época. Por um lado, a crise da nova esquerda britânica, desencadeada após a neutralização da ofensiva operária de finais dos anos 1960. Por outro, a necessidade de dar uma resposta desde o *espaço socialista* à investida thatcheriana da segunda metade da década de 1970. Por isso, suas origens remetem diretamente à crise capitalista dos anos 1970, sem contudo pretender responder linearmente às questões levantadas em face da política de reestruturação capitalista.

Suas raízes estão mais próximas, em termos gerais, do intenso debate sobre o Estado que se travou no seio da esquerda marxista, diante da crise do Estado do Bem-estar e da reestruturação thatcheriana. E, em particular, mais próximos das contradições que geraram num conjunto de intelectuais marxistas, alguns deles vinculados ao campo acadêmico, uma dupla condição de agentes estatais e militantes socialistas. Esse processo primário de discussão haveria de culminar na aparição do já mencionado *In and again the state*.

[33]Designamos Open Marxism o espaço teórico-político de reflexão marxista que contou, dentre seus principais expoentes, com a participação de autores como John Holloway, Werner Bonefeld, Posmas Psychopedis, Richard Gunn e Simon Clarke. Esta denominação provém dos três volumes que, sob autoria de Open Marxism, surgiram nos primeiros anos da década de 1990. Sendo Holloway seu integrante mais conhecido na Argentina e em todos os países de fala hispânica, por razões expositivas o termo Open Marxism aparecerá muitas vezes referido a este autor, embora não o represente de maneira unívoca.

Se na França a luta de classes alcançou o ponto máximo em 1968 e na Itália adquiriu uma dinâmica de fortes confrontos que modelaram o "outono quente" de 1969, na Inglaterra foi sendo gestada desde 1969 uma crescente onda de lutas, que culminaria na primavera de 1974. O processo iniciou-se com as revoltas operárias de 1969 de oposição às disposições do governo no sentido de controlar a atividade sindical, a qual crescia à margem das direções oficiais dos sindicatos. Haveria uma trégua após a derrota da greve dos trabalhadores dos correios no começo de 1971; a luta retoma no verão daquele ano, com a intransigência dos trabalhadores dos estaleiros diante do fechamento das frentes de trabalho, que se prolongaria nas ocupações fabris de 1972, na primeira greve nacional mineira depois de 46 anos, na greve dos portuários e construtores e a mobilização dos trabalhadores dos serviços públicos e dos hospitais em 1973 (Harman, 1998).

Na realidade, nos anos 1960 o capitalismo britânico dava mostras de haver perdido claramente a batalha contra o capitalismo alemão e japonês na disputa por maiores porções do mercado mundial. As sucessivas crises da balança de pagamentos britânica testemunham esse fenômeno. O governo e o empresariado britânico apostaram no disciplinamento das bases da poderosa central de trabalhadores britânica (TUC) como maneira de aumentar a produtividade do capital. Nesse contexto mais geral de enfrentamento gestou-se o ciclo de lutas mencionado anteriormente.

Foi nesse marco da ofensiva operária de finais dos anos 1960 e começo dos anos 1970 que a nova esquerda britânica se dividiu em dois grandes grupos. Por um lado, aqueles reconhecidos militantes e ativistas dos novos movimentos sociais: feminismo, ecologismo, movimento de libertação homossexual, de libertação negra e de ocupação urbana (*squatters*). Por outro, os sobreviventes de 1968, que convergiram de maneira quase irresistível para as tradicionais organizações de esquerda. Eram tempos em que o conjunto dos movimentos alternativos combinava uma visão utópica de transformação da sociedade e de preservação das esperanças comunistas perante a ofensiva operária, com uma intensa atividade social militante. Ao mesmo tempo que adotavam uma ideologia e uma prática política antiestatal que os levaria a se converterem no que posteriormente passou a ser denominado a esquerda libertária. Por sua vez, a virada da nova esquerda significou não só o reanimamento das diversas variantes trotkistas, como também conferiu um renovado impulso ao Partido Comunista Britânico. Como uma enorme ironia da história, muitos dos que engrossaram nos anos 1960 as fileiras desta nova esquerda — como reação à política stalinista que derivou na invasão da Hungria — seriam reintegrados, menos de vinte anos depois, ao PCB, com o projeto de modificá-lo e reabilitá-lo.

Desta maneira, os estudantes de 1968 iniciaram sua longa marcha pelas *instituições* da esquerda em suas diversas variantes. Alguns, de planejadores do comportamento do movimento operário, converteram-se em professores e mestres universitários, processo que outorgou ao marxismo um certificado de teoria acadêmica respeitada. Outros retomaram o antigo caminho para se converter em *funcionários* de novo tipo.

No entanto, este marxismo acadêmico foi hegemonizado pelo estruturalismo althusseriano, isto é, pela vertente renovada do Partido Comunista Francês que enxergava no partido dos intelectuais o único portador da verdade científica. À medida que o marxismo althusseriano deslocava todo o espectro marxista anterior, fazendo-se acompanhar pela vanguarda intelectual marxista da *New Left Review*, simultaneamente Nicos Poulantzas erguia-se como seu representante na ciência política e adquiria uma polêmica transcendência junto com Ralph Miliband.

Porém, no final dos anos 1970 ambas as correntes de esquerda encontravam-se em crise. Na Grã-Bretanha, a ofensiva proletária havia sido contida com êxito e ficara limitada a espaços políticos e econômicos previamente estabelecidos. A virada da contra-ofensiva capitalista haveria de se produzir quando o Partido Trabalhista, durante a convenção partidária de 1976, abandonou definitivamente o keynesianismo como ideologia para aderir ao monetarismo (Bonefeld, Brown e Burnham, 1995, p. 36). A partir desse momento, o núcleo do programa trabalhista seria configurado por uma política de sucessivos cortes dos gastos públicos, com o progressivo abandono de qualquer tentativa de alcançar uma redistribuição progressiva da renda.

O colapso dos acordos socioeconômicos do segundo pós-guerra, no fim da década de 1960, significaria um verdadeiro *turn over* na história política e social dos países capitalistas ocidentais. A resposta da nova direita funcionou como um chamamento à superação de toda restrição à acumulação do capital e à imediata substituição das decisões governamentais da política econômica pelas decisões soberanas do mercado. Esta nova direita logo cresceria e ganharia as estruturas do Partido Conservador Britânico. Por sua vez, como resposta à revolução thatcherista, a nova esquerda convocou à socialização do capital e à democratização da economia e do Estado. Dentre os integrantes mais destacados naquela época devemos mencionar Stuart Hall, Ralph Miliband, Leo Panitch, Colin Leys, Edward Thompson. O crescimento da nova direita e o afiançamento do monetarismo haveriam de agudizar a crise na nova esquerda. Na realidade, o que na Grã-Bretanha foi chamado de nova esquerda nos anos 1970 teria emergido realmente na década de 1950 como tentativa de produção de uma alternativa socialista frente ao centralismo democrático comunista e ao parlamentarismo social-democrata. Embora a nova esquerda nunca tenha chegado a formar um partido político que veiculasse esse projeto, suas principais figuras permaneceram céticas com relação à possibilidade de converter o próprio trabalhismo em portador político dessas posições. Apesar das dificuldades para se converter em uma alternativa orgânica, a nova esquerda cresceria no interior do Partido Trabalhista, malgrado as quase petrificadas posições sustentadas oficialmente. Não apenas se propôs a superar a visão trabalhista que via no Estado um simples provedor de serviços aos cidadãos — que, no entanto, permaneciam fora do seu controle — como também propôs a necessidade de mudar o partido como requisito prévio para a reforma do Estado, aproximando-o das massas e democratizando-o como forma de alcançar também uma solução democrática à crise capitalista. De toda maneira, a reação interna do trabalhismo foi tão visceral que as propostas não puderam avançar e sucumbiram, conseguindo apenas apresentar à sociedade os conflitos intrapartidários. Essa nova esquerda seria assim de alguma maneira a precursora do novo trabalhismo dos anos 1990 de Tony Blair.

De sua parte, a esquerda anarquista visualizava no novo clima político e econômico uma verdadeira ameaça para a construção de espaços alternativos de vida, ao mesmo tempo que o crescimento do poder da direita deixava entrever debilidade e falta de unidade dos movimentos sociais, cada um deles ocupado na defesa de seu próprio projeto.

Porém, a investida da direita e o impacto da crise estimulou um processo de intensa autocrítica, que culminaria em sucessivos chamados à unidade da esquerda.

Neste sentido, uma das reações mais significativas foi a encarnada pelo documento *Beyond the Fragments*. Lançado originariamente como um "*paper*" de debate, que veiculava a experiência de três mulheres ativistas — dos movimentos de esquerda, do trotskismo e dos grupos da velha esquerda —, o documento dava conta do fracasso do movimento feminista e dos chamados trotskistas "brandos", na sua tentativa de mobilizar os movimentos sociais através de estruturas organizativas do tipo leninista.

Na realidade, em finais dos anos 1970, o movimento feminista encontrava-se em uma profunda crise, atravessado por tensões nascidas do choque entre as denominadas feministas socialistas e a ala mais radical do feminismo. Se, por um lado, esta última tinha se fechado num misticismo que fomentava seu isolamento, as outras viam que o movimento, tal como um gueto da classe média moribunda, deslizava para uma dinâmica perigosa, motivo pelo qual as militantes encontravam-se particularmente interessadas na reafirmação diária de seu pertencimento à classe operária feminina. É nesse contexto geral que surge *Beyond the Fragments*. Tanto Simon Clarke como John Holloway e Werner Bonefeld — todos integrantes destacados da futura escola do Open Marxism — participariam do debate neste documento, que procurou projetar sua ação além do fracasso do movimento feminista e da esquerda leninista. Mergulhando nas próprias experiências, o documento constituiu uma séria crítica a ambos os grupos em particular e à nova esquerda em geral. No entanto, o documento também mostrava algumas limitações. Não apenas fracassou na tentativa de propor uma nova forma de prática política alternativa à da nova esquerda para a recomposição das lutas, como tampouco avançou na crítica formulada ao centralismo democrático e às políticas social-democratas partidárias. Além do mais, rejeitava as políticas dos movimentos autonomistas que se desenvolviam naquele momento na Itália e, após a convocatória para se unir ao Partido Trabalhista, acabou por revelar e sustentar uma concepção acrítica a respeito da unidade da esquerda.

Outra das respostas ensaiadas diante da crise dos anos 1970 foi o trabalho do London-Edinburgh Weekend Return Group publicado sob o título *In and Against the State*. Colocando a categoria *forma de Estado* ou *forma Estado* como conceito teórico central, Holloway e outros, pressionados pela dupla condição de impulsionadores das políticas do Estado do Bem-estar — enquanto trabalhadores estatais — e sua prática política de luta contra o Estado, enquanto militantes socialistas, procuraram demonstrar como era possível para os trabalhadores do Estado, lutarem no (*in*) e contra (*against*) o Estado (London-Edinburgh Weekend Return Group, 1980, p. 5). O trabalho possui o mérito particular de avançar sobre aquela resposta, tão comum no campo da esquerda, que limitava a ação a uma simples defesa do Estado do Bem-estar, e por denunciar também que a *forma* do Estado do Bem-estar tinha servido durante muito tempo para desmobilizar a classe operária. Comparado com *Beyond the Fragments*, *In and Against the State* mostrou ser muito mais agudo e crítico com relação aos perigos que significava a entrada no Partido Trabalhista para assumir os governos locais e por revelar uma maior compreensão a respeito da problemática que a luta dos trabalhadores estatais adquiria no seu duplo conteúdo: *no* e *contra* o Estado. De toda maneira, além dos avanços teóricos incorporados, *In and against the State* não fez mais do que representar um simples chamado à luta contra o sectarismo, não tendo a capacidade de tornar transparente o modo como o projeto social-democrata de construção do socialismo fazia necessariamente parte da *forma Estado* e requeria uma desmobilização da classe operária. Não resultou estranho então que terminasse como mais um fracassado circunlóquio da esquerda que contribuiu para engrossar a fuga de quadros para o Partido Trabalhista.

Quase na mesma época da divulgação dos documentos mencionados, constituiu-se em 1969 a Conference of Socialist Economists (CSE), dentre cujos integrantes fundadores destacavam-se Simon Clarke, John Holloway, Andrew Glynn. Iniciada como uma Conferência Anual, a CSE reconhece suas origens no desencanto socialista provocado pela política social-democrata do governo trabalhista de James Callaghan (1966-1970). Estabelecida originariamente como um fórum de economistas, os debates logo deixariam para trás as excludentes abordagens econômicas, para incorporar leituras que percebiam o desenvolvimento econômico como mais um aspecto do desenvolvimento capitalista global. Em um contexto de crise econômica e de crescente agudização dos conflitos políticos e ideológicos, não restava margem teórica que permitisse isolar as temáticas econômicas das referências políticas. Na medida em que a crise avançava e se instalava nas principais economias capitalistas, ficava mais claro que o futuro rumo ao desenvolvimento econômico e social dependia sobretudo dos resultados das lutas políticas e sociais, mais do que de leis econômicas imanentes, fossem elas de inspiração marxista ou neoclássicas. Ficava igualmente evidente que o resultado último dessas lutas não podia ser visto simplesmente como produto do desejo e da determinação das forças em jogo, mas que seu devir necessitava se enquadrar na estrutura política, econômica e ideológica em que se desenvolviam. A dinâmica de massas tinha potencializado, já nos anos 1960, a necessidade de debater a relação entre os espaços *econômicos* e *políticos*; entre *estrutura* e *luta*, quando se tentou compreender o papel do Estado capitalista.

Ora, a história da CSE pode ser dividida em duas fases marcantemente diferentes. Uma primeira etapa — que se estende até o Congresso de Coventry em 1976 (Simon, 1994) —, uma tentativa de alcançar uma compreensão acabada de *O Capital* de Marx que permitisse analisar o comportamento da economia capitalista na segunda metade do século XX. Uma segunda etapa, substancialmente marcada pela aparição da revista *Capital & Class*, resultaria no abandono do perfil fortemente economicista de seus integrantes, junto com a integração de um grande número de historiadores, sociólogos, anarquistas e militantes sociais que haveriam de lhe dar uma nova roupagem.

Devemos lembrar que os avanços na teoria marxista até o momento da fundação da CSE haviam ficado circunscritos quase que exclusivamente à história e à filosofia (Anderson, 1979), sem qualquer destaque de teóricos marxistas que polemizassem com o predominante keynesianismo de esquerda. A formação da CSE atraiu igualmente um conjunto de economistas não-marxistas, com incidência acadêmica, os quais rejeitavam a economia burguesa e procuravam simultaneamente saber o porquê do descrédito do marxismo; era um grupo de intelectuais que encontrou na CSE um âmbito que lhes permitia inicialmente superar seu isolamento.

Se observarmos os diferentes momentos no desenvolvimento da CSE, podemos assinalar sempre um ponto de tensão em cada etapa. Assim, durante os primeiros tempos, a discussão referenciava-se nas tentativas em determinar as diferenças existentes entre a economia marxista e a economia burguesa. Para os keynesianos mais radicais, na medida em que a economia marxista podia ser facilmente reformulável em termos keynesianos, a questão era simples. Para eles, o mérito de Marx era ter sido o antecessor de Keynes. Mas seus defensores logo se separariam da CSE. De toda maneira, foi possível comprovar muito rapidamente que o ecletismo keynesiano, por mais virulento que parecesse, revelava-se impotente para se opor à social-democracia trabalhista, assim como também para gerar uma alternativa socialista de novo tipo. O principal debate durante essa primeira fase não confrontou keynesianos e marxistas, mas se orientou seja por tentativas de formular conclusões da economia marxista em termos de alguma variante da teoria do equilíbrio geral, seja pela afirmação explícita das incompatibilidades absolutas entre os dois corpos teóricos. O debate foi frutífero, visto que não só incorporou questões técnicas econômicas, como também colocou no centro da discussão uma questão fundamental: o que era (e é) a economia marxista? Desde 1972 até 1976, e mesmo depois, embora esporadicamente, os esforços foram sendo encaminhados no sentido da elaboração do que devia ser considerado economia marxista. Este movimento acelerou o interesse pelas principais categorias marxistas, disparando controvérsias ao redor da lei do valor, do trabalho produtivo e improdutivo, da acumulação e crise, e também sobre a teoria do imperialismo.

A tentativa de reformular a economia marxista como uma modalidade da teoria do equilíbrio geral supunha implicitamente que o objetivo de Marx tinha sido prover uma determinada teoria dos preços — incluindo salários, taxas de benefícios e, sob condições determinadas, a taxa de acumulação — formulada em termos de um conjunto de equações simultâneas com solução determinada. Essa percepção acabou coincidindo com a crise da versão dominante do equilíbrio geral, um corpo teórico que para muitos economistas burgueses tinha se constituído na base do marxismo. A crise da teoria geral do equilíbrio impôs à economia burguesa um enorme desafio. Nesse contexto geral, surgiram aquelas teorias "quantitativistas" que baseiam a determinação dos preços no conhecimento dos coeficientes técnicos de produção, substituindo assim a velha regra de ouro através da qual os preços eram arbitrados pelo jogo da oferta e da procura (Sraffa, 1975).

Não levaria muito tempo para que o debate colocasse no centro da discussão as diferentes concepções sobre a teoria do valor, pedra angular do corpo teórico marxista. Assim, para os "ricardianos", o valor era concebido como uma categoria de caráter técnico-econômico, matéria fundante da economia, que ficava dessa maneira definida como uma ciência quantitativista e essencialmente de índole material. Nos termos de David Ricardo, o valor era identificado com a quantidade de tempo de trabalho necessário para a produção da mercadoria. Para os ricardianos esse conceito constituía o fundamento da exploração capitalista. Já no caso dos "neo-ricardianos", o conceito de valor estava associado à categoria de mero coeficiente técnico, além do mais redundante. Dessa maneira, as teorias assentadas na determinação física dos coeficientes técnicos acabaram proclamando que toda tecnologia ou conjunto de descontinuidades tecnológicas era sempre compatível com taxas estáveis e em equilíbrio de salários e benefícios. Em algum ponto essas concepções convergiam com as conhecidas leituras que a economia marxista fazia da produção, em que os salários e os lucros se relacionam de modo inverso.

Abriu-se assim um debate entre *ricardianos*, *neo-ricardianos* e *marxistas* ortodoxos que não ficou somente nas controvérsias a respeito da natureza da análise marxista da economia, mas incorporou também a discussão sobre o estatuto da ciência econômica enquanto tal. Além disso, as diversas abordagens com relação ao valor denotavam concepções diferentes nesse sentido[34]. Assim, a interpretação radical da teoria do valor, que outorgava à *forma do valor* uma importância primordial na apreensão da categoria valor, comprometeu toda tentativa de formular a dinâmica de acumulação capitalista em termos de leis imanentes. Para essa corrente, o conceito de valor não dava (dá) conta somente da *base material* sobre a qual se ergue a exploração capitalista, mas também, e de maneira inseparável, da sua *forma social*. No campo da economia marxista isso significava levantar a questão de que o valor não é simplesmente um coeficiente técnico; implica afirmar que o processo de produção, apropriação e circulação do valor é um *processo social*, em que as magnitudes quantitativas estão *socialmente* determinadas pelo curso das lutas entre e ao interior das classes. Daí que a somatória do valor contida em uma mercadoria particular não pode ser expressa pela quantidade de tempo necessário para sua produção, posto que o *valor* referenciado nessa *quantidade de tempo socialmente necessário* da mercadoria está referido ao trabalho *abstrato* e não ao trabalho *concreto*, quantidade que, além do mais, somente pode ser determinada quando os trabalhos privados sejam validados socialmente, mediados pela circulação das mercadorias e do capital. Daí que o conceito de valor deva ser considerado na relação com o circuito global do capital, e não referido exclusivamente à produção (Clarke, 1988, p. 133).

Embora essa concepção do valor não se tenha tornado relevante durante a primeira etapa de formação da CSE, ela assentaria as bases para uma futura abordagem do desenvolvimento capitalista como processo social desprovido de toda *fetichização das formas*. E, portanto, separado de qualquer leitura que sobrevalorize o aspecto quantitativo das magnitudes econômicas. Essa percepção, posteriormente incorporada na escola do Open Marxism, considera que o estudo da economia não pode se deter na análise das categorias fetichizadas da economia, mas que deve

[34]Vejam-se, neste sentido, as diferenças desenvolvidas entre ricardianos, neo-ricardianos e marxistas ortodoxos em Clarke (1988) e também em Bianchi (1975).

penetrá-las, para dar à luz a crítica da economia, revelando as origens do desenvolvimento econômico nas atividades concretas dos homens e mulheres na produção social das suas vidas. Sobre essa idéia central estabeleceu-se o ponto de bifurcação da primeira etapa da CSE, na chamada Conferência de Coventry em 1976.

A característica mais importante da segunda etapa que se abria foi o aparecimento da revista *Capital & Class*, a partida dos que sustentavam posições economicistas e o desenvolvimento de uma corrente de pensamento em que *O Capital* deixou definitivamente de ser considerado um texto de caráter exclusivamente econômico, embora ainda fosse vital para os que estivessem comprometidos na luta contra o capital. Sustentava-se que a análise da acumulação não podia ser deixada nas mãos de técnicos econômicos especializados, e que era possível conciliar a diversidade e a materialidade das lutas contra o capital em suas diversas formas, com a unidade do movimento para derrocar o capital. *O Capital* de Marx era (é) visto pelo Open Marxism como o estudo da subordinação da diversidade das atividades práticas concretas aos imperativos da acumulação do capital, imposição à medida que o capital se mexe no seu circuito de auto-expansão.

Esta abordagem de *O Capital* permitiu a abertura de um novo caminho, eqüidistante daquela leitura dogmática que via (vê) toda luta particular como expressão imediata da luta permanente entre o trabalho e o capital, e daquele pluralismo eclético que vê igualmente como oportunista e passageira toda unidade alcançada através das lutas individuais. Daí a importância teórica e política do desenvolvimento da CSE nesta segunda fase. Segundo o Open Marxism, Marx provê as categorias fundamentais para pensar as relações sociais da sociedade capitalista, mas não oferece uma análise da luta de classes para cada país e para cada época. Aplicar as categorias marxistas na compreensão das lutas no capitalismo contemporâneo pressupõe, para o Open Marxism, um processo duplo: por um lado, o confronto das categorias marxistas com a experiência diária do capitalismo contemporâneo em suas diversas variantes; e, por outro, o contraste com as experiências obtidas nas diversas formas de luta diária contra as diferentes formas que assume o capital. No entanto, se na primeira etapa a CSE tendeu a esquecer e depreciar a dimensão essencialmente crítica de *O Capital* de Marx, ao passo que suas análises permaneciam no âmbito da economia fetichizada, a virada da segunda fase levou-a a depreciar toda consideração econômica com relação aos processos de acumulação e crise do capitalismo, considerando-os meros aspectos fetichizados. Esse processo fez submergir toda tentativa de compreender as relações existentes entre a economia e as outras dimensões sociais da crise. Mais ainda, diríamos que impediu compreender a crise como uma crise de caráter *capitalista*. A separação gerada entre economistas e não-economistas — que perdura até hoje — constitui uma perigosa atitude em tempos em que o Estado tenta limitar seu papel na resolução da crise, lançando toda a responsabilidade sobre as costas do capital.

MARXISMO COMO EMANCIPAÇÃO: RELAÇÃO ENTRE TEORIA E PRÁTICA

Embora a maior parte dos trabalhos de polêmica do Open Marxism estejam referidos à controvérsia aberta entre a escola da *regulação* e a escola da *derivação*[35], não menos importantes são os artigos da polêmica

[35]Também conhecida como escola derivacionista alemã ou da lógica do capital. Tendo seu epicentro na Universidade de Berlim, surgiu em começos dos anos 1970 com o trabalho de Wolfgang Müller e Christel Neussus (cf. Holloway e Picciotto, 1978). Com a contribuição de uma série de trabalhos (Alvater, 1978; Soontag e Valecillos, 1977; Hirsch, 1978, dentre outros), seus integrantes tentavam derivar das condições de existência do modo de produção capitalista a *forma* geral e as *funções* principais do Estado capitalista. Criticando autores como Claus Offe e Jürgen Habermas, que divorciam o estudo da política das condições de acumulação, buscaram fundar lógica e historicamente a origem da separação entre economia e política — que aceitavam como importante pressuposto — na natureza do modo de produção capitalista. Buscaram derivar o Estado e, por fim, justificar esta separação a partir da lógica do capital. A "relativa autonomia" do Estado, sua separação e "particularização" em relação ao econômico só poderiam ser entendidas a partir da estrutura básica das relações capitalistas de produção. Em outras palavras, a relação entre duas coisas pode ser compreendida a partir da compreensão de sua unidade. Nesta perspectiva, o derivacionismo construiu uma teoria do Estado a partir do tratamento simultâneo do conjunto das relações capitalistas e a forma fetichizada que assumem na sociedade. Para além dos problemas de concepção acarretados pelo fato de separar economia e política, a escola derivacionista trouxe um importante avanço na construção de uma "teoria marxista do Estado, a partir do desenvolvimento materialista histórico das categorias que Marx avançou no estudo da anatomia do capitalismo, ou seja, na *Crítica da economia política*" (Holloway e Picciotto, 1978, p. 7).

com o *marxismo analítico* e com a escola do *realismo crítico*. Com relação a este debate em particular, apresentaremos apenas, de maneira sucinta, os alinhamentos de ambas as escolas e as críticas mais gerais ensaiadas pelo Open Marxism. Nossa tarefa primordial estará focada em uma apresentação mais detalhada da polêmica entre o *regulacionismo* e a *derivação*.

O *marxismo analítico* ou *marxismo da escolha racional*, surgido como escola de pensamento nos anos 1970, desenvolveu-se rapidamente durante os anos 1980. Seu corpo teórico exibia (e exibe) três características fundamentais. Em primeiro lugar, uma inusitada preocupação pela procura de clareza e rigor no tratamento dado à teoria marxista, qualidade que deu origem a sua denominação: *marxismo analítico*. Esta escola avaliou criticamente o significado do postulado clássico do materialismo histórico, aquele que faz menção aos entraves que as relações sociais de produção impõem ao desenvolvimento das forças produtivas, prestando especial atenção ao exato significado dos conceitos, ao processo de dedução que conduzia a suas conclusões e à sustentação que suas proposições dariam aos enunciados do marxismo tradicional. Um motivo de especial preocupação para seus adeptos foi a determinação do significado último do materialismo histórico, dos seus elementos mais sensíveis, assim como a atualidade dos seus postulados. Em segundo lugar, essa escola, na sua análise sobre os trabalhos de Marx, não economizou na incorporação de conceitos e idéias claramente distanciados do marxismo, em especial aqueles provenientes da filosofia analítica, da moderna psicologia e da economia neoclássica, assim como a construção e modelos matemáticos. Pode-se dizer, então, que o marxismo *racional* alcançou neste sentido conotações incontestavelmente revisionistas, fundamentalmente nos seus postulados metodológicos. Em terceiro lugar, o marxismo *racional* apresentou uma particular tendência a deduzir as proposições marxistas relacionadas com os sistemas socioeconômicos a partir do comportamento *racional* dos tomadores de decisões. Daí a designação do marxismo *analítico* como *marxismo da escolha racional*. Esta característica permitiu indicá-lo seja como alternativa crítica ao estruturalismo althusseriano — dominante na década dos anos 1960 —, seja como opção pela economia política de Sraffa, que transformava o marxismo em uma teoria do sobreproduto econômico, fundada da mesma maneira em princípios estruturalistas.

Seus principais escritos teóricos expuseram aspectos relacionados com a economia marxista. Tais foram os casos de Gerry Cohen (1978, 1988), de Robert Brenner (Ashton e Philpin, 1988), de John Elster (1991) e de John Roemer (1981, 1989). Apesar de pertencerem a uma mesma escola, seus trabalhos diferiam não apenas com relação aos temas de estudo, como também com relação à importância outorgada, seja às formas individuais, seja à escolha racional ou ao recurso de argumentações tipicamente neoclássicas.

No caso de Cohen, após desenvolver uma versão tecnologizada do chamado materialismo histórico, o autor mostra-se partidário da existência de limites impostos pela racionalidade como força predominante do comportamento humano; a qual, em condições de escassez, operaria impulsionando o desenvolvimento das forças produtivas. De qualquer maneira, em sua análise devem ser também incorporados os comportamentos não-racionais e funcionais. Cohen compartilha aquela versão do materialismo histórico que vê no desenvolvimento das forças produtivas o motor do desenvolvimento e o determinante em última instância (Cohen, 1978).

No caso de Brenner, serão as relações de produção capitalistas que conduzirão ao sistemático desenvolvimento das forças produtivas, uma vinculação que não se cumpriria nas sociedades pré-capitalistas. Segundo Brenner, as relações que determinam o capitalismo são duas: a dependência dos agentes econômicos ao mercado e ao trabalho assalariado. Como os produtores individuais não podem produzir tudo que consomem e devem, portanto, ir atrás do que necessitam, existiria então um incentivo "natural" para serem eficientes. Melhor ainda, seriam forçados a ser eficientes pela própria concorrência. A existência do trabalho assalariado iria acelerar, por sua vez, as contínuas mudanças na escala e na organização do trabalho para alcançar a eficiência socialmente demandada. A partir desta leitura, as relações pré-capitalistas não seriam em si mesmas impulsionadoras do incentivo, nem do melhoramento constante da eficiência, apesar da extração coercitiva ou existência de um sobreproduto produzido pelos produtores diretos.

Na sua crítica à teoria do desenvolvimento Brenner argumentará que o elemento determinante para sua qualificação não deve ser buscado no atraso das economias dependentes e sim nas diferentes *estruturas de classe*. A partir desta formulação, Brenner rejeitará as concepções sobre o subdesenvolvimento assentadas no mercado mundial — como a relação centro-periferia —, bem como a transferência do sobreproduto entre diversas áreas geográficas. O motor primário da transição do feudalismo para o capitalismo deveria ser buscado, segundo Brenner, nas lutas dos camponeses contra os senhores; da mesma forma, toda variação e/ou diferença entre os países capitalistas deveria ser avaliada nesse nível. Brenner fixará na luta de classes o fator inicial determinante para as diferentes formas de desenvolvimento capitalista, defendendo a idéia de que é a estrutura de classes das regiões periféricas que dará conta do seu lugar no mundo, além de negar que a exploração das regiões atrasadas tenha sido necessária para o desenvolvimento dos países capitalistas avançados, na medida em que o capitalismo possui sua própria dinâmica interna de crescimento.

Segundo Brenner, o motor que gera o desenvolvimento capitalista, atuando como uma força compulsória, é a própria *competição capitalista*. Lembremos que para Marx a competição externaliza uma tendência mais profunda: a da apropriação de mais e mais riqueza como fim último; sem este antecedente não há competição possível. O distanciamento de Brenner com relação ao economicismo leva-o a incorporar elementos culturais para a compreensão do desenvolvimento do sistema.

Por sua vez, Roemer e Elster formaram a ala mais radical da escola do marxismo da escolha racional. Para o primeiro, a teoria marxista conta entre suas tradições a de haver associado, de maneira errônea, os fenômenos econômicos e sociais, quando, de fato, estes aspectos são conceitualmente distintos e encontram-se separados historicamente. Assim, o autor sustenta que a distribuição das forças produtivas, as relações de produção específicas, as "posições" de classe e as formas de exploração podem ser, em princípio, isoladas umas das outras, e sua combinação só é possível em termos de uma *escolha racional* dos indivíduos envolvidos, fornecendo uma série de situações abstratas que sustentam e ilustram tais afirmações. A partir dessas situações exemplares, Roemer chegará a conclusões tais como a de que é possível atingir condições de exploração — definida nos termos do valor trabalho de Marx, sem produção de mais-valia — ou da própria existência de classes. Ou seja, de que é possível a existência de classes sociais sem exploração. Embora Roemer não chegue a concluir que a exploração capitalista tem pouca importância, a base desta exploração reside na distribuição desigual dos ativos. Por sua vez, apesar de o trabalho assalariado não ser acidental neste processo, o predomínio do mercado de trabalho sobre o mercado de crédito derivaria de certas vantagens de que usufruem os capitalistas a partir do controle dos meios de exploração, como sua habilidade para intensificar o processo de trabalho. Entretanto, Roemer considera que o marxismo superestimou o processo de trabalho a partir da idéia de que é a dominação na produção a responsável pela exploração e pelos antagonismos de classe. Para Roemer, ao contrário, a desigualdade assentada na propriedade dos meios de produção é o fator chave em cada caso, afirmando que as fontes da exploração devem ser buscadas na propriedade dos meios de produção, e não no processo de trabalho. Esta condição restringe de tal maneira a escolha racional dos agentes que termina gerando relações de classe capitalista que envolvem a exploração e o conflito, ainda que esteja ausente a dominação no processo de trabalho.

As críticas ao *realismo crítico* e ao *marxismo analítico* ensaiadas pelo Open Marxism configuram, na realidade, um corpo global de críticas formuladas pelos adeptos desta escola às distintas correntes do pensamento contemporâneo.

Já vimos como, no caso do estruturalismo, o Open Marxism distanciou-se rapidamente daquela premissa estruturalista fundamental que, ao aceitar a existência de camadas sociais diferentes — corporificadas nos espaços econômicos e políticos —, terminou sustentando um princípio metodológico fetichista, ao qual devia combater. Caso semelhante é o do *realismo crítico* que, ao lançar mão do argumento kantiano central (Psychopedis, 1992), acaba substituindo a crítica do fenômeno a analisar pela sua consolidação. Da mesma maneira que o *marxismo analítico* ou da *escolha racional*, ele adere a uma concepção de individualismo burguês e sustenta uma separação entre a economia e a política semelhante ao estruturalismo.

Tanto uma quanto a outra escola, segundo o Open Marxism, adotam uma abordagem frustrada da relação entre teoria e prática. Com efeito, se para o estruturalismo tratava-se de fazer teoria da prática, o *realismo crítico* abordará a relação entre teoria e prática como uma relação externa, casual. O que está subjacente, em ambas as escolas, é uma concepção de teoria *de* e *na* prática. Neste aspecto, o Open Marxism aderirá a uma concepção substancialmente oposta ao lançar mão da categoria *forma*. Vejamos esta formulação.

Para a escola britânica, a *forma* de uma relação social em particular não deve ser entendida como o *caráter específico* que ela assume, como haviam interpretado diversas correntes de pensamento até então, mas deveria ser vista como seu *modo de existência*. Dito de outra forma, as relações sociais existem somente e através das formas que elas adotam. Assim, a mercadoria só existe através da forma dinheiro, da forma crédito e do mercado mundial. As diferenças teóricas e práticas com diversas escolas oscilam então sobre duas concepções de forma: como um dado *específico* ou como *modo de existência*.

A partir de uma visão teórica mais ampla, é possível observar, segundo o Open Marxism, como a idéia da *forma* como *espécie*, ou seja, como a expressão de algo mais geral, havia servido para sustentar tanto aquela concepção que aborda as dinâmicas sociais a partir de uma *lei geral*[36] que precisa ser aplicada a cada situação social específica, quanto aquela outra em que a aproximação conjuntural pressupõe conceitos intermediários que permitam remendar o buraco entre uma análise *genérica* e o que é *específico* de cada situação particular. Termina-se aderindo, segundo o Open Marxism, a uma concepção dualista, de separação entre o genérico e o específico, entre o abstrato e o concreto, o que passa a exigir uma ponte para superar este *gap*, para a vinculação dos termos.

[36]Por sua vez, a base de uma concepção particular do materialismo dialético.

Por sua vez, a idéia de *forma* como *modo de existência*, tese acolhida pelo Open Marxism, explicita um outro tipo de postulado: se a *forma é a existência*, então o abstrato pode ser concreto, e o específico pode ser genérico. Donde se conclui que o *genérico* é parte do *específico*, e o *abstrato* inerente ao *concreto* (Bonefeld, Gunn e Psychopedis, 1992a).

Os que vêem a *forma* em termos de *espécie* tentam ir mais além, auscultando uma essência por trás das variadas formas sociais. Por sua vez, aqueles que vêem a *forma* como *modo de existência* buscam decodificar as formas *em* e *a partir* delas mesmas. Se os primeiros têm uma tendência a se aparentar de maneira mais ou menos direta com o reducionismo econômico, os segundos buscam apoiar-se na crítica e no movimento das contradições para lançar luz sobre as formas adotadas pela luta de classes; eles se opõem com virulência tanto ao velho estilo dialético quanto ao novo estilo sociológico. Alguns se referenciaram, durante os anos 1980, nas análises conjunturais gramscianas para dar conta da transição de um modo de desenvolvimento *fordista* a um modo de desenvolvimento *pós-fordista* (Hall, 1988). Os que assim fizeram acreditaram estar se distanciando daquela interpretação das mudanças históricas como produto do funcionamento das próprias leis dialéticas. Entretanto, segundo o Open Marxism, esta abordagem não deixou de ser muito diferente daquela que criticava. Isso porque toda aproximação sociológica da mudança social enquanto tal sempre busca identificar as variáveis-chave que esclareçam os processos: basta pensar nas numerosas referências ao desenvolvimento tecnológico das linhas de produção em massa, ou nos deslocamentos da articulação entre economia e política para comprovar esta suposição.

Ao mesmo tempo, a crítica da categoria *forma* permitiria ao Open Marxism abordar a própria existência social como o *modo de existência* de seu movimento contraditório. Desta maneira, a *crítica*, uma importante aresta da teoria, desenvolve-se *em* seu objeto e é, ao mesmo tempo, um *momento* do objeto. De modo que a crítica enquanto tal supõe a *unidade entre a teoria e a prática*. Esta concepção levará o Open Marxism a criticar da mesma maneira as concepções que vêem nas *estruturas*, nos fatos *empíricos* e nas *ideologias* formas fetichizadas das relações sociais. O objeto da crítica situa-se precisamente, para o Open Marxism, nas *formas* assumidas pelas relações sociais. E, nesta dinâmica, a crítica sempre se apresentará como um *processo aberto*, na medida em que se torna impossível, segundo tais suposições, pensar em uma externalidade da forma assumida pela relação social. E a crítica será, ao mesmo tempo, essencialmente prática, enquanto teorização das formas assumidas pelas relações sociais. "A crítica significa a análise da forma e vice-versa, uma vez que todas as relações sociais são essencialmente práticas" (Bonefeld, Gunn e Psychopedis, 1992b, p. XV-XVI).

Na tradição marxista "ortodoxa", a síntese dialética entre teoria e prática nos leva, quase que imediatamente, ao campo de sua aplicação; isto significa afirmar que o significado prático da teoria é concebido como um "guia científico" para a prática política. Sob a proteção deste guarda-chuva, a prática social é assumida como algo situado fora dos domínios da teoria; e, de maneira inversa, a teoria é concebida como existindo fora do espaço da prática. Daí resulta o *dualismo* entre pensamento e prática social, entre filosofia e mundo vivido. Desta forma, a teoria se transforma, como nas construções burguesas, em uma epistemologia que pode ser aplicada desde fora a um mundo social externo aos julgamentos e preceitos teóricos. A concepção dualista da relação entre teoria e prática não só pressupõe a validade social dos *conceitos* teóricos, mas também assume que a compreensão do mundo social exige a aplicação destes mesmos conceitos teóricos. Por isso, a capacidade da teoria em si mesma deriva da abordagem ou do olhar epistemológico, e da lógica *reificada* que foi construída. Os juízos de valor sobre o bem e o mal, qualificados como não-científicos, são substituídos por uma explicação de caráter neutro dos eventos, assumida por todos como o único critério de verdade para qualificar todo trabalho científico. O positivismo e seu reverso, o relativismo, conferem às contradições — cuja existência certamente reconhecem — um caráter puramente formal.

Na tradição marxista "ortodoxa", este dualismo entre teoria e prática também se incorporou na distinção que postula a existência de uma lógica do capital, por um lado, e uma prática social, por outro. Pressuposto teórico que leva a analisar, por sua vez, as contradições do capitalismo, independentemente da prática social. Tais contradições passam a ser concebidas — e agora de maneira definitiva — como *leis objetivas do capital*. Assim, o desenvolvimento dessas contradições define o espaço no qual a própria prática social se desenvolve. Finalmente, a contribuição do marxismo para a compreensão do mundo social ficará circunscrita à compreensão das condições objetivas da prática social.

Desta maneira, chegamos à explicitação das grandes preocupações do Open Marxism. Em primeiro lugar, desvincular Marx e o marxismo de toda herança sociológica ou econômica alimentada pelo chamado *marxismo científico*; e, em segundo lugar, a necessidade de superar o enorme peso e influência do positivismo cientificista e economicista sobre o conjunto da teoria social, como forma de alcançar um mundo social emancipado e desfetichizado.

Para o Open Marxism, o marxismo consiste, na realidade, em uma teoria emancipatória e, como tal, deve criticar de maneira permanente não só uma existência social falseada, mas também, ao mesmo tempo, o próprio falseamento através do qual ela existe. Neste sentido, o marxismo deveria assumir uma posição crítica permanente com relação às precondições da própria teoria crítica. Para o Open Marxism, a condição de possibilidade de toda teoria é sua crítica permanente. Deixar de lado esta qualidade significará para o Open Marxism ingressar no mundo fetichizado.

Assim, para o Open Marxism, o marxismo deve ser considerado uma teoria "contra" a sociedade, da mesma maneira que uma teoria focada na *ruptura* da sociedade capitalista. Esta dupla vertente só poderá ser construída a partir da negatividade, a partir daquelas teorias radicais cujo ponto de partida reside na recusa total da sociedade existente. A tarefa, para os seguidores do Open Marxism, leva, neste sentido, a mostrar não um marxismo intelectualmente respeitado, mas, pelo contrário, um marxismo investido de uma certa falta de respeito. Somente a partir da concepção *contra* que se pode entender o marxismo como uma teoria *da* sociedade (Holloway, 1995b, p. 158). O caráter essencial que distingue o marxismo de todas as outras teorias negativas, de toda teoria radical é, precisamente, sua idéia de dissolver toda externalidade e ficar apenas com o "nós". Entender que o capital não é externo ao trabalho permite dar conta da vulnerabilidade da dominação capitalista, dar conta da fragilidade da opressão (ibidem, p. 159).

É precisamente a partir desta idéia central que o Open Marxism recusará aquela perspectiva que tentou posicionar o marxismo como uma teoria superior, assentada no caráter científico denotado pela explicação engelsiana formulada em *Do socialismo utópico ao socialismo científico*.

A SITUAÇÃO DOS ESTUDOS DO ESTADO NA ÉPOCA

Por volta de finais da década de 1960, começa a ganhar corpo, no âmbito das teorias econômicas, uma idéia que logo se tornaria hegemônica. Referimo-nos à concepção segundo a qual o crescimento dos gastos estatais, longe de solucionar a crise capitalista, havia se constituído no componente propulsor da crise econômica e política que se formava. Esta suposição projetava, por sua vez, densas nuvens sobre as variantes *funcionalistas* do Estado, fossem estas *instrumentalistas* ou *estruturalistas*, *keynesianas* ou *marxistas*. Uma parcela importante do crescimento dos gastos estatais durante os anos 1960 era atribuída aos chamados gastos de tipo social; ou seja, os gastos com saúde, educação e bem-estar, de um modo geral. Para a esquerda social-democrata, este aumento dos gastos estava associado de maneira direta às lutas operárias. E como os gastos sociais foram postos imediatamente sob pressão política, a primeira leitura que a esquerda realizaria sobre a crise limitou-se a ver nela apenas um pretexto capitalista para fazer baixar os salários dos trabalhadores. Contudo o desenvolvimento posterior da crise haveria de mostrar que os cortes nos salários não eram uma simples jogada capitalista, mas eram expressão das profundas contradições presentes na própria dinâmica de acumulação capitalista.

A crise provocou, igualmente, um reposicionamento do pensamento de alguns setores social-democratas. Com efeito, apesar de o gasto social ter crescido em resposta às demandas operárias, parte destes gastos havia servido igualmente aos interesses do capital, na medida em que melhoraram o nível de educação da força de trabalho e facilitaram sua mobilidade. E mais, longe de ser uma concessão obtida por força das mobilizações, o custo dos gastos sociais, de acordo com esta leitura, havia recaído finalmente sobre a própria classe trabalhadora. Por isso as concepções sobre o Estado abarcavam desde uma perspectiva onde as políticas estatais já vinham determinadas pela luta de classes até outras, de tipo funcionalista, segundo as quais o papel do Estado era determinado primordialmente pelas necessidades da acumulação do capital. Leitura funcionalista que reconhecia, no fim das contas, que as necessidades do Estado não eram estritamente de caráter econômico, mas incorporavam as necessidades e demandas políticas à provisão dos gastos adequados para a manutenção da estabilidade social. Por isso o nível de gastos do Estado refletia, de certa forma, ainda que de maneira indireta, os alcances da pressão operária.

Embora existisse acordo quanto à funcionalidade do Estado com relação ao capital, existiam divergências no que diz respeito aos limites impostos a esta funcionalidade. Divergências que colocavam os *neo-ricardianos* contra os *fundamentalistas*[37]. Para os primeiros — os *neo-ricardianos* —, os limites eram determinados politicamente, como resultado da luta de classes. Para os segundos — os *fundamentalistas* —, os limites eram inerentes ao caráter contraditório dos gastos sociais: ao mesmo tempo *necessários* e *improdutivos*. As diferenças entre os primeiros e os segundos estavam fortemente relacionadas com diferentes interpretações da crise, por sua vez apoiadas em avaliações distintas sobre o significado da lei do valor em Marx.

Os *neo-ricardianos* colocavam a origem da crise de rentabilidade capitalista na força alcançada pelas convenções coletivas do movimento operário, por sua vez resultado de um longo período de pleno emprego. Por esta ótica, a crise respondia a uma distribuição *irregular* dos lucros, motivada pelo aumento excessivo dos salários com relação aos aumentos obtidos na produtividade do capital. Assim, a luta contra os gastos

[37] Dentre os neo-ricardianos, devemos mencionar Ian Gough (1975) e James O'Connor (1978). Entre os fundamentalistas, citamos Yaffe David e Paul Bullock (1972).

estatais adquiria conotações similares e corria em paralelo à luta contra os aumentos salariais, na medida em que haviam sido as lutas operárias que haviam pressionado por maiores gastos estatais, impondo aos capitalistas custos maiores a partir de impostos crescentes.

Já os *fundamentalistas* insistiam em que os salários não eram determinados politicamente, mas que seu nível respondia a leis objetivas do modo de produção capitalista. Pelo que as origens da crise não deveriam ser buscadas nos espaços da circulação, mas deveriam ser auscultadas na produção, especificamente na lei da tendência decrescente da taxa de lucro. A solução da crise dependia então da restauração da produtividade, o que só seria possível com a intensificação do processo de trabalho e com a reestruturação da produção. Os aumentos dos gastos estatais, ainda que fossem demandados para a acumulação capitalista e para a manutenção da paz social, só serviam para exacerbar a crise, enquanto provocavam uma drenagem dos gastos improdutivos derivados da mais-valia social.

Os neo-ricardianos acabaram rechaçando a teoria do valor e sua extensão — a do *trabalho produtivo* e *improdutivo*. Era a luta de classes o fator determinante na incidência sobre a dimensão fiscal e tributária e a funcionalidade dos gastos estatais para o capital, e não a teoria do trabalho produtivo ou improdutivo. Este postulado implicava, por sua vez, que o Estado desempenhasse um papel ativo na disputa diária entre o trabalho e o capital, uma interpretação que implicava a recusa imediata daquela outra perspectiva que via no estado um instrumento passivo nas mãos da burguesia. De certa maneira, a análise de Gough aproximava-se da abordagem de Poulantzas (1976), na medida em que este último chancela aquela idéia que vê no Estado a condensação material de uma relação de forças em que as lutas das classes dominadas e as relações de força estão presentes nos aparelhos estatais.

Neste ambiente, a problemática do Estado foi logo incorporada por ocasião da primeira Conferência da CSE em janeiro de 1970, quando Robert Murray (1971) apresentou um polêmico trabalho sobre a internacionalização do capital e do Estado-nação, argumentando que o processo de internacionalização havia minado o papel do Estado de servir aos interesses do capital nacional. Murray não apenas provocou uma resposta imediata de Bob Warren (1971), que argumentava que o contraste aparente entre a territorialidade das firmas capitalistas e a do Estado-nação era um aspecto da autonomia relativa do Estado, sem a qual este último não poderia cumprir eficientemente suas funções em relação ao capital. A partir daí, a temática do Estado converter-se-ia quase em uma constante nas futuras reuniões da CSE. Na segunda conferência, o mesmo Warren daria continuidade à polêmica afirmando que a autonomia do Estado não significava de forma alguma sua independência em relação ao capital. Em todo caso, o caráter de classe do Estado estava inscrito em sua própria *estrutura*, como expressão de suas funções para o capital. Desta maneira, para Warren a expansão das funções do Estado significaria uma crescente integração das estruturas do Estado com os sistemas culturais, sociais, econômicos e políticos da sociedade imperialista.

Na terceira Conferência, Hugo Radice e Sol Picciotto (1971) introduziram uma variante a esta abordagem da teoria do Estado, ao analisar as *relações contraditórias* entre Estado e capital, em especial as problematizações que faziam a respeito da relação entre a luta de classes provocada pela reestruturação capitalista e seus efeitos sobre as formas adequadas do Estado para o socialismo. Um dos aspectos significativos da análise de Radice e Picciotto, que seria posteriormente resgatada, consistia em rechaçar a clivagem existente até aquele momento entre *lutas* e *estrutura*, afirmando que a estrutura, em particular a forma institucional adotada pelo Estado, não podia ser vista como já dada, uma vez que ela era em si mesma um produto da luta de classes.

Já com os trabalhos do Grupo Urbano da CSE, em meados da década de 1970, ficaria claro que a separação entre o econômico e o político não podia ser vista como uma característica estrutural do modo capitalista de produção; nem tampouco que a forma da separação e as fronteiras entre esses dois espaços pudesse ser interpretada como uma constante do modo de produção capitalista. Tanto o fato em si quanto a forma da separação entre o econômico e o político seriam, segundo o Open Marxism, os alvos permanentes da luta de classes, em cujo contexto o Estado tentaria confinar as lutas operárias aos limites impostos pela propriedade privada e pela reprodução do capital. Por sua vez, a fragmentação das lutas determinada pela forma mercadoria, pela forma dinheiro e pela própria legitimidade burguesa, vincula-se a esta clivagem entre os espaços econômicos e políticos. Naquela época, as conclusões a que chegavam os diversos estudos desenvolvidos sobre o curso do processo de trabalho na produção capitalista — inspirados pelo crescimento das lutas e a resistência operária de meados da década de 1970 — eram coincidentes. Os trabalhos da autonomia italiana, de André Gorz e Christian Palloix na França, assim como a importante obra do norte-americano Harry Braverman, *Trabalho e capital monopolista* (1983), abordam não só os mecanismos de formação salarial, mas também a reestruturação do processo de trabalho, incorporando a problemática da forma social da produção.

O trabalho da CSE em questão sustentava que a *subordinação do trabalhador ao capital no processo de produção* não seria imposta de uma vez pela tecnologia capitalista — para além do fato de que todo desenho tecnológico capitalista visasse à subordinação do trabalho ao capital —, mas havia sido mediada pelas tentativas incessantes do capital em subordinar a atividade produtiva do trabalhador coletivo à reprodução ampliada do capital. Este processo não implicava apenas lutas de caráter econômico mas, fundamentalmente, lutas sociais, que sobrepassavam a reprodução do trabalhador enquanto tal e nas quais o capital buscava decompor o trabalhador coletivo como sujeito organizado consciente do processo de trabalho, e recompô-lo como objeto da exploração capitalista. O trabalho apresentado pelos Grupos de Análise do Processo de Trabalho que haviam desenvolvido sua tarefa teórica voltada ao estudo das relações entre a economia e a política do ponto de vista das lutas parecia encontrar um caminho alternativo diante do impasse aberto em relação à crise dos gastos do Estado. Assim, a Conferência de 1976 preparou o caminho para a temática da Conferência do ano seguinte, que foi: "Luta de classes, o Estado e a reestruturação do capital." Os cinco anos que se seguiram foram marcados pelo exame crítico das teorias propostas por Poulantzas e o chamado debate alemão sobre a *derivação do Estado*.

O ESTADO NO *OPEN MARXISM*

Em seu processo de desenvolvimento, a escola do Open Marxism atribuiu particular importância ao estudo e à crítica das distintas teorias e concepções sobre o Estado, em particular àquelas representadas pela reformulação do Estado e a leitura regulacionista. Devemos destacar, neste sentido, os trabalhos de Simon Clarke (1991a, 1992b, 1992), em sua polêmica com a escola regulacionista; os artigos de Werner Bonefeld (1991), polemizando com a escola da regulação, em geral, e com Bop Jessop, em particular; assim como diversos trabalhos de John Holloway (1991a, 1991b, 1991c; Holloway e Bonefeld, 1991; Holloway e Picciotto, 1991), que também participou da polêmica Bonefeld-Jessop.

Holloway e Picciotto já haviam desenvolvido em *Capital, crise e o Estado* uma crítica aguda à categoria *economia marxista*, por desvincular o estudo da economia da luta de classes e do Estado. Tal abordagem, no seu entender, pressupunha aceitar uma relação de externalidade entre os dois espaços — economia e Estado — semelhante à clivagem feita entre economia e política. Uma leitura que, de resto, implicava deixar de lado aquela outra perspectiva que enxergava nesta desvinculação a expressão de uma *forma* de dominação de classe.

Por sua vez, Radice e Picciotto (1971) já haviam antecipado, no momento em que se iniciava a discussão sobre o processo de internacionalização do capital e sobre Estado-nação, uma abordagem da forma Estado como objeto da luta de classes. Com efeito, buscando superar a oposição estéril entre o ultra-esquerdismo e o reformismo em relação à utilização socialista do Estado, submeteram as estruturas estatais a uma crítica teórica e política radical, deslocando a problemática de *quem detinha o poder* para a outra questão relativa a *como abolir as formas capitalistas alienadas do poder econômico e político*.

Se a separação entre economia e política (entre Estado e sociedade) deve ser vista como uma forma da dominação de classe, então não serão mais nem a economia nem o Estado que determinarão a dinâmica dessas formas de dominação, e sim a própria luta de classes. No entanto, não se trata, como dizem Holloway e Picciotto (1991, p. 112), de desvelar da economia e da política para revelar a realidade mais profunda da luta de classes, trata-se, ao contrário, de entender por que a exploração de classes na sociedade capitalista aparece sob estas formas mistificadas e "o que faz com que no capitalismo as relações de produção assumam separadamente as formas política e econômica".

Esta tese configura o ponto central da polêmica e da ruptura com a escola da derivação, que buscava derivar o Estado a partir do desenvolvimento *lógico* e *histórico* do capital. Neste sentido, Holloway e Picciotto não podem ser considerados integrantes da escola derivacionista, como mais tarde Jessop (1982, p. 96) e, em especial, Hirsch (1978) tentariam assimilá-los. A igualdade dos indivíduos, que supõe sua interpelação pelo Estado, oculta uma desigualdade econômica que constitui o eixo de sustentação da exploração de classe, ao mesmo tempo que permite dissimular a desigualdade e fragmentar a luta de classes. As contribuições alemãs ficariam tributárias de uma visão funcionalista do Estado, a partir de uma leitura de *limites externos* à sua ação, seja pela forma da resistência operária ou pela pressão da tendência decrescente da taxa de lucros. Enquanto isso, buscavam uma explicação da forma capitalista de Estado como resposta *lógica* às necessidades do capital ou como resultado *histórico* das lutas de classes passadas (Altamira, s/d).

Pelo contrário, Holloway e colaboradores ressaltarão o processo de luta de classes não só *na* mas também *contra* a forma Estado, retomando assim o fio do velho trabalho do London-Edinburgh Weekend Return Group já mencionado por nós. De tal maneira que o Estado deve ser interpretado como *objeto* e *resultado* direto em todo momento da luta de classes. A reprodução do Estado, como forma de dominação de classe, encontra-se constantemente ameaçada pelas lutas operárias. Por isso a reprodução do capital depende, segundo Holloway, da luta permanente para manter a separação dos espaços econômicos e políticos contra as lutas operárias.

De qualquer maneira, existem coincidências entre Holloway e colaboradores e Hirsch, no que diz respeito à crítica dirigida aos integrantes da escola da derivação, a partir da ênfase que esta escola coloca na lógica do capital para entender o desenvolvimento *histórico* e *lógico* da *forma*

Estado. No entanto Hirsch adotará como ponto de partida para a derivação do Estado a violência da relação trabalho-capital presente na *forma Estado*, assumindo, de maneira correspondente, como primeiro momento histórico neste desenvolvimento, a imposição da estrutura de classe capitalista. Holloway e colaboradores partem da generalização da produção de mercadorias, embora sem apontar as diferenças que esta modalidade de produção traz em relação à separação dos meios de produção do produtor e à individualização da propriedade privada. Para Hirsch, o surgimento do Estado capitalista constitui a precondição estrutural para o estabelecimento da relação capitalista de classe. Neste sentido, Holloway e outros criticarão Hirsch por desenvolver uma explicação do Estado a partir da adaptação das *formas* a suas *funções*. O Estado, em todo caso, de acordo com Holloway, deve ser explicado em termos da luta de classes associada às contradições do modo de produção capitalista, lutas presentes para além dos limites das formas sob as quais se desenvolvem, ou seja, as formas da produção de mercadorias desenvolvidas na sociedade feudal. De resto, enquanto Hirsch adota uma periodização histórica baseada nas contratendências à queda da taxa de lucro — fases do imperialismo e da revolução tecnológica, quase que sem relação com a luta de classes —, Holloway relaciona as fases de desenvolvimento das formas históricas do Estado com a produção de mais-valia absoluta e relativa.

O trabalho de Holloway e Picciotto adquiriu relevância pela sua abordagem da relação entre a *economia* e a *política*, já presente no debate alemão. Em sua crítica à concepção de Hirsch acerca do fetichismo, Holloway e colaboradores vão insistir no significado ideológico e político que adquiria (e adquire) tal abordagem. Enquanto Hirsch tendia a ver a separação entre economia e política como um ato histórico que, uma vez alcançado, haveria de se manter ao longo do tempo, Holloway via a separação como *processo*, produto de uma permanente disputa: as formas econômicas e políticas fetichizadas da relação social capitalista, ilusão e realidade simultâneas, modificando-se constantemente em conseqüência do enfrentamento diário entre trabalho e capital, de tal maneira que a solidez desta realidade não pode ser interpretada como um dado, mas como objeto em mutação derivado da luta de classes.

Estas diferenças teóricas revestiram-se na época de uma importância política central na disputa com o "novo realismo", que ganhou corpo ao redor dos anos 1970. O novo realismo demandava que os socialistas reconhecessem na realidade as restrições estruturais impostas ao Estado pelo capital, ignorando que a realidade não é um dado objetivo, e sim, em todo caso, um objeto da luta de classes. Não se tratava simplesmente do fato de que a realidade do *novo realismo* fosse falsa, mas de que era apresentada como uma inversão mistificada. Ao aceitar a separação dos espaços econômicos e políticos, o novo realismo contribuía para a mistificação da exploração capitalista. A limitação essencial da derivação pode ser sintetizada no fato de que aceitava a fetichização da luta de classes por trás de uma dinâmica que transcorria (e transcorre) por canais econômicos e políticos separados e que acreditava (e ainda acredita) a possibilidade de transformar a sociedade através da mera conquista das instituições políticas. Em uma perspectiva oposta, o Open Marxism afirma que a separação dos espaços econômicos e políticos no capitalismo não é um produto objetivo da estrutura imposta pela lógica do capital, mas um marco institucional imposto através da luta de classes no espaço das relações sociais capitalistas.

A PERIODIZAÇÃO DO ESTADO

Na realidade, a polêmica dos anos 1970 sobre o Estado tentou avançar em uma análise ao mesmo tempo *lógica* e *histórica* como meio de se chegar a uma correta periodização do Estado, embora este objetivo não tenha sido alcançado. Em primeiro lugar, porque era impossível encontrar um princípio coerente que servisse de base para a dita periodização. Hirsch (1978, p. 27-28) havia proposto, num primeiro momento, uma periodização das formas de Estado capitalista em que suas fases estivessem relacionadas com a mobilização das contratendências à lei da queda da taxa de lucro, o que, entretanto, não conseguiu alcançar. Holloway e Picciotto, por sua vez, concentrando todo o foco na luta de classes, ressaltaram três etapas vinculadas à relação entre capital e processo de trabalho. Uma primeira fase seria caracterizada por uma relação externa; a segunda estaria referida à produção de mais-valia absoluta; e, finalmente, uma terceira etapa relacionar-se-ia à geração de mais-valia relativa. Embora esta periodização possa em princípio assemelhar-se à proposta da teoria da regulação, Holloway e Picciotto (1991) a utilizaram como base para a explicação histórica do desenvolvimento progressivo dos diferentes aspectos da forma do Estado capitalista.

Mas o debate não avançou e acabou estancando de vez, quando entrou em cena a discussão acerca do caráter *absolutista* do Estado. Hirsch retomaria a aposta mais adiante, recorrendo a uma periodização funcionalista: "há que se deduzirem as definições concretas das funções daquele [do Estado] a partir das condições, historicamente variáveis, do processo de acumulação capitalista, e a partir do desenvolvimento das forças produtivas desencadeado por este processo" (idem), afirmação que seria posteriormente criticada por Bonefeld (1991). Hirsch afirma mais adiante:

> Tal método de dedução das funções do Estado a partir das condições e das normas do processo de reprodução capitalista, entendido como processo de acumulação, encontra-se em clara oposição com as teorias burguesas de esquerda sobre o Estado, que certamente reconhecem a importância fundamental das condições econômicas mas não estão em condições de investigar a anatomia da sociedade burguesa na economia política (Hirsch, 1979, p. 8-9).

Na realidade, tanto a escola da regulação como a da lógica do capital basearam suas periodizações em uma concepção funcionalista do Estado, usando em suas abordagens a expressão funcional das necessidades da acumulação capitalista, que se expressava nos interesses do capital. Esta concepção estreita do Estado está associada a uma inadequada leitura da acumulação, na medida em que supõe que o Estado seja capaz por si só de superar as contradições próprias da acumulação do capital.

Simon Clarke (1991a), por sua vez, verá nas tentativas de periodização do Estado a oportunidade de encontrar um caminho intermediário que equilibre as tensões entre o empirismo que exacerba as contingências históricas como um meio de legitimar o oportunismo político, e o reducionismo, que potencializa as leis imutáveis da dominação capitalista para legitimar o fundamentalismo dogmático. Para Clarke, o problema maior das tentativas de periodização ensaiadas até aquele momento residia no fato de que, apesar de haverem tomado como elemento determinante para sua classificação as formas cambiantes dos regimes de acumulação, o caráter simplista com que foi abordado o Estado determinou não só o fracasso, como também sua incoerência teórica, sua inaplicabilidade empírica e inutilidade política das suas conclusões. Clarke atacaria o problema em duas etapas: 1) buscando uma aproximação teórica *adequada* aos aspectos contraditórios dos regimes de acumulação; 2) ajustando os termos para uma teorização adequada do Estado capitalista.

A periodização do Estado é fundamentada por Clarke a partir da necessidade de determinar as contradições inerentes à acumulação do capital. Neste sentido, para Clarke a força impulsora dinâmica do processo de acumulação, imposta pela pressão da *concorrência*, é a tendência sem limites do capital para desenvolver as forças produtivas (Clarke, 1988, p. 143). Ou seja, a tendência a uma produção sem limites, que deixa de lado a magnitude do mercado necessário para realizar esta produção, constitui o elemento disparador da sobre-acumulação de capital e do desenvolvimento desigual.

De acordo com Clarke, a *forma de Estado* opera como mediador entre o Estado e a forma contraditória que assume a sobre-acumulação. O caráter de classe do Estado capitalista é previamente definido pela sua separação da sociedade civil e pela correspondente subordinação do Estado e da sociedade civil ao domínio da lei e do dinheiro (Clarke, 1988, p. 126-127).

A subordinação do Estado ao dinheiro define a forma econômica através da qual a crise da sobre-acumulação aparece e impõe limites à resposta do Estado a essa crise. Mas, de qualquer maneira, esta subordinação não determina a forma política específica do Estado, através da qual as tendências contraditórias da acumulação são politicamente mediadas, nem tampouco as respostas específicas do Estado diante da crise. A forma política do Estado é determinada pela *luta de classes* (Clarke,

1988, p. 142). Embora o Estado seja definido nacionalmente por sua forma política, seu caráter de classe não é definido nacionalmente. As leis capitalistas da propriedade transcendem o marco nacional legal, e o dinheiro mundial transcende a moeda nacional. A subordinação ao domínio do dinheiro e à lei impulsiona em direção às fronteiras definidas pelas modalidades contraditórias da acumulação do capital global. No entanto sua estabilidade é nacional, pelo que o Estado deve ser capaz de assegurar a reprodução ampliada nacional. Isso supõe, por um lado, que a população relativa flutuante possa ser reabsorvida e assim reconciliar a reprodução social e física da classe operária com sua subordinação ao capital. Por outro lado, o Estado deve assegurar-se de seus ingressos e promover a demanda crescente de seus recursos.

Dessa maneira, a contradição inerente à acumulação de capital aparece no Estado sob a forma dos limites que a sobre-acumulação de capital em nível mundial apresenta a uma acumulação de capital doméstico sustentada. Embora o Estado não possa resolver a contradição inerente à acumulação de capital, pode ao menos amortecer o impacto político da contradição, buscando assegurar a integração da acumulação nacional à acumulação mundial (Clarke, 1988, p. 148). Os limites para tal qualidade não estão definidos somente pela *forma Estado*, mas, fundamentalmente, pela forma do sistema internacional de Estados e os respectivos modos de integração ao capital global. A periodização dos modos de integração da *acumulação global* correspondente assinala a periodização das formas do Estado capitalista.

A sobre-acumulação do capital forneceu a Clarke os fundamentos para efetuar sua periodização da *forma Estado*. E isso na medida em que esta sobre-acumulação define não apenas relações quantitativas condensadas no movimento da taxa de lucro, mas também relações qualitativas determinadas pelas diversas formas da luta de classes, que resultam da sobre-acumulação e da desigualdade setorial e geográfica. Desta maneira, Clarke distinguiu cinco estágios no desenvolvimento da *forma Estado*:

1) *Mercantilismo* — próprio do século XVIII, baseado na expansão mundial do comércio, em que a sobre-acumulação do capital comercial exacerbou a concorrência internacional, desencadeando guerras comerciais e coloniais, e no qual a penetração do capital na produção acabou minando os fundamentos ideológicos políticos e econômicos da forma de estado mercantilista.
2) *Liberalismo* — correspondente à primeira metade do século XIX, baseado na divisão internacional do trabalho que se estabeleceu entre a manufatura — respondendo a uma acumulação de caráter intensivo — e a agricultura — assentada na acumulação de tipo extensivo. Neste estágio, a *forma Estado* jamais pôde controlar a luta de classes. Este tipo de Estado se estendeu até a grande crise de 1870.
3) *Imperialismo* — forma de Estado que emerge para sustentar a acumulação nacional incorporando a classe trabalhadora nacional. Este processo é gestado no marco de uma ativa regulação do comércio e dos investimentos do capital internacional. É o momento da separação definitiva entre o Estado e a sociedade civil, e de sua subordinação à lei e ao dinheiro, transformação que levaria à separação dos poderes, à independência do sistema judicial e do Banco Central, à racionalização do sistema de finanças e das contas públicas, assim como à instauração dos princípios constitucionais de um orçamento público equilibrado.
4) *Social-democracia* — forma de Estado desenvolvida sistematicamente no período de reconstrução do pós-guerra, quando se atingiu uma acumulação sustentada de capital em nível mundial, em um contexto de liberalização do comércio. Esta forma de Estado permitiu a contenção das lutas operárias por meio da generalização das relações industriais e das reformas sociais. No entanto, a tentativa de conter a crescente resistência do trabalho através da expansão fiscal e das políticas monetárias derivou em sucessivas crises inflacionárias, enquanto, ao mesmo tempo, estimulava o desenvolvimento de novas formas de luta, dirigidas já não apenas contra o capital, mas também contra o próprio Estado.

5) *Monetarismo* — é o estágio pós-crise dos anos 1970, quando se reafirma a subordinação do Estado e da sociedade civil ao poder do dinheiro e do capital global. Contudo, para Clarke, não fica claro se a etapa aberta pelo monetarismo representava, na realidade, uma nova fase na periodização do Estado, ou se, ao contrário, representava somente um momento de crise da *forma Estado* social-democrata.

Para Clarke, a reconstrução da economia mundial e do sistema internacional de Estados-nacionais, na saída da Segunda Guerra, baseava-se em princípios semelhantes aos que haviam permitido a reconstrução capitalista, logo após a Primeira Guerra. As lições do entreguerras, segundo Clarke, haviam sido aprendidas. Tratava-se de reconhecer que a estabilização política dependia da integração das esferas política e social da classe operária, razão pela qual foram implementadas importantes reformas sociais e abriram-se novos espaços nas relações trabalhistas. Pelo lado do capital, as condições para esta integração supunham a acumulação sustentada do capital nacional. No entanto, a livre movimentação internacional do dinheiro e do capital não podia por si só superar as barreiras trazidas pela sobre-acumulação e pelo desenvolvimento desigual. Donde se buscava uma reconstrução planificada com o intuito de superar esse obstáculo, o que deu forte impulso ao desenvolvimento de um sistema internacional de crédito que permitisse superar as barreiras limitantes do padrão ouro que financiava os desequilíbrios dos pagamentos internacionais.

Para Clarke, o keynesianismo do pós-guerra se apoiou em um colossal crescimento do crédito nacional e internacional como sustentáculo do seu desenvolvimento. Mas, à medida que a sobre-acumulação do capital encontrava limites nas barreiras comerciais dos anos 1960, a concorrência internacional erodia os lucros, os investimentos produtivos começavam a cair e a luta de classes se intensificava, uma vez que os patrões buscavam reduzir os salários e intensificar o trabalho, fechando as fábricas e despedindo os operários. O desenvolvimento sistemático de formas social-democratas de integração dos trabalhadores havia institucionalizado as expectativas de padrões de vida ascendentes, benefícios sociais adequados e garantias de emprego, demandas que, por sua vez, haviam sido sustentadas por um notável expansionismo fiscal e monetário. Este processo, ao passo que estimulava a acumulação capitalista e o desenvolvimento desigual, acabou lançando o capital em cenários cada vez mais especulativos e inflacionários, tornando inevitável o desencadeamento da crise.

A partir desta perspectiva, segundo Clarke, a crise do keynesianismo deve ser vista como resultado do confronto entre a integração dos assalariados ao prometido bem-estar social — do qual já não estavam dispostos a abrir mão — e os limites que a inflação e a crise fiscal do Estado impunham naquela época. Entretanto, para além do que poderia ser previsto, a crise não resultou em maior polarização das classes nem em confrontos revolucionários entre a classe trabalhadora e o Estado capitalista. Implicou, muito mais, fortes divisões naquela classe operária que havia sido institucionalizada no estágio social-democrata, processo que derivou, por sua vez, na desmobilização e na desmoralização dos trabalhadores. A nova direita instrumentalizou o descontentamento popular dos trabalhadores com o *welfare state*, fazendo com que vissem o Estado como o responsável pela inflação e pelos maiores impostos que teriam que pagar. O mérito do monetarismo reside precisamente em ter sabido transformar este descontentamento em apoio, agora à subordinação do Estado e da sociedade civil ao poder onipotente do dinheiro e do equilíbrio fiscal. O programa da direita buscou assim subordinar a sociedade civil e o Estado ao pleno domínio do dinheiro mundial. O fato de que a nova direita tenha continuado a incrementar os gastos estatais, a fortalecer o seu poder, assim como ampliar suas funções repressivas, não significa que tenha traído suas crenças. Contudo, o fato de que não tenham sido produzidas mudanças substanciais nas funções do Estado não significa descartar os resultados alcançados pelo neoliberalismo ao nível da *forma Estado*, em particular a subordinação do Estado e da sociedade civil ao poder do capital-dinheiro, processo a que se somaram também as relações políticas e sociais.

De toda maneira, o triunfo do neoliberalismo não deixa de ter características indeléveis. Quanto mais a base do crescimento se sustenta quase que exclusivamente na inflação de crédito, maiores os perigos de uma crise catastrófica, assim como de uma depressão devastadora. Clarke aprofunda sua análise do período monetarista do Estado em três níveis diferentes:

1) O nível mais abstrato, em que o caráter de classe do Estado é definido, independentemente da etapa de sua existência, a partir da separação entre Estado e sociedade civil, e sua subordinação ao poder do dinheiro. Corresponde ao nível mais fundamental da luta de classes na *forma Estado*. A crise desta última significa que o desafio da classe operária ao poder do capital havia se estendido ao questionamento da autoridade constitucional deste Estado em sua relação com a sociedade civil.
2) Subjacente ao desenvolvimento da *forma Estado*, manifesta-se uma tendência progressiva relacionada com a resposta que o Estado oferece aos desafios da classe operária. As condições cambiantes da luta, que por sua vez reagem ao desenvolvimento contraditório das relações de produção capitalista, conduzem a um progressivo aumento das funções do Estado.
3) É possível definir uma tipologia dos modos de integração da acumulação mundial — liberal, imperialista e keynesiana — que articulam as formas de concorrência capitalista mundial e estruturam as relações entre Estados. Ainda que não fique claro que esta qualidade possa definir uma sucessão de etapas ou um crescimento progressivo da intervenção do Estado. Menos ainda que o imperialismo ou o keynesianismo, como formas do liberalismo em crise, entrem em conflito com o poder mundial do dinheiro e levem a uma reestruturação global entre dinheiro e Estado, dentro dos limites da forma liberal de Estado.

É possível acrescentar uma outra tipologia, com relação aos modos de intervenção do Estado na regulação nacional da acumulação, que afeta a concorrência interna. Esta é uma modalidade de intervenção que não deve ser confundida ou mesmo tomada como tendência progressiva. A forma e a extensão da intervenção do Estado são reguladas segundo a correlação de forças existente.

SIMON CLARKE E A ESCOLA DA REGULAÇÃO

Por sua vez, Clarke (1991a, p. 111) havia criticado a escola da regulação por considerar que esta adotava um enfoque "baseado em um modelo estrutural-funcionalista com etapas sucessivas de integração e desintegração estrutural, o qual tem sido a base para uma *periodização dos grandes ciclos de acumulação capitalista*". A crítica não só visava os momentos da funcionalização[38], mas, ao mesmo tempo, diferenciava-se da abordagem de Aglietta com relação ao regime de acumulação como conjunto de formas institucionais que estruturam a tendência à sobre-acumulação e à crise. A isso Clarke contrapõe sua idéia de regime de acumulação como meio para superar as tendências à crise inscritas na própria acumulação; donde a estabilização alcançada através do regime de acumulação — e limitada a apenas este regime particular — também será responsável por definir *novas formas de luta de classes*. É neste momento que o Open Marxism fará uma espécie de torção em sua análise, conferindo um destaque particular à dinâmica de lutas que se abria. Decerto, diz Clarke, a Escola da Regulação reconhece a existência de lutas políticas e de classe como detonadores do processo de desestruturação ou desintegração de um regime de acumulação. Porém seu caráter *estrutural funcionalista* expressa a idéia de que a estabilização das relações sociais supõe a institucionalização de um regime de acumulação como *condição objetiva*, para além do fato de que este possa ter sido obtido de maneira contingente, como produto da luta de classes. A regulação não incorpora a possibilidade de estabilização social se as condições estruturais não se

[38]Para Clarke, não há nenhuma evidência de que a crise de 1929 tenha sido a de um regime de acumulação extensiva, que por esta razão teria marcado a transição para um novo regime de acumulação intensivo, uma vez que existiam elementos de regime intensivo anteriormente a esta data.

apresentem ou sejam rompidas. Desta maneira, no jogo da estabilidade, a regulação subordina a luta à estrutura "subordinando a regulação das relações sociais às necessidades funcionais da reprodução ampliada do capital" (Clarke, 1991a, p. 111). Assim, o enfoque da regulação deriva de "uma crítica sociológica das relações sociais, não chegando a se desenvolver no nível de uma crítica marxista da economia política" (ibidem, p. 112).

Desta maneira, Clarke vai refutar aquela leitura da crise feita pelo modo de regulação como crise de desproporcionalidade. As crises, diz Clarke, devem ser vistas como crises de uma *forma de dominação capitalista*. Ele questiona inclusive o caráter fordista do regime de acumulação verificado no segundo pós-guerra: "A explosão do pós-guerra não foi iniciada pelo modo de regulação fordista. O período de reconstrução do pós-guerra não esteve marcado pelo fordismo, mas sim pela austeridade, pelas lutas de classes políticas e industriais" (Clarke, 1991a, p. 117-118). A aparentemente inevitável recessão do pós-guerra não foi evitada pela alta desmedida dos salários, como gostam de dizer os teóricos da regulação, mas sim pelo Plano Marshall, pelo rearmamento mundial e pela guerra da Coréia. Não seria antes do início dos anos 1950 que os elementos da acumulação fordista começariam a se realinhar, para de fato se estabelecer institucionalmente, no alvorecer da década de 1960, um modo de regulação tipicamente fordista. Mas, neste caso, prossegue Clarke, se é verdade que o fordismo começou a se institucionalizar no começo dos anos 1960, não podemos deixar de observar que a crise do fordismo começou a ser gestada tão logo ele surgiu. Na Inglaterra, por exemplo, a primeira crise da balança de pagamentos foi produzida durante o governo de Harold Wilson, em 1963. Esta crise foi alimentada pela crescente pressão dos trabalhadores entre 1967 e 1971. Diante desta pressão, a acumulação teria que ser sustentada por meio da expansão inflacionária do crédito, até culminar no auge da inflação em 1974. A crise derivada do keynesianismo conduziu, por volta do final dos anos 1960, ao progressivo abandono do pleno emprego em favor da estabilidade de preços como meta primordial e, em seguida, durante os anos 1970, ao auge do monetarismo.

Para Clarke, a Escola da Regulação superestimou a contribuição do fordismo para a explosão de crescimento do pós-guerra e, conseqüentemente, pelo grau em que o fordismo pode realmente ser considerado regime de acumulação sistemático. Segundo Clarke, teria sido a expansão do crédito a uma escala sem precedentes o que teria motivado o *boom* do pós-guerra.

De resto, esta expansão inflacionária do crédito não era, na realidade, inerente às formas de funcionamento dos fluxos de investimento, nem mesmo ao estabelecimento de preços monopolistas próprios do regime de acumulação fordista. Teria sido, ao contrário, o resultado global da adoção de políticas keynesianas.

Essas suposições acabaram levando Clarke a questionar aquela idéia da escola da regulação que via no consumo a força motriz da acumulação; o dinamismo da explosão capitalista do pós-guerra deveria, ao contrário, ser buscado na magnitude dos ganhos de produtividade e nos lucros. E mais, diria Clarke, a crise do keynesianismo e a ascensão monetarista colocaram em xeque a própria funcionalidade inflacionária para sustentar a acumulação de capital e, portanto, a capacidade do sistema de crédito, regulado pelo Estado, de modificar a tendência à sobre-acumulação e à crise. As políticas expansionistas intensificaram a luta de classes e precipitaram a crise do Estado. Desta maneira, o inflacionismo keynesiano não foi ditado pela estrutura do próprio regime de acumulação, e sim pelo equilíbrio de forças das classes institucionalizado no sistema de relações trabalhistas e no Estado do Bem-estar social. Para Clarke, a força do fordismo deve ser buscada não na contenção da tendência à sobre-acumulação e à crise, mas no fato de que ele foi portador de uma ideologia que prometia uma vida melhor.

Segundo Clarke, a concepção de Aglietta traz subjacente uma valorização particular da sobre-acumulação, a partir da exigência de uma certa proporcionalidade entre os setores I e II da economia, como meio de alcançar uma expansão equilibrada. Quando esta situação não é alcançada, surge o crédito como maneira de prolongar a acumulação. Permanece, no entanto, uma tendência de Aglietta de considerar o mercado o limite objetivo para a expansão do setor I, enquanto apóia a origem da sobre-acumulação na "esperança de benefícios excedentes proporcionados pela exploração de oportunidades temporais do mercado" (Clarke, 1991a, p. 123). Ao subsistir a proporcionalidade entre os setores será então possível uma acumulação sustentada. Não são os lucros oferecidos pelo mercado em expansão que acirram a sobre-acumulação, e sim a *pressão competitiva* que obriga os capitalistas individuais a uma busca constante para revolucionar os meios de produção, pressão competitiva que se torna efetiva na sobre-acumulação de capital e a sobre-produção de mercadorias.

Podemos resumir o pensamento de Clarke da seguinte maneira: o erro fundamental do keynesianismo foi supor que a sobre-acumulação e o subconsumo são as duas faces de uma mesma moeda (donde se deduziu que a expansão do mercado resolveria a crise de sobre-acumulação. Quando o mercado se constituiu em limitador, sob a forma da restrição monetária, então apareceu o crédito, derrubando a fronteira que limitava a acumulação. O crescimento do crédito na realidade postergou a explosão da crise, ao passo que sustentava os lucros e distendia a luta de classes. Por isso que, longe de superar a sobre-acumulação, a expansão do crédito a exacerbou ainda mais, reduzindo o perigo imediato de uma crise deflacionária enquanto socializava os custos de uma desvalorização do capital adiando a explosão de uma crise de proporções maiores. Por isso que não se poderia falar de um círculo virtuoso da acumulação; segundo Clarke, a própria acumulação, por si mesma, exacerba as contradições. No entanto, embora seja certo que o desenvolvimento histórico da tendência à sobre-acumulação e à crise seja inerente ao modo de produção capitalista, o desenvolvimento desta tendência é mediado pelas formas institucionais das relações sociais capitalistas. *Formas institucionais* que não são nem o *regime de acumulação* nem o *modo de regulação*, e sim as formas institucionais da luta de classes.

A sobre-acumulação de capital, para Clarke, aparece na forma da luta concorrencial entre os capitalistas e na competição entre capitalistas e trabalhadores. O resultado dessas lutas será condicionado pelas formas institucionais da concorrência, o crédito e as próprias relações laborais estabelecidas, por trás das quais está a forma institucional Estado.

No entanto, a luta não é aprisionada por estas formas, é uma luta para transformá-las ou reproduzi-las. "O Estado não se coloca por cima destas lutas, mas é um elemento das formas institucionais da relação capitalista de classe e, portanto, o objeto mesmo da luta" (Clarke, 1991a, p. 127). Desta maneira, o Estado não resolve nenhuma contradição política, mas as reproduz. Esta é a razão pela qual Clarke vai concluir dizendo que "as formas institucionais das relações sociais do capitalismo não são modos de regulação que institucionalizam certo tipo de compromisso social democrático de classe, em conformidade com imperativos estruturais de um regime de acumulação, e sim formas institucionais de dominação de classe, que expressa uma configuração particular da luta de classes" (idem). De acordo com esta análise, o desenvolvimento das formas institucionais dependerá significativamente do desenvolvimento da luta de classes, e será alheio a todo e qualquer imperativo funcional assentado no regime de acumulação. De qualquer forma, não se pode deixar de mencionar o perigo por trás das análises centradas na luta de classes, na medida em que se limitam a ver o antagonismo de classe como uma relação entre opostos, sem explorar as relações internas entre ambos os termos opostos.

De acordo com Clarke, a década de 1970 não deve ser vista como um processo de reestruturação capitalista que conduziu a um regime de acumulação de tipo pós-fordista. Tratou-se muito mais de uma ofensiva capitalista sobre a classe trabalhadora, que visou à destruição das formas institucionais pertencentes ao Estado keynesiano. Se o keynesianismo, diz Clarke, foi a expressão ideológica das tentativas do capital e do Estado para responder às demandas generalizadas da classe trabalhadora, a crise do pós-guerra, o neoliberalismo, pode ser vista como a subordinação das aspirações da classe trabalhadora à valorização do capital. Daí que a discussão precisaria ser reproposta nos seguintes termos: a ofensiva thatcherista representaria uma resposta capitalista à crise estrutural do regime de acumulação fordista, como Hirsch e Jessop haviam postulado e, portanto, tratava-se das tentativas de construção de um novo regime de acumulação? Ou melhor, deveríamos interpretar o surgimento da direita britânica como resultado da derrota do movimento operário?

No âmbito dos anos 1970, se a primeira leitura dava adeus a um determinado ciclo de formas de interpelação política e participação social, agora tidas como *anacrônicas* pelos teóricos da nova esquerda, a segunda pressupunha a recusa explícita a qualquer imposição do capital sobre as condições da luta de classes, e a exigência imediata de concentrar energias e esforços na reconstrução de uma organização coletiva que permitisse superar a fragmentação das lutas do movimento operário.

Na realidade, entre uma posição e outra (a da escola da regulação e a de Clarke) existem diferenças metodológicas importantes. Enquanto a aproximação estrutural funcionalista — incapaz de distinguir em suas análises os diferentes níveis de abstração — termina derivando a essência do Estado de sua própria necessidade *funcional*, o abandono do essencialismo funcionalista, em Clarke, permitirá distinguir diferentes níveis de *abstração*: desta maneira, embora para a escola da derivação o Estado seja uma instituição especificamente capitalista, será possível reconhecer que algumas tarefas do Estado são comuns a diferentes épocas históricas, o que não prejudica o reconhecimento da especificidade da forma capitalista do Estado. Neste sentido, Clarke dirá que o aspecto essencial da *forma Estado* reside em seu *caráter de classe*; no caso do Estado capitalista, é a autonomia estatal que dará conta, de maneira superficial, desta característica no papel da classe na luta de classes; é ela que vai corporificar a fetichização do Estado. No entanto, para Clarke, o Estado não deve ser visto como uma necessidade *lógica* mas, em vez disto, como uma necessidade *histórica*, que emerge na luta de classes. Por outro lado, ainda neste contexto, o desenvolvimento do Estado não é meramente contingente, mas é presidido por leis históricas que devem ser desveladas com base nas análises de Marx sobre o desenvolvimento do modo de produção capitalista (Clarke, 1991b, p. 189). Esta abordagem não deve ser interpretada como uma substituição de uma forma lógica por outra, ou seja, a substituição do estrutural-funcionalismo por um funcionalismo instrumentalista de classe. Neste aspecto reside a indissolúvel inter-relação entre *estrutura* e *luta*. Isto é, como, a partir das contradições fundantes do modo de produção capitalista, tão logo sejam criadas as condições de reprodução das estruturas das relações sociais, estas são destruídas pelo próprio processo de reprodução, para serem simultaneamente recriadas ou transformadas através da luta de classes. O capitalismo, para Clarke, "não é uma estrutura que tem uma fundação estabelecida, mas um processo, cuja reprodução depende da reprodução de suas próprias condições de fundação. É, por outro lado, um processo contraditório, no sentido de que esta reprodução envolve a suspensão repetitiva das próprias condições fundantes, razão pela qual a reprodução está também marcada pela luta de classes" (ibidem, p. 190). Será somente no curso desta luta de classes que o Estado adquire, desenvolve, reproduz e transforma as formas institucionais particulares e suas funções judiciais, administrativas, políticas, sociais e ideológicas particulares.

ESTADO, MERCADO E CAPITAL GLOBAL

Ainda que a forma particular de separação entre a economia e a política constitua uma característica determinante do Estado capitalista, esta separação não fornece mais do que uma débil garantia ao caráter capitalista do Estado. Isso nos leva a pensar que este caráter pode ser facilmente cambiado por um governo de tipo socialista, o qual, com vontade, desejo e determinação em intervir na economia, pudesse substituir o funcionamento da lei do valor por uma regulação política consciente. Mas este aspecto esbarra, por sua vez, nos limites de intervenção do Estado, os quais não podem ser entendidos fora da referência aos limites da forma nacional do Estado.

Entramos assim na problemática da relação entre *Estado nacional* e *capital internacional*. Já nos primeiros debates da CSE sobre a relação entre a internacionalização do capital e os Estados nacionais, como já mencionamos anteriormente, havia ficado explicitado o argumento central de que o caráter global do capital imporia um limite ao poder do Estado-nação. Na realidade, segundo Claudia Von Braunmühl (1978), não se tratava de um fenômeno moderno, e sim do fato de que a forma *nacional* de Estado, no âmbito do sistema internacional de Estados e da acumulação de capital em nível mundial, havia sido uma característica essencial da forma capitalista do Estado, desde os primórdios. Tanto Holloway (Holloway e Picciotto, 1991) quanto Bonefeld (2003) tratarão esta temática de maneira indireta, quase superficial. A pouco convincente abordagem inicial sobre o caráter nacional do Estado — expressa em termos de uma fronteira geográfica que se constrói assim que as mudanças tenham dissolvido as unidades sociais baseadas na produção para o uso — seria rapidamente questionada por Colin Barker (1991). Barker criticará Holloway e Picciotto pelo fato de terem considerado o Estado de maneira *singular*, deixando de lado o Estado enquanto *sistema internacional de Estados*. O problema reside no fato de que o Estado nacional não pode enfrentar o capital enquanto o capital for um fenômeno global. Não pode, portanto, contrapor-se à lei do valor para alcançar alguma forma política de regulação da produção capitalista, como propõe Hirsch, já que a lei do valor se impõe sobre os Estados nacionais, da mesma maneira que se impõe aos capitalistas individuais, através da concorrência internacional.

De acordo com Barker, tanto Holloway quanto Picciotto acabam exagerando a separação entre o econômico e o político, atribuindo ao Estado um grau de autonomia que ele não tem, exagerando o momento em que a regulação política pode substituir a lei do valor. São precisamente os limites nacionais do Estado que circunscrevem as possíveis ações deste aos limites do capital e que asseguram que o Estado não possa resolver as contradições inerentes à acumulação capitalista. Este fenômeno não pode ser interpretado como uma *restrição econômica externa*, mas como uma restrição inerente à própria forma Estado como Estado nacional. Será apenas no início de 1994 que Holloway, retomando as críticas de Barker, fará em *Global capital and the national state* (1996), uma distinção entre o *político* e o Estado nacional. O *político* como momento da relação capitalista é um momento da totalidade global, onde a contingência absoluta do espaço é resumida na existência do capital como dinheiro. O político encontra sua expressão na pluralidade dos Estados nacionais que se distinguem territorialmente. Historicamente, a liberação das relações de exploração da restrição espacial foi acompanhada pelo desenvolvimento de novas territorialidades, sob a forma de

Estados-nação. O que chama a atenção nesta análise de Holloway é seu ponto de partida para analisar o Estado-nação. A relação do Estado-nação com o capital é uma relação de Estado atrelado nacionalmente a um capital globalmente móvel.

Não é fácil correlacionar uma visão de Estado definido como uma estrutura de classes interna com aquela outra que entende o Estado a partir de um sistema internacional de Estados. Determinar uma correta relação entre Estados nacionais e a acumulação capitalista mundial implica partir das relações sociais de produção e de mercado e prosseguir com a interação destas relações em nível internacional. Não basta ressaltar a conexão histórica entre o sistema de Estados e a economia mundial, como diz Giovanni Arrighi (1994). Trata-se, ao contrário, de ver a *forma* que adota e como se *transforma* ao longo do tempo.

No entanto, para uma compreensão mais bem acabada, é preciso antes resolver o problema da constituição do Estado.

Aquela leitura que localiza o primeiro momento do Estado capitalista no estabelecimento e na produção generalizada de mercadorias nos fornece uma forma particular de compreender o desenvolvimento e a dinâmica da política econômica internacional. Os partidários do *world system*, como Wallerstein, por exemplo, embora enfatizem a interdependência entre Estados e mercado mundial, vêem no *mercado* e na *divisão internacional do trabalho* os fatores que determinam o papel particular de cada região, de onde derivam as relações entre capital e Estado. No entanto, não foi o comércio que transformou as relações de produção, e sim as contradições entre as relações feudais e pós-feudais de produção que transformaram o mercado mundial e as formas de Estado.

A emergência da forma capitalista do Estado não pode ser interpretada como uma resposta automática ao desenvolvimento do mercado e do comércio mundial, nem tampouco como uma conseqüência dos efeitos negativos do dinheiro. A transformação histórica do Estado foi, na realidade, uma mudança gradual, gestada no marco de sucessivas revoluções políticas e de diversas formas de lutas sociais — ambas expressão das mudanças no âmbito das relações de produção — que solaparam e destituíram o poder soberano e constituíram o Estado político como de interesse geral. Essas lutas balançaram a estrutura política e social da Idade Média e acabaram desintegrando a servidão, uma instituição que fundia a exploração econômica e a coerção política nas cidades e que tinha como corolário a unidade orgânica entre economia e política.

Em tempos medievais, o mapa internacional não era o de um sistema internacional de Estados. Tratava-se muito mais de um conglomerado amorfo de instâncias jurídicas disseminadas, geograficamente interconectadas, e estratificadas segundo diversos enclaves de poder e alianças. Na medida em que eram os "senhores" que unificavam o poder político e econômico, as monarquias medievais eram marcadas por uma grande instabilidade. Donde, para Marx, a sociedade civil medieval adotara uma forma diretamente política, à medida que os elementos da vida civil, a família, a propriedade, o mercado de trabalho, haviam sido elevados a elementos da vida política, sob a forma de senhorios, domínios ou corporações. A posição individual em um domínio era determinada pela relação política, mediante sua separação e exclusão do restante dos outros componentes sociais.

As relações capitalistas de produção se estabeleceram como resultado das lutas do campesinato e com a nascente classe média. Foram estas lutas que dissolveram os fundamentos corporativos e pessoais do poder feudal, produzindo a separação formal entre o Estado e a sociedade civil. A atividade formal e reguladora do Estado consiste em sustentar as bases das novas relações sociais que compõem o entorno da sociedade civil.

Do nosso ponto de vista, o ponto fundamental consiste em que, com a generalização da produção de mercadorias, o sobretrabalho passa a ser extraído do produtor direto sob a forma de mais-valia sustentada numa coerção exclusivamente econômica.

Embora no capitalismo exista uma clara separação entre o momento da coerção e o momento da apropriação, a propriedade privada e as relações estabelecidas entre produtores e proprietários são mantidas através de formas políticas e legais. Por isso que, apesar desta diferenciação, na sociedade civil burguesa, o econômico se apóia no político (Wood Meiksins, 1996).

A separação forçada entre Estado e sociedade civil na sociedade capitalista é uma *ilusão institucionalizada*. A existência institucional do Estado como esfera política pressupõe a despolitização da sociedade civil, ato por trás do qual o Estado se oculta institucionalmente, e é fundado a partir da existência da propriedade privada. O poder do Estado na sociedade capitalista se expressa desta maneira no direito e no dinheiro; o Estado faz uma mediação entre os interesses gerais e os interesses particulares. E esta disciplina deve ser imposta de maneira independente e divorciada dos interesses individuais. O interesse comum é apresentado como um interesse alheio aos interesses individuais e independente deles, sob a forma Estado. Desta maneira, o Estado se constitui como a forma mais adequada para servir à expansão das relações sociais capitalistas, na medida em que o poder social da burguesia está expresso de maneira abstrata no dinheiro.

Uma vez resolvido o problema da constituição do Estado e da relação entre o mercado e o Estado e a sociedade civil, ou seja, uma vez determinado o segredo da separação entre economia e política na sociedade capitalista, avancemos na relação entre Estado e acumulação do capital mundial.

Embora estejamos em um estágio no qual as condições de exploração se definem de maneira homogênea nas nações, a taxa de câmbio conecta diferentes Estados nacionais entre si mediante a hierarquização do sistema de preços. Uma situação similar ocorre para o caso da moeda. A moeda mundial transcende a nacional, razão pela qual os Estados se fundam sobre a regra da lei e da moeda. No entanto, os Estados nacionais, além de confirmar sua autoridade sobre os mercados mediante a regulação da lei e da moeda, respondem à crise através de políticas diversas. Neste sentido, os governos tomam medidas em nível nacional para contrabalançar o poder do trabalho e estão igualmente obrigados a lidar com as conseqüências trazidas pela luta capital-trabalho em nível mundial. Contudo, apesar de o Estado nacional mostrar-se incapaz de resolver a crise gerada pelo desenvolvimento do capital global, ele deve ser capaz de mobilizar recursos e de renovar as relações políticas internacionais que lhe permitam alcançar posições favoráveis no sistema de preços estabelecidos internacionalmente. Desta maneira, se em nível *nacional* os Estados asseguram os direitos de propriedade internacional, *internacionalmente* mediam a tensão que se manifesta entre os espaços nacionais e globais. A tensão global-nacional faz com que os Estados enfrentem o dilema de acumular a partir da economia global, ao mesmo tempo que desenvolvem políticas nacionais para reter o capital em seus territórios. Neste contexto, uma política pode acabar sendo prejudicial, sobreposta ou contraditória com relação a outra.

As relações de classe, para Peter Burnham (2001), afetam o Estado à medida que este atua internacionalmente. O Estado é uma forma da relação de classe que constitui as relações capitalistas globais. A tensão maior se dá no capitalismo contemporâneo entre a constituição política nacional do Estado e o caráter global da acumulação. Embora as relações de exploração — como forma da relação capitalista global — sejam globais, suas condições são estabelecidas em nível nacional, e os Estados se integram na economia política global através do mecanismo dos preços. Neste sentido, para Burnham a estratégia de autonomia nacional é absurda, se não impossível. Não se faz política independentemente da economia global. É a acumulação global do capital que limita as formas pelas quais as autoridades políticas vão conter o conflito; neste contexto, desenvolvem-se as políticas nacionais. A relação entre Estado e capital global não pode ser abordada como um problema de perda de soberania, tampouco pode-se estudar o capital mundial como um fenômeno externo ao Estado. Ao contrário, para Burnham as relações internacionais devem ser vistas como o processamento, em âmbito nacional, das relações globais de classe, e o estudo das formas de resistência a estes processos. Se enfocarmos o problema somente no nível nacional da organização capitalista, não daremos conta da restrição monetária sobre os Estados nacionais em termos de: balança de pagamentos, pressões inflacionárias, dívida externa, taxa de câmbio etc. Mas, se o vemos como forma do capital global, então os Estados nacionais não se verão afetados pela globalização, na medida em que fazem parte dela, ou seja, fazem parte da acumulação de capital em escala global.

A crise do pós-guerra não provocou a dissolução dos Estados e sim a manutenção e a transformação dos espaços políticos, através de novos esquemas que apontam para a regionalização do mercado mundial. Este movimento deve ser visto como uma redução da tensão entre Estado nacional e economia global, assim como a crise das relações de classe se manifesta como crise do sistema internacional de Estados. De forma que o sistema internacional de Estados pode ser visto como a fragmentação do momento político da relação capital-trabalho. O Estado não se encontra então separado do mercado. As formas das relações sociais é que dão unidade à fragmentação trazida pelo mercado. A lei do mercado oferece como independente mas é apenas no momento da reprodução das relações sociais capitalistas. A economia mundial surge como um somatório fragmentado, mas, na realidade, é um sistema único, no interior do qual as relações globais de classe são processadas nacionalmente. Um Estado com alcance nacional é sempre necessário para a administração da força de trabalho e da moeda.

WERNER BONEFELD, JOACHIM HIRSCH E A "REFORMULAÇÃO"

A crítica de Bonefeld será dirigida aos trabalhos que, sob a denominação *reformulação da teoria do Estado*, buscaram "fornecer uma explicação materialista sobre as transformações ocorridas no Estado e sua relação com a economia" (Bonefeld, 1991, p. 35). Trata-se, basicamente, dos trabalhos de Joachim Hirsch, Joseph Esser e Roland Roth na Alemanha, e de Bob Jessop na Inglaterra. Na realidade, a reformulação da teoria do Estado tem seus antecedentes históricos no debate travado sobre a *derivação do Estado*. O postulado central da derivação identificava a compreensão dos limites e dos determinantes da ação do Estado apenas a partir da análise da relação entre Estado e capital. Ou seja, o Estado era entendido como uma forma particular da relação capitalista. Esta concepção foi atacada muitas vezes por seu viés funcionalista, na medida em que interpretava a ação do Estado como simples demanda do capital. Apesar de pertencer à escola da *reformulação*, Hirsch (1978) defenderá a idéia de que tanto o desenvolvimento do Estado quanto a dinâmica da acumulação do capital só poderiam ser conceitualizados em termos de *luta de classes*. Esta abordagem tornava necessário discutir o Estado capitalista para além das generalidades teóricas, incorporando comportamentos especificamente históricos. A tentativa de Hirsch, ao introduzir conceitos de Poulantzas em sua análise, acabaria reforçando a tendência funcionalista, que já estava presente desde o começo. Hirsch, apesar de recusar a concepção poulantziana sobre a autonomia relativa do Estado, acabaria aproximando-se de Gramsci e Poulantzas no momento em que polemiza sobre o chamado desenvolvimento do modelo de Estado alemão, por volta do final dos anos 1970. Com efeito, ele finaliza sua análise discutindo os diferentes tipos de aparelhos de Estado e a constituição do próprio aparato estatal. Na realidade, já em Holloway e Picciotto (1978), Hirsch havia ressaltado a tensão permanente entre funcionalismo e processo histórico de antagonismo de classe. A incorporação de Poulantzas em sua análise não fez mais do que reforçar uma tendência funcionalista presente desde o início em sua análise.

Jessop, por sua vez, desenvolveu na Inglaterra uma análise mais ou menos parecida, tentando combinar as conclusões do debate sobre a derivação com algumas idéias de Poulantzas, tratando também de conduzir a análise do Estado a um processo de maior refinamento conceitual; foi o caso da incorporação em sua análise das estratégias de aparelhos desenvolvidas na Inglaterra ao longo da década de 1970, configurando um Estado *corporativista*.

Holloway e Picciotto adotaram uma linha diferente. Foram além do funcionalismo e do estruturalismo, enfatizando que o desenvolvimento do capitalismo e do Estado capitalista não seguia nenhuma lei objetiva. Essas leis seriam, em todo caso, muito mais *formas* sob as quais, e através das quais, existia (e existe) o antagonismo de classe. A forma institucional do Estado é assim interpretada por Holloway e Picciotto como um modo histórico através do qual e no qual se manifestava a luta de classes no Estado.

Estas duas linhas de pensamento constituíram, sem dúvida nenhuma, uma abordagem "de fora" da Teoria da Derivação. Por um lado, uma concepção que tenta se basear na geração de categorias intermediárias e no refinamento de concepções gerais. Por outro, uma abordagem que enfatiza a importância da compreensão do capital como uma relação de luta de classes, e o Estado como momento da dominação.

"Fordismo e pós-fordismo" foi escrito por Hirsch (1991) em 1982, logo após a queda da social-democracia no governo alemão, seguida pela ascensão ao poder da Democracia Cristã. Hirsch analisa o Estado fordista como uma forma política apropriada do regime de acumulação fordista. Daí que a crise do fordismo significa a crise do sistema político fordista. Neste sentido, Hirsch vê o Estado reagindo ao processo de desintegração social inerente à crise de acumulação, penetrando todos os espaços da sociedade civil como meio de reestruturar as relações sociais diante do surgimento de um novo regime de acumulação pós-fordista. De acordo com esta concepção, o Estado pós-fordista não implicaria a retirada do Estado da regulação econômica, mas sim uma nova e diferenciada forma flexível de regulação estatal, adequada à segmentação da classe trabalhadora e à maior flexibilidade produtiva da acumulação pós-fordista. Até aqui, *grosso modo*, a concepção de Hirsch e os postulados da chamada escola da *reformulação do Estado*.

Bonefeld critica Jessop por desarticular em sua análise a relação interna entre luta e estrutura e por terminar reduzindo a luta de classes a um "mas também", posição que subordina a luta às leis objetivas da acumulação capitalista. Segundo Bonefeld, a análise deveria ser assentada na anterioridade histórica e conceitual da luta de classes. Para Bonefeld, a *reformulação* teoriza, por um lado, o desenvolvimento das formas e funções correspondentes ao Estado e, por outro, as formas históricas e sociais da repressão e integração. Nesta abordagem, a *reformulação* tomará as mudanças operadas na produção como ponto de partida para o desenvolvimento de uma compreensão do Estado. Hirsch parte de uma só estrutura unificada em formas econômicas, políticas e ideológicas, cujo desenvolvimento estaria determinado pelas leis de desenvolvimento capitalista e também pela luta de classes. Ao seguir este caminho, Hirsch acabará introduzindo um conceito intermediário e mais específico que o do Estado capitalista em geral, qual seja, o *Estado fordista e o*

Estado pós-fordista como expressão histórica diferenciada da subordinação do trabalho à organização do capital.

Duas são as categorias centrais que articulam a teoria da reformulação: a *regulação* e a *correspondência*. Ambas tenderiam a enfatizar as leis objetivas do desenvolvimento capitalista por cima da luta de classes. Assim, a regulação e a correspondência são determinadas por sua função na estrutura mais geral do capitalismo, composto, por sua vez, de diferentes níveis: político, econômico, ideológico. Desta maneira, a *correspondência estaria referida a uma articulação estável entre uma forma de produção de mais-valia e uma forma característica de regulação*[39]. Para Hirsch, a correspondência não adquire uma conotação funcionalista, mas sim de uma relação estável baseada num equilíbrio de classes particular. A *correspondência* entre modo de dominação e regime de acumulação é caracterizada como um bloco histórico, seguindo a idéia de Gramsci.

Bonefeld vai criticar a concepção da *reformulação* por inverter a relação entre o desenvolvimento da acumulação capitalista e a luta de classes. Ora, se a acumulação capitalista é que determina o contexto para o desenvolvimento da luta, então, para a reformulação, o desenvolvimento capitalista seria como um *processo sem sujeito*. A causalidade que adota neste contexto o desenlace remeteria à imprevisibilidade da luta, que se converteria assim em retardatária ou aceleradora, mas destituída de qualquer capacidade para desafiar o desenvolvimento. Desta maneira, a luta de classes deixa de ser o motor da história. Para Bonefeld, Hirsch acaba promovendo uma "análise normativa do desenvolvimento capitalista constituído por uma suposta necessidade funcional da trajetória determinada pelas leis do desenvolvimento capitalista".

Ao mesmo tempo, Bonefeld vai censurar as concepções gramscianas, quando observa que a estatização da sociedade é funcionalmente determinada para a *reformulação*, na medida em que é necessária para a reprodução das relações sociais. Isso supõe subordinar as contradições da luta de classes, e sua substituição pelas contradições nos distintos níveis da estrutura global capitalista. Os processos de penetração do capital, de

[39]Note-se a familiaridade deste postulado com o que foi desenvolvido pela escola da regulação.

desintegração social e de estatização serão conceitualizados pela reformulação como processos determinados por leis no interior das quais se move a luta de classes. Segundo Bonefeld (1991, p. 45), esta idéia pode ser observada também nas categorias *projetos hegemônicos* e *estratégias de acumulação* trabalhadas por Jessop. Com efeito, para Bonefeld, estas categorias supõem a incoerência de um corpo social que, uma vez constituído por fragmentos carentes de unidade, necessitam ser coordenados, ainda que não seja nunca mencionado um agente desta coordenação.

O "projeto" em Jessop implica um Estado em cuja estrutura insira-se um amplo leque de intervenções alternativas. Nesse sentido Jessop retoma Poulantzas quando entende o Estado como um campo de batalha estruturalmente determinado por distintas estratégias das frações do capital. Em sua análise, Jessop se mostrará partidário da separação entre *estratégias de acumulação* e *projetos hegemônicos* quando afirma que "existem lógicas alternativas do capital, de modo que pode haver projetos hegemônicos alternativos"[40]. No raciocínio de Jessop, uma vez que um projeto hegemônico bem-sucedido se reflete em resultados seguindo uma estratégia de acumulação já dada, esta análise abriria as portas a uma visão funcionalista da reprodução capitalista. Com efeito, na medida em que os projetos hegemônicos, em Jessop, dependem da acumulação, as duas categorias, *projetos hegemônicos* e *estratégias de acumulação*, não serão abordadas como formas distintas de uma mesma relação de classe e, portanto, relacionadas. Por sua vez, Hirsch e Robert Esser desvinculam o projeto hegemônico da dinâmica de acumulação. Segundo eles, a crise é vista como disfunção do modo de regulação para contrabalançar a queda da taxa de lucros.

Bonefeld critica também a análise feita pela reformulação sobre as formas de regulação. Com efeito, se para Bonefeld as formas de regulação devem ser vistas como mediações da presença do trabalho no capital, a reformulação acaba substituindo a forma específica das relações sociais por uma articulação entre o Estado e a acumulação, uma leitura que,

[40]B. Jessop, *Nicos Poulantzas, marxist theory and political strategy* (1985), citado por W. Bonefeld (1991, p. 46-47).

segundo Bonefeld, adquire um caráter estrutural-funcionalista. Quando a reformulação (Hirsch et al.) fala de estatização, prossegue Bonefeld, ela politiza sua análise, ao mesmo tempo que enfatiza sobremaneira o Estado ao apontá-lo como a força primordial para a recomposição capitalista. A centralidade outorgada ao Estado pressupõe que o capital seja incapaz de se auto-reproduzir; esses autores sustentam que a distribuição da mais-valia está subordinada à política do Estado, razão pela qual este último é considerado o principal gerador das lutas e da resistência, deixando desta maneira a relação capital como origem e fonte de toda luta. Neste sentido, a *reformulação* isenta-se de abordar o Estado como objeto e resultado da luta de classes, e acaba substituindo a análise do desenvolvimento do capitalismo por uma descrição teórica inacabada do capitalismo contemporâneo. Neste contexto, o papel e o poder do Estado foram mistificados e sobrepolitizados. Se, para Bonefeld (1991, p. 49), o Estado "deve ser localizado no centro da dialética do aspecto organizacional e repressivo da presença do trabalho dentro do capital", as categorias fordistas e pós-fordistas utilizadas pela *reformulação* respondem a uma lógica na qual acaba se derivando a história da teoria (e não o contrário), conduzindo este processo a uma desarticulação entre luta e estrutura.

Contrastando com Jessop, Hirsch dirá que uma guinada conservadora implica mudanças qualitativas e impacta profundamente o desenvolvimento capitalista, o que vai se traduzir em desestatização e desintegração social. O problema, segundo Bonefeld, está em colocar o thatcherismo neste *turn over*. Embora historicamente o fordismo tenha tido suas origens nos anos 1920, com a sua consolidação facilitada e mediada pela crise dos anos 1930 e a Segunda Guerra Mundial, se levarmos em conta que até o final dos anos 1960 o fordismo permaneceu em crise, então esta permanência estaria limitada a apenas quinze anos. Desta maneira, a transição para o pós-fordismo teria sido, segundo a reformulação, bastante curta e suave. Neste percurso, o *novo realismo* que se impunha sobre as distintas ordens da sociedade é tido como o inevitável desenvolvimento capitalista, deixando de lado a questão de sua evolução como produto da luta. Além disso, prossegue Bonefeld, o debate sobre o fordismo e sua transição ao pós-fordismo mensura a maior ou menor aproximação das sociedades a modelos canônicos preestabelecidos de funcionamento social, o que acaba colocando a análise social à beira da tautologia. Bastaria supor sua relação com a luta como resultado delas, relacionando as novas tendências da *reformulação* com as lutas. Daí a crença de que o futuro é impredizível. "A heresia da realidade sempre desafia o materialismo abstrato" (Bonefeld, 1991, p. 65).

JOHN HOLLOWAY

Por sua vez, Holloway (1991a) lançará novamente o problema da relação entre *luta* e *leis objetivas* do desenvolvimento do capitalismo, embora com uma conotação particular. Se nos anos 1970 o objetivo perseguido pelas teorias assentadas na ênfase das leis objetivas era enfatizar a natureza intrinsecamente instável do capitalismo, marcando o caráter ineludível da crise, nos anos 1990 o chamado às ineludíveis leis tendenciais transformou-se no argumento favorito do reformismo para poder se adaptar a uma inevitável reestruturação capitalista.

Para Holloway, o posicionamento que se assume em relação à tensão entre luta e estrutura aparece quando se analisa a crise. Um dos artigos mais importantes de Hirsch (1978) foi dedicado a estabelecer a centralidade da crise como forma de compreender o desenvolvimento do Estado. Nesse sentido, Holloway criticará Hirsch por aceitar a separação entre as duas categorias, afirmando que "*no marco das leis gerais* (o grifo é de Holloway) o desenvolvimento capitalista é muito mais determinado pelas ações dos sujeitos atuantes e das classes, o resultado das condições concretas da crise e de suas conseqüências políticas" (Hirsch, 1978; Holloway, 1991a).

Holloway diz que, ao contrário, as leis não expressam mais do que o movimento da luta de classes. A análise do capital não pode ser separada da análise da luta de classes, porque o *capital é luta de classes*. Nesta direção, Holloway desenvolve sua principal tese: o trabalho está *no* capital. A própria relação de capital é, em si mesma, luta de classes, na medida em que o trabalho enquanto tal está contido na mesma relação capital. Donde o capitalismo, como modo de produção, seja portador intrínseco de uma instabilidade particular, por sua tendência histórica ao aumento dos lucros. Tendência que se corporifica na contradição entre o aumento do capital constante e a expulsão permanente do trabalho vivo, único gerador de valor. Esta contradição irá se manifestar economicamente na tendência decrescente da taxa de lucro, apesar de que o problema de fundo parta da presença do trabalho vivo no capital. As leis ou tendências do desenvolvimento capitalista não constituem um corpo ou uma estrutura em que se desenvolve a luta de classes, como afirma Hirsch, mas marcam os ritmos desta luta, resultado das condições particulares de dominação e resistência operária. Por isso que a crise não é uma estrutura que se impõe do exterior à luta de classes, mas é justamente a crise da relação de classe. Trata-se da crise de uma forma de dominação[41]. Superar a crise significa reestruturar a dominação e a autoridade do capital. Porém este fenômeno não é um processo fechado, como supõe a *reformulação*, ao passar do fordismo ao *pós-fordismo*, mas é um processo de *final aberto*.

O ponto central da polêmica pode ser sintetizado no fato de que tanto Bonefeld quanto Holloway afetam simultaneamente a Reformulação e a Regulação: a) um tratamento de luta de classes; b) uma visão da classe operária como objeto *passivo* da história e, portanto, um comportamento de classe de acomodamento e/ou submissão à nova faceta do capitalismo. Criticam a regulação por ter postulado uma forçada recuperação capitalista, apoiada em leis objetivas e, por conseguinte, amparada pela supressão da luta de classes.

Holloway sugere que enfatizar que o capital é luta de classes significa atacar a separação que freqüentemente existe entre luta de classes, por um lado, e capital ou leis objetivas do capitalismo, por outro. Esta separação conduziu na história do marxismo a distintos "tipos de determinismo no desenvolvimento social" (Holloway, 1991c, p. 170), "a partir dos limites determinados por indiscutíveis linhas de tendências estabe-

[41]Nesse sentido, Holloway retoma a proposição feita por S. Clarke (1988).

lecidas pelo mundo real" (Hall, 1988, p. 244). Esta separação seria igualmente levada em conta no momento de enfatizar que o fim da luta de classes muitas vezes é alcançado como contrapartida do oportunismo político. Neste sentido, o voluntarismo e o determinismo são teoricamente complementares, ambos produtos de uma separação entre luta e capital, diz Holloway.

A afirmação de que o capital é luta tem um duplo significado. Por um lado, denota um indiscutível posicionamento contra todo determinismo, ao mesmo tempo que supõe insistir na natureza antagônica da relação capital. Neste sentido, o espaço de extração de mais-valia, verdadeiro coração do capitalismo, se apresenta como um território de conflito, de disputa permanente. Para Holloway (1991c, p. 171), "sob o capitalismo a relação de exploração assume uma forma específica, a forma da *relação de capital*". Desta maneira, o capital é assumido como relação de exploração, renovado diária e permanentemente na luta por extração de mais-valia. Nesta interpretação, a luta de classes aparece de maneira transparente, o que significa afirmar que não há leis objetivas sem luta de classes entre os sujeitos. Por outro lado, leva a ancorar a luta de classes em uma forma particular de extração de mais-valia. Assim, embora o capital seja luta de classes, esta última assume também a forma de capital na sociedade na qual vivemos[42]. Daí que a luta de classes para Holloway não apareça *como tal* no capitalismo, e sim apareça como capital, como relação capitalista, como uma realidade objetiva, que possui suas próprias leis de mobilidade; e que, através de sua dinâmica, faz jorrar dinheiro, benefícios, renda, lucro, enfim, todas as formas particulares adotadas pelo capital e que foram analisadas por Marx. Estas categorias, para Holloway (ibidem, p. 171), não seriam vistas como aparências, mas como expressão ou "modos contraditórios de existência do antagonismo de classe".

[42]A concepção de que o capital é luta de classes e luta de classes é capital alcançará uma importância significativa na análise posterior. Esta idéia supõe selar uma unidade interna indestrutível entre os pólos, o que refletirá, quando chegar a vez da dialética, na dissolução de um dos pólos no outro.

Desta maneira, a luta de classes se desenvolveu *em* e *contra* estas *formas*, e não pode ser entendida como uma seqüência amorfa cheia de idas e vindas que as conduzem de lá para cá. Desenvolve-se contra essas formas específicas do capital, formas históricas, e não pode ser entendida à sua margem.

Se o dinheiro, o crédito, os juros são formas de existência das relações de capital, pareceria correto afirmar que são distintas "formas das relações sociais". No entanto, se estas relações sociais são a expressão de uma sociedade intrinsecamente antagonista, tais relações são, portanto, antagônicas. Por isso fica claro que a afirmação "formas de relações sociais" seja contraditória nos termos. A relação social não pode ficar fixada em uma só forma. A turbulência da vida não pode ser atrelada às alienadas e fetichizadas formas da relação social capitalista. Essas formas alienadas contêm em si mesmas sua própria antítese. Valor dinheiro, juros são *formas processo*, formas capitalistas de luta, e não simplesmente formas das relações sociais capitalistas. "Processo de formação de relações sociais em um caminho compatível com a reprodução das relações capitalistas de exploração" (Holloway, 1991c, p. 172). Lançamos a pergunta: ao fazer esta afirmação, Holloway não acaba subordinando as lutas a esta *compatibilização* com a reprodução das relações capitalistas, adotando portanto uma posição similar à de B. Jessop, ainda que agora em um segundo nível de análise?

Podemos observar como Holloway, em sua crítica a Jessop, deixa transparecer uma concepção de valor que pouco tem a ver com a concepção de Marx. Com efeito, à guisa de exemplificação da forma como *forma processo*, Holloway lança mão do argumento de como a imposição social do valor "é alcançada graças à necessidade que manifestamos pelos produtos úteis que são alcançados através do trabalho de outros" (Holloway, 1991c, p. 172). O valor (na realidade, o valor de uso, na nossa concepção) é a forma dominante mediante a qual nossa necessidade de mercadorias úteis produzidas pelo trabalho de outros é satisfeita. Holloway termina afirmando que, apesar disso, o valor não é sempre dado. É uma forma imposta e reimposta em nosso desejo, para nos transformar em produtos produzidos por outros. A imposição do valor é alcançada através de um imenso aparato de coerção e educação. O valor, como forma de dominação, inevitavelmente gera resistência e luta *contra* ele mesmo, sem que existam linhas demarcatórias entre a luta consciente e a luta inconsciente.

Mas qual a concepção de valor trabalhada por Holloway neste caso? Não estaria próxima da idéia keynesiana da propensão ao consumo? Diríamos que Holloway confunde a categoria *valor* com o *valor de uso* quando define o valor como aquela expressão de desejos que busca servir-se dos produtos de outros. Na concepção do Open Marxism, as categorias marxistas, como formas fetichizadas da relação social capitalista, não estão estabelecidas de uma vez por todas, mas estão o tempo todo abertas, indeterminadas. Assim, Holloway poderá formular sua diferença substancial com relação a Bob Jessop, para quem as categorias *valor*, *dinheiro* etc., apesar de serem formas das relações sociais capitalistas, já estão dadas, firmemente estabelecidas, e mantêm uma lógica autônoma própria. "O capital possui uma forma particular de relação social e uma lógica institucional e dinâmica direcional próprias" (Jessop, 1991b, p. 149). Para Holloway esta idéia é funcionalista e determinista, já que a luta de classes fica relegada às origens do capitalismo, ao período da acumulação originária entendida como uma fase histórica passada, com um desenvolvimento capitalista presente de modo quase autônomo. Não se nega a existência da luta de classes no presente, mas esta tem lugar no âmbito desta lógica quase autônoma.

Desta maneira, segundo Holloway, na leitura de Jessop acaba-se rechaçando a concepção do marxismo como uma teoria da luta, substituindo por uma idéia de luta apenas no marco estrutural dos alvores do capitalismo. Uma vez assumida esta idéia, a reprodução das diferentes formas que têm como meta a forma do valor estarão asseguradas, e o marxismo se tornará então uma teoria da reprodução do capital, deixando de ser uma teoria da ruptura do capital. A classe operária é objeto e não sujeito da transformação revolucionária, e surge como se tivesse sido provocada exogenamente. Concepção que, de acordo com Holloway, acaba reproduzindo o dualismo entre *reforma* e *revolução*, entre sindicatos e partido revolucionário leninista.

Claro que, nesta perspectiva, se a luta é permanente, se a luta de classes está presente em todo momento de resistência e também na dinâmica das diferentes formas de capital — dinheiro, mercadoria, crédito, juros —, o capital termina sendo aquilo que já havia sido pressuposto, ou seja, luta de classes. Neste caso, acaba sendo inócuo e inútil estabelecer qualquer distinção entre lutas econômicas e políticas. Não pode haver diferenciação alguma, sequer entre lutas anticapitalistas conscientes ou inconscientes. Todo protesto é, constitutivamente, anticapitalista, desde a luta dos operários da General Motors (United Auto Workers) até as do MST (Movimento dos Trabalhadores Sem Terra) brasileiro, dos índios *totziles* em Chiapas à dos indígenas *lacandones* na Guatemala. Daí se supor quase imediatamente que o capital financeiro não investido na produção é uma manifestação da fuga do capital de seu outro pólo, o trabalho. O desemprego será visto nesta dinâmica como a recusa ao trabalho do operário; com efeito, se a relação de exploração não pode ser consumada, o problema reside na recusa do trabalho ao capital.

Perguntamo-nos então, nesta idéia da recusa ao trabalho, vista como uma resolução voluntária individual, não está também subentendida uma concepção de trabalho individual, que rebate na idéia de que o desemprego é o fato de que os trabalhadores não estão dispostos a trabalhar pelo salário oferecido? Não haveria, na análise da categoria *valor*, um componente muito forte de subjetividade individualizada nesta determinação das formas das relações sociais capitalistas?

BOB JESSOP E SUA CRÍTICA AO OPEN MARXISM

Da luta de classes às formas do valor

Jessop (1991b) orientará suas críticas ao Open Marxism a partir de duas problemáticas diferentes: 1) a relação dialética existente entre as *formas de dominação* e a *luta de classes;* e 2) a necessidade de resgatar, na análise da *dominação do capital*, a existência de mediações e/ou *formas institucionais*.

Estes dois aspectos se apóiam naquela afirmação de Holloway de que: a) a forma histórica de dominação da classe sob o capitalismo adota a forma de separação entre economia e política; e b) a forma histórica assumida pela luta de classes no capitalismo é o capital e, portanto, este não é externo à luta de classes.

Segundo Jessop, a problemática de Holloway aborda duas questões diferentes. Uma vinculada à relação dialética entre as *formas da luta de classes* e as formas de *dominação* política e econômica e sua transformação *na* e *através da* luta de classes. Uma segunda hipótese que implica que tudo é exploração, pura dominação, pura luta de classes, puro antagonismo, sem mediações nem formas institucionais.

Visto deste ângulo, poderíamos dizer que Holloway chega a um falso dilema: ou bem a distinção entre *estrutura* e *luta* suprime a efetividade histórica da segunda; ou bem se reduz o capital à forma histórica que assume a luta de classes e, portanto, podemos concluir afirmando aquela verdade preconcebida de que a luta de classes tem primazia na história. Segundo Jessop, as alternativas apresentadas por Holloway são falsas, e por isso tentará desenvolver uma terceira opção.

De acordo com Jessop, Marx, em *O Capital*, formulou uma crítica radical à economia política ao determinar, a partir da análise científica, as leis que regem sua dinâmica. No entanto, quando Holloway, buscando o núcleo da sociedade capitalista, se depara com a necessidade de escolher entre as *formas de dominação de classe* ou a mera afirmação de que o *capital é luta de classes*, optando por esta última, neste exato momento acaba bloqueando toda possibilidade de analisar a própria luta de classes de maneira dialética. Elimina toda possibilidade de analisar como a luta se inscreve nas formas da relação do capital, e como estas formas delineiam o resultado e as modalidades que assume a luta de classes[43]. Mais ainda, Holloway tampouco conseguirá ver como a dominação de classe burguesa vai mais além da simples habilidade do capitalista

[43]Note-se, neste sentido, a proximidade desta concepção com a dos operaístas, no caso das diferentes respostas do capital diante de sujeitos distintos e por sua vez relacionados a composições de classe também diferentes.

em impor obrigações ao trabalho. Submetido às regras da concorrência, o capitalista não só está subordinado à dominação do trabalho morto sobre o trabalho vivo, mas, inclusive nesta tarefa, terá que eliminar os outros capitalistas.

Para Jessop, o grande passo dado por Marx com relação à teoria burguesa significou revelar a existência da luta de classes, e o verdadeiro segredo da produção capitalista, ou seja, a forma econômica específica de extração de sobretrabalho do produtor direto, sem qualquer remuneração: a *mais-valia*. Foi esta descoberta que permitiu justamente decifrar a anatomia da sociedade civil e da *forma Estado*, e não a luta de classes. É o domínio da *forma valor*, ou seja, das formas que o valor adota em um sistema de produção generalizada de mercadorias que determina a identidade das classes, a natureza das relações de classe, as formas da luta de classes e a dinâmica totalizante da luta de classes e da concorrência no modo de produção capitalista. Segundo Jessop, Marx pode mostrar como a lógica do *trabalho abstrato* se impõe aos trabalhadores e aos capitalistas em geral, na sociedade capitalista. Nesse contexto, o capital enquanto tal se constitui como uma forma particular de *relação social* e possui uma lógica institucional e uma dinâmica direcional própria. Uma vez que se tenha generalizado a produção de mercadorias e o desenvolvimento da mais-valia relativa como forma preponderante de extração de mais-valia, aí a dominação capitalista acaba ficando assentada em uma rede de conexões sociais, impessoais e emergentes, que se reproduz através de agentes humanos, não podendo ser apreendida sem referência a suas *ações* (Jessop, 1991b, p. 149).

Mas a dinâmica da relação capitalista encontra-se também fora do controle dos produtores, pelo menos em dois aspectos: a) na medida em que a relação capitalista preexiste a tais ações, ela é percebida de maneira fetichizada, como condição de sua existência e da própria ação; b) porque, funcionando sistematicamente de costas para os produtores, gera conseqüências inesperadas, que têm implicações sobre a acumulação. Desta maneira, a forma da relação capitalista *domina* as ações individuais, de maneira *anárquica*.

A luta de classes para Jessop é uma das mediações através da qual Marx analisa a acumulação capitalista. E só será introduzida quando se houverem definido as categorias da economia política que subentendem as relações de classe e os interesses postos em jogo na luta de classes. Daí que, quando se trata de analisar a dinâmica e a natureza da luta de classes, Jessop propõe que se utilize um critério objetivo que destaque a relevância de classe do antagonismo social e das lutas, independentemente dos níveis de organização das forças sociais envolvidas, assim como de sua condução em termos de *identidades* ou de interesses de classes. Identidades que, por sua vez, deverão ser derivadas da natureza da relação capitalista e de suas implicações sobre estes mesmos antagonismos de classe[44].

A luta de classes na sociedade capitalista desempenha o papel que joga justamente porque a sociedade está organizada desta maneira (Postone, 1996). O conflito de classe é uma força pujante no desenvolvimento capitalista, porque está estruturado e inserido nas formas sociais da mercadoria e do capital. O antagonismo de classe existe, para Jessop, porque o capital é intrinsecamente uma relação antagônica de *exploração* e *dominação* de classe. O capitalismo não é antagônico, segundo Jessop, porque os conflitos se sucedem entre forças identificadas como forças de classe. A dinâmica e o caráter totalizante que Holloway e colaboradores atribuem à luta de classes enquanto tal dependem, na realidade, das *formas* pelas quais são estruturados estes fatos, e de como são determinadas suas direções e efeitos, para além da vontade das forças de classes. Isso significa dizer que não se podem tomar os sujeitos, às identidades de classe subjetivas e as demandas da consciência de classe como único ponto de referência para interpretar o significado da luta. Os sujeitos mais significativos, as identidades mais importantes e as demandas mais cruciais não precisam ser expressos em termos de classe; o fundamental é o impacto que têm sobre a reprodução do capital, sobre a capacidade do capital para se autovalorizar, no marco complexo das

[44]Esta posição de objetividade será bastante criticada por Holloway em seu livro *Mudar o mundo sem tomar o poder* (2002, p. 98 e seguintes). O autor recusará da mesma maneira qualquer alusão à identidade (op. cit., p. 102 e seguintes).

condições necessárias para uma acumulação continuada. E é por isso que, de acordo com Jessop, antes de apreender o significado das lutas de classes particulares, deve-se começar por categorias tais como mercadoria, valor, dinheiro, capital e suas articulações.

Da forma valor à luta de classes

Analisar detalhadamente a relação entre a *forma valor* e a *luta de classes* significa, para Jessop, passar em revista as distintas formas que o valor na circulação assume, isto é, analisar a mercadoria, o dinheiro, o preço, assim como as formas que adota no processo de produção. É nesta última instância onde a organização capitalista tenta extrair o máximo possível de valor no processo de valorização subordinado às pressões competitivas, às exigências da diminuição de custos e aumento da produtividade. Por sua vez, a força do trabalho subordina-se ao controle capitalista no processo de trabalho, no qual é remunerada e reproduzida através da *forma salário*.

De maneira geral, a *forma valor* se relaciona com a lei do valor, processo que determina a distribuição dos tempos do trabalho entre as distintas atividades produtivas, segundo as flutuações dos preços de mercado ao redor dos processos de produção, determinados pelo tempo de trabalho socialmente necessário para sua produção. Na sociedade capitalista, a lei do valor é mediada pelas flutuações dos benefícios e as discrepâncias entre os capitalistas, afirma Jessop.

Assumindo que as formas distintas que adquire o valor (metaformas) são reproduzidas de maneira tal que a dominação do valor esteja assegurada, então as formas do valor definem os *parâmetros* da acumulação capitalista e delimitam as possíveis formas de crise. No entanto, ainda que a forma do valor como tal seja predominante, ela não pode determinar por si só o curso da acumulação capitalista. Segundo Jessop, como momentos formais da relação do capital, as categorias do valor são indeterminadas. Seu significado só vai emergir quando categorias mais substantivas se somam; categorias que podem também ser analisadas em níveis de abstração que oscilam entre as formas fetichizadas das categorias objetivas e os modos específicos de cálculo e de ação estratégica[45]. É o balanço das forças de classe comprometidas nas lutas econômicas que irá sobredeterminar as formas, provendo-as de conteúdo específico, dentro dos limites impostos pelas formas valor. Dizendo de outra maneira, os diferentes momentos da *forma valor* propriamente dita são reproduzidos através e na luta de classes. Neste contexto, a contribuição da *luta de classes* continua tendo um valor relativo menor na determinação da categoria valor do que o valor outorgado à forma valor em si mesma. De qualquer maneira, não se trata da construção de um discurso no qual a contribuição da luta de classes se manifesta de maneira separada: uma fração que afeta a *forma valor* como tal, e outra fração confinada nesta mesma forma. Contudo, como diz Jessop, deve-se fazer uma distinção analítica, trabalho que Holloway não faz. Para Jessop, Holloway confunde a resistência a aspectos específicos ou às conseqüências da *forma valor* com resistência à relação capital como um todo. Apesar disso, é possível analisar as lutas *nas* e *contra as* distintas formas institucionalizadas do modo de produção capitalista, tal como propõe Clarke[46].

Com base neste argumento central, Jessop vai analisar o significado da afirmação de Holloway: *o capital é luta de classes*. Ainda que o *conflito de classes* seja um momento essencial na reprodução ampliada do capital enquanto tal, Jessop afirma que o conflito em si não dá lugar à totalidade capitalista, nem tampouco origem a seu comportamento dinâmico. Na realidade, focalizar demasiadamente a análise no conflito de classes implica deixar de lado outros elementos essenciais da relação capitalista. Já que o conceito de relação de classe deriva da própria relação do capital, não pode ser interpretado como categoria construída pelas classes que dão forma à própria luta de classes. Esta interpretação de alguma maneira se opõe à idéia de que são as classes que modelam a relação capitalista. Seguindo Moishe Postone (1996, p. 281-282), Jessop

[45]É aqui que Jessop se aproxima da teoria da regulação, a partir da busca de categorias intermediárias.

[46]"Ainda que a unidade e a complementaridade destas formas diferenciadas [de dominação] possam ser articuladas teoricamente, seu desenvolvimento é o produto da história da luta de classes contra as formas institucionalizadas do modo de produção capitalista, cuja resolução histórica será sempre provisória" (Clarke, 1988, p. 16).

argumentará que "a produção capitalista é caracterizada por uma dinâmica peculiar, assentada na *expansão constante do valor como momento central do capital* e pelos diversos investimentos produzidos no processo de valorização assinalado, materializadas na forma concreta do processo de trabalho industrial". De acordo com Postone, Marx refere-se a este traço característico como *forma valor de riqueza*, ou seja, a *mais-valia*. Formas estas que não podem ser compreendidas de maneira adequada senão em referência às circunstâncias em que os meios de produção e o que foi produzido pertencem aos capitalistas e não aos trabalhadores. Em outras palavras, a concepção das relações sociais constituídas na esfera da produção não podem ser compreendidas em termos de relações de classe de exploração apenas. Argumentar de outra forma seria reduzir a crítica da economia política de Marx a uma sociologia da luta de classes na perspectiva da classe trabalhadora.

É precisamente este tipo de crítica que corre o risco de transformar-se em crítica sociológica da economia e de não conseguir desenvolver adequadamente a crítica da economia política de Marx. No limite, esta concepção reducionista acaba abordando a consciência de classe *per se* não só como uma evidência da exploração e dominação, mas também como o único princípio de explicação de todos os fenômenos provenientes das relações de classe. Embora esta concepção não seja inteiramente atribuível a Bonefeld e Holloway, não parece suficiente afirmar que o "capital é luta de classes". Como se as distintas formas de luta, as tendências e contratendências que emergem na acumulação do capital, a orientação estratégica e as formas de organização assumidas pelas distintas forças em jogo não importassem para o curso e o resultado da luta de classes. Ao contrário, se aceitamos que importam, então a acumulação do capital é de alguma forma determinada pela luta de classes.

Como esta forma se reproduz, sob que condições extra-econômicas, quanto há de sobredeterminação ou subdeterminação está ainda por ser definido. Pelo menos existe uma base para o debate.

Jessop concorda com Holloway em que o desenvolvimento histórico do capitalismo não pode ser entendido simplesmente como o produto do desenvolvimento de leis objetivas modeladas pela luta de classes.

Porém diverge de Holloway quando este afeta essas idéias à escola da regulação. Para Jessop, a escola da regulação investiga a dialética das *formas* e do *conteúdo* na relação do capital, da mesma maneira que Marx fizera antes, atribuindo importância tanto às *formas* quanto ao seu *conteúdo*. Para Jessop, Holloway e Picciotto sustentam que o *desenvolvimento do Estado capitalista* acaba sendo determinado pela dialética entre as formas de resistência econômica e política da luta de classes, e seu conteúdo sempre em transformação. A particularidade do Estado reside precisamente no fato de que, por um lado, gera uma forma de dominação distinta, embora de certa maneira relacionada com a dominação da forma mercadoria na economia. E, por outro, provê a base material para aquele tipo de prática política e ideológica que fetichiza o espaço econômico e político como esferas internamente independentes. Dada a separação nas esferas econômica e política das formas da luta de classes, o conteúdo das lutas específicas refletirá as contradições inerentes e as tendências da crise da relação capital. É através desta dialética das *formas* e do *conteúdo*, segundo afirmam Holloway e Picciotto (1991), que a complexidade histórica das precondições econômicas, sociais, políticas e ideológicas da acumulação do capital, enquanto relação social de exploração, é permanentemente renovada e reorganizada.

Mas, embora Holloway e Picciotto tenham iniciado sua análise da forma da *relação capital* como um todo — retomando, neste sentido, o conceito de totalidade —, acabam abordando as esferas econômicas e políticas como momentos diferentes desta relação do capital. A abordagem inicial da forma limitava-se à separação fetichizada das lutas econômicas e políticas, separação explicada pelos esforços capitalistas em manter a ilusão de um Estado neutro e independente da economia. Mas a análise, de acordo com Jessop, acaba ignorando a pluralidade de formas sociais que têm lugar em cada uma dessas esferas e que afetam inclusive sua natureza, de tal maneira que no interior de cada esfera é possível encontrar uma dialética de formas e conteúdo.

Desta maneira, a totalidade da luta econômica deveria incorporar, como diz Clarke (1988), a forma dinheiro, a forma salário, os sistemas de relações industriais etc. E a luta política deveria incorporar a representação política, o entorno do Estado (a articulação dos diferentes aparatos) e as formas de motivação. E é isto precisamente o que faz a escola da regulação, diz Jessop.

Analisando a concepção de S. Clarke, Jessop proporá que este último adota uma posição distinta da de Holloway — apesar de também pertencer à escola do Open Marxism. Para Jessop, embora a luta de classes mantenha a primazia, ela está sempre articulada com a lógica contraditória da acumulação, inscrita, por sua vez, na relação do capital. Clarke é consciente de que é preciso algo mais do que sucessivas vitórias capitalistas para assegurar a acumulação capitalista quando se exploram as diferentes lógicas adotadas pelos diferentes modos de acumulação capitalista extensivo e intensivo. De qualquer maneira, para Jessop existem diferenças entre Simon Clarke e a escola da regulação. Diferenças que poderiam ser assim resumidas:

1) Os partidários da escola da regulação estão mais preocupados em especificar os limites inerentes aos caminhos possíveis de crescimento capitalista, enquanto os teóricos classistas estão mais interessados nas diversas conjunturas de classe, independentemente de que estas últimas sejam consistentes no longo prazo com a acumulação do capital ou com a dominação capitalista.
2) Enquanto a escola da regulação busca periodizar o desenvolvimento capitalista em termos dos regimes de acumulação integrados a fases de transição mais desorganizadas, os *teóricos de classe* distinguem os modos de regulação em termos de etapas de lutas de classes, rechaçando a perspectiva de formas ou regimes de acumulação distintos.
3) Enquanto a escola da regulação busca modelizar as etapas de crescimento, os teóricos de classe preferem as análises históricas em termos de crescimento e compromissos de classe institucionalizados.

Nos termos da escola da regulação, inclusive, diz Jessop, estamos em melhores condições para abordar a relação dialética entre a estrutura da acumulação e as modalidades da luta de classes, se incorporamos a análise das *formas institucionais* que expressam as metamorfoses do valor, em princípio substancialmente indeterminadas. A especificação destas *formas institucionais* e seus modos de cálculo e condutas estratégicas associadas revela, segundo Jessop, a estrutura formal do capitalismo, além de definir as modalidades da luta de classes. Do ponto de vista da separação radical entre leis objetivas e luta de classes subjetiva, não introduz nenhum distanciamento maior do que pode delinear a análise em níveis mais abstratos. Na realidade, encontramo-nos em melhores condições para analisar sua interação dialética, já que as formas sociais abstratas e suas tendências e contratendências associadas manifestam-se altamente indeterminadas para explicar o curso da acumulação capitalista. Podem apenas explicar sua dinâmica e direcionalidade geral. Por isso, os regulacionistas não estariam se apartando da lógica geral marxista de crítica do capitalismo.

Da mesma maneira que Marx analisa as mudanças produzidas na passagem da manufatura à grande indústria, os regulacionistas analisam a passagem do predomínio do setor I sobre o setor II para dar conta de seu crescimento, em um sistema com predomínio da produção e consumo de massas. Este processo inclui analisar as formas institucionais específicas assumidas pela relação salarial no processo de trabalho, por trás da formação de preços, bem como as estratégias de acumulação e as distintas formas de resistência da classe trabalhadora a que estão associadas estas formas. Analisar o capitalismo em termos de formas institucionais nos afasta, de acordo com Jessop, daquela vertente de estudos tão criticada pelo Open Marxism que prevê leis de ferro *objetivas* separadas de uma luta de classes *subjetiva*. No entanto, nada garante que esse tipo de análise viciado não possa se repetir naqueles estudos que têm como perspectiva o capital em geral, ou seja, o campo de análise que é próprio do Open Marxism.

Jessop defende que não busca subordinar a *luta* às *leis objetivas*, nem tampouco considerar as lutas como o meio através do qual operam as leis objetivas (Jessop, 1991b, p. 162). Ao dar tal explicação, Jessop não só incorpora o par estrutura-estratégia (em substituição ao par estrutura-luta), mas ao mesmo tempo recebe a influência de Claus Offe a respeito da chamada "seletividade estratégica" inscrita na estrutura e a "transformação estrutural" produzida na e através da interação estratégica. A dialética estrutura-estratégia manifesta-se no condicionamento estrutural da estratégia e a transformação estratégica do conjunto das estruturas. Talvez uma análise demasiado simplista que retira da escola da regulação a riqueza teórica e a projeção política.

Jessop considera que os teóricos da escola da regulação efetivamente enfatizaram o papel da luta de classes, mas neste caminho o conflito de classes associado à produção e à reprodução capitalista foi abordado somente em termos da dominação de classe, deixando de lado toda aproximação feita em termos de luta de classes. Com efeito, diz Jessop, quando Clarke analisa a dominação de classe, ele o faz de uma maneira analítica: longe de privilegiar um modo amorfo ou informe de luta de classes, aborda uma dominação ordenada de classe expressa em termos de *dinheiro* e *Estado*, formas vinculadas ao poder social do capital que reproduzem a dominação capitalista mediante a separação das esferas econômicas e políticas, impondo desta maneira lógicas distintas em ambos os espaços: a racionalidade do mercado, por um lado, e a concorrência eleitoral, por outro. Mas este último raciocínio de Clarke não acabaria por contaminar de fetichismo sua análise, ao legitimar a divisão dos espaços políticos e econômicos? Neste sentido, Clarke desenvolve uma concepção particular da luta de classes e mostra como uma falha na disputa contra a imposição destas formas acaba subordinando as lutas operárias à dominação do capital.

Ademais, Jessop considera inútil focalizar a análise na luta de classes sem detectar suas formas e modalidades específicas. A idéia de potencializar as lutas, afirma Jessop, só resulta produtiva se as lutas e suas estratégias forem analisadas não apenas em relação à contribuição à consolidação do fordismo, mas também no que diz respeito ao questionamento e aceleração de sua transição. Neste contexto, torna-se necessário analisar cuidadosamente quão marginais ou relevantes podem ser as estratégias de luta em seu questionamento do regime de acumulação em particular; ou ainda, como podem contribuir para apontá-lo. Referenciar as análises simplesmente na luta de classes de um modo geral torna-se, neste sentido, absolutamente inútil. Erros similares são cometidos ao se privilegiar o sujeito-classe e as subjetividades em detrimento das formas específicas, das relevâncias de classe, das estratégias e ações. Privilegiar ou enfatizar a *relevância de classe* exige estribar-se em critérios que não estejam assentados em subjetividades de classe abstratas, e sim nos supostos interesses que existem por trás das estratégias econômicas alternativas. Se se trata de analisar os ritmos e direções particulares da acumulação de capital, deve-se de alguma maneira dar sustentação à *relação capital* que se apresenta como uma relação indeterminada. Neste sentido, segundo Jessop, a trajetória particular seguida pela acumulação de capital, seja em nível nacional, regional ou global, ou seja em determinados ramos ou setores, dependerá das estratégias e alianças que prevalecerem no curso da concorrência e da luta de classes. Entramos assim plenamente na sua análise sobre *estratégias de acumulação* e *projetos hegemônicos*.

Estratégias de acumulação e projetos hegemônicos

Jessop propõe-se resolver o problema que arrastava a teoria do Estado em sua versão estrutural funcionalista. Recordemos que ele estabelecia uma relação determinada, embora não reducionista, entre as relativamente autônomas esferas econômicas e políticas e os mundos ontológicos da estrutura e da luta. Para Simon Clarke, o erro principal de Jessop surge quando, tentando dar conta da unidade contraditória do processo de reprodução capitalista, deposita no Estado o peso maior que confere unidade e coerência à formação social em questão.

O capital é uma forma determinada da relação social, afirma Jessop. E a acumulação de capital é uma resultante complexa do oscilante equilíbrio das forças de classe em disputa que interatuam no âmbito determinado pela *forma do valor*. Neste sentido, a forma valor é a relação social fundamental que define a matriz do desenvolvimento do capitalismo. Compreende um número de elementos organicamente interconectados e relacionados aos diferentes momentos da repodução global da relação do capital. Na esfera da circulação, compreendem a mercadoria, o preço e as distintas formas de dinheiro através das quais se realiza o intercâmbio de mercadorias. Na esfera da produção, a forma do valor é corporificada pela organização do processo de trabalho como processo de valorização e sua subordinação, pelas pressões competitivas, às exigências de redução de custos e aumento da produção. Em relação à força de trabalho, o valor está associado com sua mercantilização, sua subordinação ao controle do capital no processo de trabalho, e sua remuneração e reprodução através da forma salário.

De um modo geral, a forma do valor está associada à lei do valor. Embora seja impossível compreender a especificidade histórica do capitalismo sem fazer alusão às complexas ramificações da *forma valor*, esta última em si mesma tampouco determina completamente o curso da acumulação. A probabilidade de que a forma do valor no processo de valorização alcance sua máxima expressão dependerá do controle que seja exercido sobre o trabalho na produção. Controle este que, por sua vez, depende do contexto geral de enfrentamentos das classes. Trata-se de um processo social mediatizado por um conjunto de fatores que, em última instância, encontram-se detrás da forma valor. O conjunto das metaformas do valor, isto é, de seus diferentes momentos, somente se unifica formalmente como modo de expressão geral da produção de mercadorias. E a reprodução continuada do capital dependerá da coordenação exitosa das diferentes formas e momentos do valor. Coordenação que, por si mesma, é intrinsecamente anárquica no capitalismo. Daí resulta que não existe unidade substantiva no circuito do capital, nem um caminho predeterminado de acumulação. A *forma valor* percorre variados caminhos para a reprodução da *relação capital*, e a natureza da acumulação dependerá do fracasso ou do êxito no caminho escolhido. Essas tentativas implicam uma análise das *estratégias econômicas*. Jessop recusa a chamada "lógica do capital" que subsume os caminhos possíveis em leis gerais econômicas e/ou reduz esses caminhos a lutas corporativistas. Em seu lugar, Jessop apelará a conceitos teóricos estratégicos capazes de estabelecer uma significativa relação entre as leis que intervêm na dinâmica da forma do valor, vistas desde a matriz do capital, e as modalidades concretas que assumem as lutas socioeconômicas analisadas em termos de matriz de classe, deixando de lado neste momento as formas e recuperando os conteúdos. Neste momento, Jessop introduz o conceito de *estratégias de acumulação.*

Uma *estratégia de acumulação* define um modelo de crescimento econômico a partir de suas precondições extra-econômicas e alinha uma estratégia adequada para sua realização. Para que o modelo tenha êxito, deverá ser capaz de unificar os diferentes momentos do circuito do capital — capital industrial, bancário ou dinheiro, comercial — sob a hegemonia de uma fração cuja composição é oscilante ao longo das etapas de desenvolvimento do capitalismo. O exercício da *hegemonia econômica* através da elaboração bem-sucedida de tal estratégia deve ser diferenciado da simples *dominação econômica*, bem como da determinação econômica em última instância do circuito do capital industrial. Com efeito, se o coração do circuito do capital é o processo de produção em si mesmo, então será a performance do capital produtivo o determinante último do processo de acumulação, razão pela qual as taxas reais de retorno na forma de capital dinheiro ou de capital comercial dependerão, no longo prazo, da contínua valorização do capital produtivo (industrial). A *dominação econômica* pode ser alcançada por diversas frações do capital e tem lugar quando uma fração é capaz de impor seus interesses particulares sobre o conjunto e a expensas das demais. Dominação que pode derivar da localização privilegiada de determinada fração no circuito do capital, em uma conjuntura econômica específica e/ou indiretamente mediante o uso de alguma forma de coerção extraeconômica.

Pelo contrário, a *hegemonia econômica* deriva da liderança alcançada por alguma fração do capital a partir da aceitação geral de sua *estratégia de acumulação*, a qual deverá promover o interesse imediato das outras frações, integrando o circuito do capital onde estão implicadas, além de assegurar o interesse a longo prazo da fração hegemônica no controle da distribuição do capital dinheiro nas diferentes áreas de investimento vantajosas para si. Assim, enquanto a *dominação econômica* pode mostrar-se incompatível com a contínua integração do circuito do capital, desembocando a longo prazo em uma desvalorização do capital social, a *hegemonia econômica* atinge êxito mediante a expansão contínua do capital industrial e sua integração no circuito do capital, mesmo que a fração hegemônica não seja a industrial. É através de uma sistemática consideração das formas complexas de articulação e desarticulação da *determinação econômica em última instância*, da *dominação econômica* e da *hegemonia econômica*, que Jessop irá explicar a complexa dinâmica da economia capitalista.

De toda maneira, vale a pena esclarecer que a aceitação de qualquer estratégia de acumulação não elimina a concorrência nem os conflitos de interesses entre capitais particulares e frações distintas do capital. Em todo caso, uma *estratégia de acumulação* bem-sucedida exige o sacrifício simultâneo de certos interesses imediatos de classe para alcançar um equilíbrio que possa garantir o compromisso entre as distintas frações do capital e da sustentabilidade a longo prazo dos interesses do capital em geral. Quando as distintas frações de capital não estão dispostas a sacrificar parte de seus interesses, abrem-se períodos de tensionamentos sociais e de crise latente, que podem desembocar em *crise de hegemonia* quando a possibilidade de estender a dinâmica de acumulação só pode ser alcançada na base do exercício da dominação econômica (Jessop, 1991a, p. 160-161).

Toda estratégia de acumulação deve levar em conta a forma dominante do capital, internamente e em nível internacional, a conjuntura internacional específica que delineia o confronto dos capitais nacionais e internacionais, o equilíbrio das forças sociais econômicas e políticas, nacionais e internacionais neste contexto, assim como as margens de manobra possíveis a partir do potencial produtivo nativo e das subsidiárias estrangeiras. Daí podemos deduzir que existem várias estratégias possíveis de ser alcançadas em função dos conflitos gerados pela adoção de alguma delas; são diversas as estratégias de acumulação nacionais compatíveis com acumulação em escala global. Toda estratégia de acumulação deverá incorporar igualmente o equilíbrio de forças entre as classes dominantes e dominadas do país em questão.

Embora fique claro que para Jessop a *forma valor* determina o esqueleto estrutural a partir do qual se desenvolve a acumulação, ela não determina plenamente o curso da acumulação, produto da luta de classes em que o equilíbrio de forças é modelado por numerosos fatores que operam por trás da própria lei do valor. No entanto, para Jessop as excentricidades da luta de classes e a anarquia do mercado impedem a unidade substantiva do circuito do capital, volatilizando todo caminho predeterminado para a acumulação (Jessop, 1991a, p. 159). Assim, para Jessop, é necessário um poder externo capaz de impor mecanismos de regulação que assegurem uma acumulação sustentável do capital, sendo mais importante o Estado enquanto instituição regulatória totalizadora.

O caminho da acumulação será finalmente determinado pelas estratégias de acumulação adotadas pelo Estado. Entretanto, não há uma única estratégia de acumulação possível, mas sim um conjunto de estratégias e alternativas que expressam diferentes alianças e interesses de classe, ainda que toda estratégia de acumulação deva conciliar as posições dos interesses setoriais com acumulação de capital como um todo.

A *estratégia de acumulação* a ser adotada pelo Estado deverá levar em conta as condições políticas requeridas e estará submetida à representação política das formas institucionais, à organização administrativa e à intervenção econômica do Estado. A *estratégia de acumulação* deverá igualmente garantir as bases sociais e políticas de apoio para sua concretização. Por isso a adoção exitosa e a implementação de uma estratégia de acumulação em particular dependerão de sua consistência com um projeto hegemônico viável que assegure seu suporte.

Vista em detalhe, a concepção de Jessop apresenta-se como um particular e sofisticado estudo estrutural-funcionalista derivado de Poulantzas, que permanece limitado por esta concepção e no qual a forma valor acaba desempenhando um papel externo às estruturas econômicas. Ela só será incorporada para definir de maneira passiva os limites dentro dos quais se movem a luta de classes e as contingências históricas que determinam o curso da acumulação. Se, por um lado, esta análise termina superdimensionando a restrição que os aspectos materiais da produção capitalista exercem sobre a luta de classes, considerando-os uma força externa, por outro, subestima o fato de que a luta de classes é uma luta que se dá no campo da reprodução das relações capitalistas de produção. Assim, a linha divisória entre luta e estrutura fica indeterminada.

Será a sua base estrutural funcionalista que impedirá Jessop de se dar conta de que a luta de classes não é um *meio* para resolver as contradições do capital e sim uma *expressão* dessas contradições. Neste sentido, não pode existir uma *estratégia de acumulação* porque não há agente, nem sequer o próprio Estado, que seja capaz de se colocar acima do processo de acumulação para dar-lhe unidade, coerência e resolver suas contradições. O Estado não pode se colocar acima da relação de valor pelo simples fato de que está inserido nesta relação como um momento particular do desenvolvimento da luta de classes no processo de reprodução das relações sociais capitalistas.

JOHN HOLLOWAY: *FORMA-ESTADO* E GLOBALIZAÇÃO

Na tradição da ciência política, o Estado tem sido incorporado como uma categoria de análise inquestionável. Não apenas se tem dado por suposta sua existência, mas também as hipóteses e premissas de estudo têm características abrangentes e comuns. Com efeito, os limites das investigações a respeito do Estado estiveram sempre restritas às fronteiras nacionais, inclusive até as décadas de 1980 e 1990 era comum ouvir falar de *reaganismo* ou *thatcherismo* como fenômenos nacionais. Esta leitura adstrita às fronteiras do Estado-nação preponderou sobre uma outra vertente que via e ainda vê em tais políticas a emergência de uma nova relação entre Estado e mercado.

Tomar o Estado-nação como ponto de partida para a análise supõe aceitar implicitamente que o mundo é um somatório de Estados nacionais, hipótese que terá grande incidência nas análises posteriores. A premissa é de que as políticas de Estado e suas dinâmicas devem ser abordadas a partir das relações interestatais que configuram, por sua vez, relações de poder exercidas de maneira direta, mediadas pelos organismos financeiros internacionais. Tal concepção está fortemente atrelada à lógica da escola da regulação, um corpo teórico que, tão logo incorporou e validou as categorias "fordismo" e "pós-fordismo" em seus estudos em nível nacional, tratou de estender sua aplicabilidade a geografias e contextos diferentes.

Se o estudo do Estado está orientado para buscar a profundidade das mudanças verificadas nos últimos anos em resposta às pressões exercidas pelos Estados hegemônicos ou organismos internacionais tipo FMI, o passo seguinte deveria ser no sentido de dar conta do porquê de tais políticas estatais. Enfrentar o estudo da categoria Estado desde a *forma de relação social* implica, para Holloway (1996, p. 119), "abordá-lo cientificamente", uma vez que, na realidade, segundo o autor, o Estado é de fato uma relação social entre pessoas, uma relação social que existe sob a forma de algo separado das relações sociais como forma fetichizada. Esta premissa permitirá a Holloway abordar a unidade entre Estados e, ao mesmo tempo, ultrapassar leitura que vê os Estados como formas aparentemente autônomas das relações sociais.

Mas por que as relações sociais aparecem fetichizadas, e como seria possível avançar na compreensão do Estado? A escola da derivação propôs-se a resolver este problema nos anos 1970, mas não pode dar conta inteiramente da questão devido a fatores como "a obscuridade da linguagem" ou porque "não conseguiu desenvolver mais as implicações do debate" (Holloway, 1996, p. 120). Esta polêmica sem solução fez com que a "derivação" fosse vista como uma teoria econômica do Estado ou mesmo como uma aproximação do Estado em termos da lógica do capital, obturando desta maneira o espaço ocupado pela luta de classes. Holloway resgatará em seus estudos este debate, o que lhe permitiu romper com o determinismo economicista e o funcionalismo presente em não raras discussões.

Enfrentar o debate sobre o Estado como uma forma da relação social significará para o Open Marxism a ruptura com o determinismo economicista que, comprometido com a análise do capitalismo baseada no modelo base-superestrutura, enxergava o Estado de maneira dependente e determinada, em última instância, pela base econômica. Aproximar-se do Estado na perspectiva de suas funções supõe dar ao Estado uma existência já previamente garantida. O Estado "agindo" em função do capital. A dificuldade para uma abordagem do Estado no capitalismo torna-se evidente, porque na sociedade capitalista o Estado adota uma forma social rígida, externa à sociedade.

Agora, para Holloway, ver o Estado como uma *forma da relação social* significa que o desenvolvimento do Estado só pode ser compreendido como um momento do desenvolvimento da totalidade das relações sociais, como parte do antagonismo presente nessas relações. Sua existência dependerá da reprodução das relações sociais; por isso, não se trata de um Estado na sociedade capitalista, e sim de um *Estado capitalista*. Contudo, existe, sim, uma forma fetichizada do Estado, ou seja, se ele é visto como algo separado, externo, desentranhar a relação entre Estado e reprodução do capital passa a ser uma tarefa complexa. Esta separação não pode ser obtida de maneira funcionalista. Exigirá do Open Marxism falar de unidade e separação com a sociedade como um processo repetido permanentemente. Neste aspecto o Open Marxism se diferenciará de Jessop, o qual considera que essa separação se produz de uma vez por todas no próprio nascimento do Estado.

Por outro lado, segundo o Open Marxism, precisamente o fato de que as relações sociais e, portanto, as formas das relações sociais sejam abertas significa que estão em um processo permanente de constituição e reconstituição. Por isso que, segundo Holloway, o Estado se dissolverá em dois momentos: 1) quando deixa de ser estrutura para se configurar como uma forma da relação social; e 2) quando deixa de ser uma forma congelada, uma totalidade fetichizada, para se converter em um processo constitutivo de formação e reconstituição das relações sociais.

Esta proposição de Holloway entrecruza-se com a leitura que vê a relação capital-Estado como forma de Estado-capital nacional, sob a forma de uma associação Estado-capital monopolista, a partir da leitura da formação de Estados capitalistas competitivos (Barker, 1991)[47]. A concorrência entre Estados e as posições cambiantes dos Estados-nação com relação ao capital global não podem ser adequadamente compreendidas nos termos de uma concorrência entre Estados-capital. Por isso deve-se inverter o ponto de partida: não partir do capital imobilizado,

[47]Embora as críticas de Barker à escola da derivação sejam corretas, para Holloway sua conclusão de analisar os Estados-nação em termos de blocos de Estado-capital competitivos é equivocada.

mas do capital móvel (Holloway, 1995a)[48]. A partir do momento em que a existência do Estado-nação depende da reprodução capitalista no interior de suas fronteiras, é lógico supor que os distintos Estados nacionais busquem ancorar os capitais a seus territórios. As lutas entre Estados nacionais não é uma luta entre capitais nacionais, e sim uma batalha entre Estados que buscam atrair ou reter uma porção do capital global mundial, devendo para este fim gerar condições internas para a normal reprodução capitalista.

A existência de Estados hegemônicos e Estados subordinados não libera os países hegemônicos de gerarem condições internas para a atração ou a retenção dos capitais. As posições hegemônicas relativas estão baseadas nas melhores ou piores condições internas para a acumulação de capital. As condições para a acumulação de capital dependem, por sua vez, das condições da exploração do trabalho pelo capital, sem que existam neste caso condições territoriais específicas. O capital pode acumular a partir da exploração do trabalho em outro território. E os Estados, por sua vez, disputam os capitais buscando captar investimentos externos. A partir desta idéia, o antagonismo entre os Estados não pode ser entendido como o produto da exploração dos Estados periféricos pelos países centrais, mas expressa a competição para atrair para os respectivos territórios uma porção da mais-valia global do trabalho. Os Estados nacionais, diz Holloway, devem ser abordados em termos da sua inserção em um mundo bipolar de exploração. Esta idéia implica rechaçar a visão que, ancorada na exploração de alguns Estados por outros, adotava uma concepção de bipolaridade que se expressa em termos de centro e periferia, recusando desta maneira a bipolaridade manifestada em termos de capital-trabalho, ou seja, uma bipolaridade de classes.

Assim, a relação entre os Estados nacionais não pode ser entendida como uma relação externa. Se o Estado nacional, como diz Holloway, é um momento da relação global capitalista, então nem a relação global

[48]Holloway analisa a globalização em termos da incapacidade do capital em fazer frente à insubordinação do trabalho; daí o permanente deslocamento do capital sob a forma de capital dinheiro.

capitalista — leia-se capital internacional — nem qualquer Estado podem ser vistos como exteriores. Esta concepção implica recusar a leitura que analisa o Estado como o resultado de condições de forças internas e externas (Dabat, 1992).

Holloway vai recuperar neste trabalho a problemática existente entre o espaço político — "o político" — referenciado pela teoria da *derivação*, e o Estado-nação enquanto tal. Neste sentido, assumirá que a relação capitalista é uma relação de caráter global, de totalidade mundial. Como o capital em sua expansão não conhece fronteiras, a localização geográfica da relação social torna-se absolutamente contingente. E esta contingência absoluta do espaço pode ser sintetizada na existência do capital como dinheiro. Cada vez que o capital se move, o desenho espacial da relação entre capital e trabalho se modifica. Deve ficar claro que a natureza global da relação social capitalista não é resultado do atual processo de interação ou globalização do capital; é, sim, inerente à própria relação entre exploradores e explorados. Constitui uma característica essencial e constitutiva do capitalismo. E *o político,* como momento desta relação global capitalista, é um momento desta relação que se expressa não na constituição de um Estado global, mas na existência de Estados nacionais múltiplos e autônomos.

Por sua vez, a liberação da força de trabalho do solo e da coerção política que o acompanha, de maneira independente do processo econômico, implica um duplo movimento: a) por um lado, a liberação da relação de exploração das leis espaciais; b) por outro, uma territorialidade necessária determinada pela própria *coerção política*. Desta maneira, o espaço político, *o político*, é fragmentado em inúmeros Estados.

Nesta visão, o mundo não pode ser abordado como somatório de diversos Estados-nação, por sua vez, fragmentos do político, já que a existência fragmentada do político como Estado-nação implica a decomposição do mundo em várias unidades autônomas. A diferença entre o político e o Estado-nação outorga uma nova dimensão à fetichização do Estado enquanto elemento externo à sociedade. A decomposição do mundo em Estados-nação não se estabelece a partir do momento em que se delineiam as fronteiras; ao contrário, todo Estado-nação está permanentemente comprometido com um processo de decomposição global das relações sociais, seja mediante a soberania nacional, os símbolos nacionais, através da guerra ou da discriminação dos imigrantes. Quanto mais frágil for a base social da decomposição social nacional, mais óbvia se torna sua forma de expressão.

Esta decomposição das relações sociais globais é um elemento crucial na fragmentação da oposição à dominação capitalista, na decomposição do trabalho como classe. Nesta perspectiva, o Estado nacional é uma forma fragmentada da sociedade global. Não existe coincidência territorial entre sociedade e Estado. Tal afirmação quer dizer que cada Estado é um momento da sociedade global, uma fragmentação territorial de uma sociedade globalmente estendida. Com tal proposição, Holloway se oporá à clássica distinção entre Estados ricos e Estados pobres, dependentes e não-dependentes, centro e periferia, e assim por diante. Todos os Estados nacionais se definem segundo sua relação com a totalidade da relação social capitalista.

No entanto, essa afirmação não implica sustentar que a relação entre os distintos Estados e o capital global sejam iguais. Pelo contrário, ainda que os Estados nacionais se constituam como momentos de uma relação global, para Holloway serão momentos distintos e não idênticos dessa relação. A fragmentação territorial implica justamente que todos os Estados tenham uma definição territorial e uma relação particular com a sociedade que pertence a determinado território. É esta "definição territorial" que confere a cada Estado uma relação distinta com a relação global capitalista.

O contraste entre o espaço liberado do processo de exploração, mediado através do fluxo do dinheiro e da definição espacialmente limitadora da coerção — que se expressa na existência concreta dos Estados nacionais —, apresenta-se como contradição entre a mobilidade do capital e a dos Estados. Embora a efetiva reprodução do capital dependa de sua transitória imobilização como capital produtivo, a relação dos Estados com o capital é uma relação entre um Estado *fixado nacionalmente* e um capital de *mobilidade global*. Esta concepção é importante porque a esquerda sempre considerou o capital imóvel na hora de abordar a relação entre Estado e capital. Neste aspecto, Holloway vai se distinguir da posição de Barker (1991), Miliband (1985) e muitos outros, para os quais a relação entre Estado e capital é mediatizada por vínculos de tipo familiar, institucionais, de setores industriais — caso dos complexos industriais militares — ou até mesmo através da fusão entre Estado e capitais, como é o caso de Barker, que fala de *Estado-capital competitivo*. Holloway também se distanciará dos que vêem o Estado como resultado da combinação de forças endógenas e exógenas (Dabat, 1992). Todas estas análises da relação capital-Estado supõem um capital fixo: a possibilidade de mobilidade do capital fica fora do marco conceitual destas abordagens.

Em todo caso, a existência de qualquer Estado-nação depende, indubitavelmente, da acumulação capitalista no interior de suas fronteiras, não da reprodução do capital mundial. Por isso, diz Holloway, os Estados devem procurar de algum maneira se "atar" ao capital. A luta competitiva entre os Estados capitalistas não deve ser vista como uma luta dos Estados contra o capital, mas como uma competição entre Estados que buscam ancorar o capital em seus territórios[49]. Holloway vai se diferenciar neste momento também dos teóricos da dependência, para quem a relação entre países periféricos e países centrais implica uma relação de exploração. Trata-se de ver o Estado como "um momento da relação capitalista global" (Holloway, 1996, p. 129). Por sua vez, "o desenvolvimento destas relações globais capitalistas não deve ser visto como um desenvolvimento lógico, mas como um processo histórico de um conflito que, embora fragmentado, é global". A *estrutura* de tal conflito, ou seja, a dependência do capital com relação ao trabalho, assim como a produção de mais-valia, segundo Holloway, "confere uma *instabilidade* característica às relações sociais capitalistas, característica que se expressa na tendência do capitalismo à crise". Por isso, "o desenvolvimento dos Estados-nação, a relação entre eles e sua existência como momentos do capital global só devem ser compreendidos no marco do desenvolvimento

[49]Esta concepção torna-se particularmente sugestiva na análise das relações entre Brasil e Argentina no âmbito dos acordos para o desenvolvimento do Mercosul.

da crise a reboque da luta de classes capitalista" (Holloway, 1996, p. 129, o grifo é nosso).

De qualquer maneira, a relação entre o Estado-nação e o desenvolvimento global capitalista adquire para Holloway características *complexas*. Embora todos os Estados nacionais sejam momentos da mesma relação global[50], as relações que existem entre os diferentes Estados e o capital global significam que as formas da luta assumida em nível global — e, portanto, o desenvolvimento dos Estados-nação — podem variar enormemente. Por isso, muitas vezes aquilo que aparece como elemento comum à relação global pode significar para os Estados diferentes caminhos e estratégias para alcançar uma determinada relação com o capital global.

No entanto, apesar das críticas que o Open Marxism faz ao funcionalismo, as proposições de Holloway não estão isentas de uma leitura bastante próxima ao funcionalismo, quando, por exemplo, afirma que "as mudanças na modalidade do capital são crucialmente importantes para o desenvolvimento do Estado-nação" (Holloway, 1996, p. 130). Neste sentido, para o autor, as mudanças na organização e conceitualização do Estado nos últimos quinze anos são como uma resposta às mudanças radicais no curso do "rio" do capital (ibidem, p. 131). Mas, neste caso, qual a interação do Estado sobre o capital? Para onde é relegada a luta de classes?

Os problemas tornam-se ainda mais agudos quando Holloway tenta fazer uma aproximação ao desenvolvimento capitalista do pós-guerra, "alcançado graças à *relativa estabilidade* do capital que criou as bases para o desenvolvimento de um *certo tipo de relação* entre Estado nacional e capital global, dando *credibilidade* a um mundo composto de economias nacionais" (idem, o grifo é nosso).

Mais uma vez, a luta de classes está ausente, ao mesmo tempo que se define de maneira vaga e geral a relação alcançada na época entre os Estados nacionais e o capital mundial. "Estabilidade alcançada" (mas

[50]Veja-se, a este respeito, por exemplo, a extensão *urbi et orbi* de políticas estatais como a reforma do Estado.

entre quem?) que permitiu que fossem obtidos acordos para regular as relações econômicas entre Estados. Que categoria é esta da *credibilidade* para dar conta do longo período de crescimento capitalista do pós-guerra?

Como diz Holloway, neste contexto, foi a *estabilidade* do capital produtivo nacional que "permitiu o *relativo isolamento* dos Estados nacionais em relação ao capital mundial", bem como "a criação de *alianças razoavelmente estáveis* entre os Estados nacionais e grupos de capitalistas" (idem, o grifo é nosso). É inegável que se o Estado é uma forma de relação social capitalista, é preciso dar-se conta da forma pela qual se construiu e se manteve esta relação. De como foi possível que tenha se mantido durante longos vinte e cinco anos, apesar das mudanças permanentes que supõe a fetichização. Holloway remete-se a Bonefeld para dar conta destas generalidades. Se formos coerentes com a análise de Holloway, a crise deveria acontecer no momento em que se perdeu a credibilidade. No entanto, quando se trata de dar uma explicação para a crise capitalista, Holloway lança mão da concepção marxista ortodoxa de queda tendencial da taxa de lucro e a subseqüente sobre-acumulação de capital que a segue, para dar conta da derrubada capitalista. A crise, por sua vez, determinará mudanças substanciais na mobilidade do capital, induzindo sua transformação em capital dinheiro. É esta substantiva transformação do capital que dará origem a comportamentos diferentes entre os Estados capitalistas nacionais. Holloway vai concluir mais adiante com uma crítica à caracterização da etapa atual como globalização da economia. Nada mais equivocado, segundo ele: "Encontramo-nos diante de uma mudança na existência global do capital" (Holloway, 1996, p. 133). Holloway terminará resgatando a análise de Christian Marazzi (1996, p. 134), para quem os deslocamentos na relação dos Estados nacionais e o capital global significam igualmente mudanças nos modos de dominação capitalista global.

Mais uma vez, o problema se intensifica quando Holloway, buscando inserir sua teoria na análise da relação estado-capital, deixa de lado todo o seu rigor teórico para lançar mão de categorias e/ou conceitos que não estavam presentes em seu corpo teórico, desvirtuando assim todo o peso e importância da teoria. Concepções similares podem ser observadas quando trata de analisar o fetichismo do capital e a lei do valor. Veremos estes aspectos mais adiante. Por ora, detenhamo-nos na análise sobre o Estado.

Para Holloway, o desenvolvimento do Estado deve ser visto como uma forma particular de manifestação da crise da *relação de capital*[51], ou seja, uma forma histórica de dominação de classe. Mas o manejo desta categoria em Holloway dará origem a um sem-número de dificuldades e contra-sentidos. Vejamos.

Para Holloway, a *relação capital* é uma relação globalizadora, uma categoria totalizante. É a forma fenomênica da relação social de exploração e a utiliza como maneira de superar e desqualificar a premissa que vê no capital uma relação meramente *econômica*.

No entanto, é possível perceber diferentes concepções de Holloway em torno da relação do capital. Com efeito, em alguns momentos esta é vista como a forma particular de uma *forma histórica específica da dominação de classe* (Clarke, 1991, p. 122). Em outros momentos, já será considerada uma *forma contraditória da luta de classes*[52], uma vez que a *relação capital* (Holloway e Picciotto, 1991, p. 122; p. 110) deve ser derivada de uma concepção histórica materialista do capital, recusando toda derivação lógica do capital e resgatando assim uma leitura do capital como luta social.

Neste momento, cabem três observações. Em primeiro lugar, se o capital é a forma particular que assume a exploração na sociedade capitalista, qual seria a diferença, qual seria a relação entre relações sociais de produção e *relação capital*? Se para Marx o capital é uma relação social de produção especificamente determinada, falar da *relação capital* implicaria uma dupla qualificação, errônea e redundante.

O segundo aspecto está relacionado com a abordagem do capital enquanto relação de classe. A luta de classes assume formas históricas

[51]Em inglês, *capital relation*. "A crise atual deve ser entendida como uma crise da relação capital" (Holloway e Bonefeld, 1991, p. 110).

[52]"A importância de se começar pela *relação capital* impede reduzir a análise do Estado à lógica do capital [...] não se acentua suficientemente que é uma relação da luta de classes" (Holloway e Bonefeld, 1991, p. 122).

particulares em cada sociedade e está historicamente determinada pela forma assumida pela relação de exploração, que, no capitalismo, assume a forma da produção de mais valia. Sob tal raciocínio, o caráter de classe é o que confere ao capital sua característica contraditória. Porém, se as classes sociais sempre existiram, qual é a particularidade específica do capital enquanto relação de classe? A resposta a esta questão vai nos remeter à forma particular que assume o excedente na sociedade capitalista, ou seja, a mais-valia. Mas, a partir de tal raciocínio, Marx terminaria sendo um Ricardo com mais-valia.

Por trás da tentativa de assimilar o Estado a uma forma da *relação capital*, Holloway busca diferenciar-se de uma concepção de Estado neutro, reafirmando a idéia do estudo do Estado enquanto *Estado capitalista*, ou seja, uma forma particular da *relação de capital*[53]. Desta maneira, o Open Marxism aborda o Estado como uma relação de produção, como a forma fenomênica particular da *relação capital*; neste sentido, identifica a relação de produção com o capital.

Porém, e esta seria nossa terceira observação, não se trata de estender de maneira simplista a *Crítica da economia política* às outras esferas da sociedade capitalista — no caso, ao Estado — sem realizar previamente um exame e uma análise dos limites metodológicos e conceituais subjacentes, que acabariam invalidando uma tal proposição.

Com efeito, o valor enquanto categoria social é uma categoria histórica; é uma categoria própria do capitalismo, uma forma transfigurada do capital; implica mais-valia e subjetivação dos casos (neste sentido, da forma subsunção real e da forma do poder). Certo é que o Estado é uma relação social de produção, mas não se pode assimilar o Estado ao valor enquanto forma social de produção. Ademais, se o valor e o Estado são formas de existência distintas das relações sociais no capitalismo, de onde provêm as relações sociais capitalistas? Qual é o elemento determinante no modo de produção capitalista?

[53]"Não se trata de ver como o Estado reage frente à crise, mas sim que o desenvolvimento do Estado deve ser visto como uma forma particular de manifestação da crise da relação do capital" (Holloway e Bonefeld, 1991, p. 110).

O valor é a forma transfigurada do capital, e o capital enquanto tal se constitui como poder em processo: isso quer dizer que sua reprodução implica resistência, luta de classes (autovalorização). O capital é valor que suga a força de trabalho que cria valor, os meios de produção usados para criar valor e os meios de subsistência para a produção e a reprodução da força de trabalho. Seu espaço conceitual de reprodução pode ser representado pelo ciclo do capital-mercadoria: M...P...//...M'...P...//...M", em que // significa a passagem de um processo de produção a outro.

A constituição em mercadoria do produto do trabalho — força de trabalho — exige a existência prévia de produtores separados de seus produtos. Mas o ciclo de reprodução do capital, com as passagens de uma forma a outra do capital, não está previamente dado, nem teórica nem praticamente. Ele deve ser reproduzido, fenômeno que implica e conclama ao exercício do poder. Aí reside o sentido de que a reprodução capitalista não está dada e, portanto, a possibilidade da revolução. O Estado, sob sua forma fetichizada, é um dos centros constituídos do poder, produto da luta de classes, e é reproduzido se o ciclo do capital se reproduz. Isso implica dizer que o poder constituinte-constituído está imbricado com o ciclo do capital. Dizendo de outra forma, o Estado é uma forma do poder constituído do capital produzido e impulsionado contra toda resistência das classes e das forças sociais à reprodução do capital. Assim, embora o valor seja a forma transfigurada do capital e este, por sua vez, deva ser entendido como uma relação social, o Estado deverá ser concebido como relação social, mas não como *relação capital*, como o capital. O Estado é uma das formas do poder constituído do capital, uma condição para sua existência, não uma das suas determinações.

TOTALIDADE, FORMA E CRÍTICA NO OPEN MARXISM: UMA CRÍTICA

Para Holloway, enfatizar que o capital é luta de classes significa criticar a idéia que sustenta a separação entre luta de classes e capital ou entre luta de classes e leis objetivas do capitalismo. Esta separação tem conduzido, em diversos momentos da história do marxismo, a diferentes tipos de determinismos na análise do desenvolvimento social.

O problema fundamental do marxismo, segundo Holloway, pode ser condensado na leitura dualista que diversas escolas e/ou correntes marxistas sustentaram. Isto vale tanto para o "marxismo ortodoxo", que aderiu a um dualismo *objetivista*, ou o "marxismo autonomista", que também incorporou uma leitura dualista, mas numa chave *subjetivista*. Se, em um destes casos, a manifestação de dualismo apareceu sob a forma de um determinismo economicista, no outro o núcleo desta deformação teórica adquiriu a forma do politicismo. Superar o dualismo para o Open Marxism implica dar conta, em última instância, da relação sujeito-objeto. Entretanto, nesta perspectiva, Holloway resolverá a problemática dissolvendo um dos pólos no outro. A conclusão a que chega acaba se tornando por demais previsível, a partir do desenvolvimento de seu discurso. Tudo será, finalmente, relação monádica, única[54]; e, daí em diante, tudo passa a ser luta de classes, sem resultantes externos.

Neste tipo de desenvolvimento, orientado no sentido da superação do dualismo marxista, a análise da *forma* constituirá o núcleo básico que dará sustentação ao arcabouço teórico do Open Marxism e que, segundo sua leitura, subentende todas as categorias da crítica da economia política.

O conceito de análise da *forma* incorporado por Holloway não pode ser compreendido senão a partir de sua relação com os conceitos de *totalidade*, *forma* e *crítica*, como veremos mais adiante. Segundo Holloway, para Marx, o dinheiro, o capital, o valor são *formas de relação social*, ou seja, devem ser vistos como forma-dinheiro, forma-valor, forma-capital. Por isso, resgatar a categoria forma implica enfatizar a natureza interna da relação entre valor, dinheiro, trabalho e relações sociais. Assim, portanto, para o Open Marxism, todos os aspectos da sociedade devem ser considerados formas (ainda que não cristalizadas) das relações sociais; donde estas relações sociais são

[54]Trata-se de dissolver o objeto no sujeito, "realizar a subsunção do objeto no sujeito" (Holloway, s/d, p. 16).

momentos desta *totalidade* social globalizante que Holloway — como já vimos — designa como a *relação capital*.

Contudo, adotar como ponto de partida a análise da forma não é garantia de que o Open Marxism possa chegar a um "bom porto". Com efeito, pensar as categorias da "forma" como "modo de existência" da relação social pressupõe afirmar a transitoriedade de tudo aquilo que se apresenta como permanente, e como unidade aquilo que aparenta separação. Incorporado desta maneira, o conceito de forma denota uma idéia de totalidade. Se todos os aspectos da sociedade devem ser vistos como formas das relações sociais, acrescenta Holloway, fazem parte de uma totalidade internamente relacionada. Mas, nesta perspectiva, se aquelas coisas que se apresentam como separadas fazem parte, na realidade, de um todo, ou seja, são formas discretas de uma totalidade, tal situação vai conduzir, segundo Holloway, a acreditar que tal processo de compreensão supõe uma crítica das conexões internas. Isso significará a dissolução de uma realidade "dura" em um fluxo de formas cambiantes de relações sociais. Desta maneira, a separação entre sujeito e objeto se reconfigura em separação na unidade. Contudo, também é possível alcançar uma análise da forma a partir das conceitualizações do tipo espécie-gênero, ou seja, a partir da idéia da subdivisão, o que significa, para o Open Marxism, perder o caráter *crítico* da abordagem que supõe a forma como parte de uma dada totalidade.

De qualquer maneira, privilegiar a análise da categoria forma permitirá abordar duas problemáticas diferentes: em primeiro lugar, resgatar a transcendência histórica, apresentando a permanência como transitoriedade; em segundo lugar, enfatizar a natureza interna da relação entre categorias como valor, dinheiro e trabalho na forma de relações sociais. Embora o Open Marxism opte pela segunda aproximação, Holloway nos adverte que a adoção deste caminho ainda é insuficiente, já que a referência à forma como totalidade social pode permanecer em um plano meramente formal se se consideram as relações sociais seguindo um caminho *lógico* previsto. Sob tais circunstâncias o dualismo reaparece, ainda que desta vez como a separação entre a *lógica do capital*, entendida como o desenvolvimento preordenado das relações sociais e a *luta de classes*, como um espaço distinto e externo às relações sociais. Alcança-se, desta maneira, um dualismo de tipo novo luta e relações sociais. A superação deste dilema implicará para Holloway a supressão de um dos dois pólos, quando conclui que toda relação social é luta de classes. Falar de totalidade, agrega Holloway, como totalidade das relações sociais, é falar de uma totalidade de relações sociais antagônicas (luta de classes) (Holloway, 1995b, p. 167). Donde as formas são as de uma luta de classes (e assim se abandona a leitura *lógica*, assentada em um caminho previsto de desenvolvimento). Desta maneira, a dualidade é superada com base em um tratamento monádico: dinheiro como luta de classes; valor como luta de classes; trabalho como luta de classes. Não há desenvolvimento lógico das relações sociais sem processo de luta em contraposição ao processo lógico. Daqui por diante, todas as categorias deverão ser tratadas como *modos de existência da luta de classes* para o Open Marxism.

No marco do desenvolvimento de sua concepção do marxismo como teoria *contra* a sociedade, o conceito de *totalidade*, como vimos, torna-se central para o Open Marxism. Contudo, neste confronto a análise de Holloway flutuará entre uma conceitualização histórica e uma concepção provida de uma roupagem a-histórica. Podemos observar esta dualidade ao fazermos uso de um discurso baseado em "nós e eles", desta vez adotado como a categoria-sujeito que determina as classes que se enfrentam[55]. Holloway (Holloway e Peláez, 1998, p. 183) mostra-se contrário à introdução de toda externalidade, afirmando que a relação *nós-eles* não é uma relação externa e sim interna: "o capital não é externo ao trabalho" (ibidem, p. 183). Visto desta maneira, este *trabalho interno ao capital* está sendo tomado como categoria a-histórica, como um trabalho humano em geral. Neste aspecto, Holloway comete o equívoco de confundir o trabalho humano abstrato, como substância do valor, com o trabalho humano, prática humana criativa, incorporada como ca-

[55]"A luta de classes, neste aspecto, é um conflito que permeia a totalidade da existência humana. Nós todos existimos neste conflito, assim como o conflito existe em todos nós" (citado por Holloway e Peláez, 1998).

tegoria a-histórica. Esta confusão leva a considerar o trabalho abstrato uma categoria a-histórica, erro no qual Holloway incorre em diversas oportunidades, sobre o qual comentaremos mais adiante.

Para Holloway, uma leitura marxista adequada significará fazer uma abordagem do capitalismo a partir da forma antagônica na qual se organiza a prática social humana, deixando de lado a leitura do antagonismo assentada na oposição entre dois grupos de pessoas. Trata-se de um antagonismo que repousa na maneira como se organiza centralmente o caráter distintivo da humanidade: a atividade criativa. Na sociedade capitalista o trabalho volta-se contra si mesmo, alienado (alheado de si mesmo), razão pela qual "nós perdemos o controle sobre nossa atividade criativa. A negação da atividade humana tem lugar através da sujeição da atividade humana ao mercado" (Holloway e Peláez, 1998, p. 182-183). Chega-se a tal situação quando a capacidade de trabalho criativo, força de trabalho, transforma-se em mercadoria para ser vendida no mercado aos que podem comprá-la com o capital. O antagonismo, diz Holloway, entre a criatividade e sua negação, entre capital e trabalho, não é o resultado de um conflito entre forças exteriores, e sim entre o trabalho (criatividade humana) e o trabalho alienado. É um conflito entre a humanidade e sua negação, entre a superação dos limites (criação) e a imposição de limites (destruição). No entanto, o conflito, para Holloway, não é produzido *tão logo* se tenha estabelecido a subordinação, assim que se constituem formas fetichizadas das relações sociais[56]. Mas é um conflito *sobre* a subordinação da prática social, sobre a *fetichização* das relações sociais. O conflito é entre *subordinação e insubordinação*. A luta de classes, para Holloway, não se manifesta, não tem lugar no marco de formas já constituídas e permanentes das relações sociais capitalistas; em última instância, a luta de classes *é* a constituição das ditas formas de relações sociais. Assim, toda prática social deverá ser vista como um incessante antagonismo entre a sujeição da prática a ser

[56]Esta leitura implica considerar a acumulação primitiva não como um processo histórico particular do desenvolvimento do capitalismo, mas como uma característica permanente e central do sistema capitalista (Bonefeld, 1988).

fetichizada definindo formas de capitalismo e as tentativas de viver contra e para além dessas formas. A partir desta leitura, a luta de classes permeia a totalidade da existência humana: trata-se de um antagonismo entre dois pólos do qual não podemos escapar. Esta natureza polarizada do antagonismo se reflete na polarização das duas classes, ainda que tal antagonismo deva ser sempre visto como anterior à existência das classes e como uma conseqüência da existência das classes. Em outras palavras, para o Open Marxism, as classes se constituem através do antagonismo[57]. E como este antagonismo se encontra em permanente mudança, segue-se que as classes não podem ser definidas. Por isso, para Holloway, o conceito de classe é um conceito não definicional (voltaremos a esta questão mais adiante). Da mesma maneira, se abordamos as formas das relações sociais como processo de produção, de formação das relações sociais (fetichização como processo), fica claro que as categorias trabalhadas pelo Open Marxism são *categorias abertas*: se o valor não é uma categoria econômica, nem uma forma de dominação, mas uma forma de luta, então seu significado dependerá do curso desta luta. Porém, se as categorias são entendidas como *abertas*, elas são igualmente imprevisíveis, e o marxismo como teoria de luta deve ser abordado como uma teoria da incerteza (Holloway, 2002, p. 150).

Não há maneira de conhecer a realidade; não há maneira de conhecer a totalidade. Não se pode adotar o ponto de vista da totalidade, diz Holloway, em oposição à formulação luckasiana: "ninguém pode chegar até aí; a totalidade só pode ser uma categoria crítica, o fluxo social do fazer" (ibidem, p. 151). Mas, neste caso, o mundo que nos apresenta o Open Marxism é o mundo das trevas.

Senão, vejamos, o que dá sentido à *totalidade* na análise do Open Marxism? O que dá unidade à *totalidade*? Como se deve interpretar a totalidade a que se refere Lukács? Para responder a essa pergunta Holloway será levado a investigar a própria *gênese* da totalidade; a buscar uma resposta a este sentido da totalidade apartada de todo raciocí-

[57]Note-se o ponto de convergência com os operaístas, segundo os quais as classes se constituem porque lutam.

nio lógico, para inscrevê-lo em uma derivação genética, de origem. Neste caso, a gênese só poderá ser entendida "como gênese humana, como poder da criação humana" (Holloway, 1995b, p. 171), poder exclusivo da prática criativa humana. Para o Open Marxism, o método de Marx da abstração determinada só pode ser assumido como científico, uma vez que todas as conexões sociais, aí incluindo o processo de abstração, sejam consideradas práticas. O conceito de totalidade (forma e crítica) somente adquire um significado de conceito de poder político científico quando fundado genética e praticamente no trabalho. Mas, neste momento, Holloway dá o "salto-mortal": partindo das relações sociais capitalistas, incorpora a problemática da "forma" como uma maneira de conferir coerência a seu postulado; quando tenta dar conteúdo à análise da forma, à totalidade da relação social capitalista, relação já por demais historicamente determinada, encontra no "exclusivo poder da prática humana criativa" (idem) uma categoria que fica fora da historicidade. Acaba substituindo uma totalidade de caráter social por uma leitura antropológica da relação social capitalista.

Com efeito, para o Open Marxism a chave para superar o dualismo reside na categoria "trabalho humano", na "prática criativa humana", que dá sustentação genética à totalidade pressuposta pela forma.

Tendo como ponto de partida a mais simples determinação, a teoria do valor acaba sendo reduzida por Holloway a uma "teoria da subordinação do trabalho ao capital e, simultaneamente, à teoria do poder exclusivo do trabalho" (Holloway, 1995b, p. 172). Nada é dito sobre valor de uso e valor de troca; tampouco de trabalho abstrato ou trabalho concreto. São omitidas as categorias centrais do duplo caráter do trabalho e do duplo caráter da mercadoria, pilares da teoria do valor marxista, da teoria do fetichismo. A única coisa que permanece de pé é a subordinação do trabalho, apesar de sequer circunscrita historicamente. Será que também existiu subordinação do trabalho durante o feudalismo? Como Holloway precisa demonstrar que a teoria marxista é uma teoria *contra* a sociedade capitalista, tem que começar pelo sujeito autor deste agir negativo. Se se trata de culminar com o poder subjetivo do trabalho, não se pode iniciar a análise supondo um distanciamento do sujeito com relação à sociedade. Desta maneira, se o conceito de trabalho como subjetividade prática é a determinação mais simples, só será possível recompor a sociedade desenterrando o processo de objetivação do sujeito. Toda uma profecia autocumprida.

Uma vez definido o trabalho como subjetividade prática, como a determinação mais simples, será possível recompor a sociedade; reescrever o processo de objetivação do sujeito; a existência do sujeito como objeto. Processo este que nos introduz no fetichismo, entendido como inversão das relações sociais: "as relações entre as *pessoas* (as relações práticas, as relações de *trabalho*) assumem a forma de relação entre as coisas" (Holloway, s/d, p. 27; o grifo é nosso). Na realidade, o objetivismo é aparentado, em algum ponto, com o fetichismo: considerar a existência das pessoas *objetos* leva a entender o capitalismo como desdobramento lógico de leis objetivas. Neste enfoque, a luta de classes aparece como luta contra a lógica do capital, e o fetichismo se apresenta como um fato consumado, alcançado: as formas fetichizadas constituem o modo exclusivo da relação entre as pessoas. A pergunta surge assim quase naturalmente: se as pessoas só existem como objetos, como é possível alcançar a revolução? Diversas têm sido as respostas que, desde o marxismo, vêm sendo dadas a este questionamento. Desde o pessimismo da Escola de Frankfurt, que negou a possibilidade da revolução; passando pela saída leninista, articulada pelo conceito do partido como sujeito portador da consciência emancipada; para finalmente chegar à revolução concebida em termos do desenvolvimento de leis objetivas. Em todas essas concepções o fetichismo é incorporado como um fato consumado. Dito de outra maneira, se as relações sociais são entendidas como objetivadas, as formas de existência dessas relações sociais serão igualmente objetivadas e seu desenvolvimento será visto como o desdobramento de uma lógica fechada. Esta lógica conduz, segundo Holloway, a considerar o valor uma categoria econômica e não uma forma da luta de classes. A tradição marxista — comenta Holloway — entendeu o valor, o dinheiro, como categorias *fechadas*, *autocontidas*, concepção esta que levou a uma leitura analítica em detrimento de uma abordagem genética e, portanto, mais próxima dos estudos sobre a magnitude do valor que das aproximações em termos da substância do valor. Devemos dizer que, neste aspecto, Holloway omite todos os estudos que os teóricos franceses desenvolveram sobre a forma, a teoria do valor e o fetichismo. Referimo-nos especificamente a Jean Cartelier (1976), Carlo Benetti (1976) e, inclusive, ao próprio Isaak Rubin (1974).

Segundo Holloway, o marxismo tradicional, no tratamento da relação entre *forma* e *gênese*, só conferiu tal importância à categoria forma porque esta lhe permitia resgatar a historicidade do capitalismo. Neste contexto, a categoria *forma* adquiriu uma conotação essencialmente histórica: o valor é entendido como forma de dominação, excluindo neste momento a idéia defendida pelo Open Marxism de produção de valor como *processo de luta*.

No entanto, diz Holloway, existe outra maneira de ver o fetichismo. Apoiado na dialética negativa adorniana, abordará o problema do fetichismo desde o "não-fetichismo", idéia que supõe o fetichismo como *processo*, e não como algo *acabado*, completo. Em suas palavras, tratase de entender o fetichismo como *fetichização*. Segundo este ponto de vista, as formas do valor não são estabelecidas de uma vez por todas, mas se encontram em permanente processo de formação e, portanto, de luta. "As formas de relações sociais são processos de formação de relações sociais" (Holloway, s/d, p. 30). Mas, se as formas das relações sociais são processos de formação, então elas se tornam imprevisíveis, e as categorias marxistas seriam categorias *abertas*. Daí o nome Open Marxism: Marxismo Aberto. Será precisamente esta característica — de categoria aberta — que autoriza o Open Marxism a qualificar as categorias marxistas como revolucionárias. Mas, podemos interrogar, desta maneira não as estaríamos aparentando às categorias hegelianas, sem historicidade? Isso porque, em todo caso, o que qualifica o marxismo como teoria crítica do capital — *crítica da economia política* — está justamente sintetizado em seu caráter limitado, histórico, específico.

A partir deste argumento nos perguntamos: são as categorias próprias da *Crítica da economia política* produto da luta? Em caso afirmativo, que grau de validade elas têm? Elas mudam ou permanecem? Qual é o tipo de luta que provoca sua transformação? Se não avançamos nesta caracterização, a digressão teórica carece de significação política, e seu desenvolvimento torna-se verdadeiramente sem sentido. É certo que Holloway não fala da *transformação* das relações sociais, mas não estaria subjacente uma concepção deste tipo quando afirma que as formas sociais são lutas? Colocando de outra maneira, o quanto as lutas afetam as relações sociais? Quanto destas relações se transformam com as lutas? Será que algum núcleo central das relações sociais consegue não ser afetado pelas lutas? Digamos, por exemplo, a forma dinheiro, quanto muda ou se transforma? Ainda que sem se colocar esta pergunta, poderia parecer que o que subsiste como núcleo desta totalidade social é o que Holloway irá chamar *relação capital*.

Mas Holloway redobra sua aposta quando afirma que a reação capitalista deve ser vista como a refetichização do poder do trabalho. Porém, neste caso, não se estariam confundindo os campos, o ideológico-social propriamente fetichizante, da aparência e inversão próprias da sociedade capitalista e o do enfrentamento de classe contra classe de maneira direta, sem mediações, e essencialmente político? Se assim for, este último — o campo do enfrentamento direto — desapareceu do cenário, e tudo o que restou é "interpretar a história recente como a luta do capital para refetichizar o poder do trabalho" (Holloway, s/d, p. 34).

Desta maneira o Open Marxism aborda a categoria trabalho a-historicamente e com um forte viés antropológico. Acreditamos que este desvio deriva da ausência de uma análise do processo de produção. Além do fato de enfatizar — a partir da análise da crise, do fetichismo ou da composição de classe — que o coração do problema pode ser referenciado na forma e/ou na maneira em que se extrai mais-valia, não avança na análise das diferentes formas de extração de mais-valia. Isso porque somente quando conseguirmos decifrar o substrato mesmo do *comando* e da *dominação* capitalista no processo de produção é que poderemos compreender como subsiste a relação de alienação e de reificação capitalista e como a classe trabalhadora se desenvolve como sujeito antagônico. A socialização do trabalho, ou seja, a cooperação produtiva dos trabalhadores, é um processo histórico e, embora seja possível sustentar que o capital foge do poder insubordinado do trabalho, só pode fazê-lo em direção a uma maior socialização que, por sua vez, potencializará novos poderes sociais antagônicos.

Ao inscrever o antagonismo de classe no espaço das relações sociais, o Open Marxism sobrepõe as relações sociais à estrutura e à autonomia. Ao mesmo tempo, coloca o centro do antagonismo no campo do fetichismo. Porém, trata-se igualmente de abordar a relação social desde sua constituição social, razão que exige que se dê conta da constituição das classes sociais.

Qual a lógica da análise das classes sociais? Em primeiro lugar, o Open Marxism refuta toda aproximação do conceito de classes em termos de *definição*: "O conceito de classe é essencialmente não-definicional. Mais do que isso, como a definição impõe limites, fecha aberturas, nega a criatividade, podemos dizer que a classe capitalista, ainda quando não possa ser definida, é a que define, identifica, classifica" (Holloway e Peláez, 1998, p. 184). Portanto, sua determinação a partir de perguntas tais como "quem vende a força de trabalho?" ou "quem é diretamente explorado?" não é pertinente. Em segundo lugar, esta perspectiva de análise comporta a recusa de toda análise *relacional*, ou seja, de classes sujeitadas ao capital.

A análise das classes sociais deve partir, segundo Holloway, do antagonismo, não do pertencimento. Evitar o pertencimento significa eludir o conceito de classe como objeto da política.

Para além das múltiplas derivações e frentes de luta que possa apresentar o conflito social, a chave para compreender a sociedade capitalista, tal como propõe Holloway, está em entender como se organiza o caráter distintivo da atividade criativa humana, ou seja, o trabalho. Pode-se dizer que, na sociedade capitalista, o trabalho se volta contra si mesmo: ao perder o produtor direto o controle sobre sua atividade, o trabalho torna-se trabalho alienado, com a conseqüente perda da atividade criativa. Esta contradição entre criatividade do trabalho e sua negação no mesmo ato é lida pelo Open Marxism como a manifestação do antagonismo entre capital e trabalho, razão pela qual não se pode considerar como um conflito entre forças externas, e sim entre trabalho — atividade humana — e trabalho alienado. Apesar de os homens produzirem eles mesmos as condições em que vivem, eles são dominados por estas mesmas condições. O dilema está em responder por que o mundo aparece de maneira invertida. A resposta esboçada por Holloway escapa, mais uma vez, para o espaço da produção. Para o Open Marxism a negação da *criatividade humana é possível no capitalismo porque toda atividade humana está subordinada ao mercado*. Segundo esta linha de argumentação, a definição das classes torna-se uma impossibilidade: como sua constituição se dá através do antagonismo presente entre trabalho humano criativo e trabalho alienado, e como este trabalho está em permanente transformação, a definição das classes se torna improvável.

Mas quando o Open Marxism coloca o mercado como o espaço onde se produz a sujeição humana, esta se converte em pura forma. Trata-se de dar conta, em todo caso, do conteúdo histórico específico do trabalho sob o capitalismo. Como o Open Marxism se esquiva desta exploração, reduz o problema à produção de uma subjetividade residual, abstrata e a-histórica: "a humanidade contra o neoliberalismo" (Holloway e Peláez, 1998). Características semelhantes assume aquela leitura do marxismo como "grito contra a sociedade" (Holloway, 1991d). O antagonismo histórico concreto fica sujeito a uma rebeldia cuja forma carece de conteúdo histórico. Grito sempre houve. Mas qual é a característica particular deste grito contra o capitalismo que o leva a se diferenciar do grito do camponês da Idade Média? Neste contexto, o sujeito histórico acaba adotando um caráter essencialmente antropológico: a negação que nos torna humanos. Mas neste momento também se perde toda referência ao caráter histórico concreto da luta na sociedade capitalista. O conceito de *dignidade humana* ou de *humanidade* pode ser aplicado a qualquer contingência histórica. O erro reside precisamente em haver reduzido o conceito de *classe* à contradição presente em qualquer ser humano entre alienação e não-alienação; entre *criatividade* e *subordinação ao mercado*. Neste momento a categoria classe acaba sendo esvaziada de conteúdo e adquire uma marca de caráter moral. Este antagonismo está sempre presente, independentemente do tempo histórico. E a revolução acaba sendo abordada como recuperação da dignidade e do controle sobre nossas vidas, processo bastante improvável de ser alcançado no capitalismo. Ademais, o conceito de dignidade com que trabalha

Holloway não ressoaria como uma forma narcisista de indivíduo, muito própria do sujeito sartriano? Não se aproximaria esta idéia de uma figura de homem trans-histórico?

É certo que superar a reificação imposta no capitalismo e desmistificar as relações sociais requer superar a concepção que baseia a dinâmica do capitalismo em leis e estruturas inamovíveis. Contudo, a utilização de categorias como *trabalho*, *prática criativa*, *prática humana* afasta toda possibilidade de avançar em uma crítica profunda e substancial acerca das formas mercadoria, dinheiro, capital. A desmistificação não pode consistir na simplificação de relacionar essas formas com a atividade humana. Em todo caso, deverá ser abordada a partir das mudanças nas formas e nos processos de produção. Ademais, se o trabalho é definido simplesmente como atividade humana, o compromisso que perpassa a atividade humana torna-se tautológico, porque, por definição, toda atividade humana é considerada trabalho.

A teoria revolucionária exige dar conta de como uma perspectiva histórica de emancipação e liberação aparece contida nas lutas, para além de sua fragmentação. E esta argumentação não pode prescindir de uma adequada definição das classes.

No entanto, o marxismo pode igualmente dar origem a concepções segundo as quais a subjetividade fora alçada a um primeiro plano e contraposta às chamadas condições objetivas. Entre estas correntes, Holloway destacará o autonomismo italiano, segundo a qual o desenvolvimento do capitalismo está subordinado ao movimento da classe trabalhadora e a dinâmica do capital passa a ter um comportamento essencialmente reativo, defensivo como apontamos antes, essa é a concepção explicitada por M. Tronti e A. Negri. De qualquer maneira, segundo Holloway, quando o autonomismo põe ênfase em sua análise na exterioridade do sujeito com relação ao objeto, acaba amplificando o poder de ambos os pólos. Ao deslocar de seu horizonte de estudo a relação interna entre capital e trabalho, o autonomismo, da mesma maneira que tinha feito o operaísmo, acabou relegando a existência do trabalho como contradição interna do capital, subestimando a capacidade do capital em conter o trabalho e superestimando, em contrapartida, o próprio trabalho. Se o marxismo ortodoxo entendia as lutas entre capital e trabalho como lutas sujeitas às condições *objetivas*, o autonomismo — como diz Holloway — liberou a luta de classes de seu papel subordinado ao capital, mas manteve uma lógica de confrontação externa com o capital. Neste caso, diz ele, a lógica do capital deixou de ser interpretada em termos economicistas e incorporou um perfil de tipo politicista.

CAPÍTULO 4 Open Marxism *versus* Autonomismo

TEORÍA CRÍTICA E AUTONOMISMO: SUBJETIVIDADES REENCONTRADAS

Podemos afirmar que uma das principais diferenças entre o autonomismo e o Open Marxism reside no tratamento dado à dialética e na interpretação que cada uma das correntes faz da relação capital-trabalho. Enquanto Negri, fundamentando-se em Spinoza, desenvolveu de maneira quase permanente — especialmente em *Marx além Marx* — a crítica da abordagem dialética, Holloway e os teóricos do Open Marxism não esconderam sua predisposição favorável a uma análise baseada na dialética negativa de Adorno.

Com efeito, de acordo com o Open Marxism, a onipresença da luta de classes é sustentada em um corpo teórico particular, a partir do qual são desenvolvidas suas análises; referimo-nos à dialética adorniana. Trata-se da presença do sujeito negado no objeto a negar, onde a relação entre sujeito e objeto não se resolve mediante o distanciamento e a separação autônoma do sujeito em relação ao objeto — ótica spinoziana em Negri — e sim mediante a dissolução desta relação (*aufhebung**). A presença do sujeito no objeto, negada de maneira permanente pelo objeto, aparece como uma manifestação permanente de violência, de antagonismo dinâmico, subversivo e destrutivo. Enfrentamos assim uma dinâmica que não aceita qualquer normatividade para se ajustar às leis. Mais ainda, o Open Marxism não apenas nega toda sistematicidade ajustada a normas, mas também recusa uma leitura da dinâmica social que leve

*No sentido da filosofia hegeliana, *aufhebung*, que quer dizer supressão, ultrapassagem, é o procedimento através do qual se resolve a contradição dialética; é o momento de superação desta contradição, desta incompatibilidade, com a conseqüente evolução para outro nível. (*N. do T.*)

em conta apenas as lutas visíveis e abertas. Não é necessário ver as lutas para aceitar que elas estão presentes, nos diz Holloway. Toda análise não-dialética das lutas, de acordo com o Open Marxism, fica cega diante daquelas lutas que não se expressam de maneira visível. É neste sentido que o Open Marxism centra suas críticas ao autonomismo, na medida em que a escola italiana não chega a ver no capital, no dinheiro e no valor manifestações da luta de classes. O aspecto essencial da dialética reside, para os seguidores do Open Marxism, na compreensão do antipoder do sujeito negado, apesar de sua presença ser invisível à investigação empírica. Neste sentido, o Open Marxism postulará que nossa existência em si mesma é luta contra o capital; tal comportamento é, por sua vez, percebido pelo capital quando ataca de maneira permanente nossas condições de vida. Trata-se de uma presença do sujeito *em*, *contra*, e *mais além* do capital, segundo Holloway, ficando muitas vezes difícil diferenciar estes três patamares.

Embora o autonomismo fale de insubordinação, para o Open Marxism a insubordinação deve ser entendida como uma continuidade entre a *in* e a *não*-subordinação. Onde a *não*-subordinação está relacionada a circunstâncias que fazem parte da vida diária e que são igualmente alvos de ataque do capital. Compreender a continuidade entre *in* e *não*-subordinação é fundamental, segundo o Open Marxism, para compreender o caráter da atual crise capitalista e sua persistência. Esta continuidade nos remete não apenas às diversas formas de luta aberta contra o capital, mas também às tentativas do capital para sobrepujar os hábitos diários da classe trabalhadora. Esta é uma leitura da dialética que coloca a contradição sujeito-objeto no cerne da análise e da dinâmica social — ainda que, como assinalamos, esteja assentada em uma concepção da dialética como *dialética negativa*. Em sua análise da sociedade capitalista — dizem os seguidores do Open Marxism —, tanto nos *Manuscritos de 1844* quanto nos *Grundrisse* e em *O Capital*, Marx criticou o capitalismo por ser um sistema social que elimina o sujeito ativo[58]; isso por-

[58]"A crítica central de Marx ao capitalismo é que ele desumaniza as pessoas, privando-as do que as converte em seres humanos" (a livre atividade consciente) (Holloway, 1995b, p. 172).

que a sociedade capitalista é uma sociedade onde as relações sociais entre as pessoas aparecem como relações entre as coisas[59]. O método dialético, segundo o Open Marxism, consiste precisamente em potencializar a vida negada pelo capital, evidenciando a centralidade do sujeito na luta por sua real emancipação. O que nos proporciona esperança é justamente o fato de saber que existimos não apenas *contra* mas também *no* capital como contradição. Já nos *Manuscritos de 1844* Marx ressaltava, como afirma o Open Marxism, a violência que a externalidade, a objetividade da mercadoria implicava em nossa existência, na medida em que continha de fato a negação de nossa própria subjetividade. Esta descoberta da subjetividade negada na mercadoria significa, para o Open Marxism, mostrar que a substância do valor da mercadoria é produzida pelo trabalho abstrato. O que supõe reconhecer desde o início que existe um antagonismo presente entre o sujeito e o objeto, entre a desumanização do trabalho e sua potencial alteridade. A partir daí o Open Marxism irá postular que a existência das classes enquanto tais está desde o começo em *O Capital*, independentemente de sua explicitação, quando, a partir de uma aproximação dialética, Marx rechaça a aparente objetividade das coisas e busca compreendê-las nos antagonismos de classe. Com esta leitura o Open Marxism resgatará a concepção adorniana de dialética como a conseqüente percepção da não-identidade, como a consciência de que aquilo que aparentemente *é* está, na realidade, imerso em suas próprias contradições, ou seja, na luta de classes. Na realidade, para o Open Marxism não existe nada que não seja luta de classes. A presença do sujeito no objeto que nega esta presença é, por si só, um antagonismo dinâmico, destrutivo, subversivo. Este processo de existência e sua dinâmica não pode ser reduzido à existência de leis, embora tampouco possa ser reduzido de maneira excludente às lutas abertas. Dito de outra maneira, para o Open Marxism não há necessidade de ver as lutas para que elas existam. Toda leitura não dialética encontra-se desde já desquali-

[59]Como veremos mais adiante, Holloway vê no trabalho subjetivo a substância que relaciona "estas coisas".

ficada para enxergar as lutas invisíveis; razão pela qual, segundo Holloway, o autonomismo fica impossibilitado de ver as lutas invisíveis.

Quando Engels identifica a dialética com o movimento geral da natureza através da negação, ele abandona, segundo Holloway, uma perspectiva que Lukács retomará posteriormente: o resgate do sujeito e o conseqüente recentramento da dialética através do sujeito. Foi esta interpretação engelsiana da dialética que acabou jogando a própria *vida* fora do marxismo "oficial". Com efeito, Engels, ao substituir a causalidade unilateral e rígida, própria da metafísica, pela interação, acabou contrapondo a dialética à metafísica, por considerar que a primeira dissolve a rigidez dos conceitos e se constitui em um processo de permanente transição de uma determinação a outra. Porém, nesta deriva discursiva deixou de lado a relação histórica do sujeito com o objeto, um vazio que mais tarde haveria de ser preenchido e reparado pela dialética lukacsiana dos primeiros tempos. O Open Marxism manifesta-se partidário daquela dialética negativa expressa por Adorno no prefácio a *Dialética negativa*, quando afirma que, se no passado a dialética se havia associado a um final feliz, a uma síntese que resolvia todas as contradições, depois de Auschwitz não há mais final feliz possível. Não há otimismo possível, razão pela qual se torna necessário pensar a dialética não em termos de um processo de síntese, mas como movimento da negação.

E qual seria o ponto de vista do autonomismo com relação a este espaço da crítica?

Se podemos atribuir alguma característica ao pensamento de Antonio Negri, esta seria a permanente modificação do marco de análise com o intuito de adaptar suas investigações às necessidades e desenvolvimentos dos movimentos sociais contemporâneos. Por isso as dinâmicas de luta exerceram uma fortíssima influência sobre suas indagações e questionamentos. Neste sentido, a teoria do sujeito político, estreitamente ligada à teoria da organização política, adquiriu grande importância em Negri, depois do maio de 1968, quando a classe operária converteu-se em sujeito ativo, ao mesmo tempo que se manifestava uma nova sociedade a partir da nova dinâmica que assumiam as necessidades e desejos. Tal concepção implicava, de fato, atribuir à classe trabalhadora um papel de sujeito ativo, de *sujeito do poder*, em contraposição àquela idéia que enxergava uma classe sujeitada pelos mais diversos mecanismos de dominação, que a transformava em sujeito passivo. Neste sentido, o Negri de 1968 representou uma ruptura com o marxismo crítico da Escola de Frankfurt. Vejamos.

O autonomismo compartilha com o *marxismo crítico* posições afins, referenciadas em uma estrutura teórica comum. Com efeito, para além das diferentes correntes que possam ser identificadas no interior do marxismo crítico — Escola de Budapeste[60], Escola de Frankfurt, a corrente da nova escola anglo-norte-americana (por exemplo, Frederic Jameson), e o estruturalismo francês — o que caracteriza e distingue o *marxismo crítico* de todas as outras teorias sociais ou teorias críticas não é somente o fato de que o alvo da crítica esteja focado na sociedade capitalista, e sim, fundamentalmente, o fato de localizar na própria classe trabalhadora o ponto de partida de todo esforço e tentativa crítica. Ponto de partida que acolhe, por sua vez, distintas plataformas teóricas. Em alguns casos, trata-se dos estudos que fazem do trabalho e da alienação seu foco crítico; em outros, as análises fenomenológicas da consciência e da economia política delineiam seu objeto crítico.

Porém, o *marxismo crítico* não se distingue apenas pela importância e pelo papel atribuído à classe trabalhadora, mas também, e isto com relação a outras escolas marxistas, por sua concepção de desenvolvimento, ou seja, pela maneira como se aproxima do projeto revolucionário. Não se trata apenas de construir o projeto sobre a base da negação do estado atual das coisas, concepção difundida no campo do marxismo. No caso do *marxismo crítico*, a proposta positiva do poder do proletariado emerge somente como resultado da negação da sociedade capitalista; isto equivale a reconhecer uma análise de lógica progressiva *necessariamente*

[60]A chamada Escola de Budapeste se constitui ao redor da figura de Lukács em seus últimos anos de vida. Fizeram parte dela destacados intelectuais húngaros como Agnes Heller, Ferenc Feher, Mihaly Bajad e Gÿorgy Markus, a maioria dos quais teve que se exilar da Hungria logo após a morte de Lukács, em 1971. Sua mais importante característica foi a orientação crítica em relação à teoria e à prática do socialismo nos países do socialismo real, críticas que se baseavam essencialmente em um marxismo ético e na análise da realidade objetiva (revista *Telos*, n. 17).

dialética. Esta abordagem é coerente com o estudo analítico do Open Marxism, em que o momento primordial da teoria crítica é referenciado na pesquisa; implica reconhecer que todos os esforços teóricos devem permanecer afins e subordinados à crítica ao capital, em consonância com a idéia de uma sociedade capitalista que se edifica ao redor das contradições internas da própria *lógica do capital*.

Pode-se representar esquematicamente a trajetória de análise do marxismo crítico segundo momentos seqüenciais separados por uma linha de pontos: *ponto de partida.......crítica......projeto*; ou também, *afirmação proletária..........negação do capital.........maior afirmação proletária*. Num primeiro momento, a força de trabalho deve se reconhecer como força no capital, como objeto criado pelo capital, como seu centro dinâmico e fonte produtiva material. Desta maneira, o trabalho é assumido como o lugar da força produtiva, se e somente se estiver situado no capital, apenas na medida em que é analisado na relação capitalista. Contudo, ainda que a classe operária esteja *no* capital, sua percepção é de viver *contra* o capital, como contradição do próprio capital. Tão logo o produto do trabalho é expropriado, alienado pelo capital, a classe operária se coloca em oposição ao capital. O paradoxo que caracteriza a relação capital-trabalho, e que constitui a base do marxismo crítico, resume-se neste ser *no* capital e *contra* o capital. A força do marxismo crítico reside precisamente nesta *paradoxal posição do trabalho com relação ao capital*. A categoria trabalho tão logo se torna independente do capital, provê o ponto material para uma crítica, porém agora distante do objeto. Constitui-se assim em um importante ponto de partida para a crítica do capital. No entanto, enquanto o trabalho como categoria de análise permanece encerrado no capital, ele também oferece uma base para a crítica imanente, ainda que de maneira paradoxal. Este paradoxo se expressa no fato de que a partir do momento em que o trabalho é visto *no* capital, sua oposição ao capital acaba se tornando oposição a si mesmo. Será justamente esta posição paradoxal que impulsionará o operaísmo a alcançar uma crítica imanente e total ao capital, desde uma outra perspectiva.

Até aqui, a questão do trabalho, como contradição no capital, e abordado de uma maneira estática ou sincrônica. Devemos agora analisar a contradição em movimento, ou seja, o desenvolvimento capitalista de maneira dinâmica, diacrônica. Visto de maneira diacrônica, o trabalhador assalariado é criado e recriado pelo capital como parte de uma dinâmica histórica, processo no qual os trabalhadores criam permanentemente o capital. Diacronicamente, o trabalho "está" no capital, no sentido de que estão ambos relacionados nesta dinâmica causal recíproca. Mas trata-se de uma relação dirigida por um *antagonismo intrínseco*. Com efeito, todo momento de enfrentamento crítico entre o capital e o trabalho pode ser visto como um momento no qual a classe operária se apresenta como força social independente e organizada contra as relações capitalistas de produção. Numa *primeira instância*, a estrutura das relações capitalistas de produção fornece as condições de existência do trabalho; essas mesmas condições engendram o antagonismo operário, a recusa da própria relação pelo trabalho. Em um *segundo momento*, este antagonismo, agora externo, desestrutura o controle capitalista. Num *terceiro e ulterior momento*, o capital é obrigado a reestruturar as relações de produção para reafirmar o controle e recuperar o trabalho através da dialética da *aufhebung*. O objetivo do desenvolvimento capitalista é conter o antagonismo operário na "elasticidade" de sua progressão dialética: *reestruturação capitalista—antagonismo proletário—reestruturação capitalista*.

Deve-se observar que aqui a dialética é dirigida pelo poder do *negativo*; em outras palavras, se a construção da relação pode ser vista provisoriamente a partir do lado do capital, uma vez estabelecida a classe operária, desempenha o papel de estímulo ao desenvolvimento, constitui a força criativa que promove a inovação capitalista (inversão do ponto de vista de classe). Por isso a relação social estabelecida não pode ser abordada segundo uma seqüência que dá partida na aspiração do capital ao impor seus desejos, seguida a reação operária; pelo contrário — e uma vez que a classe operária emergiu como força independente —, a dinâmica segue um ordenamento ajustado à ação proletária e à posterior reação do capital. De acordo com esta leitura, o capital deve ser visto como uma força conservadora que vê estimulado seu desenvolvimento e sua capacidade de inovação pelo antagonismo da classe trabalhadora. Esta proposição assume as características de uma tese verdadeiramente fundante de um *leading role*[61]. O verdadeiro motor do desenvolvimento da sociedade capitalista não se esconde no espírito empreendedor schumpeteriano do capitalista, mas sim no antagonismo posto em jogo pela classe trabalhadora desde a recusa por parte do operário às relações capitalistas de produção. Tese esta que não deve ser entendida como o *slogan* de uma futura sociedade comunista, mas como o resultado de uma relação presente, atual, do trabalho com o capital.

Contudo, tais teses não chegaram a definir o operaísmo e o autonomismo como uma escola particular do marxismo crítico. O autonomismo está baseado em um princípio básico que abrange qualquer concepção: não proporcionar nenhuma margem que possa dar lugar à presença de um dualismo — seja de que tipo for — entre a crítica e a composição da classe realmente existente. Esta proposição supõe dizer que a crítica deve se dirigir no sentido de consolidar uma rigorosa fundação materialista da prática concreta da classe trabalhadora; significa combater toda abstração no processo crítico que se afaste da prática concreta diária dos trabalhadores; implica ainda localizar todo o discurso teórico diretamente no espaço fabril[62]. A característica que afirma o autonomismo é sua insistência no ponto de vista do trabalho, é seu esforço em ler na prática das massas o surgimento e a consolidação de uma potente subjetividade.

Apesar de a Escola de Frankfurt abordar de maneira prioritária a problemática do sujeito, as tensões que surgem entre uma e outra escola residem precisamente nas diferentes aproximações que realizam com relação à temática do sujeito. Não cabem dúvidas de que a Escola de Frankfurt tem realizado importantes contribuições para a compreensão acerca da forma como se constituem os sujeitos através dos complexos mecanismos e apostas da sociedade capitalista. No entanto, a abordagem

[61]Trata-se de uma inversão da análise da dinâmica social do capitalismo, em que o coração de seu comportamento deve ser referenciado nas características do sujeito operário (Cleaver, 1993).

[62]"Nestas lições meu propósito é justamente desenvolver uma filosofia da *práxis*, um materialismo da *práxis*, insistindo sobre a dimensão da temporalidade como tecido ontológico do materialismo; a potência afirmativa do ser; a subjetivação do devir" (Negri, 2001b, p. 28).

frankfurtiana da teoria do sujeito se encontra mais orientada para um sujeito receptivo e plástico do que no sentido de resgatar o comportamento espontâneo que este sujeito pudesse manifestar. O sujeito estudado pela teoria crítica é o *sujeito da exploração, da alienação*; o sujeito do autonomismo é o *sujeito do poder*. Num dos casos trata-se do sujeito constituído pela sociedade capitalista; no outro, estamos diante do sujeito que constitui a sociedade.

Não restam dúvidas de que o operaísmo italiano e a Escola de Frankfurt tratam de diferentes sujeitos: uma corrente se refere ao *sujeito do projeto*; a outra se referencia no *sujeito da crítica*. Uma aborda o sujeito da exploração; a outra, o sujeito do poder. Trata-se de distintas concepções de subjetividade, que por sua vez se relacionam a concepções teóricas diferentes. Com efeito, isso aparece com clareza, e comparamos a leitura de Adorno e Horkheimer (1987) em suas análises da cultura de massas e a proposta de Negri sobre o operário-massa, embora ambas análises culminem na massificação alcançada a partir da produção social e industrial. Horkheimer e Adorno investigam a plasticidade do sujeito e as capacidades do capital para destruir a individualidade e construir um sujeito social homogêneo. O objetivo de Negri, pelo contrário, é orientado para a elaboração de um projeto político proletário. Com efeito, Negri viu no operário-massa o sujeito emblemático de uma força de trabalho autônoma e organizada que expressava sua recusa ao sindicalismo da época e toda outra forma de mediação com o capital. Desta maneira, o processo ascendente de massificação produtiva dava lugar a um sujeito social capaz de construir uma organização social mais democrática e afinada com os projetos de poder dos trabalhadores.

Contudo, devemos reconhecer que as duas abordagens do sujeito não se opõem; mais ainda, em alguns casos são até complementares, ainda que ambos os sujeitos resultem de aproximações diferentes. As diferenças entre os sujeitos abordados ficam ainda mais evidentes se aprofundamos a estrutura tripartite proposta pela teoria crítica. O primeiro momento da análise crítica, o momento da afirmação do ponto de vista do trabalho, mostra a busca de uma subjetividade ativa e espontânea em meio à complexidade de necessidades, desejos e práticas da classe operária. O segundo momento do processo, que tem a ver com a crítica ao capital, inverte o foco da análise; enfrentamo-nos agora com o sujeito que produziu a sociedade capitalista. Já no terceiro momento, o do projeto proletário, a teoria crítica retorna ao sujeito espontâneo inicial, ainda que desta vez de uma forma coerente com a proposta de uma nova sociedade criada através de um novo poder. O fato é que existem duas concepções de sujeito nos distintos momentos do modelo. A tensão entre estes dois sujeitos põe em desequilíbrio o coração do projeto crítico. O autonomismo, talvez por sua insistência em perseguir o ponto de vista de uma classe operária realmente existente através da crítica, desvela de maneira mais evidente a tensão entre estes dois modelos de sujeito. Enquanto a escola crítica — em congruência com sua lógica — construiu o programa proletário no mesmo momento em que realizou a crítica ao capital, o processo de massas do Maio de 1968 interpelou a Negri de uma maneira tão intensa que acabou provocando a inversão da análise crítica em sua investigação: desta maneira, o marxismo crítico acabará sendo substituído por um marxismo *projetual* (Hardt, 1993). O operaísmo italiano, ainda que compartilhasse de certa forma da leitura crítica, começara a se diferenciar da teoria crítica a partir dos seus aportes vinculados à categoria composição de classe.

É possível abordar o caráter dual expresso pelo marxismo crítico insistindo no *gap* criado entre o ponto de partida crítico (a classe trabalhadora) e a própria crítica. Assim, o desenvolvimento e a elaboração relacionados com o ponto de partida — a classe operária — revelam-se no marxismo crítico como esforço sociológico para compreender e descrever tanto a composição de classe quanto os problemas e necessidades reais dos trabalhadores. Na realidade, todas as escolas pertencentes ao marxismo crítico envidam esforços neste sentido. A crítica (segundo momento), pelo contrário, se orienta para dar conta das funções e capacidades dos capitalistas; a buscar soluções para aquelas contradições da sociedade capitalista desenvolvidas de maneira "racional" a partir do próprio capital. De acordo com esta argumentação, existiria portanto um vazio considerável entre o ponto de partida que se referencia na classe operária atual e o ponto de partida da crítica, como segundo momento, referenciado no capital. Tentou-se encobrir este *gap* de diversas maneiras, através da abstração da composição real da classe trabalhadora e incorporando um ponto de partida de classe operária ideal, próximo a uma concepção racional do sujeito. Embora neste caso o *gap* entre o ponto de partida e a crítica tenda a diminuir, surge uma nova tensão entre uma classe operária ideal e a classe operária realmente existente; entre a consciência real da crítica e a falsa consciência dos trabalhadores. O exemplo mais claro desta concepção se revela em *história e consciência de classes*, de Lukács. Os trabalhadores considerados de maneira concreta e direta, em carne e osso, parecem estar ausentes nesta leitura. Donde podemos perguntar: até onde o ponto de partida baseado na classe operária constitui realmente um ponto de partida aceito pela crítica?

Este é um problema que não deixa de ter sua relevância: a diferença substancial entre o marxismo crítico e a teoria social derivada do hegelianismo parece estar localizada nestes diferentes pontos de partida, ou seja, na materialidade outorgada à classe operária. No caso do autonomismo, Negri procurou dar conta da crítica marxista perseguindo uma dupla estratégia: por um lado, investigando a composição de classe do momento[63]; e, por outro, desenvolvendo a crítica do capital.

A crítica feita pelo operaísmo ao capital foi animada por uma enorme expectativa revolucionária, por sua vez assentada na crença de que o profundo conhecimento dos mecanismos de controle capitalista abririam a porta à sabotagem operária. Da mesma maneira que os "técnicos" altamente especializados, era possível identificar os pontos críticos do sistema cujo desequilíbrio poderia originar uma verdadeira catástrofe. Na realidade, o conjunto de teóricos do operaísmo e do autonomismo italianos ligou em suas pesquisas a crítica ao capital a algum campo social adjacente. Tronti se debruçou sobre a filosofia política; Romano Alquati, sobre a investigação sociológica; Alberto Asor Rosa, sobre os estudos culturais; e Negri, à época, tratou de avançar estabelecendo a

[63]Concorreram para este objetivo as *pesquisas operárias* desenvolvidas pelo operaísmo italiano da época. Tratava-se de trabalhos de campo sobre a prática, as necessidades e os desejos da classe operária, encarados pelos próprios trabalhadores com o objetivo de determinar sua própria composição de classe e sua própria subjetivação.

ligação entre a análise do Estado moderno e os mecanismos jurídico-políticos do controle capitalista.

No momento em que autonomismo começa a priorizar os estudos sobre a composição de classe, a partir desta dinâmica de trabalho social, o projeto deixou de ser subordinado à crítica; era a crítica que se subordinava ao projeto. Dito de outra maneira, o projeto da classe operária como sujeito histórico subordinava a leitura crítica, entendida como a leitura objetiva das contradições capitalistas e tendência histórica da sociedade. É nesse momento que Negri abandona a *dialética* para abraçar o antagonismo. Este momento histórico de "transformação da análise objetiva em uma proposta subjetiva, da crítica ao projeto" coincide com a fundação do Potere Operaio italiano e com o momento em que as lutas atingem o umbral de questionamento ao modelo de desenvolvimento capitalista daquela época. Logo sobreviria o rompimento do processo de acumulação e a posterior desestabilização do plano do capital. Michael Hardt (1993, p. 41) qualificou esta virada na teoria de Negri como "a criatividade do projeto do sujeito social, ou seja, a capacidade das massas de criarem continuamente novas formas e direções para a organização"[64].

Qual era a via de análise da teoria crítica? Em primeiro lugar, negar o capital a partir da crítica para, num segundo momento, como resultado da dialética da negação, incorporar a dialética, procedendo à afirmação do projeto positivo da classe operária. Por sua vez, o enfoque de Negri em termos *projetuais* pressuporá a existência da afirmação dos desejos e das práticas de cooperação e constituição existentes na classe trabalhadora. A negação, desta vez sem sua função dialética, iluminará o terreno para a constituição positiva do projeto político (Hardt, 1993).

No entanto o abandono da dialética em Negri não significará um desvio do marxismo, e sim, pelo contrário, o reconhecimento da emergência de um *sujeito classe operária* como momento central do Marx maduro.

[64]Para Hardt (1993, p. 41), os trabalhos de Negri "Crise do Estado-plano", "Partido operário contra o trabalho" e "A fábrica da estratégia" revelam a forte marca da busca da subjetividade operária.

Com efeito, de acordo com o autonomismo, a dialética negativa sempre culmina em uma negação que substitui, mantém e/ou preserva aquilo que é substituído, de forma que, de alguma maneira, o capital sobrevive a sua própria supressão (Hardt, 2004). Neste sentido, sempre culmina em uma espécie de ressurreição. Em outras palavras, para o autonomismo o problema da dialética é que ela implica de alguma maneira aceitar a possibilidade de reproduzir aquela identidade à qual dizemos nos opor; significa permanecermos atados àquilo que acreditamos combater[65]. Ao contrário, a *negação não-dialética* é mais simples e absoluta: não supõe nenhuma fé em algo que exista além, mas significa uma convocação expressa à morte do outro. Negri rechaça a *negação dialética* de Hegel na medida em que se converte, como diz, em algo da ordem da superstição, já que Hegel imagina esta morte como o senhor Absoluto. Trata-se de substituir o elemento supersticioso da negação dialética por um elemento concreto de nosso mundo que dê sustentação à *negação não-dialética*. Esta, a negação pura de Negri, pode ser considerada o primeiro momento de uma concepção pré-crítica da crítica, em que a essência reside na autonomia dos dois momentos críticos (*pars destruens, pars construens*), excluindo um terceiro momento de síntese. A negação limpa o terreno para a criação. O *pars construens*[66] (prática construtiva) afirma uma negação radical não-dialética que enfatiza a idéia de que não existe qualquer ordem preestabelecida que seja capaz de definir a organização da sociedade, nem mesmo do ser. Este poder criativo tem sua síntese na arte da insurreição e da organização. Existe uma interdependência entre os dois momentos: o da construção e o da destruição. O *pars construens* permite que Negri proponha uma distinção sem restrições do presente para, desta maneira, ver-se liberado para construir um mundo novo com total criatividade. Neste aspecto se produzem a ruptura subjetiva e a refundação da ontologia. O ser é destruído e reconstruído continuamente segundo os

[65]Uma questão que constituiu o clássico argumento do estruturalismo para justificar sua falta de ação.

[66]"O negativo, o momento destrutivo da crítica (*pars destruens*) que coloca em questão o horizonte total e desestabiliza o poder previamente existente, deve limpar o terreno para permitir o momento produtivo (*pars construens*), para libertar ou criar um novo poder; a destruição abre o modo da criação" (Hardt, 2004, p. 82).

movimentos das forças subjetivas. Se em Althusser pode-se falar de ruptura epistemológica, em Negri bem que poderíamos dizer que se trata de uma ruptura ontológica. Em Negri é a prática que torna possível a constituição do ser. Trata-se agora de uma prática *prática* — em substituição à prática *teórica* de Althusser — orientada para o terreno ontológico antes do que para o terreno epistemológico. Assim se dá o paradoxo do nascimento de uma ontologia materialista, em que os seres são paradoxalmente anteriores, precedem e são constitutivos do ser que os torna possíveis. A existência precede à essência que a funda.

Ademais, o desenvolvimento do *pars construens* e do *pars destruens* não significa de modo algum uma aproximação dialética, embora seus momentos suponham uma relação de exclusão onde não há síntese e sim uma constituição positiva.

Será em *A anomalia selvagem. Poder e potência em Baruch Spinoza** que Negri postulará uma nova aproximação ontológica da teoria da subjetividade, deixando de lado os termos dialéticos. Embora tais concepções já tivessem sido antecipadas em seu trabalho *Marx além Marx*, a separação do sujeito político operário-social e o abandono do instrumental dialético só se consolidariam por esta época, em 1982, à luz da contraposição spinoziana entre *poder* e *potência*. Pode-se dizer que o deslocamento da subjetividade com relação aos mecanismos do poder constitui a verdadeira ruptura de Negri. Finalmente, quando Negri fala das relações sociais, não o faz em termos de um simples jogo de linguagens e simulacros, mas sim tendo em vista a pluralidade do ser, o ser de um sujeito coletivo.

Excurso 1: Open Marxism e organização política

É preciso fazer menção especial à abordagem e à maneira como o Open Marxism resolve a questão da *organização política* daqueles que são portadores do *poder-fazer*. Esta temática adquire sua relevância pelas

*Na edição brasileira *A anomalia selvagem. Poder e potência em Spinoza*. Rio de Janeiro: Editora 34, 1993. (*N. do T.*)

conseqüências políticas que permite lançar em um contexto atravessado por um sem-número de propostas organizacionais, diante da crise evidente de um modelo organizativo que já não dá conta da nova composição de classe que emerge socialmente a partir de seu fortalecimento político e de sua dinâmica antagonista.

Tendo como base o conceito de fetichização como processo; a idéia da permanente produção das relações sociais; respaldado por uma leitura segundo a qual as lutas de classes não têm lugar dentro das formas constituídas das relações capitalistas, já que a própria constituição destas formas é, por si só, luta de classes (Holloway, 2002); o Open Marxism adotará um posicionamento particular com relação ao sujeito revolucionário, fazendo uma leitura que recupera a desumanização presente no capitalismo e a constante fetichização das relações sociais, bem como a persistente penetração do *poder-sobre* (poder do capital) no cerne daqueles que estão sujeitos a este poder.

Como concebe o Open Marxism uma saída revolucionária diante do permanente mutilamento do sujeito por meio da penetração do *poder-sobre*? Negligenciando a saída pós-moderna, porque esta se baseia no abandono da esperança; descartando igualmente toda argumentação que recaia sobre uma natureza binária do antagonismo entre a classe proletária e a dos capitalistas, lógica de análise por demais próxima à leitura do marxismo tradicional, o Open Marxism focará sua análise *na busca e na compreensão* da natureza do poder capitalista como caminho para sustentar a esperança (Holloway, 2002). Holloway convoca-nos a "compreender e a participar na força de tudo o que existe em antagonismo, na forma de ser negado" (op. cit., p. 121). Uma vez que toda "expressão diferente da emancipação humana, imagens de uma sociedade baseada no reconhecimento mútuo da dignidade humana, todas elas existem apenas na forma de sua negação" (idem), Holloway conclui que "a esperança necessária à transformação deve ser buscada na existência da forma do ser negado" (idem), para afirmar em seguida que "esta é a substância do pensamento dialético". Desta maneira, Holloway nos convoca a uma resistência baseada na substância de uma esperança que é gerada de forma impoluta na negatividade de nosso ser e que emerge na resposta do *poder-fazer*. A perspectiva de transformação está condensada em um agir que, embora social, se assenta essencialmente em esforços individuais. Nada nos dizem Holloway e o Open Marxism a respeito da importância e da necessidade da organização política. E mais, toda discussão acerca da importância da organização política está ausente neste horizonte discursivo. Quando são incorporados, é apenas para desacreditar e descartar todo tipo de organização política do sujeito alienado contra o capital, seja quando criticam o leninismo e sua concepção de partido de vanguarda como elemento consciente do proletariado explorado (ibidem, p. 193), seja quando se trata da concepção lukacsiana em seu "segundo momento", quando Lukács propõe superar a fetichização através do partido. Mas, como poderiam o Open Marxism e mesmo Holloway elaborar uma posição diferente, se para este último só se pode pensar em emancipação "enquanto não *formos* classe trabalhadora"? (ibidem, p. 212).

Susan Buck-Morss (1981), por sua vez, havia descrito claramente que "Adorno se havia diferenciado fundamentalmente de Marx porque sua filosofia jamais incluiu uma *teoria da ação política* (s.n.). Embora tenha continuado insistindo na necessidade da transformação social revolucionária, esta afirmação continuava sendo abstrata, na medida em que a teoria de Adorno não incluía qualquer conceito de *sujeito revolucionário coletivo* que pudesse levar a cabo tal transformação" (op. cit., p. 70; o grifo é nosso). Fiéis seguidores da concepção adorniana, os adeptos do Open Marxism manifestarão particular aversão ao tratamento do problema da práxis revolucionária. Possuindo outros interlocutores, diferentes dos de seu mestre Adorno, Holloway avançará com uma crítica radical a Lenin, avaliando o leninismo como "o trágico dilema da revolução" (Holloway, 2002, p. 194), o "ícone de um realismo aceitável da tradição revolucionária profundamente irreal. Este realismo é o realismo do poder, e nada mais faz do que reproduzir poder" (ibidem, p. 37). Críticas semelhantes contra a organização política, ainda que em um tom mais brando, encontraremos em W. Bonefeld: "Há que esquecer a idéia do partido revolucionário como a forma de organização da revolução [...] porque somente as próprias massas subordinadas podem alcançar sua emancipação" (Bonefeld e Tischler, 2002, p. 18).

O Open Marxism conclui desfazendo-se de toda discussão sobre a organização, já que o sujeito a ser analisado é o sujeito da dominação, o sujeito alienado; "a luta contra o fetichismo e o antifetichismo (como negação interna) existe dentro de nós, coletiva e individualmente" (Holloway, 2002, p. 213). E para negar a necessidade da organização, ainda que o ataque seja dirigido a uma concepção vanguardista de organização, Holloway arremata dizendo: "Em virtude do fato de viver em uma sociedade antagônica, todos estamos fetichizados como em luta contra o fetichismo." Já ressaltamos a insistente recusa de Holloway em aceitar uma definição das classes. Esta idéia se desdobrará na manifesta dificuldade de Holloway em incorporar a classe dentro da fundamentação de sua teoria[67] e, conseqüentemente, permitir que a validade de tal teoria estivesse, de alguma maneira, dependente da possibilidade de sua aplicação direta na práxis política. Esta recusa, o fato de prescindir de toda e qualquer organização, é compreensível, no Open Marxism de Holloway, a partir do momento que consideramos a criatividade, o *poder-fazer*, o trabalho em si (afastado de todo trabalho alienado, distanciado) como o substrato da prática da emancipação, de qualquer discussão sobre a revolução.

Se o poder é ubíquo, a resistência também o será; e será possível, neste tipo de antagonismo, prescindir da organização. Esta posição, sustentada pelo Open Marxism em geral e aprofundada por Holloway, pode parecer, à primeira vista, razoável e realista, no marco da configuração mundial do antagonismo: constituição de novos sujeitos, desmembramentos e fragmentação dos velhos movimentos; crise das organizações políticas existentes; desenvolvimento e crescimento dos novos movimentos sociais; surgimento de movimentos antiglobalização etc. Enfim, a existência de uma nova paisagem antagônica global e nacional, cujas referências são Seattle, Gênova, Barcelona e Porto Alegre. Este contexto parece especialmente funcional a idéias como as defendidas

[67] "Não é possível definir o sujeito crítico-revolucionário porque este é indefinível. O sujeito crítico-revolucionário não é um *quem* definido, mas um *que* indefinido, indefinível e antidefinicional" (Holloway, 2002, p. 218).

pelo Open Marxism, na medida em que os novos movimentos sociais vão tateando novas formas de organização política, novas práticas de resistência, em suma, novos caminhos de autovalorização. É a partir da coincidência da teoria esboçada pelo Open Marxism com a realidade de vida presente nos diversos movimentos que as concepções da escola britânica adquirem uma projeção particular, dando lugar a uma perigosa confusão. Com efeito, a coexistência entre esta idéia e uma dinâmica social de acordo pressupõe uma correta adequação entre o conceito e a práxis social presente, ao mesmo tempo que demonstra um desprezo específico por toda forma organizativa, desvalorizando e criticando veementemente toda vontade, todo desejo posto em jogo pelos movimentos para a construção desta ferramenta política.

Diante da ubiqüidade do poder, segundo afirma Holloway, deve-se desenvolver uma resistência que se torna igualmente ubíqua. A teoria é entendida como parte da luta: trata-se de lutar através da crítica para recuperar o *fazer*. A crítica, para o Open Marxism, adquire assim duplo movimento: um primeiro movimento analítico que implica ir mais além das aparências; e um segundo movimento, genético, que tenta traçar a origem ou a gênese do fenômeno criticado. Percorre-se assim um caminho até detectar a origem das aparências (que Holloway localiza no fazer humano) e que dá origem à sua própria negação. O conhecimento, para Holloway, deve ser entendido como uma reapropriação do objeto, como recuperação do *poder-fazer*, já que o objeto se nos enfrenta como algo separado de nós, algo que está fora. "O processo de conhecimento é, portanto, crítico: negar a exterioridade do objeto e, ao mesmo tempo, mostrar como nós, os sujeitos, o criamos" (Holloway, 2002, p. 165). A crítica é entendida por Holloway como o começo da reunificação do sujeito com o objeto. O objeto da crítica é recuperar a subjetividade, reverter a subjetividade e colocá-la no lugar da subjetividade perdida. Holloway resgatará o método de Marx, entendido como aquele que segue no pensamento (e, portanto, por não fazer parte conscientemente de) o movimento do processo do fazer. A gênese é gênese humana, o poder-fazer humano.

Como Holloway vê na negatividade crítica uma força criativa em si mesma, na realidade, quando postula que o movimento de desfetichização é a voz teórica do grito, está propondo que, através da própria força da negatividade, pode-se alcançar o conhecimento da verdade e que, nesta dinâmica, a transformação que se opera na "consciência" conduzirá, de alguma maneira, à práxis social. Fica claro que em Holloway e para o Open Marxism o núcleo da relação entre teoria e prática, entre práxis intelectual e práxis política acaba sendo vago e abstrato, sem qualquer explicação referenciada no meio social que pudesse servir de condutor nesta mediação, uma vez rechaçado o papel do partido. O intermediário para a mediação no Open Marxism continua sendo tão misterioso como o intermediário entre os espíritos e a carne no mundo.

Existe, sem dúvida, em Holloway e no Open Marxism uma aversão à idéia de um sujeito coletivo. Em Holloway subsiste aquela precondição adorniana de *interpretar* o mundo não como substituto da mudança, mas como condição de possibilidade desta mudança e como elemento de prevenção a uma *falsa práxis*. Na teoria do Open Marxism não há lugar para a *consciência de classe como experiência política*. Pelo contrário, tudo parece indicar que Holloway desenvolve uma concepção da consciência individual como sujeito da experiência cognitiva. Se para Lukács o contraconceito da reificação é a consciência de classe, em Holloway este papel será o da experiência.

Excurso 2: Autonomismo e organização política

Já fizemos menção anteriormente de como o novo ciclo de lutas aberto em 1968 marcou o começo da ruptura definitiva de Negri com o marxismo crítico. Foi um distanciamento definitivo que atingiu o ápice com o surgimento de uma nova subjetividade operária que, ao demandar um projeto político imediato, se mostrava alheia à estrutura teórica do tipo de marxismo abraçado pela teoria crítica. Seria com a intensidade das lutas sociais em meados dos anos 1970 que a questão sobre a subjetividade ascendeu ao ponto mais alto da agenda política do autonomismo. Foi neste contexto que Negri afastou-se definitivamente da teoria crítica:

a classe operária, no âmbito da luta e do enfrentamento da época, não podia continuar sendo vista como sujeito passivo da exploração, construído por meio dos mecanismos de dominação capitalista. Esta leitura exigia uma mudança radical: recuperar a leitura de Marx sobre a Comuna de Paris e a Revolução de 1848, onde o sujeito ativo se constituía sobre a base de suas necessidades e desejos, enquanto fazia emergir uma nova sociedade. Esta ruptura no pensamento de Negri, esta inversão na abordagem própria do marxismo crítico não significará, contudo, um afastamento de Marx; ao contrário, avança na perspectiva de aprofundar a problemática marxista tentando reconhecer a emergência do sujeito "classe operária" como o pensamento central do Marx "maduro". É neste momento que Lenin haveria de se converter em importante ponto de apoio para Negri, ao mesmo tempo que se afiançava em uma perspectiva fortemente antialthusseriana. Com efeito, para Negri a diferença entre o jovem e o velho Marx não poderia ser rebatida, como fazia a interpretação althusseriana em uma ruptura epistemológica; em todo caso, tratava-se de uma ruptura com relação às subjetividades.

Assim como Negri se viu obrigado a reconhecer o papel central do sujeito na concepção marxiana, também devemos admitir que a importância do sujeito em Negri não foi alcançada à margem de Lenin. Mais ainda, diríamos que a distância entre Negri e Althusser poderia ser medida pelas apreciações que ambos fizeram de Lenin. Se Althusser critica a academia por não haver reconhecido em Lenin o filósofo, por trás do seu *slogan* "Sem teoria revolucionária não existe ação revolucionária", Negri resgatará o conceito leninista: é muito mais útil ou interessante fazer a revolução do que escrever sobre ela. Ademais, o convite que nos faz Althusser para resgatar Lenin não se baseia na prática revolucionária do dirigente russo, mas muito mais no resgate do gênio de Lenin por trás de suas tentativas de subordinar a prática revolucionária ao desenvolvimento do horizonte teórico. Althusser buscava introduzir Lenin na academia. Negri, ao contrário, o convocava para deslocar-se da academia para a fábrica. O estudo de Lenin provocará em Negri uma verdadeira ruptura subjetiva, em que o sujeito aparecerá como a força condutora que subverte e reorienta as estruturas que constituem o horizonte conceitual. Daí em diante, a concepção de organização em Negri estará fortemente ancorada em uma teoria da subjetividade dos trabalhadores, muito mais do que na crítica da economia política.

Poderíamos postular que a recuperação da perspectiva leninista, da maneira como Negri a desenvolve, representa outro ponto de diferenciação de Negri com a abordagem do Open Marxism. Negri incorporará Lenin para poder avançar em suas análises da *composição* e da *organização da classe*. No entanto, a figura de Lenin que é resgatada por Negri não é a figura classicamente difundida de Lenin; neste aspecto, Negri desenvolve uma leitura marxista de Lenin, diferente daquela que é usualmente divulgada.

Comparando ambas as concepções — a operaísta e a leninista —, surgem duas observações importantes. Uma primeira observação leva a pontuar o hiato existente entre a intensidade e a densidade da exaltação da subjetividade operária, própria do autonomismo, e que termina na inversão de classe que já foi mencionada, e o postulado leninista que, ao se alavancar no elo mais fraco do capitalismo como elemento fundante da transformação social, acaba relegando a segundo plano a subjetividade operária. Uma segunda observação ressalta que, enquanto Lenin baseia sua teoria da organização na crítica da economia política, Negri o fará com base em uma teoria da subjetividade dos trabalhadores, que será desenvolvida neste sentido.

Com efeito, Negri construirá uma teoria da subjetividade operária com base em dois aportes leninistas: a) a categoria *formação social econômica*, que Lenin utilizará para sua análise do desenvolvimento do capitalismo na Rússia; e b) a orientação particular que Lenin imprime à investigação das condições reais do comportamento do movimento operário, a qual orienta sua teoria leninista da organização. Nesta perspectiva, Negri se deslocará da *Crítica da economia política* até a teoria da organização. Negri orienta sua análise do sujeito incorporando aqueles trabalhos de Lenin baseados fundamentalmente na espontaneidade das massas e no caráter economicista das lutas que as orientava. Também convergem nesta mesma direção de trabalhos de Lenin como *Quem são os amigos do povo*, em que a espontaneidade das massas é caracterizada por Negri como o primeiro momento da organização leninista. Esta leitura particular de Lenin permitirá que Negri conclua resgatando: 1) a importância política que Lenin atribui às lutas espontâneas dos trabalhadores mais altamente qualificados; 2) o fato de que as lutas operárias, apesar da pouca maturidade organizativa, sempre manifestam uma intuição política, aludem a alguma meta política. Podemos concluir, de nossa parte, afirmando que a espontaneidade e o economicismo, que seriam frontalmente criticados pelo leninismo, são analisados por Negri como o momento primário da subjetividade operária emergente, e como os primeiros momentos da organização por vir. Longe de abandonar o caráter espontâneo e o perfil economicista das lutas, Negri considerará que a emergência da subjetividade operária, assim como os elementos associados a esta espontaneidade, constituem os primeiros momentos da organização por vir, assim como a organização da própria subjetividade operária.

De qualquer maneira, o viés particular que atingem as análises em textos como *Que fazer*, que traz fortes críticas ao espontaneísmo das massas, é considerado por Negri a conclusão lógica de um processo que eleva a subjetividade de massas ao nível da verdade, e confere *identidade interior* à classe operária. Na medida em que o partido leninista assume o modelo de fábrica taylorista como a matéria-prima da subjetividade espontânea dos trabalhadores, para logo transformá-la em uma arma coerente e subversiva, esta concepção de partido define, com a categoria mencionada de formação social econômica, que o partido, a organização política da classe, encontra-se aparentada ao que o autonomismo designa como composição de classe. Esta concepção leninista resultará por demais crítica, tanto em relação às concepções anarcossindicalistas, quanto para com aquela outra perspectiva que recusa qualquer construção política que tenha estado ou ainda esteja apoiada na espontaneidade das massas. O paradoxo da teoria da subjetividade leninista repousa na perfeita identidade dos dois momentos da organização: a liberdade de atividade e a prefiguração possível. Mas qual seria a lógica desta prefiguração? O que leva Lenin e Negri a pensarem que a expressão espontânea das massas vai culminar em um programa político consciente? A semente da subjetividade de classe leninista deve ser buscada no modo de produção específico, na forma de organização que adota o comando capitalista. A subjetividade não pode ficar restrita ao produto das lutas econômicas espontâneas derivadas dos desejos dos trabalhadores; pelo contrário, as lutas dos trabalhadores são o resultado dos desejos determinados formados pelas relações materiais de trabalho no processo de produção. A espontaneidade reside no fato de que a expressão dos trabalhadores não provém de nenhuma organização externa, mas nasce diretamente das próprias condições materiais. Dito de outra forma, a afirmação leninista de "lutas econômicas como expressão espontânea do trabalhador" não deveria ser interpretada como uma definição *idealista* da subjetividade; pelo contrário, em Lenin o sujeito é definido a partir de sua composição material de luta, do salário, de sua localização institucional. Assim, os sujeitos são definidos no marco de condições específicas e a partir de sua relação com o trabalho.

Quando Lenin vê no operário qualificado russo o sujeito paradigmático da época, formula esta apreciação como uma *abstração*, ainda que em termos marxistas trate-se de uma *abstração determinada*. Não estamos, portanto, diante de uma categoria baseada em uma especulação idealista, e sim frente ao reconhecimento de uma tendência real no mundo material, neste caso, da composição de classe. O paradigma da subjetividade é que vai dar sustentação ao modelo de organização revolucionária. Neste sentido, a organização revolucionária está já prefigurada no próprio processo de trabalho. A partir de uma determinada subjetividade operária, o Partido Operário Social-democrata Russo acabou assumindo a tarefa da organização hierárquica da produção capitalista russa, quando reproduziu a mesma relação entre a vanguarda e as massas fabris.

O caráter *externo* que assumia o partido de vanguarda representativo da classe trabalhadora encontrava seu correlato produtivo na separação que o próprio processo de produção fazia com os trabalhadores profissionais, ao afastá-los dos operários da produção, retirando-os da linha de produção. A força e as limitações da teoria leninista repousam sobre esta forte relação que se estabeleceu entre forma de organização e um modo de produção capitalista específico. O partido revolucionário foi efetivo como forma de organização dos trabalhadores na Rússia pré-revolucionária, porque recuperou uma forma específica de organização imanente ao processo de produção industrial que lhe era contemporâneo. Mas sua arquitetura datada e restrita era limitada, na medida em que correspondia a um modo de organização da produção específico da Rússia daquela época. Justamente por isso, o partido leninista deve ser considerado único.

Uma das lições mais importantes que Negri extraiu de seu estudo sobre Lenin foi a necessidade de relacionar a discussão e a prática dos problemas de organização com a materialidade real dos movimentos de classe. Uma aprendizagem que lhe permitirá afirmar que o modelo de organização leninista não era mais adequado para a compreensão do modo de produção de nossos dias. Estabelecer uma correspondência entre o modo organizativo leninista com o dos tempos atuais exige que se encontrem previamente semelhanças entre a composição de classe da época leninista e a atual configuração. Mas o que podemos observar, neste aspecto, são formidáveis pontos de descontinuidade e heterogeneidade. A fragmentação, o comportamento autônomo, as greves selvagens, as ocupações de fábrica mostram uma diferença significativa com relação àquelas manifestações espontâneas dos trabalhadores, que expressavam ainda um alto grau de verticalismo. Comparada com a dinâmica das lutas na Rússia czarista, a dinâmica das lutas de resistência de nossos dias, a relação entre o comando e as bases, adota uma fisionomia muito mais horizontal.

Se a produção especializada russa forneceu as condições para o surgimento do trabalhador profissional, como paradigma da subjetividade operária, na década de 1930, a reestruturação capitalista destruiria as condições de produção do operário profissional, enquanto se pulverizavam as hierarquias entre os trabalhadores e se desestruturava a relação entre a vanguarda e as massas que havia caracterizado a organização anterior dos trabalhadores. Negri reconhece e se refere a esta mudança histórica que o separa de Lenin em termos marxistas como a passagem da *subsunção formal* à *subsunção real* do trabalho pelo capital. Na fase da *subsunção formal* verifica-se uma defasagem entre a produção social e o capitalismo; com efeito, ainda persistem nessa época certas formas de cooperação social em espaços de produção externos ao capital, que serão formalmente subsumidos na estrutura global de dominação capitalista. Já na *subsunção real*, a força de trabalho e as relações capitalistas de produção estender-se-ão horizontalmente pela sociedade.

Mais tarde Negri reconheceria toda a importância da passagem de uma etapa a outra. Mas naquela altura a argumentação era mais simples: Lenin reconheceu em termos de subsunção formal a existência de uma defasagem entre as particularidades das lutas econômicas e a generalidade das lutas políticas que necessitavam ser afirmadas ou recuperadas pela organização do partido. Esta passagem do particular para o geral entre as lutas econômicas e as lutas políticas constituiu a base da proposta leninista de um partido externo à classe operária. Hoje, no marco da subsunção real, na medida em que se dilui esta separação, não existe base para uma organização política "externa".

Na realidade, para Negri o aspecto mais inovador do pensamento de Lenin é sua metodologia de massa, sua teoria da inteligência de massa, sua habilidade para diluir a teoria na prática das massas e cristalizá-la em uma leitura central. Nas mãos de Negri o leninismo é uma proposta de reorientação do esforço marxista, de subordinação e incorporação da crítica do capital no projeto revolucionário da classe trabalhadora.

O processo de reestruturação capitalista e as modificações alcançadas no nível das subjetividades operárias vão provocar em Negri uma mudança com relação à organização política. O surgimento do operário-massa derivará em uma adequação da organização política: o *partido profissional de vanguarda* será substituído pelo *partido de vanguarda de massas*. É que as diferenças entre lutas econômicas e lutas políticas teorizadas por Lenin já não se mostravam adequadas para uma análise dos antagonismos sociais. Apoiada no poder da subjetividade de massas, a classe operária recusará toda forma de representação externa e se apresentará, ela mesma, como sujeito de poder imediato. Contudo, este primeiro componente do conceito parece desvirtuar-se quando Negri reconhece, não poucas vezes, a necessidade de uma vanguarda que unifique e dirija: naquele caso, seriam os operários-massa das grandes fábricas que teriam a tarefa política de se constituir em vanguarda, na medida em que constituíam o coração da produção capitalista. Mais tarde, fará uma colocação semelhante com respeito ao *cyborg* da época do Império. Assim, Negri recoloca a centralidade revolucionária e a necessidade política do partido em outros termos. Sua proposta, naquele momento, era de que o partido fosse paradoxalmente interno e externo às massas, na medida em que ambas as lutas, as das massas como lutas econômicas e as da vanguarda como lutas políticas pelo poder, encontram-se dialeticamente unidas no partido de vanguarda de massas. A passagem das lutas econômicas às lutas políticas significará, na leitura de Negri, um salto da quantidade à qualidade. De toda maneira, este conceito de vanguarda-massa nunca chegou a convencer totalmente Negri, que continuará buscando uma síntese social que lhe permita alcançar a definição de um sujeito revolucionário suficientemente forte para satisfazer as necessidades da classe.

Fica claro que o Open Marxism e a Autonomia Operária postulam pontos de vista absolutamente distintos com relação à organização política. Enquanto o Open Marxism recusa a tomada do poder *tout court*, renegando as posições leninistas; minimizando a problemática da organização política; subordina a construção do projeto político à crítica do capital, privilegiando em seu lugar a análise do sujeito explorado e oprimido, submetido à logica fetichizante; o autonomismo, pelo contrário, resgatará o Lenin que baseia a construção da organização na produção da subjetividade operária nas particulares condições materiais de produção. O autonomismo retomará o Lenin que tomou a matéria-prima da subjetividade espontânea dos trabalhadores de fábrica e a transformou em uma arma coerente e subversiva; ao Lenin que postulou que a subjetividade de classe deve ser buscada no modo de produção específico, na forma de organização adotada pelo comando capitalista; finalmente, ao Lenin que adaptou a organização política a uma particular composição de classe.

A RELAÇÃO CAPITAL-TRABALHO

A relação capital-trabalho constitui outro ponto em que o Open Marxism se distancia, discute e polemiza com o autonomismo. O marxismo tradicional esterilizou durante décadas o pensamento vivo de Marx, ao reduzi-lo ora a uma crítica da hegemonia capitalista, ora ao exame das "leis" que regem seu movimento. A sedução que os mecanismos de opressão, o despotismo do capital na fábrica e a dominação cultural capitalista despertaram nos marxistas tradicionais impediu que pudessem incorporar a presença ativa do sujeito antagônico nesse processo. Neste embate a classe capitalista acabou sendo o único sujeito reconhecido, enquanto a incorporação do sujeito operário no confronto o remetia ao papel de elemento produzido pelo próprio desenvolvimento capitalista. Assim a dinâmica do capitalismo foi quase invariavelmente analisada a partir das contradições internas geradas entre os capitalistas, canalizadas através da concorrência.

Para o autonomismo, a relação capital-trabalho reveste-se das características de uma relação *externa*, na qual o capital depende do movimento operário e em que a história do capital é a história de sua reação contra o trabalho. Na versão do Open Marxism, embora o capital dependa do trabalho, do produto do trabalho, neste caso a relação que se estabelece é uma relação *interna*, na medida em que a constituição de um pólo é produzida pela atividade do outro. Na versão do autonomismo o trabalho é visto *contra* o capital, enquanto o capital é incorporado como limite ou restrição ao poder do trabalho vivo, ou seja, à criatividade e à energia humana. De acordo com o autonomismo, a análise que Marx realiza do capital enquanto trabalho morto deve ser abordada em um contexto no qual o dinamismo social pivoteia justamente sobre o espaço que o capital tenta dominar; e onde justamente este dinamismo é que salta permanentemente sobre as barreiras e provoca a crise. O *poder como comando*, terminologia que Negri toma de empréstimo a Spinoza, depende da habilidade do capital para comandar *nosso* poder de constituir a sociedade. Toda teoria da crise deve estar referenciada em uma análise da dinâmica desta luta antagônica. Por sua vez, na versão do Open

Marxism o trabalho deve ser abordado desde a dimensão *em* e *contra* a que já nos referimos.

No primeiro caso, na visão do autonomismo, a dinâmica do capital é interpretada como uma *reação*; no outro caso, de acordo com o Open Marxism, a dinâmica capitalista é apreendida como um *produto*. Embora as duas concepções estejam presentes no autonomismo, Holloway observa que, ao se ver impossibilitada de analisar a relação interna capital-trabalho, a escola italiana acabará subestimando o nível de existência da classe operária *nas* formas capitalistas. No entanto, argumenta Holloway, entender a lógica do capital somente a partir da luta política e relegar a segundo plano a consideração das leis objetivas tendenciais conduzirão Negri a considerar redundante a lei do valor (Negri, 1992b), razão pela qual, para o autonomismo, a disputa ficará colocada em termos de jogos de ação e reação: quanto maior a força das lutas da classe operária, maior a reação defensiva capitalista e maior o componente totalitário na resposta.

Na perspectiva do Open Marxism, a relação capital-trabalho não deve ser abordada a partir de uma inversão da relação. Pelo contrário, trata-se de dissolvê-la. É neste momento que o Open Marxism irá introduzir a análise da *forma*. Por este prisma teórico, o reconhecimento da forma dinheiro como forma do valor, e a forma valor como forma do produto do trabalho, significa aceitar que *dinheiro* e *valor* são formas das relações sociais, processo que supõe a existência de relações internas entre valor, dinheiro e trabalho. Por isso valor, dinheiro e trabalho devem ser analisados como relações sociais. Assim, o Estado, o dinheiro e o capital não podem ser abordados como coisas separadas na sociedade capitalista. Devem, ao contrário, ser analisados como formas das relações sociais que mantêm entre si conexões *internas*. Este processo implica contrapor-se a toda leitura onde a relação é analisada como uma relação externa. Ao se aferrar às externalidades está-se adotando, segundo o Open Marxism, uma leitura das relações sociais em termos causais; privilegiar as conexões internas, pelo contrário, remete a sua metamorfose.

Bonefeld (1994) reconhece que, diferentemente do estruturalismo, o autonomismo coloca no centro de sua análise a própria atividade da classe operária (auto-atividade do trabalho). Neste sentido, o autonomismo interpreta as relações sociais como relações essencialmente práticas, manifestando assim suas diferenças com o estruturalismo. Contudo, prossegue Bonefeld, o autonomismo, apesar de considerar a luta de classes dado primário, não chega a desenvolver esta noção em uma perspectiva radical, pois ele tende a dividir a existência social em duas esferas: uma, a da máquina, na qual impera a lógica do capital; e a outra, a do poder transcendente da prática social que é própria da classe antagônica. Desta maneira, a ênfase colocada na auto-atividade do trabalho está fundada na inversão da perspectiva de classe, deslocando o núcleo central da análise no desenvolvimento do capitalismo em direção às lutas da classe operária. Partindo da análise que Mario Tronti realiza em seu livro "A recusa ao trabalho" (Tronti, 2001, p. 248), em que se lê que "a classe dos capitalistas já nasce subordinada à classe operária. Daí a necessidade da exploração [...] a exploração historicamente tem origem na necessidade do capital de evitar a subordinação à classe dos operários produtores", Bonefeld conclui que esta afirmação destrói toda possibilidade de considerar o trabalho um *poder constituinte*. O capital no autonomismo, prossegue Bonefeld, é tido um sujeito que tem direito e que não só reage contra a força do movimento operário mas vive enganando a auto-atividade do trabalho, servindo desta maneira à causa do capital.

O trabalho, na versão operaísta, não é considerado produtor das formas corrompidas; é tido como exterior ao próprio mundo social corrompido. O poder constitutivo do trabalho se posiciona externamente frente a sua própria corrupção, denominada capital. Ao mesmo tempo, a ênfase colocada no componente *luta* no espaço aberto de disputa entre estrutura e luta impede ultrapassar a própria separação teórica. O operaísmo, segundo Bonefeld, não questiona por que a prática humana subsiste na forma corrompida da dominação capitalista. Menos ainda se coloca o problema da *forma*. Simplesmente invocando a proximidade revolucionária do trabalho, o autonomismo tende a externalizar a estrutura do sujeito, induzindo desta forma uma concepção subjetivista que é, para o Open Marxism, a outra face do determinismo. De acordo com esta leitura, afirma o Open Marxism, a luta de classes permanece externa ao objeto, e o capital parece construído segundo uma lógica de dinâmica que se fecha sobre si mesma e cujas inconsistências — tratadas de maneira separada das contradições constitutivas da relação capital-trabalho — provêem pontos de ruptura para a autonomização revolucionária. A relação capital-trabalho é abordada pela Autonomia Operária, continua Bonefeld, como uma lógica sistêmica repressiva que se contrapõe às forças subjetivas de maneira dualista e externa. Neste sentido, para o Open Marxism o operaísmo comete o mesmo pecado dualista do estruturalismo. Se no estruturalismo a contradição adota a forma de inadequação ou disfuncionalidade estrutural entre regiões distintas — tal como entre a economia e a política —, no operaísmo a contradição agora se expressa entre a autonomia de um sujeito revolucionário e o sistema capitalista.

Segundo Bonefeld, a análise deve ser capaz de dar conta tanto das *conexões internas* entre os fenômenos sociais quanto de estabelecer igualmente a *natureza interna* de sua relação. No caso das *conexões* internas, deve poder teorizar sobre o conteúdo humano que constitui a realidade social interconectada, a qual, embora determine formas complexas e diferentes umas das outras, possui uma unidade interna. Falar de interconexão significa explicitar aquele poder constitutivo que torna os fenômenos sociais diferentes uns dos outros, no interior de uma unidade. Na realidade, os diferentes fenômenos existem uns através dos outros; cada fenômeno é a pressuposição do outro. Por isso o Open Marxism recusa toda diferença entre construções abstratas de lógicas econômicas e políticas e a existência destas lógicas em um mundo real. A estrutura e a luta se envolvem entre si, como momentos de um processo. Ambas existem como formas de existência da relação que os constitui, como diz o Open Marxism. Neste sentido, a noção de *objetividade social* só poderá ser compreendida quando a objetividade for abordada como uma abstração existente, uma *abstração que existe na prática. As relações sociais são assim, para o* Open Marxism, *relações práticas*. O conceito de que as relações sociais estão fundadas *na* e *através da* prática implica um diferente ponto de partida com relação àqueles pressupostos segundo os quais o mundo se apresenta fragmentado. E este ponto de partida é justamente a constituição social do movimento histórico do trabalho (Bonefeld, 1994, p. 45). A chave para compreender a história da sociedade reside, segundo o Open Marxism, no *desenvolvimento histórico do trabalho*. Esta chave está contida na abstração mencionada, ou seja, naquele conteúdo humano que existe na sociedade capitalista como forma negada. Porém, na sociedade capitalista o poder produtivo do trabalho social adota a forma pervertida do valor. O ponto de partida não pode ser o capital. E é assim porque em Marx o que se afirma como *objetividade lógica*, *objetividade* ou *existência objetiva* é considerado *subjetividade alienada* (idem).

A análise de Negri, por sua vez, vai destacar a existência de dois sujeitos na história do capitalismo. Sua leitura política acompanha o desenvolvimento cronológico dos fatos com base em dois níveis interconectados: por um lado, avança na análise do conteúdo político das categorias marxistas; por outro, examina o método de Marx no desenvolvimento de seu trabalho. Negri observa uma crescente tensão entre o comportamento dialético do capital e a lógica antagonística de separação que exerce a classe trabalhadora. Processo no qual a dialética não é incorporada como uma lei metafísica associada a um desenvolvimento cosmológico e sim como a forma que impulsiona o capital para conter as lutas da classe trabalhadora (Hardt, Prefácio a Negri, 2001a). Dito de outra maneira, quando o capital consegue exitosamente amansar as lutas da classe operária submetendo a subjetividade da classe ao jugo capitalista, impõe a unidade contraditória da relação dialética. Mas, para que tal coisa aconteça, o capital deve vencer o outro sujeito, a classe operária, que se movimenta e se desenvolve segundo sua própria lógica separada. Esta lógica não é uma lógica dialética, e sim de antagonismo, de separação, lógica que caracteriza a dinâmica operária não para controlar seu oponente, mas sim para destruí-lo e alcançar sua libertação. São duas lógicas diferentes correspondendo a duas classes diferentes e opostas. Tal é a leitura de Negri com relação à análise de Marx. A lógica dialética do capital e a lógica antagônica da classe operária (idem).

Em *Marx além Marx* Negri tenta demonstrar como Marx abordou o desenvolvimento da sociedade capitalista em simultâneo com o desenvolvimento da classe trabalhadora como sujeito separado e antagônico; como sujeito que desenvolve seu poder empurrando o sistema em direção à sua própria crise e extinção. Negri assinala como Marx, nos *Grundrisse*, foi capaz de traçar o desenvolvimento simultâneo de ambos os sujeitos: enquanto examina, por um lado, os passos do capital desde sua dominação formal pelo dinheiro, até sua dominação direta na produção e circulação, que culmina no nível do mercado mundial, por outro, lança luz sobre o crescimento da classe trabalhadora. Neste caso, sua análise percorre um caminho que parte da força do trabalho vivo dominada, passa pela etapa do proletariado industrial, até alcançar seu pleno desenvolvimento como classe revolucionária no momento da reprodução social. Dois sujeitos confinados juntos pelo poder de um deles para dominar o outro. Embora, no entanto, trate-se de dois sujeitos com poder para atuar, desenhar e modelar sua própria iniciativa na luta de classes. Sob esta perspectiva não há dúvidas de que a categoria de *hegemonia capitalista* fica, no mínimo, eclipsada.

Com efeito, do ponto de vista do desenvolvimento do sujeito classe operária, a categoria *hegemonia* é, no melhor dos casos, um mecanismo de controle momentâneo, permanentemente superado pelas lutas operárias. Não se pode confundir, neste sentido, o fato de que os capitalistas tenham sido capazes de retomar o controle depois que alguma crise ou disputa tivesse sido superada, com o conceito de hegemonia sem desafio. O resultado da luta de classes, como produto da confrontação de dois sujeitos antagônicos, é imprevisível. Esta perspectiva de análise torna igualmente inadequado o conceito de *objetividade das leis capitalistas*. Num mundo de dois sujeitos antagônicos, a única objetividade é o produto de seus conflitos. No entanto, no desenrolar deste choque de subjetividades, o desenvolvimento contínuo da classe operária desde sua condição de sujeito dominado até a de classe revolucionária implicará um questionamento e um permanente desgaste do controle capitalista. Por isso a concorrência entre capitais tem o significado, para Negri, de constituir sobretudo uma disputa primitiva e sórdida, muito mais do que um vetor que resulta do desenvolvimento do capitalismo. O *poder como comando*, segundo o entende Negri a partir de Spinoza, depende para subsistir de sua habilidade para comandar, do poder para constituir a sociedade. De onde toda teoria da crise deve estar ancorada na análise da dinâmica deste antagonismo.

Nesta perspectiva, a crise, incluindo a atual crise capitalista, deve ser vista como o fracasso capitalista em controlar a luta combinada e complementar da classe trabalhadora mundial que, operando no mais alto nível de socialização, projeta-se simultaneamente sobre a produção e a reprodução do capital.

Segundo Harry Cleaver (1979), o aspecto básico da teoria marxista está condensado na idéia de uma classe operária que se constitui como força fundamental da sociedade capitalista. Embora a criatividade, a cooperação e a inovação sejam características próprias do gênero humano que facilitam o desenvolvimento normal das tarefas, no capitalismo estas qualidades encontram-se circunscritas, de tal maneira que só podem ser instrumentalizadas como poder ou como poder de comando. A organização social particular que modela a sociedade capitalista exige circunscrever e restringir o poder da classe operária, para que se possa impulsionar o desenvolvimento normal do capitalismo. De modo que é possível pensar a dinâmica capitalista como a dinâmica que assume esta relação antagônica e que obviamente envolve inúmeras formas de relação entre o poder de comando (capital) e o poder (trabalho).

Mas qual seria a dinâmica da crise, na perspectiva de Cleaver? Na realidade, para este autor nunca há ausência de poder na sociedade; sem poder para restringir, o poder de comandar ficaria sem sentido. Embora seja certo que o trabalho morto comanda o trabalho vivo, a dinâmica do capitalismo, a dinâmica desta relação antagônica é muito variada e cambiante. Nesta dinâmica de fundo o desenvolvimento da crise pode ser interpretado segundo uma seqüência em que, num primeiro momento, o poder precipita a crise a partir de sua força e as restrições que seu desenvolvimento acaba impondo. É o momento da abertura dos espaços de enfrentamento e das lutas. Trata-se de momentos nos quais é possível atuar de maneira a rechaçar a instrumentalização capitalista. Neste sentido, a crise do keynesianismo significou a ruptura dos fios de controle que haviam sido tecidos pela *fábrica social*[68] no conjunto da sociedade. Um segundo momento da crise está relacionado com a tentativa capitalista de superar a crise, lançando-a no interior da classe operária, enquanto o capital tenta impulsionar as melhoras que haviam sido questionadas pelos trabalhadores neste processo, desta vez mediante a reestruturação produtiva. Alcança-se assim um maior controle sobre o trabalho, ao mesmo tempo que se avança na reestruturação técnico-política, dinamizada pela diminuição dos salários reais, pela geração de maior desemprego e pelas tentativas de subordinar as diferentes expressões sociais de resistência ao poder capitalista. Exemplares destas lutas sociais são as lutas das mulheres e dos estudantes no espaço de enfrentamento que se abriu a partir de meados da década de 1960.

Podemos concluir dizendo que, para Negri, o capitalismo é um sistema social com duas subjetividades, em que uma delas, o capital, controla a outra, a classe operária, através da imposição do trabalho e do sobretrabalho. A lógica deste controle é uma lógica dialética que restringe o desenvolvimento humano aos limites da valorização do capital (Hardt, Prefácio a Negri, 2001a). Daí que a luta central dos trabalhadores como sujeitos independentes signifique superar e romper o controle do capital através daquilo que o autonomismo denominou *recusa ao trabalho*[69]. A lógica desta recusa é uma lógica antagonística, de separação antagônica, cuja realização mina e destrói a dialética do capital. Sobre este espaço conquistado a classe operária constrói seu próprio projeto independen-

[68]Para uma discussão sobre a categoria *fábrica social* vide Mario Tronti, *A fábrica e a sociedade* (Tronti, 2001, p. 43 e seguintes).

[69]Recusa ao trabalho tem o sentido de uma palavra de ordem, um lema contra a concepção bastante difundida e amplamente aceita em diferentes âmbitos socialistas e marxistas de exaltação do trabalho (o trabalho dignifica). O operaísmo entende que a destruição do capitalismo implica também a dissolução do trabalhador enquanto tal. Não se pode confundir com negação ou desvalorização das capacidades criativas e produtivas de cada um. É, em todo caso, a recusa do comando capitalista enquanto estrutura e relação de produção que aprisiona e distorce esta capacidade e, ao mesmo, afirmação da capacidade produtiva e criativa autônoma e independente das relações capitalistas de produção.

te, sua própria *autovalorização*[70]. A revolução, diz Negri, é um ato que se desenrola simultaneamente em dois cenários: um, o da destruição do capital; e o outro, o da constituição de uma nova sociedade, o comunismo.

Quando Negri se refere ao capital, ele o faz como modo de existência dialética, já que em sua disputa com o trabalho toda luta é recuperada a partir de sua lógica. Para a teoria operaísta, a lógica da acumulação de capital não está separada da maneira como a classe operária pode enfrentar esta lógica e lutar contra ela. A acumulação de capital é, neste sentido, muito mais acumulação de classes e, portanto, das lutas entre elas. Mas, se a acumulação de capital é luta de classes, o poder da classe operária estará aí sempre presente como ameaça, em alguns casos, ou como ação exitosa, em outros, ao provocar a ruptura do sistema e precipitar a crise. A teoria da *composição de classes* retoma a leitura de Marx com relação à composição do capital, ainda que desta vez seja explicitada em termos da divisão das relações de poder gestadas *nas* e *entre* as classes, no processo de acumulação de capital.

Segundo Cleaver, não é possível falar em autonomia operária a partir de uma lógica de separação *propriamente dita* entre a classe operária e o capital; trata-se, antes, de uma luta permanente para separar-se do capital. Trata-se de uma luta *contra* a subordinação da vida ao modo capitalista de organização da sociedade, para que as vidas do trabalho não acabem sendo reduzidas exclusivamente a simples força de trabalho e trabalho vivo, e não se vejam submetidas à forma capitalista de organização da sociedade. Esta luta permanente pela separação sugere que a classe operária desenvolve neste antagonismo novos métodos de organização e luta contra o capital, embora nem todas as lutas adquiram

[70]Na lógica da inversão do ponto de vista de classe, diante da valorização capitalista abordada por Marx como o processo criador de mais-valia no processo do trabalho, o operaísmo promove a categoria *autovalorização*, retirada dos *Grundrisse* e baseada, neste caso, nas necessidades e desejos coletivos da comunidade produtiva. No processo italiano, o operaísmo designou muitas vezes com esta denominação aquelas formas de organização sociais, locais e comunitárias relativamente autônomas da relação de produção capitalista e do controle do Estado. Referida a uma estrutura filosófica, a *autovalorização* é concebida igualmente como o conjunto dos processos sociais que configuram uma subjetividade coletiva alternativa e autônoma dentro e contra a sociedade capitalista.

um caráter de separação do capital. Não são poucos os setores sociais que lutam e combatem dentro do sistema para alcançar níveis superiores na hierarquia social existente, sem ameaçar ou gerar separações com relação ao capital. Contudo, qualquer disputa social que questione o sistema salarial deve ser vista como um questionamento da subordinação da vida à forma capitalista de organização da sociedade. Neste sentido, o caráter atribuído a estas lutas de ir "*mais além de*" é revelador desta tendência à separação, ao mesmo tempo que significa também mover-se em direção a alguma alternativa, na perspectiva da construção desta mesma alternativa. A lógica da separação sugere que a classe operária desenvolva novos métodos de organização enquanto luta contra o capital: é a maneira como se desenvolve o "mais além de". As noções de *autovalorização* e *poder constituinte*[71] são utilizadas por Negri, atestam os esforços do filósofo italiano em teorizar sobre tais lutas e seus limites. E, quaisquer que sejam os limites que lhes atribuamos, elas tiveram a virtude de lançar o problema, apesar dos esforços da maioria dos teóricos marxistas em se esquivar de tal problematização.

Para se opor à dialética do capital, Negri parece sugerir que a classe operária tenha sua própria autonomia, sua própria lógica de separação que resiste à dialética do capital e que, longe de reproduzir especularmente seu contrário, se expande em complexidade e multiplicidade[72]. Alguém poderia se perguntar sobre a validade de tal corolário. Ou melhor, por que, ao final de cada ciclo de luta, com cada ação de reestruturação capitalista, já não se constitui o sujeito social antagônico ao capital? As respostas a tais perguntas podem ser igualmente múltiplas: ou porque ainda não entramos de fato na fase de reestruturação do ciclo; ou bem porque, na realidade, está emergindo uma nova composição de classe,

[71]Extraída da análise de Maquiavel sobre as modernas revoluções políticas, na leitura de Negri esta categoria se baseia nas formas de poder que criam e animam de maneira contínua um conjunto de estruturas jurídicas e políticas. Contrastando com o caráter fechado e estático do poder constituído, trata-se de um processo aberto. A dinâmica revolucionária do poder constituinte é a própria constituição da República. A lógica de enfrentamento pode ser resumida no choque de poder constituinte *versus* poder constituído.

[72]A abordagem de Negri com relação ao sujeito revolucionário baseia-se na idéia da pluralidade designada, entendida como multiplicidade.

agora plural e múltipla. Na realidade, não existe constituição imediata do sujeito ao final de cada ciclo de reestruturação capitalista. Nenhuma corrente política que se considere pertencente ao autonomismo marxista propõe uma constituição automática do sujeito antagônico como produto da crise e de sua reestruturação.

No entanto, o Open Marxism interpretará esta ausência como manifestação de uma linguagem positivista que estaria presente na análise operaísta, na medida em que 1) o autonomismo "enxergaria" a constituição de um novo sujeito como expressão de uma lei de cumprimento automático; e 2) ela liga a construção da subjetividade à reestruturação capitalista. A pergunta a que devemos responder, segundo Holloway, é: quem é o sujeito da crise? A separação formal entre o econômico e o político gerada pelo autonomismo ao separar o ciclo de reestruturação capitalista de um lado, e a nova composição política de classe, de outro, é motivo de crítica da parte do Open Marxism. Até que ponto, interrogam, não existe nesta análise uma perigosa fetichização do sujeito, na medida em que a própria categoria *composição de classe* nos leva a esperar um novo sujeito? Neste sentido, para Holloway, seria a própria vida que constitui o sujeito social antagônico do capital: tatar-se-ia de uma constituição da subjetivação como *processo*. No entanto, e em relação com este questionamento do Open Marxism, basta-nos recordar os esforços que Negri e diversos pós-operaístas realizaram durante um bom tempo, a partir da revista *Futur Antérieur*[73], no sentido de avançar na determinação das novas subjetividades, assim como na análise das diversas respostas que o capital tem oferecido ante a cambiante evolução da subjetividade operária. Neste sentido, a preocupação manifesta com relação ao desenvolvimento do *trabalho imaterial* encontra sua força impulsionadora não só no novo caráter social do trabalho e, portanto, na nova subjetividade operária, mas também nas possibilidades de luta neste período. Donde podemos dizer que a teoria da *composição de classe* deve ser entendida como uma teoria da constelação das relações de po-

[73]E que têm hoje um prolongamento na revista francesa *Multitudes*, na italiana *Posse* e nas brasileiras *Lugar Comum e Global/Brasil.*

der *nas* e *entre as* classes: em um caso, a *recomposição* está referida às lutas da classe operária — lutas sempre políticas — para recompor as relações de poder segundo seu próprio interesse; no outro caso, trata-se da *decomposição* relativa às tentativas capitalistas para precisamente decompor este poder, seja mediante reestruturações, seja mediante o exercício da violência direta para restabelecer seu comando e seu controle.

No que tange às ausências manifestas de novas subjetividades políticas ao final de cada ciclo, o problema maior aparece justamente quando se tenta dar conta do *gap* existente entre, por um lado, os efeitos gerados pela reestruturação no âmbito da divisão social do trabalho, de flexibilização da jornada de trabalho, deslocamentos dos horários etc. e, por outro, a definição de formas mais adequadas de subjetividades políticas para interagir com estes processos. A importância atribuída a tais processos deriva justamente das alterações produzidas nas formas de mediação social preexistentes entre a identidade e seus níveis de organização — um fenômeno que modela a constituição do poder antagônico (*potenza*) e sua transformação em formas visíveis de poder.

A subjetividade política implica, neste caso, não apenas organização, teoria e inteligência, mas também — e especialmente — formas de socialidade, interação, imaginação e comunicação. Torna-se evidente que as crises capitalistas e a reestruturação a elas associada[74] não foram capazes de promover de maneira imediata um novo sujeito antagônico, limitando-se a minar as fontes materiais transcendentais da subjetividade operária que ainda estavam presentes até aquele momento, esgarçando assim as bases da velha subjetividade. O questionamento do Estado de Bem-estar, a comoção que atingiu a tão particular modalidade que havia adotado a unidade familiar fordista, cuja base era o pleno emprego e o trabalho de jornada completa, o aprofundamento e a extensão das críticas

[74]A reestruturação capitalista deve ser entendida como as mudanças originadas na composição orgânica do capital, reflexo da reestruturação empreendida no processo produtivo: incorporação de novas técnicas de produção, novas máquinas, nova organização do trabalho etc. De qualquer maneira, para Cleaver (1979), a verdadeira inovação no processo de produção é a reorganização que envolve a busca de um maior controle do trabalho no processo produtivo. O capital é trabalho morto, donde a única e verdadeira inovação provenha do trabalho vivo.

dirigidas ao Estado como ferramenta de transformação progressiva, enfim, a crítica à tecnologia como força de transformação configuraram os espaços para a remodelação das velhas subjetividades políticas. Na realidade, tratava-se de um questionamento de todas aquelas categorias que haviam historicamente constituído o espaço discursivo e ideológico articulador entre a classe operária fordista e as organizações do movimento operário. O grande mérito de Tronti neste aspecto foi precisamente o de desmistificar a neutralidade e o potencial progressivo daqueles terrenos, que se articulavam no discurso marxista oficial. Donde a construção de uma nova subjetividade, de uma nova identidade, de uma linguagem e uma organização do antagonismo que se transformava em uma tarefa complexa que não podia mais ser simplificada pela simples idéia da construção de um novo sujeito antagônico. O autonomismo italiano buscava remediar esta dificuldade lançando o método da *enquete operária* como co-enquete ou interação entre um investigador comprometido por um lado, e uma classe trabalhadora em mutação, por outro, uma interação que tentava definir discursivamente a natureza política da composição técnica de classe, livrando-a de todos os mitos e estereótipos sociológicos e de positivismo social[75].

De qualquer maneira, podemos afirmar que no pensamento autonomista não fica claro se há adequação ou inadequação entre a forma e o conteúdo da organização política e a situação conjuntural da classe, ou seja, a composição de classe particular assumida. Privilegiar a adequação não significaria cair no empirismo? Por outro lado, resgatar a inadequação não implicaria pecar por idealismo? Como pensar uma relação adequada entre as formas políticas e as benesses da organização política? Não se trata de incorporar a luta dos trabalhadores contra o capital, no desenvolvimento da teoria, e sim da ordem lógica através da qual estas lutas serão incorporadas na teoria.

O Open Marxism, por sua vez, recusa a idéia de abordar o comportamento da classe operária segundo uma dinâmica de separação em

[75]Cabe recordar neste sentido o trabalho de Negri, "Interpretando a situação de classe hoje: aspectos metodológicos" (Negri, 1999).

relação com o capital. Colocar a dialética no centro da análise capital-trabalho supõe, para o autonomismo, a permanência de um núcleo importante de totalidade, em que a negação dialética se parece mais com a forma que adota o milagre da ressurreição. Já havíamos antecipado que a negação dialética é, para os autonomistas, uma negação que supera de uma maneira tal que acaba preservando e mantendo aquilo que está sendo superado, que sobrevive à sua própria superação (Hardt, 2004). O Open Marxism sustentará, ao contrário, que o processo de recusa ao capital é um processo que existe integrado ao capital, porque o capital se desenvolve precisamente sobre a base da integração da recusa. Ora, esta integração do trabalho no capital nada tem a ver com uma leitura dialética da relação "em" e "contra". Pelo contrário, a aproximação dialética visa explicitar e tornar transparente a idéia de que a oposição tende a reproduzir aquilo ao qual justamente se opõe. Por sua vez, este processo de integração da recusa acaba se constituindo em um verdadeiro câncer do próprio capitalismo[76]. Holloway e os seguidores do Open Marxism, ao entender o *não* como o coração da dialética, tentam se afastar da circularidade sem fim para a qual se conduz toda análise baseada na dialética positiva. Daí sua insistência na dialética negativa e a dificuldade em aceitar o conceito de uma classe social que assuma uma lógica de separação do capital oposta a toda lógica dialética. Holloway critica e rechaça toda idéia que suponha a separação da classe operária com relação ao capital. A classe operária só pode existir contra, e este papel de ser contra deve ser tomado como o ponto de partida para qualquer análise. A dialética, diz Holloway, é o sentido de poder de nossa recusa, é a presença de nosso "não" em todas as coisas. No entanto, como pensa Cleaver, este posicionamento "contra" implica também uma leitura "em", assim como uma dimensão "para além de". Apenas este ir "mais além de" deve estar ancorado neste "contra", se se trata de esquivar-se de qualquer concepção utópica.

[76]Com efeito, diz Holloway, uma forma de manifestação da integração da recusa é o desenvolvimento do crédito, na medida em que adia o desencadeamento da crise. Porém a expansão do crédito alcançou tais níveis de magnitude que acabou provocando descontinuidades e rupturas crônicas na reprodução do capital.

Mais uma vez, segundo Holloway, a superação do dualismo objetivista e da tradição subjetivista é possível a partir da resolução da relação sujeito-objeto; ou seja, entre nossa existência *contra* e *na* sociedade capitalista. O ponto de partida de toda teoria negativa, diz Holloway, é nossa recusa à sociedade, nossa existência *contra* a sociedade. O problema teórico e político que toda teoria negativa acaba enfrentando é esse dualismo implícito na frase "existência *na* e *contra a* sociedade". A leitura negativa afirma precisamente um existir contra o estranho, contra aquilo que rechaçamos; uma oposição do sujeito — nós mesmos — ao objeto — a sociedade capitalista. Tanto o radicalismo político quanto o socialismo utópico remetem suas análises, segundo Holloway, ao sujeito, esperando que algum dia o objeto se incline diante do sujeito. O marxismo oficial, por sua vez, se prostra diante do objeto sustentando que as contradições inerentes ao objeto abrem a possibilidade — na versão voluntarista — ou a inevitabilidade — na versão determinista — da vitória do sujeito. No primeiro caso, trata-se de nossa existência contra a sociedade; no segundo, é a sociedade contra nossa existência. As duas leituras coincidem na mesma oposição dualista, embora a partir de diferentes ângulos e com conclusões políticas também diferentes. Contudo, ambas compartilham a mesma concepção dualista. Mas, como diz Holloway, tal dualismo também pode ser visto em termos de nossa existência *contra* e nossa existência *na* sociedade. Neste contexto, o que se afirma como oposição é nossa existência na sociedade. As teorias subjetivistas enfatizam nossa existência contra a sociedade — o autonomismo; as mais objetivistas resgatam nossa subordinação à sociedade, somos considerados vítimas dela. Na realidade, de acordo com Holloway, toda teoria revolucionária deve dar conta de como nossa existência na sociedade está relacionada com nosso modo de proceder *contra* ela, de tal maneira que possa ser transformada em uma existência *para além da* sociedade capitalista. Em termos do marxismo ortodoxo, esta relação entre *em* e *contra* adquire conotações opostas: reforma-revolução; classe em si-classe para si; consciência sindical-consciência revolucionária. Trata-se de superar este dualismo simétrico e ingressar em um dualismo assimétrico. "Nós não nos colocamos fora do dualismo para teorizar sobre seu conteúdo desde fora; nós o fazemos desde dentro do dualismo." Nossa problemática enquanto sujeitos não é compreender a relação entre sujeito e objeto como unidade, mas realizar a subsunção do objeto no sujeito. Uma problemática que, para Holloway, acaba sendo *especificamente prática*.

Para o Open Marxism, o capital é submetido, conduzido, por sua dependência do trabalho vivo — verdadeiro substrato da lei do valor — e busca permanentemente livrar-se desta dependência substituindo o trabalho vivo pelo morto, processo que promove um incremento da composição orgânica de capital, um aumento da mais-valia e, simultaneamente, uma queda da taxa de lucros. Todas essas são diferentes formas através das quais o capital tenta permanente e insaciavelmente atacar nossa existência. Nesta perspectiva, como dizem os adeptos do Open Marxism, não existe nenhuma necessidade de ir além de O *Capital* (concepção que costuma ser erroneamente atribuída ao autonomismo) para descobrir e encontrar a luta de classes. Contudo, acreditamos que esta crítica não se coaduna com a concepção de Negri. Mais ainda, diz Holloway, o capital *é* luta de classes. Mas, neste contexto, se o capital foge do trabalho, como o Open Marxism costuma qualificar os períodos de crise, foge exatamente da luta de classes, o que implica cair num contra-senso. Só podemos aceitar a idéia de que "o capital foge do trabalho" quando, no processo de decomposição de classe, se aporta capital sob a forma de trabalho morto para suplantar o trabalho vivo. Inclusive, no caso de uma fábrica totalmente automatizada, este processo só se daria no âmbito do capital individual, já que no nível do capital social o capital continuaria organizando a sociedade na base da imposição generalizada do trabalho. Os trabalhadores deslocados são também postos a trabalhar na produção e na reprodução do capital. A afirmação de Holloway de que "o capital foge do trabalho" poderia parecer significar a tendência à exclusão, ao abandono da sociedade por parte do capital, fenômeno que não é observável, tem nenhuma confirmação na teoria, na prática e muito menos na história.

No que diz respeito à relação capital-trabalho, Mario Tronti, como já mencionamos, havia provocado, no início dos anos 1960, uma verdadeira inversão na análise do desenvolvimento do capitalismo quando defendeu uma posição absolutamente inovadora que será a base do operaísmo daquela década. Em face de leituras ortodoxas, abordavam as categorias *desenvolvimento* e *capitalismo* como mutuamente excludentes; e diante daqueles que viam no assim chamado milagre fordista do segundo pós-guerra a expressão de um desenvolvimento tecnológico autônomo, portador de uma força progressiva inata, Tronti acabaria por transformar drasticamente os termos da análise. Para Tronti, é a pressão da força de trabalho que obriga o capital a modificar sua própria composição interna. Ao intervir assim "no" capital como componente essencial, a força de trabalho acabará se convertendo no factótum do desenvolvimento capitalista. Mas, se a pressão da classe trabalhadora forçava um incessante desenvolvimento das forças produtivas no capital, este processo implicava, ao mesmo tempo, o desenvolvimento constante de uma força revolucionária maior na classe operária. Neste processo de interatuação dialética o capital se via forçado à reorganização produtiva, uma vez que "somente desde o interior do trabalho se pode chegar a desintegrar o operário coletivo, para integrar depois o operário isolado" (Tronti, 2001, p. 59). A dinâmica deste processo provoca um deslocamento do antagonismo de classe, para além dos êxitos que poderiam ser colhidos pelo capital neste percurso, em níveis cada vez mais altos e de tal maneira que "a relação social de produção se identifica cada vez mais com a relação social de fábrica, e esta última adquire um crescente conteúdo político direto" (ibidem, p. 58). Esta análise de Tronti está muito próxima daquela que posteriormente será desenvolvida por Negri no momento de questionar a validade da lei do valor.

Agora, as categorias *força de trabalho* e a de *trabalho vivo* são, ambas, categorias *fetichizadas* do capital, ou seja, pertencem à relação social capitalista. Se o operário deve se reconhecer a si próprio como mercadoria (força de trabalho) ou se identificar como uma determinação do capital (trabalho vivo), tal possibilidade de auto-reconhecimento só acontece se ele assume uma posição de externalidade com relação à própria relação. Na análise do tipo leninista será o partido revolucionário que desempenhará esta função de externalidade. Negri, por seu turno, resolve o problema da separação formal entre a economia e a política, da clivagem entre o sujeito operário e o capital, lançando mão das diferenças existentes entre *composição técnica* e *composição política* de classe; apesar de a *composição de classe* ser uma categoria eminentemente política, ela está assentada em condições materiais que têm referência não só no processo produtivo, mas também nas condições que têm a ver com o contexto constituinte-constituído do processo de valorização, ou seja, a luta de classes. Donde a composição de classe pode ser entendida como aquela leitura que prioriza em sua análise as relações internas do poder pertencentes aos diversos setores da classe operária e sua vinculação com as relações de poder entre classe operária e capital.

Para o Open Marxism, o centro da aproximação dialética deve ser localizado na *crítica*, entendida como criticismo *genético*, uma questão foi colocada para a categoria *forma social*. Isso implica aderir a uma concepção que ultrapasse o pensamento marxista ortodoxo (engelsiano) sobre a revolução. Trata-se da crítica da forma social que se apresenta como final em aberto. De acordo com Holloway, a recusa da dialética como totalidade por parte do autonomismo parece indicar, em último caso, a maneira pela qual a Autonomia Operária acaba sendo cooptada pela mesma ortodoxia morta que diz rechaçar[77]. Poderia parecer que a crítica central do Open Marxism ao autonomismo tem a ver com um quase permanente afastamento, uma crítica a toda e qualquer manifestação relacionada com a dialética. Em outras palavras, o problema fundamental do Open Marxism reside na freqüente dificuldade que expressa em incorporar em seu discurso toda análise que de alguma maneira se contraponha à sua preocupação *hegeliana* em abordar a problemática social desde o ponto de vista de uma dialética totalizadora. Trata-se de uma dificuldade lógica, se nos lembramos que debaixo do guarda-chuva totalizador da dialética não existe possibilidade de incorporar a separação. A dialética dissolve a totalidade através do jogo das contradições, que reaparecem com uma nova forma, embora menos "odiosa" que a

[77]Holloway refere-se à crítica permanente do autonomismo com relação ao stalinismo e qualquer outra concepção teórico-política deformadora do marxismo.

anterior. Por isso no pensamento do Open Marxism não se pode pensar em uma externalidade, na medida em que a dialética é assumida como uma verdadeira cosmologia. Esta é a razão última de sua permanente recusa em falar de *poder constituinte* ou de *autovalorização*, já que tais categorias supõem externalidades, da mesma maneira que elude sistematicamente toda análise associada a posições consideradas e assumidas por seus autores antidialéticas: referimo-nos aqui aos trabalhos de Spinoza, Negri, Deleuze, Guattari etc. Pressupor a existência destas externalidades, segundo a lógica do Open Marxism, converte-se em um verdadeiro contra-senso.

A partir do instante que, de acordo com o Open Marxism, toda a sociedade é um momento da relação de exploração, podemos deduzir que todo espaço social deve ser incorporado como uma forma do processo de valorização. Para o Open Marxism, toda ação que contribua para a exploração capitalista, ou mesmo que a perturbe, pertence à esfera da luta de classes[78]. Donde se conclui que todos os vitais são espaços de confronto de classes para o Open Marxism, um argumento que leva a uma absolutização da categoria. A vida *é* luta de classes. Mas esta argumentação, que leva à absolutização da luta de classes, não implica fetichizar a própria luta? Não significa naturalizar a luta de classes? Uma vez que a luta de classes, como fenômeno histórico de nossos dias, deve ser entendida no marco do desenvolvimento do capitalismo, até que ponto o Open Marxism, por trás do resgate da subjetividade como modo de enfatizar os perigos do funcionalismo, não acaba deixando de lado a estrutura para reafirmar o caráter binário da análise, mesmo que agora sob a forma de novos atores: sujeito-objeto?

Apesar de o Open Marxism coincidir com o autonomismo no que diz respeito ao fato de considerar que *O Capital* é uma teoria da luta de classes, ele adere a uma leitura em que a luta está mais referenciada na luta do capital — para se manter, para preservar sua própria existência — do que nas lutas operárias. A dinâmica do capital, segundo o Open

[78]Sem que isto signifique que tal atividade produza valor. Não são atividades produtivas, diz Holloway.

Marxism, é marcada pela sua dependência do trabalho vivo — teoria do valor — e suas tentativas para escapar a esta dependência. Daí as permanentes tentativas do capital em suplantar o trabalho vivo com o trabalho morto, com o decorrente aumento da composição orgânica do capital e onde, por fim, se verifica a tendência à queda da taxa de lucros. Tal é precisamente a dinâmica do capital, segundo a interpretação do Open Marxism.

Por sua vez, a abordagem dos autonomistas — e de Negri em particular — com relação à dinâmica capital-trabalho merece alguns comentários. Não estaria Negri incorrendo de alguma maneira num certo pecado monista quando, apoiado em Spinoza, considera todos os aspectos emanados de uma mesma substância? Como seria possível separar, neste caso, a substância em dois termos, em duas formas, positiva e negativa: autonomia da classe operária com relação ao Estado-capital? A resposta a esta questão não pode ser construída sem fazer referência à crítica spinoziana do dualismo cartesiano. Em sua análise, Spinoza não nega a existência de contradições; apenas afirma que são parte de uma mesma substância. Somente na lógica de pensamento binário a substância é impelida a resolver as contradições, ou então permanecer sem contradições. Para Spinoza, as díades binárias como mente-corpo, por exemplo, não são estritamente binárias; são formas históricas específicas de expressão e manifestação da mesma substância. Em vez de assumir que a contradição exige sua resolução, o monismo spinoziano permite pensar a existência da contradição em ambos os lados do pólo, o que só seria pensável se se considera que os dois lados são partes de uma mesma substância. O atrativo despertado pela leitura de Spinoza, também explicitado em algumas leituras marxistas mais radicais, não está depositado no êxito spinoziano em resolver aquelas aporias da filosofia ocidental: mente-corpo, capital-trabalho, um-muitos, e sim no fato de que postula uma saída de horizonte aberto para essas díades. Os diversos autores — Negri, Deleuze, Guattari — resgatam Spinoza justamente por haver enfatizado a contradição, não por havê-la resolvido. Não existe, neste sentido, em Spinoza, diferentemente de Hegel, nenhum manejo dialético que permita resolver a contradição. Pelo que é possível afirmar que o potencial libertador *não dialético* da leitura que Negri faz de Spinoza se assenta na apresentação do capital e do trabalho como contendores em um plano de infinitas possibilidades sem que haja nenhum componente teleológico de uma resposta prevista de antemão.

Qual é a relação entre a lógica da separação (autonomista) e o "em" e "contra" do Open Marxism? Cremos que, a partir da leitura de Negri e Hardt, a "lógica da separação" não pode ser redutível ou assimilável a uma "luta para se separar de". Na realidade, há uma luta por se separar do capital quando nos opomos a que nossas vidas fiquem reduzidas à força de trabalho, ao simples trabalho no capital. Estas são lutas contra a subordinação da vida ao modo capitalista de organização da sociedade. Tampouco se deve ver a lógica da separação como uma maneira de distinguir as práticas políticas de integração daqueles movimentos sociais orientados para uma integração conformista, em contraponto com aquelas outras posições políticas que vêm em toda dinâmica social a constituição definitiva do sujeito anticapitalista. O fato de "ir mais além de" pode ser entendido como outro aspecto da separação. Na separação, alguém se move no capitalismo lutando, ao mesmo tempo, contra ele, processo que implica mover-se para algum lugar, construindo, nesta dinâmica, uma alternativa. Assim, em *Marx além Marx* Negri propõe que "a *autovalorização* do sujeito proletário, contrariamente à valorização capitalista, se desdobra em *autodeterminação*". Para, mais adiante, acrescentar:

> Devemos ir ao coração do problema: a *ciência*, incorporada ao trabalho, sua *força produtiva* subsumida pelo capital *devem ser libertadas* com mais radicalidade unicamente na medida em que o processo contraditório que constitui a base de seu desenvolvimento chegue até o final. Somente em um nível muito alto de integração existe a possibilidade de uma ruptura suficientemente profunda e eficaz para se construir uma perspectiva de autodeterminação ... não uma operação de ruptura, mas uma operação de constituição (Negri, 2001a, p. 183-184).

Por isso o ponto crucial para Negri consiste no fato de que a transição ao comunismo supõe um nível muito alto de integração. A lógica da separação paradoxalmente se transforma para se converter não em uma lógica de autonomização da classe operária no capitalismo, porém muito mais em um processo de integração que, uma vez que alcance o ponto mais alto, leva a seu contrário: a possibilidade histórica da autodeterminação. Eis um esquema paradoxal, mas não de um paradoxo spinoziano. Recordemos que, para Spinoza, tudo o que *é* é parte de uma substância[79]. Negação e afirmação são sempre partes de uma mesma coisa, de tal maneira que, transformando esta idéia em uma concepção marxista, depreende-se que o ponto de integração completa é também, ao mesmo tempo, ponto máximo de recusa. É como se o desenvolvimento de Negri pudesse ser visto como a última etapa do desenvolvimento das forças produtivas, em termos spinozianos. Esta análise denota claras diferenças com o marxismo clássico oficial, na medida em que não incorpora a distinção entre forças produtivas e relações sociais de produção, como imagem da distinção hegeliana entre essência e aparência. Mais ainda, diríamos que essência e aparência não são categorias próprias de Spizona. Não estamos na presença, como se poderia supor, de um ramo da dialética que tem a prerrogativa de expressar o caráter real/essencial da substância. Tampouco se trata, como o credo hegeliano poderia ser levado a pensar, de uma dialética que permanece subordinada — como epifenômeno — à essência. O futuro, na ótica spinoziana, não está referenciado no manejo antagonístico dos opostos; a resposta spinoziana à antinomia filosófica supõe um movimento de características dinâmicas instáveis porque a separação entre os atributos da substância não se fecha, ao contrário, permanece aberta. Sabemos que, em Spinoza, os atributos são irredutíveis uns aos outros, e que não existe contradição, nem sequer relação direta entre os termos opostos; há singularidades que existem como atributos de uma substância infinita. Em Spinoza não existem um

[79]Para Spinoza, a substância deve ser concebida como aquela coisa cuja existência não depende senão de si mesma, e na qual tudo está contido. Chegamos a um conhecimento da substância através de seus atributos; nesse sentido, Spinoza reconhecerá apenas dois atributos: a extensão (seu espaço) e o pensamento (seu conteúdo).

antes e um depois, já que o que existe *existe* como substância infinita; não há "primeiro" e "último" como em Hegel; não há uma cronologia da dialética, e sim um dar conta, em Negri, da identidade do trabalho com o comunismo.

O desenvolvimento teórico posterior de Negri, ao tomar de Spinoza a relação entre Estado e multidão, bem como a diferença entre poder e potência, provocará uma ruptura tanto com a teoria contratual estatista de Hobbes quanto com o estatismo hegeliano, ambas posições de alguma maneira aparentadas com algumas versões do socialismo. De toda maneira, surge-nos também uma dúvida: até que ponto a leitura que Negri faz de Spinoza não estaria próxima da insistência de Adorno com relação à manutenção da tensão de ambos os termos como parte de uma mesma substância? Ainda que Negri vá posteriormente diferir da dialética de Adorno ao adotar uma visão nietzschiana sobre a importância da afirmação.

De qualquer maneira, poderia parecer que, quando nos confrontamos com as diferentes versões do marxismo, nos encontramos diante de uma encruzilhada, um verdadeiro dilema. Em um caso, se as forças da produção são incorporadas como o momento progressivo da dialética, nossa leitura adota aquela versão marxista fortemente aparentada à dialética hegeliana. Se, pelo contrário, optamos pela distinção entre essência e aparência como conceitos substantivos, nos precipitamos em um caminho que manifesta por si só uma forte inclinação teleológica, acompanhada pela desvalorização dos fenômenos, como se estes carecessem de essência. Diante dessas opções, Spinoza, com sua concepção teórica, se apresentava como um herege. Privilegiar um dos pólos em um mundo binário leva a repetir mais uma vez uma nova forma binária, ainda que de maneira diferente. Negri, diante desta disjuntiva, adota a saída apoiada em Nietzsche, de superar a dialética positiva. Poderíamos dizer que Negri resgata Spinoza porque não separa implicitamente — como o faz Hegel — os dois pólos, um dos termos da dialética do outro. Em todo caso, o que se torna atrativo em Spinoza é precisamente este caráter de instabilidade que ele propõe.

Como Spinoza aborda o problema da separação? Como seria possível, dentro do monismo spinoziano com relação à substância, fornecer uma resposta à relação entre trabalho e capital? Simplesmente, não o pode fazer. Há duas alternativas diante desta situação: 1 — incorporar o trabalho como substância infinita, o que significa incorporar o trabalho e o capital como atributos da substância, mas sem relação entre si; 2 — incorporar o trabalho como atributo da substância, digamos, o capital. No primeiro caso, se o capital e a força de trabalho são considerados atributos da substância, não existem entre eles nenhuma relação; situação semelhante seria aplicada no segundo caso. Pelo que não seria possível haver teoria da mais-valia nos dois casos. Neste aspecto, não se trata de abandonar a compreensão do capital como mais-valia, ou mesmo a lógica spinoziana. Mas deixar Spinoza não implica desconsiderar ou secundarizar os postulados de Spinoza. De qualquer maneira, se há superfície sem profundidade, se tudo está presente no plano de imanência da substância infinita, se há diferença sem hierarquia, o capital não é mais-valia. Contudo, esta abordagem significa adotar uma leitura de puro capitalismo. Negri (2000, p. 71) diz que "na era pós-industrial a crítica spinoziana à configuração do poder capitalista do capital corresponde mais à realidade do que a análise da crítica da economia política". Negri não aconselha a abandonar a *Crítica da economia política*, dando-lhe porém o *status* de nota de rodapé. Em Spinoza, o sujeito burguês está se constituindo, o que faz com que ele ofereça uma versão da filosofia ocidental em momentos de crise. No entanto, no caso de Spinoza, esta crise ainda não está resolvida. As antinomias de um capitalismo emergente estão todas colocadas ali, no âmbito de pensamento e extensão, mas não estão conectadas de maneira a proporcionar uma solução. Não existe em Spinoza, diferentemente de Hegel, um horizonte representado para sua resolução. Já sabemos que na concepção spinoziana os atributos são realmente distintos, um não necessita do outro para ser concebido. Expressam qualidades substanciais absolutamente simples.

E onde estariam os limites do pensamento de Spinoza? Poderíamos afirmar, como diz Hegel em sua leitura de Spinoza, que este acaba ressuscitando as antinomias de corpo e mente por trás dos atributos de pensamento e extensão? Vejamos. Para Spinoza, os atributos da substância são infinitos, visto que a substância ocupa tudo o que é e não tem limites, apesar de só conhecermos dois desses infinitos atributos — a extensão e o pensamento — porque não podemos conceber como infinitos mais que as qualidades que englobamos em nossa essência (corpo e mente). Com efeito, o atributo se refere ao entendimento não porque resida nele, mas porque é *expressivo*, e o que se expressa requer um entendimento para que seja percebido. Por isso para Spinoza existem dois únicos atributos percebidos por um intelecto finito em confronto com uma substância infinita[80]. Ademais, como em Spinoza os atributos são realmente distintos, este postulado significa já em si uma vantagem, na medida em que *deixa o horizonte em aberto*. Mas isto não significa que Spinoza resolva uma alternativa à dialética. Nunca poderia tê-lo feito, até porque não era este seu objetivo. Podemos supor que só percebemos dois atributos dentre os infinitos que qualificam a substância porque, em nosso tempo, as antinomias estão na existência, não na mente.

De qualquer maneira, podemos afirmar que o potencial libertador, não dialético, da leitura de Negri sobre Spinoza se baseia na apresentação do capital e do trabalho como contendores em um plano de infinitas possibilidades, carecendo de uma composição teleológica na resposta imprevisível, que não pode ser antecipada. Não obstante, pensar na perspectiva de Negri e de Spinoza não autoriza necessariamente a considerar a relação capital-trabalho só em termos da coexistência das diferenças como atributos da substância, nem tampouco que conceitos como *mais-valia* e *exploração* sejam impensáveis. Da mesma forma que o surgimento do intelecto geral como incorporação crescente do conhecimento e da comunicação da prática do trabalho — sem prejuízo de seu conteúdo em termos de qualificação laboral, tempo, salário, subordinação, repetitividade — que Negri definiu recentemente como *trabalho imaterial* ou *trabalho afetivo* não significa tampouco a desaparição da mais-valia ou do valor. Tal idéia implicaria sustentar a idéia da contribuição de fatores

[80]Neste sentido, não podemos aceitar a leitura realizada por Hegel sobre Spinoza: este era acusado de não haver avançado suficientemente na ruptura com Descartes, uma vez que, de acordo com Hegel, pensamento e extensão seriam as formas sob as quais o holandês acabava reproduzindo a antinomia.

individuais no processo de valorização, que é justamente o que acaba sendo colocado em xeque pelo conceito de trabalho imaterial.

Para resolver esta antinomia entre valor e sua impossibilidade de quantificação, Negri, como já vimos, parece prestar atenção aos aparelhos político-administrativos que mantêm o processo de valorização como termo da confrontação-integração entre capital e trabalho. Com isso, Negri dedica uma atenção particular a fatores extralaborais, como a permanência das convenções coletivas de trabalho enquanto dispositivo que permite reforçar o sistema corporativo de "paz social", a adaptação do Estado de Bem-estar a novas tarefas de coerção-aceitação, como a dos trabalhos que dependem de subsídios, uma nova ética do trabalho que inclui também a possibilidade de trabalho massivo dos presos. Estes processos sustentam uma visão do Estado como força autoritária cada vez mais parasitária, que tende a reforçar a valorização capitalista em um contexto no qual a idéia do cálculo econômico racional e a planificação vão declinando. Parece existir um deslocamento na atenção ao Estado como terreno fundamental da resposta econômica e política em relação à reapropriação dos recursos sociais expropriados mediante a imposição da desregulação e da precarização laboral. Tanto o capital quanto o trabalho emergem, um em relação ao outro, a partir de uma divisão interna: trabalho como *classe operária* e *força de trabalho*, e capital como *mais-valia* e *dinheiro*. Além disso, se um dos atributos é considerado realmente separado do resto, não fazendo mais parte da substância, tal leitura implicará um regresso a concepções subjetivistas monádicas que tanto Negri quanto Spinoza rechaçam.

A insistência de Holloway em que estrutura e sujeito não podem ser separados está correta. Marx propõe em *Miséria da filosofia* que o dualismo da sociedade capitalista não pode ser superado na teoria, e que a versão de que haveria sido superado pode ser demonstrada como falsa, já que o dualismo sempre reaparece de alguma forma. Da mesma maneira que se torna necessário apontar os limites da dialética negativa e do desconstrutivismo, que anunciam a infinitude da negação, é importante também ressaltar suas virtudes. Embora Adorno e Derrida possam ser assimilados a concepções teoricistas, paradoxalmente e com olhos materialistas podem igualmente ser vistos como aqueles que impõem limites à teoria, a partir da aceitação de um intelecto finito — verdadeiro obstáculo na argumentação de Spinoza — como princípio explícito de análise de um mundo finito que sustenta promessas infinitas. Donde o aspecto que acaba sendo verdadeiramente libertador em Spinoza seja justamente esta *falha* que permite que o horizonte permaneça aberto, ainda que em condições de crise. Todo postulado que apóie a crise da filosofia ocidental nas tentativas de evitar os riscos dialéticos conduz necessariamente a uma saída onde o horizonte se fecha e o potencial libertador de Spinoza desaparece.

DA DIALÉTICA ENGELSIANA À NEGAÇÃO NÃO-DIALÉTICA

Até finais dos anos 1980 fomos testemunhas do renascimento de um marxismo de clara raiz hegeliana, que buscou se opor ao crescimento do chamado *marxismo analítico* da época. Com efeito, o *marxismo analítico* — assentado precisamente em uma reformulação analítica da teoria marxista, mediante o emprego de ferramentas metodológicas próprias da economia neoclássica — atacou sistematicamente a herança dialética hegeliana, aquelas idéias de Marx que, em seu entender, eram pouco compreensíveis. Enquadravam-se nesta tipologia tanto a "crítica da economia política" como a "teoria do valor", esta considerada, de acordo com a leitura analítica, como uma obsoleta teoria da determinação dos preços. Este marxismo analítico, que se formou mais na leitura de Joseph Schumpeter e de Joan Robinson, nunca chegou a desenvolver uma leitura sistemática e crítica com relação à filosofia hegeliana. Embora o marxismo analítico acabasse por mostrar rapidamente o que realmente prefigurava — um marxismo sem Marx —, o novo hegelianismo marxista buscava reivindicar sistematicamente os legítimos aspectos hegelianos do marxismo. Quiçá devamos situar nesta particular característica as diferenças substanciais com relação ao marxismo hegeliano historicista (leia-se Lukács) anterior (Rosenthal, 1999). Assim, o novo hegelianismo absorveu e incorporou a exortação de Lenin: "é impossível compreender *O Capital* de Marx sem haver estudado previamente a *Lógica* de Hegel". Neste sentido, é possível identificar alguns trabalhos britânicos (Christopher, 1991; Smith, 1990; Shamsavari, 1991) que resgatam esta concepção hegeliana, assim como a influência que o alemão Hans Georg Bachaus (1992) alcançou entre alguns autores britânicos.

Friedrich Engels, na *Dialética da natureza*, no *Anti-Dühring* e em *Ludwig Feuerbach e o fim da filosofia clássica alemã*, havia reinterpretado a crítica de Marx a Hegel ao estender a análise que Marx já havia desenvolvido em *O Capital* a um sistema filosófico universal que englobava não só a totalidade da história humana, mas inclusive a totalidade do cosmos, quer dizer, do mundo natural enquanto tal. Nesta extrapolação engelsiana devem-se rastrear tanto a origem do chamado materialismo histórico como a do materialismo dialético. O projeto engelsiano significava de fato um retorno ao debate com o idealismo alemão, que Marx havia superado completamente depois da *Ideologia alemã*, e que havia encerrado com a conhecida tese 11: "os filósofos não fizeram mais do que interpretar de diferentes modos o mundo, trata-se agora é de *transformá-lo*". Com efeito, diante da afirmação de Marx de que a "dialética hegeliana estava parada sobre sua cabeça e que se devia contorná-la se se tratava de alcançar o núcleo na mística armação", Engels supôs que era possível isolar o núcleo racional (a dialética) da proposta de Hegel do idealismo (alemão) — seu invólucro mistificante — e aplicá-lo em uma estrutura materialista: eis aí o surgimento do materialismo dialético. A leitura engelsiana supunha reduzir o idealismo hegeliano a um corpo teórico cuja falha substantiva consistia em considerar somente as idéias como reais, e a realidade material como um pálido reflexo dessas idéias. Mas esta abordagem de Engels revelava na verdade uma total incompreensão da teoria hegeliana acerca do conceito de *real*, que ademais não se refere à existência e sim à *lógica*. O caráter idealista do hegelianismo deve ser buscado, fundamentalmente, na infinita capacidade atribuída ao capital, qualidade que permitira resolver de maneira lógica as contradições da sociedade capitalista. Neste sentido, a formulação hegeliana só caberia ser aplicada à dialética do capital. Engels, ao contrário, pensou que seria possível adotar a dialética para alcançar uma análise correta do mundo.

E qual a substância da formulação engelsiana? Justamente, pressupor a dialética como um *método lógico* e universal a ser adotado, mais do que uma característica do capital que a classe operária visa destruir. Uma vez que Engels opera a separação da dialética do capital, uma vez que o materialismo deixa de ser compreendido como habilidade da classe trabalhadora para destruir o idealismo do capital, assumindo-se como um fato abstrato; ou seja, quando a dialética se divorcia de seu conteúdo, Engels pode aplicar esta fórmula a qualquer espaço, seja este o da atividade humana, seja o da natureza.

Lucio Colleti (1975, p. 185-186) já havia criticado em sua época a pretensa intenção de Engels de retrabalhar Hegel. Assim, para Colleti, a *Dialética da natureza* de Engels deriva de uma distorcida adaptação da *Filosofia da natureza* de Hegel, que perde de vista o fato de que todo o trabalho de Hegel estava baseado em uma dialética da matéria em um infinito movimento totalizante[81]. Para Engels, a dialética hegeliana era uma dialética dos conceitos; por isso acreditou que se tratava de recuperar a dialética como método e de rechaçar o sistema idealista hegeliano. No caso da história da humanidade, Engels retrabalhou as idéias formuladas em *A ideologia alemã* e no Prefácio à *Contribuição à crítica da economia política* para incorporá-los no conceito de *materialismo histórico*, onde a dialética do capital é lançada retrospectivamente sobre as antigas sociedades. O resultado culminou em uma análise das sociedades assentada nos pares estrutura-supra-estrutura, onde cultura e supra-estrutura política eram determinadas pela base econômica fundada, por sua vez, em um determinado modo de produção. E onde também o desenvolvimento dos modos de produção era explicado em termos da interação dialética entre as forças produtivas e as relações de produção. Esta sim-

[81]"Mas, na realidade, as coisas são distintas. Não só o sistema de Hegel contém uma filosofia da natureza que é inteiramente idêntica à dialética da natureza de Engels, como também toda a filosofia de Hegel está baseada na 'dialética da matéria', dialética das coisas e do finito, até o ponto de se poder demonstrar com os textos na mão que desde o primeiro até o último de seus enunciados, o 'materialismo dialético' nada mais é do que uma transcrição mecânica da filosofia de Hegel. [...] O ponto realmente crítico não foi, contudo, jamais colocado nem pelo Diamat nem por seus críticos, e é muito mais diferente: o que significa realmente uma 'dialética da matéria' e se esta, como sempre se acreditou, implica efetivamente uma concepção materialista" (Colletti, 1975, p. 177).

ples formulação — não menos simplificadora e degradante da própria dialética — foi adotada pelo marxismo da II Internacional: Kautsky, em *A questão agrária*, e Lenin, em *O desenvolvimento do capitalismo na Rússia*. Era uma formulação que já se apresentava contaminada por um enorme determinismo econômico e que, por outro lado, não conseguia resolver a interação existente entre o capitalismo e o socialismo como uma maneira de dar conta das sociedades em transição. Stalin adotaria esta posição para justificar sua política de desenvolvimento acelerado do capitalismo na época pós-revolucionária. Seria Althusser, em *Para ler O Capital* e em *Por Marx*, quem iria revitalizar a idéia do materialismo dialético como a ideologia capaz de fazer a mediação na prática política do completamente desacreditado PCF (Partido Comunista Francês).

Com tais antecedentes, retomemos nossa análise. Em numerosas passagens de seus escritos, Marx postulou a necessidade de refundar uma concepção materialista da dialética. Apesar disso, tanto Jürgen Habermas quanto Antonio Negri, que professam as duas formas de marxismo mais pertinentes no debate filosófico atual, abandonaram a dialética. Em Habermas, a dialética figura mais como um tributo hegeliano próprio da obra de Marx e pode perfeitamente ser deixada de lado na medida em que Marx retoma o materialismo ou quando substitui a noção de espírito por trabalho, cuja racionalidade técnica encontra seu limite e complemento na *razão comunicativa*. A virada lingüística que dá origem à teoria crítica coloca a dialética num lugar de paradigma abandonado da filosofia da consciência. Torna-se fundamental impor limites à *razão instrumental*, esta razão que otimiza os meios sem levar em conta os fins e que corresponde ao modelo de aplicação tecnológica das ciências que Hegel já havia localizado em um estádio anterior ao da dialética, próprio de um "pensamento da compreensão".

Para preencher o lugar da dialética, Habermas necessita recorrer a uma alternativa que permita a crítica da racionalização opressiva. Por isso, irá elaborar a noção de *razão comunicativa*, que terminará absorvendo, ao menos em parte, a função que tinha a dialética no paradigma clássico. Se em Marx a inversão materialista da dialética hegeliana aparece em sua crítica da economia política clássica de Smith e Ricardo, em

Habermas será a razão comunicativa, um postulado da sociologia da ação na esfera do mundo vivido, que condensará a crítica ao sentido kantiano da validade da racionalidade dos sistemas. Se a tarefa da crítica kantiana era esboçar uma carta da razão, a da crítica marxiana, segundo uma leitura hegeliana marxista, era detectar a contradição no cerne do subsistema econômico para situar a prática transformadora.

Contudo, de acordo com a concepção marxiana da relação entre a *práxis* e o modo de conceber e de exercer a *teoria crítica*, o abandono da dialética não é de forma alguma neutro. Mais ainda se considerarmos que a inversão marxista do pensamento hegeliano e da filosofia tradicional está relacionada com uma *inversão da perspectiva teórica em favor de uma perspectiva prática*, muito mais do que uma questão de substituição do idealismo pelo materialismo. Entretanto, no momento de fazer as comparações entre Negri e Habermas, o que está em jogo neste processo de análise não dialético não é tanto a radicalidade da análise política, mas a distribuição dos conceitos. O pensamento de Habermas não tem a ver com uma mudança de sistema, e sim muito mais com permitir que as esferas do mundo da vida se organizem segundo outra lógica, a da *ação comunicativa* e a da *razão comunicativa*, que se constituem nos delimitadores da lógica habermasiana.

Negri, pelo contrário, negará a viabilidade do capitalismo e detectará no advento do operário social as condições presentes, no final do século XX, do comunismo como movimento real. A posição habermasiana pode ser filosoficamente associada a uma concepção da razão que pressupõe um kantismo renovado. A posição de Negri se associa a uma ontologia materialista de inspiração spinoziana e faz depender deste compromisso ontológico da política a possibilidade de uma análise radical. O projeto de Negri apresenta-se explicitamente como um materialismo sem dialética, continuador de Spinoza.

Vejamos: qual o significado do abandono da dialética para alguns conceitos e categorias marxianas? Examinemos um pouco melhor esta questão.

As *Teses sobre Feuerbach* significam o ponto de partida da teoria crítica marxiana, na medida em que enunciam três postulados teóricos fundantes: 1) partindo da crítica de Feuerbach a Hegel, Marx pretende tomar distância com relação a todo materialismo passado; 2) esta distância é medida pela ruptura que introduz — a partir da noção de *prática* — com relação à concepção hegeliana *objetivista* da epistemologia materialista; 3) a forma concreta em que Marx elabora a noção de *práxis* depende do sentido do projeto transformador que enuncia em sua tese número 11.

Com efeito, o que Marx recusa no materialismo anterior é a concepção *objetivista* da realidade, em que não há lugar para a atividade humana concebida como prática. Esta concepção elaborada pelo idealismo é retomada por Marx, embora dessa vez libertada de seu caráter abstrato. Trata-se de investir a *atividade real* enquanto *atividade objetiva*, ou seja, uma atividade que produz os objetos e transforma o mundo. Daí podermos pensar que a tese fundamental de Marx não é só ontológica, e sim essencialmente epistemológica, abrindo um ponto de ruptura absoluto com o materialismo da filosofia anterior. Este ponto de ruptura adquire todo seu conteúdo a partir da idéia de que os filósofos anteriores não compreenderam o significado da *práxis*[82], a relação do homem com o mundo; enfim, a importância da atividade revolucionária. Para Marx, adotando um olhar hegeliano-marxista, a atividade revolucionária não depende tanto do materialismo como tese ontológica, e sim da compreensão acerca da atividade prático-crítica. É fundamental ressaltar a diferença do conceito de crítica marxista com relação às escolas anteriores, em especial com relação ao uso que lhe dá o sistema kantiano: a crítica já não será mais a atividade metateórica que mede a amplitude e validade de uma teoria científica enunciando suas condições de possibilidade. Recordemos que a tarefa da crítica kantiana era traçar um mapa da razão; ela era entendida como uma reflexão sobre os

[82]Dos três tipos de atividade delimitados por Aristóteles (teoria, prática, *poiesis*) a tradição filosófica, incluindo a materialista, privilegiava a teoria. Mas, se concebemos a relação do homem com o mundo através da práxis, então mudarão as relações das noções filosóficas entre si e com o mundo. Por não haver concebido desta maneira a relação, por não havê-la comprendido assim, o materialismo anterior a Feuerbach não entendeu a importância da atividade revolucionária, da atividade prático-crítica (primeira tese sobre Feuerbach; Marx, 1975c).

limites, no interior dos quais uma determinada lógica resulta válida. Mas, uma vez que tenhamos deixado de lado a primazia da teoria sobre a *prática*, a *crítica* se torna *prático-crítica*. Assistimos a uma transformação em seu conteúdo conceitual e no próprio modo de exercê-la, que se torna sinônimo de atividade revolucionária. A filosofia será, daí em diante, uma prática crítica, que vai acompanhando sua transformação prática com relação ao mundo.

A filosofia crítica não é como a coruja de Minerva que alça vôo ao entardecer; não é um saber retrospectivo que observa o já adquirido, o dado como um fato objetivo; a filosofia enquanto crítica provém da constituição dos novos objetos, da transfiguração daquilo que já é dado, quando o sujeito instaura objetos e estados de coisas que não existiriam sem sua atividade.

A primeira conclusão que Marx extrai desta análise tem caráter *epistemológico* e refere-se à mudança de estatuto da questão da *verdade*. Nunca é demais recordar que, de maneira similar, o primeiro efeito da revolução copernicana que tomou corpo na primeira crítica de Kant referia-se à temática da verdade. Neste sentido, a revolução kantiana havia tornado a verdade dependente de um julgamento da atividade *constituinte* do sujeito. A revolução de Marx consistiu em situar esta atividade fora do quadro lógico-transcendental do idealismo, para localizá-la na concretude da ação real do homem: a prova da verdade não é uma questão lógica, mas aquela que trata de mostrar na prática a potência do pensamento (segunda tese sobre Feuerbach)[83].

Todo este novo corpo teórico modifica a concepção preexistente de sujeito, de objeto e da ação. A revolução marxista consiste precisamente neste aspecto em reconhecer a virada copernicana, conservando apenas aquilo que era de fato eficaz: o caráter constitutivamente ativo do sujeito racional, uma vez superada a concepção abstrato-idealista que concebe

[83]"O problema de se podemos atribuir uma verdade objetiva ao pensamento humano não é um problema teórico, e sim prático. É uma prática em que o homem tem que demonstrar a verdade, ou seja, a realidade e o poderio, a terrenalidade de seu pensamento. O litígio sobre a realidade ou a irrealidade de um pensamento que se isola da prática é um problema puramente escolástico" (Marx, 1975c).

o homem unicamente como racional. Neste sentido, os marxistas hegelianos afirmam que a tese materialista não pode ser concebida em um sentido pré-crítico — como afirmação ontológica sobre a materialização de um mundo já dado, objetivo e independente do sujeito. Somente na perspectiva da ação do sujeito como ação constitutiva será possível reapropriar-se do materialismo no sentido crítico. Segundo os hegeliano-marxistas, Marx, em sua terceira tese sobre Feuerbach, reformula a tese materialista a partir da importância que passa a conferir à ação dos homens para modificar as circunstâncias. Isto situa a teoria crítica na perspectiva do sujeito ativo, o que obriga a romper com o idealismo e a situar o materialismo como tese dependente, reformulada em termos pós-kantianos. Esta nova perspectiva *prático-crítica* implica dar um outro papel aos conceitos de *verdade* e *objetividade*; esta já não pode mais ser entendida como algo preexistente e que captamos com o conceito, mas como algo que nós produzimos e que é transformado por nossa ação. A teoria da *objetividade* transformou-se em teoria da *objetivação*. Para os hegelianos tornou-se essencial, indispensável até, liberar a dialética hegeliana do idealismo que a estrutura.

Poderia parecer que este aspecto constitui, em princípio, para Negri, um obstáculo em sua recusa da dialética e sua necessidade de formular uma epistemologia materialista de tipo novo. Ademais, devemos antecipar que não se pode estabelecer uma correlação entre a presença ou a ausência da dialética e o nível de radicalidade política alcançada pela teoria crítica.

Certo é que Marx, em numerosas ocasiões, buscou extrair o *núcleo racional* da dialética hegeliana para chegar a uma formulação prático-crítica da dialética. É neste sentido que se pode sustentar a reivindicação que Marx faz, com relação à dialética hegeliana, em seu prólogo à segunda edição de *O Capital*, quando se considera herdeiro da dialética hegeliana e de seu núcleo "racional", elemento indispensável em sua crítica ao capitalismo[84]. O século XX foi testemunha das inúmeras contro-

[84]"Me declarei, pois, abertamente discípulo daquele grande pensador [Hegel]. [...] Nele a dialética é colocada de cabeça para baixo. É necessário contorná-la para descobrir assim o núcleo racional que se oculta sob o Invólucro místico" (Marx, 1975a, Tomo I, vol. 1, p. 20).

vérsias que tentavam dar conta de definir as diferenças entre o uso marxiano da dialética e sua formulação hegeliana (Luporini, 1971; Della Volpe, 1971; Kosik, 1989). No entanto a debilidade política e metodológica exposta pelas conclusões destes debates, assim como o uso escolástico que o stalinismo deu ao materialismo dialético tornaram compreensível o abandono da dialética naqueles espaços teóricos, fossem eles relacionados com a perspectiva teórica política da escola crítica — Habermas — ou com o materialismo spinoziano e a construção deleuziana de Negri.

No esquema de Negri, a dialética é uma concepção histórica teleológica e fechada, substituível por uma conceitualização histórica que procede substancialmente de Spinoza. O grande mérito de Negri consistiu em haver podido contextualizar histórica e intelectualmente a concepção spinoziana que buscava dar conta de uma *ontologia materialista da constituição da prática política*. Suas conclusões, que coincidem em muitos aspectos com Deleuze, fazem referência a Baruch Spinoza como o filósofo que com mais insistência tentou levar a cabo esta tarefa filosófica política. Com efeito, Spinoza propôs-se em sua época a articular uma resposta metafísica para a crise do Renascimento e da utopia pós-renascentista. Utopia burguesa que havia sido construída na Europa na base do mito do mercado, enquanto mito por excelência do capitalismo, e que tentava consolidar uma nova e plena subjetividade humana. A criação desta subjetividade converteu-se, na realidade, na aspiração substantiva impulsionada pelo humanismo renascentista. No caso de Negri, fundamentalmente, e em menor medida, no de Deleuze e Guattari, a centralidade de Spinoza adquiriu uma conotação particular, pois todos tentavam dar conta ao mesmo tempo da crise gerada pelo fracasso da utopia de outubro de 1917, e a posterior revolta de maio de 1968 (Negri, 1988, 1989). Na realidade, 1968 deveria ser visto como a crise da utopia de 1917, enquanto a crise da utopia do Maio de 1968 haveria de ser produzida anos mais tarde, na época de Reagan e Thatcher. Se no caso de Spinoza a crise da utopia burguesa situou-se em uma conjuntura marcada pela transição da sociedade mercantil capitalista à forma de capitalismo industrial, a crise, como forma de reconstrução do projeto negriano, situa-se na passagem da forma social-democrata capitalista, patrocinada pelo keynesianismo, à crise atual que sobrevive no mundo capitalista, o que Guattari e Negri (1999) chamaram de capitalismo mundial integrado, e que Negri denominou de *Império* (Negri e Hardt, 2001). Esta particular transição de uma fase do capitalismo a outra se expressa em numerosos registros: a reconstituição do sujeito do trabalho, a criação de novos regimes de acumulação, a inauguração de uma nova semiótica do valor, a transformação do estado capitalista, a geração de novos antagonismos de luta, e assim por diante. Estes e outros desdobramentos seriam incorporados por Negri para assinalar a necessidade de novas e diferentes leituras de Marx. Contudo, a reconstituição do projeto marxista, impulsionado em grande medida a partir da crise da utopia socialista, é uma aposta que, a seus olhos, exigirá dar conta da constituição de uma *ontologia da prática política*, temática essencialmente spinoziana.

Negri recupera esta transformação através de dois elementos centrais: a) a necessidade de deslocar a leitura marxista desde *O Capital*, com sua ênfase na irresolúvel natureza contraditória da produção capitalista, até os *Grundrisse*, cujo baluarte era a capacidade constitutiva dos trabalhadores de se apropriarem da riqueza social; b) o retorno a Spinoza, em busca da fundação ontológica da nova subjetividade revolucionária que emerge em 1968.

A publicação conjunta de Negri com Guattari de alguns trabalhos que já mencionamos merece alguns comentários, com o objetivo de deslindar os campos e explicitar as diferenças entre Negri e os autores de *Mil platôs. Capitalismo e esquizofrenia*. A perspectiva de Deleuze e Guattari (1997) encontra-se incansavelmente marcada por uma leitura de história universal, em cujo desdobramento se faz uso de um esquema de periodização que situa o início do desenvolvimento capitalista em uma complexa rede de subjetivações, conjunções e apropriações, que se estendem até abarcar o paleolítico e o neolítico. Segundo os dois autores, o capitalismo surgiu quando uma quantidade de fluxos substanciais de trabalho, dinheiro e propriedade privada puderam escapar aos códigos arcaicos, normatizados e regulados pelo vetusto Estado medieval. Este desdobramento haveria de continuar até que se alcançou um ponto de conjunção generalizado e abstrato que provocou a quebra da forma de existência do Estado e criou o capitalismo de um só golpe. Embora nem Deleuze nem Guattari explicitem claramente o momento exato do surgimento do capitalismo, quando discutem a forma Estado consideram que o capitalismo se desenvolveu em algum momento por volta de finais da Idade Média. Diríamos que, para ambos, a presença do capitalismo é a condição de emergência da moderna *forma Estado*.

Negri, pelo contrário, não se acha particularmente interessado em determinar o momento de surgimento do capitalismo, e menos ainda está preocupado com a relação do capitalismo com outros modos de produção e regimes de acumulação anteriores. Está mais interessado na periodização histórica do capitalismo em sintonia com o desenvolvimento de sua concepção.

Neste aspecto, Negri considera que Marx estudou dois grandes períodos de desenvolvimento capitalista: o primeiro, que vai até 1848, denominado *etapa da manufatura*, ou *capitalismo manufatureiro*; o segundo, sob o nome de *grande indústria*, que haveria de se prolongar — segundo Negri — até 1968. Este segundo período admite, no julgamento de Negri, uma subdivisão: uma primeira etapa, que se estende de 1848 até 1914, com predomínio do *operário profissional*, em que a força de trabalho qualificada domina um mesmo ciclo de trabalho graças a seus conhecimentos; e uma segunda etapa, a época chamada de *grande indústria* propriamente dita, com predominância do *operário-massa*, em que a força de trabalho é reorganizada mediante princípios tayloristas de produção, de forma tal que torna completamente abstrata sua relação com a atividade produtiva. Esta etapa corresponde ao surgimento e à evolução do fordismo que incorporará, pela primeira vez, o salário como um instrumento específico de promoção e alento do consumo. Modalidade de desenvolvimento capitalista que colocou em marcha um projeto de forma Estado intervencionista, na tentativa de regular os ciclos econômicos, com o objetivo de manter o pleno emprego e garantir, simultaneamente, a assistência social. Após 1968, a crise do keynesianismo encerra uma fase, ao mesmo tempo que se inaugura outra, no bojo do desenvolvimento do capitalismo. Chegava a hora do operário social, momento a partir do qual a cooperação produtiva se disseminava na sociedade e as redes produtivas alcançavam uma natureza definitivamente social. Eram momentos em que o Estado-plano keynesiano cedia lugar ao *Estado crise*, promovendo de maneira explícita a intervenção social no decorrer da crise, seja sob intervenção nos conflitos de baixa intensidade, seja gerando e promovendo o pânico moral como forma de restabelecer a dominação. Neste contexto, o pós-modernismo foi se constituindo como a ideologia adequada para uma nova forma social de produção. Esta transformação do capitalismo será definida por Negri como a etapa da *subsunção real* do trabalho pelo capital, processo através do qual a organização capitalista, a força de trabalho e o comando capitalista se estendem ao conjunto da sociedade, fazendo com que a produção se torne inseparável da comunicação (Negri, 1996). Esta dinâmica social coincide em todos os sentidos com a integração da economia mundial, a expansão do comércio mundial e o início da mundialização do capital.

Mesmo que Deleuze e Guattari, quando lançam seu olhar sobre Spinoza, sigam esta trajetória, uma e outra leitura não são completamente excludentes neste aspecto. No caso de Negri, o processo de subsunção real do trabalho pelo capital significará a extensão do antagonismo social capitalista ao conjunto da sociedade, atribuindo-lhe máxima continuidade e flexibilidade. Se o comando capitalista se torna universal, o antagonismo torna-se onipresente, razão pela qual os espaços de luta se tornam fluidos, generalizados, difusos. O antagonismo, na fase da subsunção real, já não poderá mais ser entendido dialeticamente à maneira hegeliana, agora que o proletariado se opõe desde o início ao capital, sendo-lhe constitutivamente antagônico. A relação capital-trabalho já não pode ser compreendida segundo as linhas de negação-superação tipicamente hegelianas. A exploração capitalista converte-se em puro comando, e o capital necessita alcançar uma nova dimensão, o estágio político, para assegurar-se e manter este comando. O sistema de cooperação social que embebe o conjunto da sociedade deve incorporar de maneira permanente o poder do trabalho, promovendo uma densificação da composição de classe e uma massiva extensão de sua potencialidade. Neste novo cenário, a dialética é incapaz de abarcar as distintas formas de antagonismo provenientes desta extensão e desta intensificação do proletariado. As lutas políticas já não podem mais ser definidas em termos de contradição[85]. Negri retomará Spinoza porque este apresenta a metafísica do ser concebida como uma física do poder (*potentia*) e uma ética da constituição. Nesta metafísica, "o ser e o não-ser se afirmam e se negam um ao outro de maneira simples, discreta, imediata. Não há dialética: o ser é ser e o não-ser não é nada: fantasma, superstição, sombra. É um obstáculo para o projeto construtivo" (Negri, 1993, p. 361). Negri utiliza os alinhamentos da metafísica para entender o capitalismo como um obstáculo do projeto construtivo.

No entanto, Negri tem outros motivos para recorrer a Spinoza. Com efeito, para a tradição política filosófica fiel a uma linha de argumentação que pode ser traçada entre Hobbes, Rousseau e Hegel, a relação entre o poder coercitivo do Estado e o poder isolado dos indivíduos configura-se como uma relação essencialmente *dialética*. Esta linha de trabalho teórico pressupõe abordar o Estado soberano como zona transcendental, onde o poder contraditório e ineficaz dos indivíduos é recuperado como poder coletivo, *potestas*. Contra este mito burguês, Spinoza postulou a força — *potentia* — da multidão, a potência daqueles que se opõem e neutralizam o poder negativo e dominante do Estado soberano. Na etapa da subsunção real, quando o conjunto da sociedade é incorporado à reprodução do capital, o Estado não pode ser visto nem como o agente político capaz de modelar a relação entre as classes, tampouco como o agente neutro capaz de servir ao conjunto da sociedade; nesta etapa, o Estado é incapaz de processar algum poder em proveito próprio. É, muito mais, um lugar primário, campo de exercício do *comando capitalista*. Nesta etapa, o trabalho do Estado torna-se essencialmente negativo, é um trabalho de decomposição. Quer dizer, de modificação e neutralização da resistência que manifestam os sujeitos sociais na produção, e diante das políticas capitalistas de crise. Na sociedade moderna, diz Negri, não tem cabimento em resolver os principais desejos contraditórios dos in-

[85]"Em nosso nível de desenvolvimento, a viga dialética da força de trabalho no e contra o capital é deixada de lado, tornou-se obsoleta, é só um interesse arqueológico" (Cf. "Archeology and project: the mass worker and the social worker", in: Negri, 1988, p. 225).

divíduos, tal como expressa a tradição Hobbes-Rousseau-Hegel, porque em um capitalismo integrado mundialmente, essencialmente supranacional em sua forma, não há Estado, não há um novo Estado onde as contradições da sociedade possam ser exaltadas por algum poder negativo. Em uma situação onde o Estado e a sociedade civil se mesclam em uma unidade complexa, é possível pensar na existência de uma zona onde a força da multidão permaneça intacta. Spinoza formulou uma física do poder desta multidão, embora na sua época não tenha tido possibilidade de desenvolver esta física, na medida em que não estava ainda presente a *política* desta multidão, a política de uma nova subjetividade revolucionária que haveria de chegar em 1968. Foi neste momento que a multidão se tornou efetivamente atual, algo real e irredutível.

A motivação fundamental de Negri para recusar e abandonar a dialética está assentada em uma resolução especificamente política. Para Negri, não há possibilidade de qualquer síntese política entre trabalho e capital; só existe puro antagonismo. Se existe síntese, esta só é possível na perspectiva do capital, que requer e/ou necessita do trabalho para sua sobrevivência, devendo conter ou incorporar de maneira permanente, num movimento incessante, o antagonismo político. O proletariado, por sua vez, não é impelido a alcançar nenhuma síntese.

Para Deleuze e Guattari, pelo contrário, a recusa da dialética funda-se muito mais em uma argumentação de tipo filosófico do que em uma necessidade política. Trata-se de uma exigência filosófica, onde a contradição hegeliana é subsumida em uma lógica identitária. Deleuze e Guattari apóiam-se em dois elementos centrais desenvolvidos em diferentes registros e distintos planos de pensamento, para se libertarem de toda influência hegeliana: a) uma concepção absoluta da *negação*; e b) uma teoria constitutiva da *prática*.

Para além do fato que Deleuze esteja mais comprometido com os caminhos da especulação filosófica e Negri com as polêmicas que definiam a estratégia política do momento, podemos considerar ambos os estudos como complementares entre si e confluentes em um projeto comum. A *negação* radical gera uma ruptura definitiva com a tradição hegeliana, ao passo que a *prática* mental e corpórea, os caminhos do comportamento assim como os poderes de um plano de imanência provêem o ponto material de partida para a constituição de um novo horizonte. *Negação* e *prática* configuram os elementos fundantes do novo terreno filosófico político.

Deleuze, Guattari e Negri coincidem na necessidade da construção de uma *ontologia constitutiva da prática política*.

A superação da dialética em Negri está associada às novas características que o capitalismo assume em 1968. Com efeito, para Negri, inaugurava-se naquela data a época em que o trabalho material é substituído pelo trabalho imaterial, a organização da fábrica pela sociedade informatizada, e o mando direto sobre o trabalho pelo controle da cooperação social produtiva, processo que significou uma mudança substancial nos paradigmas do poder. A modernidade tornou-se pós-modernidade, porque surgiu um novo sujeito produtivo radicalmente distinto. Por sua vez, a passagem de uma sociedade disciplinar a uma sociedade de controle modificaria a consubstanciação do poder, ou seja, a relação que o poder estabeleceria com seu adversário, com o antipoder, este último considerado a negação criativa do poder[86]. A própria intelectualidade e a cooperação transformar-se-iam em valor de uso fundamental no processo de produção, no momento em que o trabalho imaterial fosse subjugado pela cooperação coletiva. Nestas circunstâncias, a base exclusiva da produtividade é delimitada pelo trabalho vivo.

É inegável que o surgimento e a consolidação do novo sujeito produtivo alterará a composição de classe: a classe operária perde agora sua centralidade fabril, enquanto o sujeito produtivo, ao identificar-se com o conjunto do trabalho comandado pelo capital, estende-se ao conjunto da sociedade. A condição para que o novo sujeito se torne sujeito político é que encontre em sua *constituição* o absoluto de sua expressão. O novo sujeito, ao assumir que sua própria subjetividade constitui o inelutável substrato de todo trabalho vivo, provocará uma verdadeira revolução; já não necessitará de outras funções que o completem ou complementem fora de si. Já não serão requeridas mediações; a demo-

[86]Negri se refere ao *Império* (Negri e Hardt, 2001).

cracia representativa deixará de ter sentido. Igual destino se projeta sobre a democracia direta. Nestes marcos, só será concebível a *democracia absoluta* de Spinoza ("*Relíquia desiderantur*. Conjectura para uma definição do conceito de democracia no último Spinoza", in: Negri, 2000).

A primeira característica do *operário-social* como novo sujeito produtivo reside em sua capacidade de se apropriar do mando do trabalho. Mas esta reapropriação pressuporá, para Negri, a ruptura da dialética do confronto na sociedade capitalista. Com efeito, até aquele momento as lutas operárias constituíam o estímulo para provocar a reestruturação do mando capitalista; a nova figura subjetiva de classe construiria assim uma dinâmica particular de enfrentamento, ao conferir ao processo características indefinidas. Vejamos.

Qual é a forma com que Negri aborda a nova subjetividade? Para Negri, as dinâmicas de construção subjetivas não cristalizam; são cambiantes, mutantes, dinâmicas, razão pela qual não se pode fazer referência a momentos imodificáveis. Além disso, a construção subjetiva, a relação ontológica, não tem necessidade de fundamentos que vão mais além da experiência humana, porque os sujeitos se configuram como agenciamentos (disposições, combinações). Neste sentido, Negri faz uma abordagem do sujeito a partir de sua pluralidade, entendida como multiplicidade. Não há lugar neste contexto para ontologias substancialistas, nem para um materialismo dialético. No entanto, a exclusão de uma ontologia substancialista não significa a exclusão de toda ontologia. Pelo contrário, os elementos ontológicos da personalidade derivam precisamente do entramado que adquirem as direções das lutas, a intencionalidade, as vontades que as animam. Assim é que se constituem elementos ontológicos antagônicos. E são antagônicos porque fazem a eleição de problemas radicais no ser, como aquele que se refere ao problema da expropriação da cooperação laboral. É um antagonismo que não simplifica, mas que aperfeiçoa as complexidades que compõem os sujeitos, ao mesmo tempo que esta complexidade, constituindo-se, estabelece antagonismo. É uma forma particular de ontologia: a *ontologia constitutiva*.

Ao mesmo tempo, tanto Deleuze quanto Negri limitam-se de maneira estrita a um discurso de conteúdo materialista ontológico que rechaça qualquer aprofundamento ou fundação encoberta do ser. Não há nada velado, oculto, ou negativo no ser. Tudo está totalmente expresso no mundo. Neste sentido, são inúmeros os projetos que foram sendo desenvolvidos no campo da filosofia, na perspectiva da construção de um pensamento ontológico materialista: Spinoza, Marx, Nietzsche. Negri e Deleuze constroem, neste contexto, uma concepção constitutiva da *prática fundante de uma ontologia*. A negação radical que lança um *par destruens* não dialético acaba sendo suficientemente enfática para deixar de lado qualquer ordem preconstituída, acessível ou alcançável, na hora de definir a organização do ser. Por sua vez, a prática fornece os termos para uma *par construens* material; é a prática que torna possível a constituição do ser. Neste caminho de análise, será a investigação da natureza do poder que permitirá a Deleuze e a Negri incorporarem a substância ao discurso materialista, levando uma teoria da prática até o nível da ontologia.

Podemos distinguir três momentos diferentes na evolução do pensamento de Deleuze e Negri: um primeiro momento de forte crítica ao hegelianismo; um segundo momento de desenvolvimento da concepção não dialética da negação. Finalmente, um terceiro momento de articulação da natureza constitutiva da prática. Contudo, ambos os desenvolvimentos se dão a partir de reflexões diferentes. Deleuze começa com uma crítica filosófica no plano mais elevado da especulação ontológica, trabalhando progressivamente no sentido de espaços de discussão sociais e políticos. Negri, pelo contrário, começa com uma crítica política da dialética assentada em questões práticas e estratégicas de organização, e gradativamente reconhece a necessidade de repropor a problemática em planos mais elevados de generalidade ontológica. Negri parte de uma crítica econômica e jurídica da natureza dialética do capital, de sua capacidade para subsumir a verdade inovativa da força social produtiva e recuperar a oposição dos trabalhadores na ordem unificada de seu próprio desenvolvimento. Suas análises teóricas movem-se ao compasso da dinâmica das lutas sociais, marcando e formulando as forças e as limitações das práticas no plano teórico. Negri interpreta estes movimentos sociais não apenas como uma crítica prática da concepção do Estado na determinação da organização social, mas também como uma proposição positiva para uma constituição alternativa da sociedade. A teoria da insurreição é seguida pela lógica da separação, uma lógica autônoma da nova organização social. Assim como Deleuze tenta uma fundação autônoma da filosofia por fora da problemática hegeliana, Negri esforça-se por identificar aqueles elementos existentes da constituição democrática da sociedade que se tornam independentes do poder de recuperação do capital e do Estado. As práticas dos novos movimentos sociais propõem sistemas alternativos de organização e valorização, indicando o caminho para a constituição de uma nova existência social. Negri propõe que é possível intervir no processo social de constituição ontológica através da dinâmica da organização política.

Quais seriam as mudanças operadas na pós-modernidade, do ponto de vista filosófico, mais especificamente epistemológico, para Negri? Se na etapa primitiva do Ancien Régime a busca da verdade devia se orientar pela aparência; e, na segunda etapa, a função heurística apresentava-se como mediação da verdade nos acontecimentos, o que permitia ao filósofo alcançar compromissos de transformação; na etapa que se inaugurou com o Maio de 1968 francês, a busca da verdade transformou-se em *produção* da verdade. O século XXI caracteriza-se, segundo a concepção de Negri, pelo surgimento e consolidação do "pensamento constitutivo que se superpõe e elimina o pensamento da mediação" (Negri, 1992a, p. 42). A mediação reduz — diz Negri — a *possibilidade* — entendida como *criação* — a um esquema transcendental da disciplina. Até aquele momento, a singularidade era reduzida a um processo dialético que reconduzia ao devir do poder.

Mas, para Negri, a história da potência como história do contínuo renascimento do sujeito, em oposição à estabilização do poder não é dialética, não é uma história hegeliana. Pelo contrário, é uma história sempre aberta, cujas alternativas possíveis só são compreensíveis desde a genealogia, não a partir da síntese. "Esta história não tem dialética nem continuidade teleológica: é história de sujeitos, de genealogias, de agenciamentos implantados no real, definidos pelo real do desenvolvimento da historicidade e pelas relações de força que recobrem a historicidade" (Negri, 1992a, p. 39).

Contudo, o abandono da dialética não resultará neutro para a concepção marxista da *prático-crítica*, se considerarmos, seguindo a argumentação hegeliano-marxista, que a inversão do pensamento hegeliano e da filosofia tradicional provocada por Marx não se assenta tanto em uma substituição do idealismo pelo materialismo, mas sim numa inversão da perspectiva teórica em favor de uma perspectiva prática.

Uma primeira questão se impõe: é possível sustentar que o abandono da dialética implica necessariamente o abandono e a separação da concepção sustentada por Marx a respeito da prático-crítica? Dito de outra maneira, seria possível conceber uma abordagem da relação *teoria-prática* que fosse semelhante àquela desenvolvida por Marx, por fora da concepção hegeliano-marxista? Negri definitivamente percorre todo um caminho neste sentido (ver o próximo ponto), retomando a leitura e o trabalho de pesquisa referenciado na linha teórica que vai de Maquiavel a Spinoza e a Marx. E, simultaneamente, também nos perguntamos, é possível abordar a historicidade das sociedades por fora do marco dialético?

Fica claro que o abandono da dialética não deixará de ter sua importância e de projetar seu ímpeto quando forem resgatadas as ambivalências presentes na *dialética*. É possível identificar um primeiro aspecto relativo ao vínculo criado pela própria dialética entre a crítica ao *objetivismo* — enquanto concepção estática do mundo — e a tese de um *saber absoluto*. Marx inverte de maneira definitiva este segundo aspecto, verdadeiro núcleo do idealismo hegeliano, convertendo-o em um dos pontos de ruptura com Hegel. No entanto, esta ruptura não significará renunciar à primeira perspectiva, quer dizer, aquela que *dinamiza* os pensamentos *estáticos da compreensão*, embora sem romper com aquela atitude que consentia com um mundo derivado espontaneamente das ciências sociais, entendidas como "teoria tradicional". E como entendia esta "teoria tradicional" a explicação do mundo? A partir de uma conexão causal apresentada como necessária (inevitável). No caso de Hegel, esta conexão estável de tipo causa-efeito é designada como "necessidade externa". E exclui a categoria de "possibilidade", ou seja, a perspectiva de transformação do mundo explicado[87]. A dialética introduz uma perspectiva de evolução, ainda que derivada de uma *necessidade interna*, e neste momento considera o mundo social um mundo histórico e, portanto, transformável. Esta é a perspectiva que Marx assume na *Crítica da economia política* quando realiza sua crítica às concepções aceitas por Adam Smith e David Ricardo, ao conceber o capitalismo como fase histórica suscetível de ser transcendida.

Vejamos como Negri, apesar de seu distanciamento da dialética, consegue resolver esta problemática. Em primeiro lugar, a idéia de transformação histórica não necessariamente precisa estar ancorada em uma concepção monocausal ou dialética que, imaginando uma representação final e imbuída de uma forte carga teleológica, deixe de lado as dinâmicas do conflito e as lutas que, efetivamente, produzem estas transformações. Neste sentido, o pensamento dialético é definitivamente pobre em sua análise, na medida em que limita o estudo a uma matriz de conflito já dada, já antecipada, e muitas vezes perversa, incrustada e enraizada em alternativas rígidas. Negri, pelo contrário, sem deixar de lado a dinâmica das transformações históricas, recusará firmemente toda deriva teleológica e baseará sua análise em uma perspectiva em que as diversas alternativas de luta irão modelar e perfilar a própria dinâmica do desenvolvimento capitalista. Ao retomar a genealogia dos conflitos em sua fase constitutiva, Negri privilegiará tanto os momentos de resistência quanto os que são expressão da potência que os anima. Dizendo em outras palavras, devemos incorporar, de acordo com esta análise, tanto a capacidade de resistência à objetividade do poder quanto a potência da expressão das novas realidades. Serão as lutas operárias que vão ganhar corpo justamente nesta capacidade de expressão da potência antagonística, à medida que são as lutas, no interior e contra o comando capitalista, que fazem a história. Este é um desenvolvimento da análise que nos remete mais uma vez o operaísmo de Tronti. Recordemos.

[87]A *possibilidade lógica* é a ausência de toda contradição: tudo o que pode ser pensado é possível, embora a recíproca não seja verdadeira.

Em O *Capital*, o conceito de classe operária é construído a partir de um determinado refinamento político do conceito "força de trabalho". Por sua vez, esta última é apresentada como a representação social do conceito econômico capital variável. Força de trabalho e capital variável são, neste sentido, conceitos surgidos ou formados *no* capital, dentro do capital. O certo é que a função histórica do capital é precisamente construir a força de trabalho; porém, na visão da economia política clássica e do marxismo ortodoxo, esta função era entendida e continua a ser entendida de uma maneira *estática*: ora, se a classe operária é a projeção mecânica da força de trabalho, logicamente ela será analisada como uma figura interna do capital. Trabalhando com tais pressupostos, seria impossível entender a classe operária como uma variável independente do capital, ou da relação capitalista. Neste sentido será o operaísmo que acabará provocando a grande virada, a chamada inversão do ponto de vista de classe, ao considerar a classe operária o *motor* fundamental do desenvolvimento capitalista, entendendo este último como uma resposta construída pelo capital para fazer frente à resistência e luta dos operários. A classe operária é assim definida por seu modo subjetivo, por sua capacidade de expressão, por sua potência constituinte. Ao mesmo tempo, o operaísmo mostrava-se uma alternativa ante qualquer determinismo economicista, causal, clássico, do velho dogma marxista. Nesta perspectiva, a revolução deixava de ser vista por um prisma objetivista teleológico; como um objetivo a ser cumprido a partir de uma linha dada, como o ponto de ruptura que faz desmoronar a taxa de lucros e dispara uma inevitável tendência decrescente, a ser resolvida com a acumulação de um conjunto de processos subjetivos de massas.

Toda política efetivamente anticapitalista deve de alguma maneira forçar o capitalismo a superar determinados limites, que representam o ponto de sua destruição. No entanto, não existe nenhuma automaticidade nesta superação, nem "leis históricas" capazes de gerar tais políticas, tampouco "classes eleitas" portadoras desses objetivos. As sociedades só mudam a partir do agir daquelas subjetividades que são capazes de provocar e forçar a mudança social; ao passo que a política capaz de provocar a substituição e a superação do capitalismo é uma política por vir, por chegar, não em um sentido pejorativo, utópico, e sim no sentido dos múltiplos e mutantes contornos de um projeto pensável, em contraste com um projeto realmente existente, atualmente existente. Neste sentido, Negri postulará a necessidade de se repensar o conceito de materialismo histórico, deixando de lado aquela doutrina que vê na materialidade das forças produtivas a determinação da consciência, para pôr em seu lugar uma noção congruente com um materialismo histórico menos doutrinário, em que é a consciência coletiva, através de sua consolidação, que organiza a dimensão material do desenvolvimento do sujeito produtivo[88]. Distinção salutar entre o pensado e o atualmente existente, feita também por Foucault em sua abordagem dos diferentes regimes de práticas.

Mas, uma vez chegados a este ponto, somos impelidos a abordar as subjetividades que dinamizam o processo, que motorizam e corporificam as lutas. E, neste momento, a análise de Negri já não será *negativa* e sim *afirmativa* (e profundamente spinoziana). O que supõe acolher uma leitura que opera por descontinuidades, contra todo determinismo, toda prévia formação ou imaginação do devir sócio-histórico, que só se sujeita à ação dos sujeitos em um mesmo processo. Porém tal sujeição incorpora a possibilidade do desenvolvimento de ações fora de toda previsibilidade ou medida; e também por fora de toda medida prévia. Essa análise supõe passar de uma concepção fechada da relação capitalista para um concepção aberta, antagonisticamente aberta, ainda que não elimine o trabalho, que continua sendo o centro do processo produtivo e de luta. Na perspectiva de Negri, esta última argumentação pressupõe a crise da lei do valor, entendida como questionamento do funcionamento da *medida do valor* e do equilíbrio no desenvolvimento da mencionada relação, tal como vinha sendo pensada até aquele momento.

[88]"Não é a materialidade dos movimentos que gera a consciência, e sim a consciência coletiva que, ao se desenvolver, forma os próprios movimentos da figura produtiva em sua materialidade. Este passo rompe a tradição, porém inova o materialismo. A autovalorização vem depois da auto-organização, e não antes [...] a organização é o elemento material central e fundamental da constituição do sujeito" (Negri, 1992a, p. 149).

Existe uma segunda consideração a ser levada em conta na superação da dialética, que se refere à relação *natureza-liberdade*. Vejamos.

A dialética hegeliana tentou resolver o conflito que carregavam as ciências positivistas, que propunham uma leitura na qual o objeto explicado era assumido como objeto natural, e o sujeito como um observador externo. Neste contexto positivista, a separação entre o sujeito e o objeto tornavam-se inevitáveis, conduzindo a um incontestável determinismo. A dialética hegeliana, como dizíamos, tentou superar este conflito transformando a noção de liberdade em lei essencial do processo histórico. Isso significava pensar a história humana como um processo *livre* e *racional*, ligado à dialética alienação/reapropriação. Neste sentido, o caráter inseparável da *ação livre* e da *ação racional* constitui outro dos *nós* cegos da dialética, do qual também teremos que dar conta, se se trata de superar a dialética. As sociedades modernas controladas pelas tecnociências haveriam de se encarregar de dissipar os sonhos de equivalência entre racionalização social e emancipação, como anteciparam em sua época Adorno e Horkheimer (1987).

Duas considerações podem ser mencionadas como supostos questionamentos ao abandono da dialética, considerada *teoria da razão fundada na possibilidade de transformação*. A primeira se refere à substituição da *poiesis* (criação) da razão prática como noção do processo histórico. Além do fato de Negri reafirmar como noção central do processo histórico o potencial (poder) *constituinte*[89], atribuindo neste mesmo momento um grande valor à *práxis* como ação transformadora, a categoria central de possibilidade (criação) não pode dar conta por si mesma, de acordo com a ótica marxista hegeliana, de um processo de transformação libertador. Qual é o argumento dos marxistas hegelianos? Se imaginamos a ação transformadora como o único ponto de apoio (desprovido de uma lógica racional), a concepção da revolução torna-se a-histórica, e, ao mesmo tempo, a direção da transformação fica imprevisível. Sem uma lógica de emancipação, é provável que as revoluções acabem instalando

[89]Já veremos como Negri, em seu compromisso ontológico spinoziano, situa a noção do poder constituinte em uma posição criacionista, à semelhança de uma autêntica *natura naturans*.

lógicas não desejadas. A segunda consideração complementa, de certa forma, a primeira. A introdução marxista da noção de *prática crítica* modifica a concepção dialética da atividade, ao mesmo tempo que a absorve. Com efeito, a ruptura marxista com o pressuposto hegeliano se produz ao insistir no caráter objetivo natural e terrestre do *sujeito que produz*, assim como no do *objeto* que não pode ser considerado um dado e sim uma *objetivação*. Marx, de acordo com esta leitura, mantém a compreensão dialética da relação entre o sujeito que produz, a alienação, e a necessidade de se reapropriar da coisa alienada como ato de produção do homem por si mesmo, da mesma forma que o que é produzido é o próprio sistema das relações sociais. O ato da reapropriação inclui, incorpora, a lógica do sistema e, para que isto seja possível, deve encontrar esta possibilidade no quadro desta mesma lógica. Este processo nos conduz às problemáticas noções das contradições e superações dialéticas. De um ponto de vista estritamente dialético, a partir de um olhar marxista hegeliano, torna-se quase impossível para a teoria crítica deixá-las de lado, na medida em que indicam situações problemáticas reais e estratégias de saída. Motivo pelo qual a renúncia a toda contradição sistêmica comprometeria a capacidade da teoria crítica poder dar conta de seu próprio estatuto teórico. Renunciar a pensar a transformação do sistema como efeito da *contradição interna* seria algo alcançável, de acordo com a teoria crítica, ao custo de uma significativa redução da virada prático-crítica no duplo sentido, que, segundo o marxismo hegeliano, Marx concebera: por um lado, a ação transformadora teria sua esfera de validade fora da lógica do sistema, sem afetá-lo; por outro, a crítica se voltaria para uma posição metateórica, para preservar a fronteira entre "sistema" e "mundo vivido", indicando assim a esfera de validade das duas tradições sociológicas combinadas.

Do ponto de vista hegeliano-marxista, o lugar da dialética poderia se revalorizar e adquirir nova relevância com a condição de aprofundar certas posições de Marx que seria necessário manter:

1) qualquer virada prática (na concepção prático-crítica) que pretenda deixar de lado a dialética deve ser capaz de formular uma nova teoria da verdade e uma reformulação da racionalidade teórica e prática. A premissa fundamental capaz de sustentar estas duas teorias teria que ser capaz de fornecer uma nova formulação da objetividade como objetivação, como forma de salvar a relação de produção do objeto pelo sujeito, e deste último pela apropriação de sua própria produção;
2) uma teoria prático-crítica não pode anular a perspectiva de uma transformação sistêmica nem estender a noção de transformação ou criação das relações sociais para além do umbral lógico da categoria possibilidade. Por isso busca da contradição (antagonismo) no interior do sistema, em contraste com a interpretação homeostática de seu funcionamento, é a condição de possibilidade de uma teoria da transformação;
3) como o conceito de superação dialética necessita em todo caso de uma determinação lógica e de uma concreção empírica, não se fecha de nenhuma maneira em um universo teleológico finito, como acontece com o idealismo. Liberado deste quadro de referência, deverá funcionar como um dispositivo inerente à noção de uma prática crítica e emancipatória que de outra maneira permaneceria diluída no magma das transformações que poderiam provocar objetivos contrários. Uma teoria que transforma a ação social em criação reduz seu valor explicativo, na exata medida em que aumenta sua ambigüidade política (determinismo da razão).

CAPÍTULO 5 Para uma teoria do conhecimento materialista

A alternativa epistemológica proposta por Negri consiste basicamente na superação da concepção dialética hegeliana e na abertura em direção a um materialismo não dialético, que permita dar conta de uma teoria do conhecimento e, portanto, da relação da teoria com a prática. Neste desafio, o italiano seguirá as concepções de Spinoza e os estudos desenvolvidos pelo pós-estruturalismo francês sobre Spinoza, em especial os oferecidos por Gilles Deleuze, que justamente permitiram a este filósofo desenvolver uma *negação não dialética* e uma *teoria constitutiva da prática.*

Nesta perspectiva, Negri resgatará, como elemento articulador de sua concepção, o eixo teórico formado por Maquiavel-Spinoza-Marx, em contraposição ao já clássico e difundido pela concepção marxista tradicional: Hobbes-Rousseau-Hegel-Marx. Propõe uma epistemologia materialista assentada na concepção da negação absoluta não dialética que dá conta de uma concepção teórico-prática congruente com os postulados de Marx.

Não devemos assimilar o materialismo com aquela escola filosófica edificada sobre a simples primazia do corpo sobre o espírito ou do físico sobre o pensamento. Sabemos que o materialismo aparece na história como uma correção ou negação da primazia da mente sobre o corpo. Neste sentido, podemos sustentar que, assim como Spinoza corrigiu Descartes, Marx corrigiu Hegel. Embora esta correção não significasse inverter a relação de primazia, mas em todo caso propor a igualdade entre o corporal e o intelectual. No caso de Baruch Spinoza, recusar a primazia do intelecto significa reforçar o ser sobre os atributos, dentre os quais

Spinoza somente reconhece o pensamento e a extensão. Nesta perspectiva, a ontologia que Spinoza considera é uma ontologia materialista. Por isso, priorizar o materialismo significa igualmente a necessidade de priorizar o ser e, ao fazê-lo, se estará mantendo uma perspectiva ontológica. O corporal e o intelectual são expressões idênticas do ser. Aí reside o princípio da ontologia materialista.

Deleuze e Negri terão um cuidado particular em deslindar suas posições com relação àquele pensamento francês que resgatava, por volta de meados dos anos 1960, uma linha de trabalho ancorada na trajetória Marx-Nietzs^he-Freud que, embora se mostrasse anti-hegeliana, aderia a uma concepção subjetivista dos atributos spinozianos. Quando Althusser nos convoca, em *Para ler O Capital*, a ver em Marx o artífice de uma verdadeira revolução na teoria do conhecimento, converte-se no melhor representante dos que privilegiavam a *ratio cognoscendi* em relação à *ratio essendi*. Neste sentido, Althusser estava muito mais próximo de uma especulação fenomenológica[90] do que de uma teoria do conhecimento marxista, com a insistência na centralidade da *ratio cognoscendi*. Eram momentos em que toda a academia francesa mostrava-se partidária da natureza produtiva do conhecimento. A leitura althusseriana mostrava-se oposta à teoria deleuziana, na medida em que Deleuze relegava a apreensão do intelecto a um papel reprodutivo e se manifestava em princípio partidário de uma concepção "especular"[91].

A partir de uma interpretação particular dos atributos de Spinoza, Deleuze construirá uma ontologia materialista. Com efeito, para Deleuze a relação dos atributos com a substância é um *a priori* da apreensão que poderia ser feita pelo intelecto de tal relação. A leitura deleuziana e objetivista dos atributos de Spinoza sustenta que há certos princípios do ser anteriores ao poder produtivo do pensamento e independentes dele;

[90]De acordo com a fenomenologia, antes de podermos considerar as coisas reais é necessário considerar como elas se apresentam à nossa consciência, ao nosso intelecto. Tanto a leitura de Althusser como a especulação fenomenológica coincidem ao conferir ao atributo spinoziano uma interpretação subjetiva, invalidando neste momento toda leitura especular, na medida em que "não há leitura inocente do mundo, nem tampouco objetiva".

[91]"O intelecto só reproduz objetivamente a natureza das formas que apreende", diz Deleuze.

e que são estes princípios que correspondem ao campo da especulação (teoria). Deleuze mantém a ontologia, neste aspecto, em sua esfera específica e tratará tudo o que fica fora dela em termos práticos. Esta é a base da concepção deleuziana da prática. O intelecto só pode reproduzir em termos cognitivos a relação ontológica primária, isto é, a relação entre a substância e os modos. Neste marco teórico, a *ratio essendi* é anterior à *ratio cognoscendi*. Interpretação objetivista que preserva a entidade ontológica do sistema[92]. Além disso, não cabe atribuir a Deleuze uma concepção de tipo especular em sua teoria do conhecimento, uma vez que a especulação (teoria) em Deleuze refere-se apenas às questões ontológicas. A sociedade, o capital, a economia e o Estado caem fora da órbita da teoria.

Podemos perguntar: que tipo de concepção materialista estaria subjacente na teoria althusseriana, quando se coloca a produção cognitiva no centro da filosofia, ocultando, neste mesmo deslocamento, a dinâmica produtiva do ser? Ser que é, ademais, anterior ao pensamento, seja ele analisado em termos lógicos ou em termos ontológicos.

De acordo com a concepção althusseriana materialista, o conhecimento e sua distinção da realidade exigem uma produção. Se não fosse assim, cairíamos ou em um idealismo especulativo ou no idealismo empirista. Como a interpretação objetivista dos atributos de Deleuze exclui a prática do campo especulativo, acabaria exposta, seguindo a argumentação de Althusser, a qualquer um destes dois idealismos. Por se tratar de uma especulação independente da prática, Deleuze, a partir da ótica de Althusser, só buscará interpretar o mundo sem modificá-lo.

Acompanhando os alinhamentos da teoria spinoziana, o cerne da questão está centrado no desenvolvimento de uma concepção essencialmente materialista no que se refere à relação entre a especulação ou teoria e a prática. Deleuze afirma que Spinoza, na primeira parte da *Ética*, investiga o ser desde uma perspectiva *especulativa*, descobrindo princí-

[92]De toda maneira, esta concepção não deixa de resultar questionável em alguma medida, se nos ativermos à própria definição do atributo spinoziano: "o que o intelecto percebe de uma substância". Neste sentido, não deixa de atribuir ao intelecto um papel fundamental.

pios ontológicos fundamentais; para em seguida, numa segunda parte da *Ética*, a partir de uma *perspectiva prática*, nos conduzir à constituição real do ser em termos corporais e epistemológicos.

Comparemos as idéias-base de Spinoza com as formuladas por Althusser.

1. Nos dois autores, a teoria se sustenta na prática; em ambos, a prática funciona como inspiradora da teoria. Com referência a Althusser, basta recordar que aquela famosa frase de Lenin "sem teoria revolucionária não há ação revolucionária" foi a sua citação preferida. Para Spinoza, uma vez que a *Forschung* (especulação ontológica) havia colocado em evidência todas as distinções do terreno, será possível atravessar mais uma vez este terreno, agora com uma disposição diferente. Neste sentido, podemos traçar um paralelo entre os dois momentos históricos de Spinoza — um referenciado na escritura das Seções I e II da *Ética*, e o outro referido aos desenvolvimentos das Seções V e VI — e os dois momentos que Marx postula com relação ao *método de investigação* (*Forschung*) e ao *método de exposição* (*Darstellung*). Assim, o *Forschung* de Marx pode ser comparado à primeira etapa da *Ética* que, com base na teoria dos atributos, dá prioridade ao pensamento para determinar as conexões interiores do ser. O momento da *constituição do ser*, que pertence à segunda parte da *Ética* e que deixa para trás os atributos, corresponde à *Darstellung* marxiana, onde, uma vez manifestadas as distinções no terreno, é possível voltar a percorrer este terreno, embora desta vez com uma "disposição prática", apresentando *adequadamente* as conexões internas e o movimento real do ser no processo de sua *autoconstituição*. Neste aspecto, à medida que deslizamos da *Forschung* à *Darstellung*, desaparece toda anterioridade do pensamento. Em Spinoza, a passagem da especulação à prática se realiza articulada pela temática do *poder*. Na linguagem de Spinoza, passamos do plano ontológico ao plano epistemológico. Até este momento histórico, a tradicional teoria da correspondência da verdade assentava-se no pluralismo epistemológico; isto é, a idéia verdadeira era aquela que coincidia ou correspondia a seu objeto (*res ideata*). Para Spinoza, uma definição da verdade deveria compreender a expressão de causalidade, de *produção* e de *poder*. Para Spinoza, a concepção de verdade de uma idéia descansa fundamentalmente na relação interna de uma idéia com sua causa. Esta é a *idéia adequada* — idéia que expressa sua causa: princípio de adequação. Por isso se diz que Spinoza acaba aplicando a epistemologia a seus princípios ontológicos. Trata-se, neste caso, de uma ontologização da epistemologia ou de uma verdade ontológica.

2. Por outro lado, quando nos aprofundamos na concepção althusseriana, podemos observar como Althusser acaba concedendo, em última instância, primazia à teoria, ao postular a teoria como essência da prática. Althusser considera a "prática teórica" a forma política central, arquétipo da prática; uma síntese entre teoria e prática, na qual a primazia é colocada na teoria. Quando, algum tempo depois, Althusser vai responder às críticas que lhe haviam dirigido por sua concepção da "prática teórica", por não haver dado suficiente destaque à luta de classes ao não incluí-la nesta prática teórica, o fará estendendo a filosofia até o campo da política e postulando então que a filosofia é a própria luta de classes na teoria.

3. Deleuze, por sua vez, colocará a ênfase no fato de que as duas atividades são autônomas e equivalentes. Não existe síntese entre a teoria e a prática, nem primazia de uma sobre a outra. Para Deleuze, toda filosofia materialista exige deixar de lado qualquer desvio teoricista. A relação da teoria com a prática não propõe uma relação causal direta, e nenhum dos âmbitos tem antecedência sobre o outro (da mesma maneira que se relaciona a atividade do espírito com a atividade do corpo; mais uma vez, ontologização da epistemologia). Embora esteja claro que não devemos considerar identitária a relação entre os pares espírito/corpo, por um lado, e teoria/prática, por outro. A pesquisa teórica se propõe, por sua vez, avançar na investigação dos princípios do ser em referência aos atributos reconhecidos: no terreno do pensamento e no da extensão. Da mesma forma, a constituição prática do ser incorporará em seu desenvolvimento tanto a mente quanto o corpo. A relação comum que

é possível se estabelecer entre os pares se expressa na *autonomia* e na *igualdade*. A concepção de autonomia introduzida por Deleuze é expressão de sua recusa a toda subordinação de um desses espaços ao outro. O fundamento ou causa de algum fato prático deve ser buscado, como diz Deleuze, na acumulação de desejos, imaginários e poderes que se tornaram coincidentes e necessários em algum momento (como foi o processo revolucionário disparado em 1917). Dizendo de outra maneira, trata-se de indagar sobre aquelas noções comuns que transformam as paixões alegres do encontro revolucionário em ações. Para Deleuze, a prática adquire total autonomia. Que outra conclusão pode ser extraída de sua afirmação sobre o fato de que "ninguém delimitou ou determinou ainda o que a prática pode fazer"? Em Spinoza, a "noção comum" adota uma função particular: constituir-se como o canal adequado para descobrir o poder da *prática social*.

4. Althusser, ao subsumir a prática na teoria e outorgar permanentemente primazia à teoria, acaba adotando concepções próximas ao hegelianismo. O projeto central da filosofia materialista, pelo contrário, é combater esta primazia e opor-se a toda inter-relação como subsunção. Trata-se, em todo caso, de afastar a prática da sombra da teoria, restituindo-lhe toda sua autonomia e dignidade.

Deleuze, por sua vez, com a prática de "*noções comuns*", afasta-se definitivamente do terreno hegeliano, opondo-se a qualquer absorção pela teoria da prática materialista da constituição. A *lógica da constituição* é reveladora de uma progressão que evolui desde baixo, em uma dinâmica aberta de organização. Trata-se de uma constituição não teleológica, imprevisível, criativa. Pelo contrário, o movimento de toda prática hegeliana acaba sempre sendo absorvido pela lógica da ordem definida desde cima.

Mas aderir a uma filosofia de conteúdo materialista não significa apenas refutar toda subordinação do corpo à mente, da extensão ao pensamento — colocando em termos spinozianos —, significa também uma exaltação do ser com relação a estas duas esferas. O ser não só deve anteceder e conter o pensamento, mas deve ser igualmente anterior à extensão. Trata-se de uma primazia lógica. Neste sentido, a dignidade do ser é precisamente sua potência, sua capacidade de produção interna. Em termos dialéticos hegelianos, se o ser é determinado pela negação, só será possível definir o ser a partir da negação ativa do nada para marcar sua diferença com relação a ela[93]. Porém, assim definido, o ser hegeliano converte-se em um ser abstrato, já que se mostra incapaz de compreender seu poder de produzir e seu poder de ser produzido ou de ser afetado (a produtibilidade deleuziana). Só o materialismo será capaz de captar esta particular leitura ontológica: a realidade de um ser que se define a partir de ser *diferente em si mesmo*. Sem nenhuma referência externa. Neste sentido, dizemos que o ser spinoziano é um *ser singular*. O ser não só é causa de si mesmo, como também é diferente em si mesmo; isto equivale a dizer que este ser se sustenta na base de uma diferença interna ou uma diferença eficiente. Diferença interna que não é outra coisa que não o *movimento* do ser. Tal é o conceito da *ontologia spinoziana*, substancialmente diferente da *ontologia hegeliana*.

Desta maneira, ao desenvolver uma ontologia materialista, acabamos nos deslocando da *negação* à *diferença*. E, a partir desta diferença eficiente, que reside no coração mesmo do ser, surgirá a multiplicidade real do mundo; multiplicidade ademais impensável no caso do ser hegeliano. Para a filosofia materialista, não faz sentido considerar o ser *na* natureza, na medida em que não existe separação entre o ser e a natureza. O ser sempre se expressará no corpo e no pensamento.

Mas se esta ontologia materialista, que podemos identificar nos trabalhos de Lucrécio, Duns Scott até Spinoza e Bergson, em contraposição àquela ontologia de caráter idealista que se desenvolve seguindo a linha de Platão, Hegel e Heidegger, põe em evidência nosso poder de produzir e atuar e nosso poder de sermos afetados (*produtibilidade* deleuziana), poderíamos concluir que uma ontologia materialista deste tipo resulta, antes de mais nada, em uma ontologia do poder.

[93]"*Omnis determinatio est negatio*" ("toda determinação é negação"). De acordo com a *Ciência da lógica* de Hegel, uma coisa deve ser em si mesma a negação de alguma outra coisa para poder ter alguma determinada característica. Para a filosofia dialética, é absolutamente impossível que toda coisa não se encontre determinada negativamente ou mediada pela negação.

Qual é a base sobre a qual Deleuze constrói sua concepção de *prática constitutiva* como fundamento da ontologia? A negação não-dialética de Deleuze é absoluta[94] "porque todo negado é objeto de um ataque total e desenfreado" (Hardt, 2004, p. 20). A negação pura é o primeiro momento de uma concepção pré-crítica *pars destruens*, *pars construens* (momento destrutivo, momento construtivo), se a situarmos no interior das proposições metodológicas de certos autores escolásticos como Roger Bacon, por exemplo. Encontramo-nos assim diante da *afirmação* do ser. Mas, em nosso caso, não se trata de uma afirmação passiva, ao estilo da adotada pela escola de Frankfurt, mas estaremos diante de uma afirmação que se vincula firmemente ao antagonismo. Uma afirmação que incorpora uma crítica devastadora e uma negação absoluta não dialética. Uma crítica que implica o ataque irrestrito a todos os valores estabelecidos e a todos os poderes dominantes que sustentam esses valores. Trata-se de uma "destruição sem reservas e que cria o campo para o surgimento de forças criativas, livres e originais" (ibidem, p. 219). O fundamental é a pureza e a autonomia dos dois momentos críticos. A negação absoluta, nestes termos, prepara o terreno para a criação. É um encadeamento bifrontal que exclui qualquer terceira instância. A *pars construens* constrói um novo horizonte, sem qualquer referência a um ponto de apoio metafísico externo; está baseada estritamente no caráter construtivo das forças subjetivas imanentes. A negação radical da *pars construens* não dialética enfatiza que nenhuma ordem pré-constituída é capaz de definir a organização da sociedade, nem mesmo do ser. A afirmação encontra-se estreitamente ligada ao *antagonismo*, mediante a negação absoluta. Para Deleuze, se a crítica kantiana preservava o espaço supra-sensível, protegendo-o das forças destrutivas da crítica, isto é, se o transcendental preservava a ordem essencial de qualquer destruição radical, Nietzsche libertará todas as forças críticas de tal maneira que os valores da ordem estabelecida corram o risco de sua reprovação.

[94] "Não contém nenhum dos efeitos mágicos da dialética" (Hardt, 2004, p. 20). Recordemos que, para Hegel, a negação dialética é aquela que contém, preserva e mantém o que foi superado.

Porém a *afirmação* deleuziana não implica aceitação do que é. Pelo contrário, está referenciada na *criação do ser*. Produção do ser que, no caso de Deleuze, se encontra ligada à ética do ser e, portanto, ao campo da *prática*. É a partir dos encontros causais de corpos que concordam em sua natureza que o poder dos mesmos se vê aumentado, processo este que, em termos spinozianos, equivale a postular que os encontros provocaram um aumento das paixões alegres. Enquanto a paixão, sendo proveniente de uma causa externa, não permite, segundo Spinoza, alcançar a idéia adequada a partir dela; à medida que a paixão é alegre, abrir-se-á o caminho para a adequação. Por isso podemos afirmar que a paixão alegre constitui a matéria-prima da construção da *idéia comum*. E é a alegria do encontro que provoca a composição de outro corpo novo mais potente. Neste momento, a afecção alegre deixa de ser passiva para se converter em ativa. Desta maneira, podemos afirmar que construir a *noção comum* significa compreender as causas da afecção, a qual, ao expressar sua causa, deixa de ser passiva para tornar-se ativa. A noção comum é o mecanismo pelo qual o espírito passa de uma paixão à ação, de uma idéia inadequada a uma idéia adequada, *da imaginação à razão*[95]. É por isso que podemos concluir dizendo que a formação da noção comum é a *constituição prática da razão*.

Mas neste momento a alegria, agora baseada na noção comum, será uma alegria que retorna. E quando a noção comum inclui a causa de um encontro alegre, tornando-o adequado, está praticando uma nova incisão no ser, construindo uma nova combinação em sua estrutura. Compreender a causa permite nos elevar ao nível do ser, uma vez que a substância é aquilo que é causa de si mesmo. A *causa sui* adquire uma conotação prática. Desta maneira, podemos concluir que a prática da alegria resulta na constituição ativa do ser.

Entretanto, devemos esclarecer que a noção comum não pode jamais ser conectada a qualquer milagre. Em primeiro lugar, ela se refere

[95]A noção comum tem sua origem na imaginação, que afirma a presença de um objeto, porém só de maneira possível. "As noções comuns são blocos levantados no terreno da imaginação para constituir a razão" (Hardt, 2004, p. 198). Esta última considera as coisas necessárias.

a uma física dos corpos, e não a uma lógica do pensamento. Em segundo lugar, não podemos negligenciar sua função prática e conferir importância a seu conteúdo especulativo. A noção comum é um instrumento prático de constituição. No pensamento spinoziano, as noções comuns marcam uma *ruptura ontológica*, a transformação da especulação em prática. Isso significa dizer que, no pensamento de Spinoza, o ser já não será mais uma ordem dada, mas será a combinação de relações componíveis.

A concepção que sustenta a idéia de uma epistemologia construída na prática está assentada em uma materialidade do intelecto, que inscreve o pensamento spinoziano dentro da tradição filosófica materialista e na era do nascimento da indústria moderna. A operação de noção comum afasta a constituição no processo spinoziano de toda relação com a dialética. O movimento progressivo até outro estágio superior não é alcançado mediante a negação do estágio presente, e sim mediante sua composição.

No plano epistemológico, a noção comum é o mecanismo pelo qual a prática constitui uma ordem de conhecimento, como passagem prática da afecção passiva à afecção ativa; da mesma maneira, a passagem da imaginação à razão se desenvolve através da noção comum. A teoria do paralelismo ontológico nos diz que aquilo que é alcançado no plano do pensamento é passível de ser prolongado à extensão. Devemos poder descobrir uma noção comum corporal, e esta será precisamente a multidão.

O que pode nos proporcionar o pensamento de Deleuze?, interroga-se Hardt. Quais são os instrumentos úteis que nos permitem canalizar e desenvolver nossas propostas políticas? Neste momento, Hardt resgatará de Deleuze a importância da construção de uma *democracia radical*.

TEORIA E PRÁTICA EM ANTONIO NEGRI

No pensamento de Negri, o *antagonismo* desempenha um papel particular: significa desestabilizar e questionar tanto os pressupostos e concepções padrões do pensamento quanto as proposições clássicas que sustentam a relação do pensamento com a política, isto é, da teoria com a prática. O antagonismo em Negri não adquire o estatuto de um conceito clássico, no sentido tradicional do termo, capaz de proporcionar apoio a suas análises políticas ou históricas, ou a seus escritos filosóficos, quer dizer, fornecer sustentação e fundamentação para uma investigação dos comportamentos sociais e políticos no contexto da formulação de uma ontologia do poder. Imaginar que o antagonismo desempenhe na teoria de Negri um papel com estas características implicaria aceitar como dados determinados protocolos sobre os conceitos de produção, sobre as possibilidades de pensar e dos compromissos políticos; enfim, sobre uma determinada relação entre pensamento e práxis.

Em Negri, pelo contrário, o *antagonismo* significa um deslocamento, quando menos, uma desestabilização do conceito enquanto tal. Para Negri, o movimento da especulação até a prática, ou seja, da ontologia à política, deveria dar conta deste deslocamento, uma vez que a realidade não é linear[96]. É precisamente o antagonismo que irá propor esta necessária desestabilização para chegar a um pensamento da materialidade como poder do social, e um pensamento como relacionalidade e práxis.

Se assentar as bases de uma filosofia materialista exige uma luta permanente contra a primazia ao pensamento, isso não deixa de transformar o próprio materialismo, enquanto jogo de conceitos, em um impossível ou, quando menos, um paradoxo. Justamente, cavalgando sobre tal paradoxo torna-se possível estabelecer uma outra relação entre o pensamento e a materialidade de sua prática; de uma práxis do pensar diferente daquela que se fecha sobre a articulação e a manutenção do conceito. Podemos certamente afirmar que o cerne da leitura que Negri faz de Spinoza tem por base o espaço que se abre entre a impossibilidade do materialismo como filosofia (de acordo com a proposição mais acima) e a possibilidade de uma outra práxis do pensamento, de outro pensamento da práxis.

[96]"Pelo contrário, a realidade se move continuamente e implica, em seu movimento, o antagonismo das forças que exercitam, com o conhecimento, o poder. [...] Os critérios estudados até aqui devem se recompor em um princípio ulterior que capte as grandes transformações [...] e a participação dos sujeitos como causas e produto deste desenvolvimento" (Negri, 2001a, p. 71).

Para Negri, todo empreendimento especulativo não pode ficar reduzido ao simples desenvolvimento de um sistema teórico, cuja forma e lugar acabem fixados e inscritos de maneira definitiva e irremediável no repertório da reflexão filosófica. Pelo contrário, a tarefa teórica deve ser movimento, filosofia em ato, filosofia da prática; o que é o mesmo que dizer prática, processo ou história. Toda empresa teórica não pode ser compreendida senão a partir de seu desenvolvimento imanente, a partir do próprio projeto, que aparece e que confere seu caráter inovador. Dar conta deste processo, de um esforço com tais características, literalmente de um *conatus* que acompanhe toda reflexão concreta, exige aprofundar este projeto até o limite em que este processo desvele o que constitui sua essência, superando a sucessão de momentos que conduziram até este ponto e ressaltando a progressão que é também sua verdade.

Em Negri, a relação do pensamento com a prática se resolve mediante uma leitura e uma rearticulação da relação entre o momento crítico, destrutivo, negativo do pensamento (*pars destruens*) e o momento crítico afirmativo, criativo da prática do pensamento (*pars construens*) em Spinoza. Enfrentamos assim uma unidade paradoxal dos dois momentos, articulada ao redor da instável manutenção do pensamento no limite do conceito, e o eixo da invenção ou da práxis. No pensamento spinoziano a relação entre a *pars destruens* e a *pars construens* não se presta a uma leitura casual, ou para ocupar um lugar passivo. O lugar e o manejo que faz Negri na leitura de Spinoza sobre o *antagonismo* servir-lhe-á para iluminar a tensão criativa entre os momentos negativos e afirmativos do pensamento — *pars destruens, pars construens* —, uma concepção que equivale a rechaçar qualquer resolução simplista na abordagem da prática própria do pensar.

A leitura de Negri sobre Spinoza combina uma complexa conjunção de práticas interpretativas. Negri investiga tanto as condições históricas do pensamento de Spinoza quanto a articulação do pensamento spinoziano com este contexto, embora se afaste de toda dialética convencional na análise do contexto histórico. Para Negri, o pensamento spinoziano não pode ser entendido como um simples reflexo do período histórico em questão, ou mesmo de sua articulação, embora esta irredutibilidade não deva ser interpretada como uma questão de simples transcendência da descoberta de Spinoza em direção a uma verdade universal. Esta irredutibilidade do pensamento spinoziano a suas condições históricas está fundada, segundo Negri, na relação do pensamento de Spinoza com o que Negri identifica como a *crise*. Nos tempos de Spinoza, a crise se originava da tensão entre o desenvolvimento emergente das forças científicas e produtivas e a organização emergente do mercado como a força organizadora e moderadora do social. Crise significa então mais do que uma precondição para interpretar o pensamento spinoziano. E isto decorre de duas razões: a) tem a ver com a complexidade da resposta de Spinoza a esta crise, com a maneira pela qual o antagonismo histórico entre a produtividade e a ordem se torna problema e tensão interna no projeto de Spinoza; b) a segunda razão está em que esta crise não é uma crise limitada aos escritos de Spinoza daquela época, mas que é ampliada e deslocada em sua reiteração até o presente. A relação ou o antagonismo entre a multiplicidade de relações imanentes de constituição e produção e as ordens mediadoras de leis, Estado e mercado (aquilo que Marx chamou de Forças Produtivas e as relações de produção) é a crise sem fim entre a história e a historicidade. Esta idéia de crise permeia e modela as tensões e divisões dos diversos textos spinozianos abordados por Negri.

Na leitura de Negri, Spinoza abandona qualquer referência à dialética, toda sugestão de que pudesse ser inscrita no jargão hegeliano de uma filosofia da mediação, para orientar-se em direção a uma filosofia da constituição absolutamente irredutível a tal assimilação. Neste sentido, Spinoza deve ser afastado daquela linha diretriz de pensadores da mediação e da doutrina da *potestas*, isto é, Hobbes-Rousseau-Hegel, e ser localizado genealogicamente na linha dos pensadores da potência, que compartilham uma nova lógica da constituição: Maquiavel-Spinoza-Marx.

Para Negri, a filosofia spinoziana debate-se, tanto em sua metafísica quanto em sua política, entre o neoplatonismo, que a conduz à afirmação de uma *ordem transcendente* — na primeira fundação da *Ética* — e uma filosofia materialista de *constituição como organização*, na segunda fundação[97]. O desenvolvimento da relação *pars destruens/pars construens* apresenta-se em Spinoza tanto como a condição de possibilidade para o desenvolvimento da crise como, ao mesmo tempo, desabilitação e destruição de qualquer mediação transcendente desta crise. Se a crise possibilita uma leitura das tensões e divisões no texto de Spinoza, da mesma maneira Spinoza torna igualmente possível uma leitura da crise. Ou seja, Spinoza torna possível uma investigação e reconsideração de tipo novo acerca das dimensões ontológicas, subjetivas e políticas da contradição entre forças produtivas e relações de produção (Negri, 1993).

Segundo Negri, a *Ética* de Spinoza está submetida a um paradoxo fundamental, na medida em que contém a afirmação absoluta da substância como ser infinito e como o poder da existência. O paradoxo se manifesta na tensão a que se submetem dois campos da ontologia: duas maneiras de conceber a relação entre a unidade e a multiplicidade, ou entre a substância e seus modos[98]. Este paradoxo constitui a questão central desde o início para toda a leitura de Spinoza, uma vez que propõe todas as velhas questões em termos da relação entre o infinito e o finito, a substância e os modos, ou o que Negri denomina a organização do infinito. Mas é também, ao menos na leitura de Negri, a relação entre os diversos campos do pensamento e a prática. O paradoxo é a divisão entre ordem e organização; entre a emanação que procede da substância até os modos e a constituição que se dirige dos modos até a substância.

Em seu livro *Anomalia selvagem* Negri refaz o itinerário filosófico de Spinoza, desde o *Breve tratado* até o *Tratado político*, de tal maneira que as etapas subseqüentes são ordenadas segundo uma trajetória que, embora descontínua, sobrepassa o próprio sistema, até levá-lo a concluir em uma *filosofia da prática*, promessa que, na realidade, já estava formulada desde o começo e que, segundo Negri, constitui sua verdade profunda.

[97]Como Hardt indica (2004, p. 25), há que se fazer uma distinção entre "ordem" e "organização". A ordem do ser, da verdade ou da sociedade é uma estrutura que está sempre acima, externa às relações materiais que organiza, enquanto a organização é o desenvolvimento das relações acidentais e imanentes entre várias forças e relações.

[98]"Em Spinoza não encontramos nunca uma decisão entre os dois pontos de vista: o dinâmico, segundo o qual a substância é uma força; e o outro, estático, de acordo com o qual a substância é uma pura coordenação linear" (Negri, 1993, p. 146).

Na realidade, Negri chega a Spinoza no decorrer da crise do marxismo, que havia sido inaugurada nos finais dos anos 1960, após 1968. Com efeito, diante do desencanto que provocavam os filósofos do devir; e frente ao ressurgimento dos apologistas da mediação do poder. Enfim, diante dos novos ares que circulavam com os pensadores da dialética, Negri acabará abraçando Spinoza. Eram tempos também de reflexão crítica com relação ao marxismo, a partir do estrepitoso fracasso do marxismo ortodoxo, qualquer que fosse sua versão: stalinista, neostalinista ou trotskista. A crise do marxismo daquela época havia extrapolado de uma consciência quase indestrutível sobre o desmoronamento do chamado socialismo real, ao passo que, paralelamente, tornava seu o convencimento acerca do destino irremediavelmente desumano no seio do capitalismo, quer se tratasse de seu sistema político e civil, quer de seu espaço ético. O movimento de 1968 havia funcionado como uma tomada de consciência universal (Negri, 2000). Neste contexto, o resgate de Spinoza está intimamente ligado à necessidade de propor, através da recuperação ontológica, uma filosofia do porvir que, com base no *ser*, fosse capaz de recriar e dar sustentação à imaginação do comunismo. Recuperar Spinoza, neste sentido, é provocar um verdadeiro *turn over* para a época, ao depositar o máximo de confiança na razão e na práxis coletiva humana.

Poucas filosofias deram origem a interpretações e leituras tão divergentes e opostas quanto as obras de Baruch Spinoza. Pode ser que a frase mais famosa de Spinoza "*Deus sive natura*" (Deus, quer dizer, natureza) no Prefácio da *Ética* já tenha sido interpretada por seus contemporâneos como que Deus é a mesma coisa do que a natureza, ou que Deus é uma coisa. Um século mais tarde Spinoza foi lido como um homem intoxicado de Deus, e a fórmula *Deus sive natura* passou a ser entendida como o significado da presença de Deus em todas coisas, pedra de fundação de uma doutrina mística ou panteísta. Porém, sobre o que não deve pairar nenhuma dúvida é a revolução gerada pelo pensamento spinoziano. O mesmo Althusser, apesar das escassas referências em sua vasta obra a Spinoza, ao tentar exemplificar os "fatos filosóficos" ou "acontecimentos filosóficos de envergadura histórica", geradores de mudanças reais nas "relações estruturais filosóficas existentes", se referirá à filosofia de Spinoza como uma "revolução teórica sem precedentes na história da filosofia e, sem sombra de dúvida, a maior revolução filosófica de todos os tempos, a ponto de podermos considerar Spinoza, do ponto de vista filosófico, o único antepassado direto de Marx". Para acrescentar: "Contudo, esta revolução radical foi objeto de um prodigioso rechaço histórico, e com a filosofia spinoziana aconteceu mais ou menos o que ainda acontece em certos países com a filosofia marxista: serviu de injúria importante para se culpar alguém de ateísmo" (Althusser e Balibar, 1974, p. 113).

Historicamente, Spinoza é a ontologia. Trata-se do ser que funda o saber, em que ser e saber são o produto de uma ética coletiva, das forças físicas e morais que configuram o horizonte humano[99]. Nessa perspectiva, se toda ação intencionada é capaz de produzir o ser, deve ser possível resgatar um horizonte de tipo novo perante uma modernidade que se omite de toda referência ao ser, que se projeta para a causalidade e o acontecimento, contaminada pelo poder e pelo devir[100]. Diante de um marxismo que se mostra elanguescente em face da difusão da eficácia alienante da produção capitalista; e diante do aturdimento gerado pelo pós-modernismo, o resgate de Spinoza abre um novo horizonte no qual a possibilidade de dar uma nova inflexão à atividade humana torna-se possível a partir da sustentação ontológica e da produtividade do ético. A ontologia profundamente materialista de Spinoza oferece a sustentação para uma reivindicação do *ser* como *ser material*, revolucionário; desta maneira, a possibilidade e a vontade revolucionária podem sobreviver à crise do marxismo.

Na história da ontologia, ou seja, do ser, a posição de Spinoza é única. Em Spinoza existe continuidade entre física e ética, entre ética e po-

[99]"Spinoza propõe aos filósofos um novo modelo: o corpo" (Deleuze, 1984, p. 27).

[100]Fazendo referência a Heráclito, o ser não é mais do que devir: por trás da estável aparência das coisas, existe uma realidade oculta que não é nada mais do que uma contínua transformação, devir universal propiciado por uma luta entre contrários que submete as coisas a um fluxo circular de morrer e renascer. O resultado final não deixa de ser uma harmonia, já que o devir é governado pelo *logos*, a lei, a medida, a racionalidade.

lítica, assim como uma indissolúvel continuidade das manifestações do ser. Circularidade de superfície que diferencia e antepõe o pensamento spinoziano a qualquer outra visão anterior e posterior da ontologia. Em Spinoza, o fundamento é *o ser*; trata-se de um fundamento concebido como a superfície. A superfície aparece como o ser determinado praticamente pelo cruzamento e deslocamento experimentados no terreno físico e histórico. Trata-se inclusive de uma ontologia diferente da moderna filosofia dos países onde a subversão do ser se subordina ao racionalismo, submetida a uma razão instrumental que acaba convertendo a transformação em utopia. Spinoza exclui toda utopia; no marco spinoziano, a esperança de transformação revolucionária se nos apresenta como superfície da vida. Estamos definitivamente diante de uma ontologia materialista.

No caso de Spinoza propriamente dito, outra grande crise o precede. Com efeito, a Holanda da segunda metade do século XVII é uma Holanda distante da ordem política, social e econômica que imperava na Europa. Encontra-se, na verdade, submetida aos tensionamentos produzidos entre os liberais do partido republicano de Jan de Witt (que havia sido nomeado ministro da República[101]), que solicitava a dissolução dos grandes monopólios, para fomentar uma organização provincial e o desenvolvimento de uma economia liberal; e o calvinismo, comprometido com a guerra e com a formação de um Estado centralizado e próximo à casa de Orange (verdadeira anomalia histórica). O assassinato dos irmãos de Witt (Jan e Cornelius) e a crise econômica e política que leva à restauração dos Orange precederam a gradual aproximação da Holanda do século XVII à situação européia. "Contra a família dos Orange, que representa uma *potestas* em conformidade com a Europa monárquica, a Holanda dos irmãos de Witt tenta promover um mercado com a espontaneidade das forças produtivas do capitalismo como forma imediata de socialização das forças" (Deleuze, 1993, p. 58). Nesta disputa Spinoza apoiou a causa republicana corporificada na liderança dos irmãos de Witt e em múltiplos representantes da burguesia urbana e marítima que se

[101]Encontra-se também referência a "Gran Pensionário de Holanda", cargo criado para a defesa dos interesses comerciais da burguesia e de oposição ao absolutismo da Casa de Orange. (*N. do T.*)

mostravam partidários da tolerância intelectual e religiosa, assim como a predominância do Estado sobre a Igreja. Porém, as massas urbanas retiraram seu apoio e se deslocaram em direção ao apoio da aliança entre o príncipe de Orange e a Igreja calvinista. Em 1672, os republicanos foram derrotados depois de uma sublevação que restituiu o poder à Igreja e à Monarquia.

Esta crise que precede a Spinoza é uma crise que se resolve na negação do ser, na afirmação de uma política de dominação que acaba submetendo a liberdade ao poder, encontrando em Hobbes seu instrumento teórico mais idôneo. Diante disto, Spinoza contrapropõe uma filosofia do porvir, reafirmação absoluta do ser, submetendo o poder à liberdade, ao identificar potência e liberdade. Aí reside a verdadeira anomalia spinoziana: a partir de um projeto metafísico-político, opõe-se a tudo aquilo que a sua época e o seu século teorizam e realizam. Por isso "apresenta-se como desmesura diante do concreto histórico" e como desmedida ante a "organização absoluta que a consciência da crise impõe ao projeto de sua superação" (Negri, 1993, p. 212-213). Filosoficamente, esta dupla anomalia se traduzirá na passagem do que Negri chama de Primeira Fundação — caracterizada por um panteísmo e um naturalismo de raízes neoplatônicas, assim como de idealismos, ambas representativas da utopia revolucionária da burguesia nascente — a uma ontologia materialista revolucionária — a Segunda Fundação da Ética — em que o ser como fundamento é concebido como superfície (Negri, 2000), o que significa dizer que a substância não é nada sem a totalidade de seus modos. Sem eles não há substância, esta não pode ser concebida.

A Primeira Fundação é antecedida pela "utopia" do círculo spinoziano, objeto de análise no segundo capítulo de *Anomalia selvagem*, no qual são abordados um conjunto de textos escritos entre 1660 e 1663: o *Breve tratado*, *Tratado da emenda do intelecto*, *Os princípios da filosofia cartesiana* e *Pensamentos metafísicos*. Spinoza retirará destes escritos elementos próprios de uma formação surgida no entrecruzamento das diversas tradições judaicas com o humanismo reinante, a escolástica e o cartesianismo. Esses elementos vão fundir-se em uma ontologia substancialista de caráter panteísta, passível de ser encontrado na linha do neoplatonismo. Embora, na realidade, esta fusão de elementos díspares tenha caráter provisório: longe de gerar uma unidade indissociável, estes elementos criarão as condições para o surgimento e desenvolvimento de uma tensão interna, em que coexistem misticismo e racionalismo, que provocará, como veremos mais adiante, a crise do círculo spinoziano. Negri lê no *Breve tratado* uma orientação panteísta, quase mística, embora não exclusiva de Spinoza e compartilhada pelos amigos do círculo spinoziano. Os *Princípios...* e os *Pensamentos...* são analisados por Negri como uma etapa significativa de separação do postulado neoplatonizante anterior, já preparando a passagem do pré-Spinoza ao primeiro Spinoza; esses textos insistem nas potencialidades materialistas da ontologia e, mediante uma crítica radical dos universais, permitem isolar toda transcendência com relação ao conhecimento.

Segundo Negri, *O tratado da emenda do intelecto* constitui a primeira tentativa para superar o horizonte panteísta originário. A ontologia panteísta já porta em si mesma a promessa de uma teoria do ser como potência e, portanto, de uma "estratégia da constituição" (Negri, 2000, p. 76); mas, ao mesmo tempo, impede que a promessa seja cumprida, fazendo fracassar esta estratégia. O impasse tem o significado de um sintoma[102]. É, segundo Negri, "a exposição mais acabada da utopia do círculo spinoziano na forma de paradoxo ontológico" (ibidem, p. 91). Chegou o momento de a doutrina se tornar ela mesma, a partir de um esforço de refundação, dando lugar ao que Negri denomina Primeira Fundação, que aparece nas partes I e II da Ética.

No terceiro capítulo de seu livro Negri descreve a Primeira Fundação do sistema spinoziano como a que foi efetuada por Spinoza nas duas primeiras partes da *Ética*. Corresponde ao trabalho de construção de uma primeira filosofia, remodelada e reeditada entre 1661 e 1665, em que Spinoza se esforça por sintetizar o panteísmo do círculo spinoziano, desenvolvendo até o limite extremo uma ontologia da produtividade.

[102]"Tal é a crise do *Tratado*. Ela se abre a partir do contraste entre produtividade do saber e capacidade de mostrá-la obrando. Determina-se em torno do fato de que a idéia de verdade — definida na totalidade, intensiva e extensiva, da ideologia panteísta — não tem a capacidade de se constituir definitivamente como potência física" (Negri, 2000, p. 79).

A primeira fundação da *Ética*, que Negri localiza nas partes I e II, não é apenas a exposição do paradoxo mencionado, mas também sua parcial e incompleta resolução através da *ordem mediada dos atributos*, "os atributos (pensamento e extensão) são aquilo que o intelecto percebe como essência da substância", diz Spinoza. A Primeira Fundação tende à emanação[103], mais do que à constituição.

O que caracteriza as duas primeiras partes da *Ética* e lhe confere a função de um momento singular no processo do pensamento spinoziano? É o fato de que estas duas seções estão marcadas por uma problemática da *mediação*, que logo desaparecerá na ruptura ou clivagem teórica empreendida pelo *Tratado teológico-político*.

Negri propõe que entre a *substância*, que expressa a causalidade absoluta do ser, e o *modo*, expressão de sua efetiva realidade, ou seja, o resultado desta produtividade, se apresenta o *atributo*. Nesta argumentação, é o atributo que é requerido. Mas passar de uma ontologia intensiva da *Natura naturans* a uma ontologia extensiva da *Natura naturata*[104] exige a interseção entre substância e modo (Macherey, 1992). Para que isso se produza, é necessário haver uma mediação, um princípio de articulação e de organização que permita diferenciar o infinito sem alterar sua *univocidade*[105]. Contudo, esta tentativa de mediação não chega a um bom porto, já que em si mesma, como mediação, ela contradiz a própria produtividde do ser ao qual pretende dar os meios para se realizar, submetendo o ser a uma ordem abstrata que só tem sentido do ponto de vista do entendimento. Nestas condições, a especulação ontológica é

[103]A emanação designa uma forma de causação em que o causado procede necessariamente da causa, com a qual estabelece uma relação de continuidade ou gradação, embora o efeito seja inferior à causa (degradação). Existe, neste sentido, uma degradação ontológica, aspecto que ocupa um lugar central no neoplatonismo (causação por emanantismo).

[104]A *Natura naturans* se identifica com o Deus criador, com a força criadora. A *Natura naturata*, com o ser criado. Para Spinoza, a *Natura naturans* é a substância infinita; a *Natura naturata*, os modos dos atributos de Deus, ou seja, tudo o que decorre da natureza de Deus. A *Natura naturata*, portanto, está incluída na *Natura naturans*.

[105]"O atributo é, pois, o intermediário por meio do qual o absoluto se dirige até o mundo e se organiza nele" (Negri, 2000, p. 107). "Colocar-se como o critério de organização da espontaneidade significa, pois, de uma forma ou de outra, exercer uma mediação, ser portador de alguma transcendência ou, no mínimo, de alguma diferença" (ibidem, p. 109).

remetida às condições lógicas possuídas na e pela consciência. Recordemos que em Spinoza não há começo. A espontaneidade do ser é um *a priori*, é sua apologia. Neste contexto, supor um começo implica gerar uma aporia da mediação. Esta argumentação e a condição de atributo que a sustenta devem desaparecer para que Spinoza possa, ao longo de uma Segunda Fundação, libertar o ser de uma restrição teórica deste tipo para dar-lhe uma realização ética no horizonte da problemática da constituição[106]. Porém, falar de uma extinção deste tipo requer interpretar as sucessivas partes da *Ética* na perspectiva de uma cronologia, onde o que se diz mais adiante está separado do que foi dito anteriormente, segundo a ordem irreversível de um desenvolvimento progressivo que não avança senão afastando-se, sempre para adiante, de seu ponto de partida (Macherey, 1992).

De acordo com Negri, na primeira parte da *Ética* o atributo é apresentado como um trâmite da organização do absoluto para o mundo. Atributo, nesta leitura, é visto como degradação do ser, como interpretação das coisas; percorre um caminho que vai desde a unidade do ser imanente até a multiplicidade, à totalidade. Nesta perspectiva, degradação e pluralidade coincidem: a degradação do ser medida pelo atributo é a emergência dos modos do mundo. E, no entanto, a contradição não se resolve, o atributo não se acaba. Nesta Primeira Fundação o atributo funciona como a norma da organização, a regra expressa do processo de transformação da espontaneidade em organização. O atributo insiste em degradar a homogeneidade ontológica inicial, funcionando como mediação para as coisas. É a mediação entre o ser e o ser-o-mundo; é a organização de fluxos que emanam desde baixo. Este fluxo emanativo entre substância e modos, no qual a mediação é representada pelo atributo, constitui a aporia da Primeira Fundação, aporia esta que, para ser resolvida, exigirá que se abandone a mediação, que ela seja deixada de lado.

[106]"O atributo deverá organizar o conjunto de potências: na realidade, ele simplesmente as coloca em relação. Traz consigo uma indicação de dever ser, de normatividade ontológica: mas isto não se demonstra, é só enunciado, hipotetizado. Deste ponto de vista, a partir deste primeiro estrato da *Ética*, a figura do atributo aparecerá em vias de extinção: de fato, na medida em que a *Ética* se abre ao problema constitutivo enquanto tal, a função do atributo converte-se em algo cada vez mais residual" (Negri, 2000, p. 115).

Deslocada para um registro político, Negri fará referência a esta Primeira Fundação como a *utopia*. Pierre Macherey (1992) pensa apreender aqui um erro de Negri, que é o mesmo erro interpretativo cometido por Hegel, que vê nos atributos a mediação e a degradação da substância. Tal erro, segundo Macherey, provém do fato de deixar de lado a "força" do conceito spinoziano de substância como *causa de si mesma* (*causa sui*). Com efeito, para Hegel, substância, atributo e modo são momentos de um processo gradual, ao longo do qual se realiza o Absoluto: este processo, da maneira como está organizado a partir da sua sucessão, é um movimento de degradação que converte o ser inicial da substância nos últimos efeitos em que ele se dissolve, que correspondem à realidade modal. Agora a substância passa pela intermediação dos atributos, que são a condição de passagem de um a outro. A análise proposta por Hegel, segundo Macherey, coincide com a de Negri, ao menos em dois aspectos: expõe a relação da substância com o modo por intermédio do atributo, na base de um processo evolutivo, em que a função dos conceitos é atribuída pela ordem de sucessão, seguindo um desenvolvimento cíclico em que o atributo ocupa a posição de termo médio, ou seja, de mediação. Por outro lado, este processo assim mediatizado pelos atributos representa a passagem da substância ao modo como uma espécie de movimento de emanação, atualizando sucessivamente tudo aquilo que estava encerrado no ponto de partida, no absoluto primitivo, seguindo uma linha de argumentação inspirada no platonismo.

No entanto, continua Macherey, para que esta análise se sustente é necessário: a) admitir que o atributo vem antes do modo e, portanto, da substância, seguindo uma ordem de passagem que é a chave de sua fecundidade (ou de sua esterilidade teórica); b) assumir o sentido de descolar a substância da unidade, que a liga inicialmente de maneira íntima a si mesma, o que se consegue através da explicitação de categorias abstratas, tomadas de empréstimo do trabalho reflexivo do entendimento, razão pela qual este último é o que lhe confere o caráter de exterioridade (Macherey, 1990).

Segundo Hegel, o processo exposto por Spinoza é uma caricatura do processo dialético, porque lhe falta a negatividade imanente, que faria coincidir o movimento progressivo de sua efetuação com a marcha de um retorno a si e em si da substância, assim tornada sujeito.

Inversamente, para Negri o pensamento spinoziano é em todos os sentidos o contrário de uma autêntica dialética, na medida em que se confronta com aquele aspecto da dialética que é a subordinação do real à busca das mediações que possibilitem sua organização. É precisamente isso razão que a concepção de Spinoza se encontra em falta com relação a suas próprias exigências internas, que são aquelas de uma efetiva constituição do real, completamente livre de toda manipulação dialética. De acordo com Macherey, um e outro, a partir de premissas comuns, alcançam resultados opostos: enquanto Hegel condena em bloco as insuficiências do projeto spinoziano, Negri nos induz a distinguir neste sistema camadas teóricas sucessivas, de tal maneira que se deve atravessar a primeira para poder chegar à segunda.

Estas duas argumentações aparentemente antagônicas, uma vez que Hegel confere à dialética um privilégio teórico que Negri refuta, apóiam-se em interpretações muito próximas da noção de atributo, ao qual atribuem o papel de mediador entre substância e modo, restringindo-o assim a um conteúdo reflexivo e subjetivo, dado por fora do ser, só no conhecimento. Se voltamos ao texto da *Ética*, percebemos que esta interpretação não se dá por acaso. Segundo Macherey, como já demonstrou Martial Geroult, não é possível considerar a noção de atributo através da demonstração da noção de substância com o intuito de fazer refletir seu conteúdo a partir de uma forma externa. Pelo contrário, a noção de atributo precede a noção de substância; a substância infinita é, ela mesma, constituída a partir de uma infinidade de atributos. Por outro lado, se os atributos expressam a essência da substância, não o fazem enquanto manifestação arbitrária e subjetiva, que cumpre uma função ideal ou formal, mas a partir do fato de pertencer, de maneira específica, à consciência ou ao conhecimento.

Além disso, aquele discurso da *Ética* que interpreta o avanço como um desenvolvimento evolutivo, no qual se supõe que cada noção possui seu lugar e seu tempo, sem poder se antecipar a esta restrição ou mesmo suprimi-la, implica uma leitura do atributo como forma reflexiva do absoluto no entendimento, uma abordagem que acaba sendo compartilhada por Negri e Hegel. Inversamente, poder distinguir no texto da *Ética* camadas teóricas sucessivas, dispostas umas sobre as outras segundo uma ordem progressiva, exige restringir os atributos a esta função mediadora, diante de cujo fracasso concluímos ou na insuficiência da filosofia spinoziana ao estilo de Hegel, ou na necessidade, como propõe Negri, de superar este ponto de vista espontâneo da Primeira Fundação para convertê-lo em um novo ponto de vista, em que não haverá mais lugar para os atributos e para nenhum tipo de mediação.

Contudo, para que se efetue uma nova Fundação, deve-se primeiro abrir uma crise no desenvolvimento do sistema. É isto o que Negri lê na segunda parte da *Ética*, como desenvolvimento e aumento de uma tensão interna através do confronto de duas perspectivas incompatíveis[107]. Esta base crítica é alcançada quando Spinoza descobre a impossibilidade de reconciliar a utopia do círculo panteísta com a análise do mundo segundo a constituição real de sua potência. Estamos num momento em que o Spinoza *real* toma o lugar do Spinoza da *ideologia*. O Spinoza *real* é o que renuncia ao projeto dialético de uma investigação das mediações e a uma manipulação do real, empreendimento que caracteriza a utopia burguesa da *potestas*, e que obstaculiza o desenvolvimento de um pensamento materialista da *potentia* (Macherey, 1992).

Já havíamos antecipado que a resolução da aporia da Primeira Fundação exigiria afastar o atributo da mediação. Nesta perspectiva, a constituição do sujeito pressupõe a possibilidade de anular qualquer resíduo emanativo. Quando Spinoza propõe que "por realidade e perfeição entendo a mesma coisa" (Negri, 1993, p. 117), abre as portas para que Negri observe que a existência do mundo como validação ontológica

[107]"Quando a ênfase vai para o modo e a análise se dirige à singularidade [...], o enigma mesmo da mediação da espontaneidade deve ser considerado um problema" (Negri, 1993, p. 118). "A espontaneidade do processo não serve mais para mostrar a força centrífuga da substância e a força centrípeta do modo como elementos superpostos e concordantes. Sua relação é o problema. O mundo é um paradoxo de diversidade e coincidências, substância e modo se decompõem um sobre o outro, e vice-versa" (ibidem, p. 119-120).

não exige, neste caso, nenhum tipo de mediação. A imediatez ontológica valoriza a imediatez da multiplicidade, e o mundo é, portanto, um conjunto versátil e complexo de singularidades. Porém, esta imediatez coloca o problema da concordância entre a substância e os modos: a mediação feita pelo atributo entre substância e modo, entre absoluto e mundo, dissolve no ar. O paradoxo explode: Deus é tudo, tudo é Deus. O modo é o mundo e é Deus. Desta maneira, substância, absoluto e mundo constituem uma pluralidade radical. Estamos diante do esgotamento da hipótese emanantista e do surgimento da hipótese constitutiva. Já não precisamos percorrer o caminho da substância até os seus modos, numa demonstração de sua força centrífuga, já que encontramos no mundo a homogeneidade ontológica.

Assim, o corte teórico que vai preparar o terreno para a refundação do sistema é precedida por esta crise interna da utopia no interior do discurso da *Ética*, em virtude do desenvolvimento das tendências contraditórias que a acossam desde o começo[108]. Esta clivagem do sistema é realizada pelo *Tratado teológico-político* que, segundo Negri (1993, p. 164), "desempenha um papel extraordinariamente central na história do pensamento de Spinoza". O que implicará considerar a realidade modal do mundo, tal como ela é vivida e abordada pela imaginação; razão pela qual este confronto vai desencadear uma ruptura com relação à tradição anterior[109]. Ao mesmo tempo, elabora-se uma nova lógica que passa a descrever a função historicamente constitutiva da *imaginação* (Macherey, 1992). A crítica da imaginação profética afirma a positividade da vontade e da liberdade; neste sentido, a ação humana devém potência constitutiva. Os seis primeiros capítulos do TTP não apenas desmistificam a imaginação em uma perspectiva crítica, mas mostram, através da gênese das instituições políticas que ela, a imaginação, é em si mesma

[108]"De acordo com este ponto de vista, não é de surpreender que, na metade da elaboração da *Ética*, Spinoza abandone tudo e inicie o trabalho político. É agora a história que deve fundar a ontologia ou, se preferirmos, é a ontologia que deve se dissolver na condição ética e histórica para se converter em uma ontologia constitutiva" (Negri, 1993, p. 155).
[109]"Aqui os fundamentos teológicos e físicos da primeira e segunda partes da *Ética* são, por assim dizer, deixados de lado" (ibidem, p. 165).

uma potência produtiva do real[110]. Se a imaginação é *produtiva*, isto quer dizer que ela não pertence ao reino da aparência. Daí que a *realidade modal*, na qual ela intervém, não pode ser considerada uma forma degradada do absoluto; deverá ser pensada, pelo contrário, como a expressão de sua potência infinita. Mas neste momento a perspectiva metafísica herdada do neoplatonismo, a qual modelava seu horizonte em direção a uma ideologia panteísta, é agora invertida[111].

A segunda fundação[112] corresponde ao momento em que o paradoxo da relação modo-substância é levado ao ponto máximo, ou seja, à destruição de qualquer mediação prévia. Não se trata de uma resolução do paradoxo, e sim da refutação de todo *campo mediador* para a consciência, de qualquer ordem do ser que seja prévia ou finalista. Negri identifica o desenvolvimento desta Segunda Fundação (que é também uma destruição, *pars destruens*, de todo e qualquer remanescente da emanação), na proposição spinoziana da relação entre *potência*, *conatus* e *corporeidade*. Esta última parte da *Ética*, que abrange as partes III e IV, desenvolve a dupla exigência da relação *pars destruens/pars construens*. Em primeiro lugar, constitui a destruição de toda ontologia *oculta*, *estática*, *uma destruição necessária para poder passar a um pensamento rigoroso* do *poder constitutivo*, ou seja, a um *pensamento da práxis*. Em segundo lugar, a conjunção disjuntiva *pars destruens/pars construens* significa também um compromisso crítico com relação à primazia do pensamento e, simultaneamente, sua preponderância com relação ao corpo e sua atividade.

[110]"De maneira que se identificam dois níveis: o primeiro, estático, sobre o qual a imaginação propõe uma definição parcial, porém positiva, de seus próprios conteúdos; o segundo, dinâmico, sobre o qual o movimento e os efeitos da imaginação adquirem validade em função da constituição ética do mundo. O político valida o teológico. E assim se coloca em termos modernos o problema da falsa consciência" (Negri, 1993, p. 170).

[111]"O *Tratado teológico-político* é o lugar onde se transforma a política de Spinoza. Seria justo afirmar que a política é um elemento fundamental do sistema spinoziano, mas com a condição de não esquecer que a política é, ela mesma, metafísica. Isto não é mero adorno, é a própria alma da metafísica. A política é a metafísica da imaginação, é a metafísica da constituição pelo homem real do mundo" (Negri, 1993, p. 174).

[112]A hipótese da segunda fundação será criticada por Emilia Giancotti. Na Introdução a Negri (2000, p. 17), ela diz: "não há escrito de Spinoza em que se possa encontrar como forma proeminente e característica nenhum panteísmo e naturalismo de origem neoplatônica que houvesse sido posteriormente abandonado".

Estas duas demandas convergem em relação ao problema dos atributos, que havia instalado a primazia do pensamento sobre o ser. De acordo com Negri, a eliminação dos atributos na terceira e quarta partes faz parte de um movimento destrutivo e crítico. O *pars destruens* é a destruição da ontologia como reificação do mundo como ordem; bem como da primazia do pensamento, ou seja, do *conhecer* sobre o *fazer*.

O momento da segunda fundação é analisado por Negri no capítulo VII de seu livro consagrado às três últimas partes da *Ética*. É o momento em que se efetua realmente a passagem da problemática da mediação — que também é própria da teoria dos atributos e da teoria do contrato — àquela da constituição, que se situa "no horizonte belo e bem materialista"[113]. É o momento da irrupção da desmedida e da anomalia selvagem no pensamento spinoziano que rompe assim com toda ligação com as tradições filosóficas das quais emergiu e se lança em direção à filosofia do porvir, de cuja promessa é portadora.

Se o neoplatonismo do primeiro Spinoza enfatizava a primazia da unidade sobre a diversidade, do uno sobre os muitos, da igualdade sobre a diferença, em que a unidade, o uno e o mesmo eram assumidos como produto de uma mediação que vence a diversidade e a diferença, o *Tratado teológico político* abrirá uma tensão entre a ideologia jurídica do contrato social e o reconhecimento do poder (e, ao mesmo tempo, do direito) da multidão. Tensão filosófica que encontrará sua resolução no materialismo de Spinoza da III a V partes da *Ética*, junto com o inacabado *Tractatus Politicus*, materialismo de superfície e singularidades que, abandonando qualquer mediação ou transcendência, culminará em uma teoria política do poder constituinte da multidão.

[113]"A primeira redação da *Ética* não é criticada: ela é simplesmente invertida. É possível lê-la como um texto em que se elabora de maneira problemática uma representação de superfície, ou seja, materialista, e uma reconstrução prática do mundo. Se o primeiro estrato da *Ética* continha uma alternativa, aqui ela se resolve: só o caminho ascendente, constitutivo é percorrível [...]. Este segundo estrato da *Ética* e sua figura conclusiva (ao menos a que é consignada na obra elaborada entre 1670 e 1675), é o selo deste projeto [...]. Com a segunda fundação da *Ética* a *natura naturata* conquista uma hegemonia total sobre a *Natura naturans* Como pode ser, se não se trata da obra do demônio?" (Negri, 2000, p. 223-224).

Na segunda fundação Spinoza lança as bases da noção de indivíduo como sujeito soberano. Denuncia a ilusão de ver o indivíduo humano como um reino dentro de outro reino, fora de toda ordem natural e dono de seus próprios desejos e pensamentos. Neste sentido, Spinoza inverterá as duas hierarquias que constituíram historicamente a noção de sujeito. A primeira é a proposição de que é a mente que governa e determina o corpo. Contra esta noção Spinoza vai objetar que o fato de assumir que é a mente que governa o corpo nos tem impedido de interrogar: que poderia um único corpo se fosse determinado apenas pela ação dos outros corpos, sem a intervenção da mente? Em segundo lugar, Spinoza nega que a mente possa dominar as paixões ou emoções, que por sua vez devem ser estudadas segundo correlações de forças e necessidades próprias, sem referência a qualquer causa transcendente. A dupla ilusão esboçada a partir da idéia de um indivíduo enquanto sujeito dono de si mesmo e autor de suas próprias ações não dá origem simplesmente a um efeito da imaginação (o primeiro dos três tipos de conhecimento, de acordo com Spinoza). Deriva também no centro do sistema supersticioso[114], que acaba determinando e impulsionando o povo não apenas a obedecer aos fracos e aos déspotas, como também a viver sua obediência como liberdade e a não desejar nada que não tenha sido comandado.

Este novo pensamento começa a se formar na terceira parte da *Ética*. Os elementos indispensáveis para a realização do novo projeto constitutivo irão se fundir com a teoria das paixões. Spinoza vai na contracorrente do pensamento de seu século, quando a definição das paixões pressupunha aceitar um critério de mediação, que as subordinava a uma norma racional, que ia além delas mesmas. Com efeito, a ideologia burguesa do capitalismo nascente veio substituir o finalismo tradicional da religião como uma nova forma de condição da existência humana, submetendo-a às restrições de uma organização econômica e política verdadeiramente exteriores à sua própria tendência.

[114]Partindo desta argumentação de Spinoza, Althusser (1988) identificará mais adiante, em *Ideologias e aparelhos ideológicos do Estado*, Spinoza como o primeiro a conceber o conceito de disciplina numa chave foucaultiana.

Apoiando, pelo contrário, sua concepção da existência humana a partir da dinâmica do desejo como expressão de uma *potentia*, ou seja, de uma potência natural, e escapando à mediação imposta por aquela ordem artificial da *potestas*, poder no sentido político-jurídico do termo (Macherey, 1992), Spinoza invalidará a dialética das paixões, que buscava transcender a necessidade imanente a partir de um sistema de racionalidade abstrata. "A recusa do conceito mesmo de mediação é o fundamento do pensamento de Spinoza" (Negri, 1993, p. 240), é o sentido que se expressa logo no início de sua refundação. Isto é, o princípio de uma doutrina da liberdade humana, última expressão da produtividade do ser infinito. A afirmação da potência natural culmina não em uma ordem dialética, mas na dissolução de toda e qualquer mediação. Razão pela qual não há mais lugar para a busca de mediações, tal como fazem os teóricos do contrato para reconciliar os interesses do indivíduo e os da sociedade, ou seja, para submeter os primeiros aos segundos.

Na realidade, desde o começo da *Ética* a análise do poder se alinha com o movimento destrutivo do *pars destruens*. Por isso podemos afirmar que a exposição que Spinoza faz do poder é tanto uma *crítica política* quanto uma transformação ontológica.

No Livro II da *Ética*, Spinoza distingue entre o poder de Deus como potência, inseparável de sua atualidade, e o poder legislativo da *potestas*, que é analisado no marco da separação entre desejo e intelecto. A recusa de Spinoza em considerar análogos o poder de Deus e o do príncipe, terá o efeito de produzir, segundo Negri, o requisito para o desenvolvimento de uma ontológica imanentista oposta a toda ordem transcendente. Negar toda primazia especulativa ao poder (*potestas*) abre a possibilidade de um novo campo para a ontologia: nas palavras de Negri, trata-se do deslocamento da teologia ou *ontologia* para a *política*. É este o novo campo desenvolvido na segunda fundação da *Ética*, no horizonte prático e material dos *modos*.

Esta segunda fundação, como Negri indica, é uma inversão radical ou destruição da física da emanação que nos conduz até uma física das relações materiais dos modos, inversão esta tornada possível pela univocidade do ser, bem como pela recusa spinoziana em manter toda hierar quia entre pensamento e extensão ou, dizendo de outra forma, toda teleologia ou finalismo do ser.

A segunda fundação é inaugurada com a teoria do *conatus*, que, ao assegurar a passagem do *ser* ao *sujeito*, realiza uma verdadeira conversão doutrinal: "a versatilidade do ser metafísico é feita exuberância no ser ético" (Negri, 1993, p. 258), percorrendo um caminho que acaba sendo muito mais projetivo do que progressivo. Pois sua dinâmica, para além de qualquer pressuposto teleológico, busca desenvolver ao máximo a produtividade do ser causal que a precede nas condições antagônicas imposta pela socialização dos afetos, antes do que ganhar de maneira progressiva um espaço livre que acabará por conquistar em sua totalidade no final. Esta propagação se efetua através do movimento da *cupiditas* (paixão, desejo), em que se expressa a essência afirmativa do sujeito, sem que se interponha qualquer negatividade entre a potência e as formas materiais de sua materialização: "A potência constitutiva confronta a tensão da essência dinâmica, e não a vertigem de uma exterioridade qualquer" (ibidem, p. 265). Assim, a substância se expressa em seus modos, não pelo artifício de uma *aufhebung* mediatizante, mas através de um processo constitutivo que se dá sobre si mesmo, pouco a pouco, no espaço que preenche ou cobre absolutamente. Não há qualquer referência a um vazio ou a um não-ser, no qual se buscaria progressivamente (segundo a dialética) realizar aqueles fins que lhe são próprios. A *cupiditas*, forma que assume o *conatus* no *apetito* (desejo) do sujeito dotado de consciência, "não é uma possibilidade, não é algo implícito, é uma potência; sua tensão é explícita, seu ser pleno, real dado" (idem). Podemos ver em que sentido se pode falar de libertação: ela consiste na afirmação radical de sua potência causal, que tende a realizar todos os seus efeitos enquanto estes forem constitutivos de seu próprio ser. É aqui que, segundo Negri, começa verdadeiramente a *Ética* no sentido estrito deste termo[115].

[115]"O horizonte da potência é o único horizonte metafísico possível. Mas se isso está correto, só a ética — como ciência da libertação, da constituição prática do mundo — pode interpelá-lo de maneira adequada. O infinito ativo, até agora manifestado como potência, deve passar a ser organizado pela ação ética" (Negri, 1993, p. 266).

A libertação não pode ser entendida como simples manipulação da realidade por um sujeito que, por sua própria iniciativa, se coloca para além da organização que ele mesmo se impõe e que lhe é imposta. Pelo contrário, deve ser vista como a expressão direta, sem mediações, da potência ontológica que define o sujeito em si, constituindo-o não como um elemento individual independente, mas como parte cativa do sistema relacional coletivo no qual se inscreve dinamicamente sua ação. A fórmula "a *cupiditas* é um mecanismo de libertação" (Negri, 1993, p. 267) significa precisamente a eliminação de toda relação teleológica entre o sujeito e os possíveis ideais, o movimento que este sujeito segue realmente, procedendo, ao contrário, da potência que efetivamente o constitui e da afirmação dos valores que ele identifica com sua existência (Macherey, 1992, p. 262).

A dobradiça entre a III e a IV parte, da *Ética* significa para Negri (1993, p. 262) que "existe uma nova forma de contato com o horizonte metafísico construído na primeira parte". Com efeito, agora o horizonte metafísico é completamente remodelado, à medida que se abandonam os aportes da noção de atributo, e a própria prática humana é que realiza o absoluto da relação entre substância e modalidade. Opera-se assim um deslocamento essencial, ao atribuir à ação humana uma posição central na ontologia. Este movimento inaugura para Negri um processo constitutivo original que tende a identificar a verdade profunda do projeto spinoziano. Negri faz em sua tese da Segunda Fundação com que a prática humana enquanto tal seja o fim dominante de uma nova construção teórica, e não apenas o prolongamento, efeito ou resultado de um desenvolvimento causal, cujas condições já haviam sido colocadas antes de sua intervenção.

Univocidade e potência (*potentia*) são as condições para a afirmação da singularidade e da materialidade como o único campo possível. O ser *é* somente em suas múltiplas e desconexas organizações.

Neste caso, a *potentia*, como razão da singularidade, constitui um terreno essencialmente distinto do pensamento, considerado, na primeira fundação, como emanação ou como uma ontologia da transcendência. É rigorosamente materialista, na medida em que o agir, o corpo, a força, enfim, a organização, são expressões de primazia sobre a reflexão, sobre a universalidade e sobre a ordem. Não existe uma hierarquia originária do ser, nem forma ideal a partir da qual julgar as distintas expressões singulares de potência. O horizonte da singularidade, da potência, é anárquico, não apenas no sentido de que não há uma ordem *a priori* de sua organização, mas também no fato de que esta manifestação é originária. Sobre este argumento podemos afirmar que o *conatus* torna-se um esforço ou preservação que se manifesta radicalmente indiferente às afecções que o determinam. Portanto, não há harmonia natural ou predeterminada, nem sentido comum na base das relações, mas muito mais uma diferença ética, uma anarquia do social. A diferença, inclusive o antagonismo, são primários. É a partir destes esforços (*conatus*) e dos afetos que os acompanham (prazer, dor, amor, ódio, medo, esperança) que se constitui a sociabilidade. Por isso podemos afirmar que a sociabilidade está *dada* apenas no sentido de que não há existência sem *afetos* e *relação* (inclusive um individualismo hobbesiano seria ontologicamente impossível) e está *constituída* no sentido de que os diferentes afetos produzem continuamente antagonismos, identificações e sociabilidade.

Estamos em condições de apreender em sua totalidade a leitura de Negri dos dois Spinoza. Diz Negri:

> São dois Spinoza que participam da cultura contemporânea. O primeiro expressa a mais alta consciência que a revolução científica e a civilização do Renascimento produziram. O segundo constitui uma filosofia do porvir. O primeiro é o produto do mais alto grau e extensivo desenvolvimento da história cultural de sua época. O segundo é deslocamento e projeção das idéias de crise e de revolução. O primeiro é autor da ordem do capitalismo; o segundo é, talvez, o autor de uma constituição futura. O primeiro representa o mais alto grau de desenvolvimento do idealismo. O segundo participa da fundação do materialismo revolucionário, de sua beleza (Negri, 1993, p. 25).

É a partir deste horizonte, deste campo de singularidade e deste horizonte existencial dos modos que Negri articula o conceito de *poder constituinte*. O que é "constituído" no *poder constituinte* de Negri é a própria sociabilidade. Mas, se em Negri o *antagonismo* desempenha o papel de recusa de toda simplificação, na abordagem da prática própria do pensar o *poder constituinte* nomeia o lugar onde o pensamento tropeça com a materialidade do poder e do desejo, o momento em que o pensamento se insere na história e na política, o momento em que as demandas da especulação ontológica encontram-se com as demandas da atividade política prática. Segundo Negri, o "tratamento geométrico dos afetos em Spinoza tende para uma cada vez maior complexidade e irreversibilidade das relações sociais. A "alegria", a "tristeza", o desejo e os diversos antagonismos e imitações que estão presentes nos afetos abarcam e constituem mais e mais indivíduos[116].

Os conceitos e a ontologia que estão sendo articulados através dos conceitos *pars destruens/pars construens* não podem ser alcançados se permanecermos no campo da especulação. As tensões anteriormente assinaladas entre irreversibilidade e teleologia não podem ser contestadas de maneira especulativa (teoricamente), embora isto não queira dizer uma falha ou um inconveniente. Como Negri assinala: "Depois do desenvolvimento de uma *pars destruens* tão radical, depois da identificação de um sólido ponto de apoio a partir do qual se pode reabrir a perspectiva metafísica, a elaboração da *pars construens* requeria uma passagem prática. A ética não podia constituir-se em projeto, em *metafísica do modo* e da *realidade*, sem inserir-se na história, na política, na fenomenologia da vida singular e coletiva, para nutrir-se e ganhar forças" (Negri, 1993, p. 154-155). *Pars destruens/pars construens* devem estar abertos à diferença entre o pensamento e sua ação (teoria e prática). Esta diferença, esta exposição à historicidade e ao social é o que a afirmação da *potentia* — o poder em seu momento prático constitutivo — demanda, solicita. Este *deslocamento* (até a prática) não é exterior à relação *pars destruens/pars construens*, como se tivesse adotado alguma conotação explicativa. Tampouco é inteiramente interior, como se fosse

[116]"O nexo entre composição-complexidade-conflitualidade-dinamismo é um nexo contínuo de sucessivos deslocamentos não dialéticos, não lineares, porém descontínuos" (Negri, 1993, p. 258).

sua fundação especulativa. Mas é o movimento pelo qual a prática do pensar se encontra ela mesma intersectada com a materialidade do poder e transformada, precisamente por seu encontro com a mesma materialidade do poder e do desejo. Este *deslocamento* e esta *desestabilização* do conceito de *antagonismo* não podem ser remetidos a simples gestos negativos, senão que têm efeitos verdadeiramente positivos: são indicadores de uma relação dinâmica entre as demandas da especulação ontológica e da atividade política. Negri encontra o suporte desta prática do pensar remetendo-se às reflexões que Marx realizara sobre a investigação.

Com efeito, Marx, nos *Grundrisse*, insiste obstinadamente sobre a diferença, quiçá irredutível, entre a apropriação do mundo pelo pensamento e a relação material prática com este mundo. Na leitura de Negri, esta diferença traz como conseqüência um contínuo deslocamento do terreno da investigação, o que Marx descreve como a diferença entre a investigação (*Forschung*) e a exposição (*Darstellung*). Esta diferença é o movimento da diferença entre *potestas* e *potentia*, como diferenças no *campo ontológico*, inversamente à que existe entre *potestas* e *potentia*, na forma como se relacionam no *terreno sócio-histórico* do antagonismo e da constituição. Este deslocamento do terreno envolve uma aparente inversão de prioridades entre *potestas* e *potentia*. Com efeito, enquanto é factível localizar as articulações imanentes dos corpos e dos desejos em pontos em que reinam a *transcendência* e a *ordem*, o mundo político sócio-histórico parece resistir a tal redução ou inversão. Nossa própria existência diária — embora não apenas ela mas também os próprios textos da história — pareceria recordar-nos continuamente acerca da primazia prática e material do poder constituído (ou instituído) — *potestas* — sobre o poder constituinte — *potentia*. Neste sentido, o poder constituinte parece bloqueado pelo peso morto do poder constituído ou instituído, quer dizer, pelo capital e pelo Estado. Se a dinâmica do *pars destruens/pars construens* configura a destruição da transcendência ontológica, bem como a imagem de uma *potestas* divina, destruição que torna possível o reconhecimento do poder constituinte, o *antagonismo* constitui o veículo desta lógica e desta crítica no mundo prático social.

DO ANTAGONISMO (*VERSUS* DIALÉTICA) À CONSTITUIÇÃO DO "COMUNISMO"

O desenvolvimento da idéia do *poder constituinte* em Negri cria a possibilidade de uma exposição rigorosa do antagonismo como campo histórico e social do poder. A distinção entre *potestas* e *potentia* no interior do poder proporciona o caminho ontológico para uma rigorosa exposição do antagonismo enquanto composição conflitual do poder no mundo. A idéia do antagonismo começa a articular a mediação histórica, política e tecnológica, bem como as condições para o poder constituinte. Tais condições e mediações impulsionam a idéia do poder constituinte para além de todo resíduo teleológico no terreno especulativo, situando-o no terreno conflitual do antagonismo e das lutas da subsunção real da sociedade pelo capital.

Negri desenvolverá o conceito de antagonismo a partir de uma leitura particular dos *Grundrisse*, abandonando toda idéia que pudesse sugerir um tratamento filológico (lingüístico), apoiado em uma história intelectual dos escritos de Marx. Da mesma maneira que a leitura realizada por Althusser, Balibar e Macherey em *Para ler O Capital*, Negri considera que as questões filológicas e de interpretação devem ser abordadas de maneira inseparável do terreno político e polêmico de sua própria articulação. A prática textual deve assentar-se na prática política e nos acontecimentos históricos. O filósofo italiano incorpora em sua elaboração as conjunturas política e filosófica, dupla exigência que, no caso particular de que nos ocupamos — o desenvolvimento do antagonismo —, converge para a análise das condições políticas e ontológicas que abrem as portas ao desenvolvimento de um conceito de antagonismo, em direção à possibilidade de reconhecer o emprego do próprio antagonismo naquela conjuntura. Negri repete, neste caso, sua interpretação sobre Marx, ao avançar simultaneamente sobre os dois campos filosóficos — o ontológico e o social-histórico —, tentando trazer os dois ao mesmo tempo e desenhando de maneira sincrônica a investigação ontológica do poder constituinte e a análise do trabalho imaterial e da subsunção real. Podemos observar neste momento o "deslocamento da investigação" sobre o trabalho, em conceitos que, a partir da ontologia de Spinoza, serão amplificados e transformados pelo deslocamento do ser no terreno histórico e social.

Como o próprio Negri indica, o método de Marx nos *Grundrisse* procura localizar o antagonismo prático primário de toda fundação categorial. As diversas categorias e relações que constituem a economia ou, melhor dizendo, o modo de produção (tais como o valor, a mais-valia, os lucros etc.) são desmistificadas ou interpretadas como relações de forças[117]. As aparentemente unificadas categorias da economia política ocultam e, ao mesmo tempo, indicam uma tensão antagônica. Toda categoria é dual: divide-se em duas "lógicas", dois "sujeitos". Esta "lógica" do antagonismo pode ser ilustrada através da mais-valia, conceito antagônico central de Marx. A mais-valia é a diferença entre o sobretrabalho e o trabalho necessário (trabalho necessário para a produção e reprodução da força de trabalho). O capital luta para incrementar o sobretrabalho, seja mediante a mais-valia absoluta, seja mediante a mais-valia relativa, ao passo que os trabalhadores buscam permanentemente ampliar a esfera do trabalho necessário. A objetividade e a quantificação do valor, ou da mais-valia — já que, na realidade, trata-se de uma unidade conceitual —, só podem ser temporariamente estabilizadas na medida em que se trata de uma relação antagonística[118].

Sugerir que cada categoria e a relação que a engloba são uma relação de forças ou de antagonismo é o mesmo que considerar a *Crítica da economia política* de Marx inseparável de uma relação de poder, de uma relação política. Daí que, para Negri (1996, p. 153), a exploração deve ser abordada como uma relação de controle, antes que como categoria econômica quantificável. Colocando em outros termos: o econômico não é nunca um ativo em estado puro; é sempre sobredeterminado pelo político (Althusser, 1999, p. 93 e seguintes). Devemos ressaltar, de toda

[117]"A *categoria da produção*, nos termos fundamentais que a distinguem e na totalidade que a caracteriza — verdadeiro nexo social da realidade —, *pode constituir-se unicamente como categoria da diferença*, como totalidade dos sujeitos, das diferenças, do antagonismo" (Negri, 2001a, p. 60).

[118]"Não existe uma só categoria do capital que possa ser subtraída deste antagonismo, e de seu fluir em direção a contínuas separações" (Negri, 2001a, p. 149).

maneira, que o uso que Negri faz da categoria *sobredeterminação* é diferente do adotado por Althusser. Ou, em todo caso, destacar que o objetivo compartilhado por ambos é o da crítica a todo economicismo. Para Negri a sobredeterminação reside na inseparabilidade da política, do poder político, com relação à economia. O reconhecimento do antagonismo "curto-circuita" toda tentativa de manter a economia e a política separadas, como categorias de análise e esferas da atividade. A "crítica da economia política" inclui tanto os efeitos "econômicos" sobre os "políticos" em termos de formação da lei e do Estado quanto os efeitos do "político no econômico" em termos das relações de poder e disciplinas internas no processo de produção.

Este curto-circuito expande e dobra, ao mesmo tempo, os termos com os quais se intersecta permanentemente. O "político" deveria incluir não apenas as relações de poder diretas e imediatas e os conflitos que têm lugar em toda relação de trabalho, mas também aquelas relações que se estabelecem de maneira mais ou menos indireta entre o processo de trabalho, os diferentes tipos de leis e a própria forma Estado. O que acaba se tornando essencial na análise negriana é que esta interseção sobredeterminada entre o político e o econômico incorpora a idéia da *materialidade do poder*. Neste percurso, o poder reenvia a análise à questão ontológica da relação entre a *potestas* e a *potentia*. O que Negri chama trabalho ou *trabalho vivo* (para diferenciar do *trabalho abstrato*, trabalho socialmente normatizado e subordinado à norma do valor) e materializado na subjetividade e na cooperação do processo de trabalho é o poder constituinte, a potência (Negri e Hardt, 1996). O trabalho, no dizer do Marx dos *Grundrisse*, é a transitoriedade das coisas, sua temporalidade, sua formação no tempo da vida. A subjetividade deste trabalho é constituída por sua posição e por sua relação com o processo de trabalho, e se vê transformada pela história das relações laborais (seria este o caso da necessidade da cooperação e do conhecimento no trabalho imaterial) (Lazzarato, 1996a). Mas o trabalho vivo é também constituinte, no sentido de que não constitui ou produz somente mercadorias, senão que constitui relações, constrói na esfera das necessidades e do desejo. O trabalho, o trabalho vivo, é constituído, pois, por estruturas, relações e montagens e é *constitutivo* da subjetividade e da socialidade. Como Negri (2001a, p. 86) propõe, "a abstração, a coletividade abstrata do trabalho é a potência subjetiva". O trabalho vivo é *poder constituinte* (*potentia*).

O capital depende do poder do trabalho vivo e o desenvolve como fonte de sua própria produtividade, ao passo que o sujeita permanentemente a seu comando. O capital subordina permanentemente a singularidade do trabalho vivo à disciplina e à normatização do trabalho abstrato: o trabalho que produz valor. A origem desta subordinação é a divisão entre trabalho abstrato definido a partir do que cria, o valor, e toda outra atividade que esteja dada pela definição negativa do não-trabalho ou trabalho não produtivo (que inclui também o trabalho doméstico e qualquer outro trabalho definido como não produtivo)[119]. Enquanto a distinção entre trabalho valorizado e trabalho considerado não produtivo é em si mesma um lugar de disputa e antagonismo, em uma sociedade capitalista esta divisão entre trabalho valorizado e não valorizado será definida, em última instância, pelas demandas da acumulação capitalista.

Se, numa primeira instância, o comando capitalista diferencia e separa a esfera do trabalho do não-trabalho, numa segunda instância irá estabelecer uma hierarquia e uma disciplina interna no interior do trabalho, que se torna necessária para a produção de mais-valia. Como Marx indica no capítulo XIII de *O Capital*, ao passo que a produção capitalista torna-se mais dependente da cooperação e da subjetividade do trabalho (como na produção de mais-valia relativa), maior deve ser a imposição das estruturas de comando e de disciplina para controlar as forças produtivas que são requeridas para produzir. Podemos afirmar que o capital é uma espécie de *potestas* mundana que funciona separando o poder (*potentia*) do que este pode fazer. O capital continuamente subordina a subjetividade e a socialidade do trabalho vivo às restrições e demandas da mais-valia.

[119]"Se o trabalho é a base do valor, então o valor é igualmente a base do trabalho. O que conta como trabalho, ou valor criado na prática, depende sempre dos valores existentes em um contexto histórico e social dado. Em outras palavras, o trabalho não deveria ser definido simplesmente como atividade, como qualquer atividade, mas como aquela atividade específica e socialmente reconhecida como produtora de valor" (Negri e Hardt, 1996, p. 8).

O conflito entre comando capitalista como forma mundana da *potestas* e o trabalho vivo não se limita ao conflito direto e imediato que tem lugar entre o trabalhador e o capitalista no processo do trabalho. Inclui também os efeitos políticos e sociais e as mediações desta relação, tais como a lei e o Estado. Estas "mediações e efeitos" são transformadas pela passagem da subsunção formal à subsunção real do trabalho pelo capital, e o efeito mais notável desta transformação é a ruptura na divisão temporal e espacial entre os lugares de produção e de reprodução. A fábrica como lugar isolado da produção dá lugar à fábrica social, onde a cooperação social e a comunicação, sem mencionar as forças produtivas do trabalho imaterial como a subjetividade, o conhecimento, o estilo, os afetos tornam-se diretamente produtivas. A produção torna-se coextensiva ao social. Pelo que a organização e a subordinação do trabalho ao capital estendem-se igualmente a toda a sociedade. Esta socialização intensifica e multiplica os contornos do antagonismo. Intensifica o antagonismo elevando e transformando os golpes; coloca a cooperação, a socialidade e ainda a linguagem e a subjetividade no centro do antagonismo com o capital. Mais adiante, as lutas contra o capital envolvem não apenas as lutas no terreno da distribuição e da produção, mas inclusive nos da cooperação e da comunicação (Negri, 1992a, 1989). Esta intensificação é igualmente uma multiplicação. O antagonismo contra o capital se estende desde um ponto central — como é o da fábrica — e se dilui em sua luta contra um objeto central, o da luta contra a exploração, para tornar-se coextensivo com as lutas que têm como objeto a produção de novas subjetividades e relações de cooperação, tais como o feminismo e os movimentos ecológicos. Reside essencialmente neste fenômeno o antagonismo pós-moderno.

A introdução da socialização e da subjetividade como momentos internos do antagonismo permitirá: 1) identificar a lógica específica e a constituição das lutas subjacentes no pensamento de Negri sobre o antagonismo; 2) traçar a linha que separa e distancia o antagonismo da dialética, como lógica da transformação e da constituição.

Em sua dinâmica de socialização o capital localiza e deslocaliza o próprio capital e as relações de poder que subtende mediante práticas e processos sociais diferenciados, fenômeno que dificulta determinar uma única e central contradição. Para Negri, assim como para outros marxistas anti-hegelianos (tal é o caso de Althusser), esta abordagem da contradição leva a "totalizar" o social como expressão de uma contradição bem como de seus fenômenos exteriores. De acordo com Negri, Marx recusa nos *Grundrisse* toda oposição metodológica entre pluralidade e dualidade. A relação entre a pluralidade das instâncias e a dualidade do antagonismo se articula na e através da prática social[120].

A socialização do capital, sua localização e deslocamento em práticas e relações produz múltiplos antagonismos moleculares que se tornam dualísticos e molares quando se trata da vida social ou da própria existência em face de uma determinada conjuntura.

A *subjetividade* e a *prática política* também desempenham um papel importante na segunda e mais importante diferença que Negri estabelece entre *antagonismo* e *dialética*, isto é, a possibilidade de uma separação radical e uma divisão entre poder constituinte e a subjetividade dos trabalhadores com relação ao próprio capital; em uma palavra, a *autonomia*. Negri recusa a dialética logo que esta se apresenta seja como a narrativa do desenvolvimento político e social do comando do capital, seja como a relação entre a classe operária e o capital, relação que situa a luta de classe operária tanto "no" capital, mesmo quando se dirige "contra" o capital (Negri, 1996). A separação mencionada (*autonomia*) baseia-se justamente no desenvolvimento do poder constituinte que surge do "novo" processo de produção que, ao depender cada vez mais da cooperação do trabalho, desenvolve em paralelo subjetividades e relações que explicitam e tornam transparente a natureza coercitiva e a simulação do comando capitalista. O desenvol-

[120]"A história não é a história da luta de classes se a olharmos através dos mecanismos genéticos das determinações individuais, mas sim quando estas determinações se acumulam e tornam-se formações coletivas singulares, acumulações de aspectos individuais, umbrais ideológicos, máquinas — precisamente — coletivas. [...] Pois bem, as alternativas tornam-se molares, dualistas, antagonísticas quando o contraste focaliza em torno dos pontos centrais da relação, que impõem escolhas radicais ao ser, no tempo das relações sociais; no caso em questão, quando se toca o problema da expressão da cooperação laboral" (citado por Negri, 1989, p. 128-129).

vimento desta força poderosa da subjetividade e da cooperação, agora separadas pelo comando capitalista, é o que torna possível uma transição ou negação sem compromisso[121].

A *pars destruens* como crítica, destruição ou evacuação das relações capitalistas é uma forma de crítica que é, ao mesmo tempo, *total* e *imanente*. É *total* no sentido de que não há compromisso em sua destruição crítica (*pars destruens*), apesar de, o que é mais importante, ser também imediatamente criativa (*pars construens*), na medida em que cria outras formas de cooperação e valorização em lugar das que são mantidas pela mais-valia. E é *imanente* no sentido de que a fonte e o movimento desta crítica e a prática crítica não são exteriores às relações sociais sobre as quais estas atuam (Negri, 1996). O antagonismo não é somente uma força de destruição contra a atual estrutura de poder; é também uma *força interna* do próprio processo de constituição. Se, como Negri afirma, o pensamento de Spinoza pode ser entendido como um entrecruzamento de *pars destruens* e *pars construens* (de destruição crítica e criação), podemos afirmar que, no terreno da prática social, a "destruição é a condição interna da libertação" (Negri, 1989, p. 161).

O nome que Negri dá à socialidade constituída através do interjogo da *pars destruens/pars construens*, como crítica e ao mesmo tempo criação de novos valores, é "comunismo". Comunismo é o movimento crítico imanente ou, acolhendo as palavras de Marx e Engels mais próximas do sentido proposto por Negri, "comunismo é o movimento real que transforma o presente estado de coisas". Para Spinoza, a convergência entre *pars destruens* e *pars construens* é o poder, no sentido da destruição da *potestas* e invenção da *potentia*. Para Negri, a força da destruição e da criação convergem igualmente no poder; no entanto, este não é simplesmente o poder abstrato da ontologia, mas o poder de uma nova subjetividade social, de uma nova socialidade.

[121]"Devemos imediatamente sublinhar que, nesta perspectiva, a lógica antagônica deixa de ter um ritmo binário, deixa de aceitar a fantástica realidade do adversário em seu horizonte. *Recusa a dialética*, mesmo que como simples horizonte. *Rechaça toda fórmula binária*. O processo antagônico tende aqui à hegemonia, *tende a destruir e suprimir seu adversário*" (Marx, 2001a, p. 210).

Negri herda o rigoroso impulso antiutópico de Marx; ou seja, todo pensamento que constitua o comunismo deve estar localizado na materialidade das relações existentes, instituições e processos que estruturam a coletividade. Negri se esquiva de toda idéia de que estas instituições ou processos possam constituir-se como *telos*, dialético ou não, embora insista na irreversibilidade fundamental de certas transformações socioeconômicas. Estas irreversíveis transformações, a que Negri denomina "pré-requisitos do comunismo", incluem a centralidade da cooperação, da socialidade e da subjetividade ou "trabalho imaterial", e persiste como uma espécie de comunismo latente na subsunção real da sociedade pelo capital. Os pré-requisitos de Hardt e Negri incorporam as mais reconhecidas e debatidas transformações sócio-históricas, tais como a passagem das regulações e garantias fordistas à produção pós-fordista, bem como a descentralização da produção industrial taylorista pela nova economia da informação e dos serviços. Antes de ver nestas transformações simples momentos de aparentes transformações e modificações sem fim do capitalismo, Hardt e Negri as reconhecem como os "pré-requisitos", como a simultânea destruição de uma velha constituição e criação de uma nova ordem. Em cada um dos casos, estas transformações indicam a persistência da subjetividade e a da cooperação no processo de trabalho.

Neste aspecto, os "pré-requisitos" constituem uma sorte de "revolução passiva" que persiste silenciosamente, para além dos ruídos e da redundante celebração de vitória total do capitalismo. A irreversibilidade e a coletividade destas transformações não formam ainda as bases para uma explícita e manifesta política, ao menos no nível da organização "molar". Esta nova coletividade, neste sentido, só se faz sentir em nível molecular. Ela demandou e recebeu uma reestruturação massiva do trabalho, que colocou a subjetividade, a flexibilidade e a cooperação no centro do "trabalho imaterial". Produziu novas formas de subjetividade e novos estilos de vida. Mas também estas transformações são bloqueadas pela força do comando do capital, pela semiótica das hierarquias e pela ideologia do mercado, que limitam a força desta socialidade a uma nova elite (Negri, 1992a, 1989). São bloqueios e limitações que só poderão ser eliminados quando estas revoluções moleculares se tornarem organizadas e sujeitas a organizações molares.

A organização desta nova socialidade, em sua transformação das proliferações moleculares até os antagonismos molares, constitui uma política diferente à das temáticas tradicionais de constituição e legitimação mantidas na "tradição burguesa". O que Negri identifica como a "tradição burguesa", ou seja, aquela linha de pensamento político que se desenvolve desde Hobbes, passando por Rousseau, até chegar a Hegel, é aquele pensamento que adota o poder constituinte primeiramente como o ponto de vista do constituído — seja a lei, o Estado, a soberania ou a necessidade da mediação transcendente. A pergunta política tem estado referenciada, de uma forma ou de outra, na necessidade de determinar a fundação legítima do poder (*potestas*) como autoridade transcendente. A ordem foi pensada e mantida, seja sob a forma da lei, do interesse geral, do Estado ou do mercado, como o outro absoluto da desordem. O comunismo, definido como a socialidade do poder constituinte, tal como Negri, em conjunto com Guattari e Hardt, articulou, desenvolve uma questão diferente no plano da metafísica, da economia política e da política. Porém quais são as possibilidades de uma socialidade do poder constituinte? Ou, como Negri e Hardt interrogam: "Como é possível, neste momento e de uma vez por todas, abandonar a concepção do poder constituinte como necessariamente negando a si mesmo quando propõe a constituição, e reconhecer um poder constituinte que já não produz constituições separadas delas mesmas, mas que é, em si mesmo, autoconstituição?" (Hardt e Negri, 1996, p. 308).

A questão do comunismo, de uma política do poder constituinte, liquida o estilo "burguês", ou seja, a tradição dominante do pensamento político. Como Guattari e Negri (1999) apontam: o comunismo demanda uma articulação ou organização entre as lutas moleculares e os antagonismos molares de maneira diferente daquelas e opondo-se à completa subsunção das primeiras pelas segundas. O comunismo rechaça toda estrutura, todo partido em que as revoluções moleculares e o antagonismo sejam subordinadas ou alienadas para fins molares. Recusa toda separação entre desejo coletivo e execução, recusa erigir uma nova *potestas*. Como propõem os autores:

> De um ponto de vista molecular, qualquer tentativa de unificação ideológica é uma operação absurda e reacionária. O desejo, no terreno social, recusa deixar-se circunscrever em zonas de consenso, em áreas de legitimação ideológica. Por que pedir a um movimento feminista que chegue a um acordo doutrinário e programático com grupos de iniciativa ecologista ou com uma experiência comunitária de pessoas de cor, ou com um movimento de trabalhadores? [...] O essencial é que cada movimento se revele capaz de desencadear revoluções moleculares irreversíveis e de se associar a lutas molares limitadas ou ilimitadas no terreno político, sindical, de defesa dos direitos gerais da comunidade nacional-internacional (Guattari e Negri, 1999, p. 63).

Por sua vez, a organização ou o vínculo onde convergem a lutas moleculares para formar as organizações molares e binárias, onde o múltiplo e o uno coexistem, multiplicando e intensificando uma a outra como terrenos de luta, demanda a reinvenção de práticas sociais e novos tipos de organização.

Negri nos sugere que a semente destas novas práticas pode ser compreendida a partir da história da ontologia e da política, em uma contratradição que subsiste ao largo do pensamento burguês. Por isso o poder constituinte ou o comunismo, enquanto problema de organização, envolve uma genealogia de entrelaçamentos de divergentes pensamentos ontológicos e políticos em busca de alternativas à tradição burguesa. Esta genealogia implica o retorno à descontinuidade e à heterogeneidade da modernidade, e às diferentes respostas ensaiadas em face da repetição da crise na ordem de seu futuro desenvolvimento. Como argumentou Negri, as duas figuras que se encontram fora deste terreno são Spinoza e Marx. Muito embora não se trate do colapso inevitável do capitalismo segundo suas leis, quer dizer, do Marx de *O Capital* e sim do Marx dos *Grundrisse*, que reconhece o poder e a subjetividade do trabalho vivo. E não exatamente o Spinoza da *Ética*, mas o Spinoza do *Tratado político*, o manuscrito incompleto que termina com a multidão como idéia, pensamento apenas articulado, de absoluta democracia, ou do absoluto como democracia, a que Negri denomina "a República do poder constituinte".

Referências*

ADORNO, T. (1990). *Dialéctica negativa* (1966). Madri: Taurus.

ADORNO, T.; HORKEIMER, M. (1987). *Dialéctica del Iluminismo* (1944). Buenos Aires: Sudamericana. (*Dialética do esclarecimento*. Rio de Janeiro: Zahar, s/d).

AGLIETTA, M. (1986). *Regulación y crisis del capitalismo americano* (1976). México: Siglo Veintiuno.

AGLIETTA, M.; BRENDER, A. (1984). *Les metamorphoses de la société salairiale, la France en projet*. Paris: Calman-Levy, 184.

AGLIETTA, M.; ORLEAN, A. (1990). *La violencia de la moneda* (1982). México: Siglo Veintiuno.

ALTAMIRA, C. (s/d). "Notas sobre el Estado", mimeo.

ALTVATER, E. (1978). "Some problems of state interventionism" in: J. Holloway e S. Piccioto, op. cit.

ALTHUSSER, L. (1965). *Pour Marx*. Paris: Máspero.

—— (1988). *Ideología y aparatos ideológicos del Estado. Freud y Lacan* (1972). Buenos Aires: Nueva Visión.

—— (1999). *La revolución teórica de Marx* (1965). México: Siglo Veintiuno.

ALTHUSSER, L.; BALIBAR, E. (1974). *Para leer "El Capital"* (1965). México: Siglo Veintiuno.

AMIN, S. (1988). "Accumulation on a world scale: thirty years later". *Rethinking Marxism*, vol. 1, n. 2, p. 24-25.

ANDERSON, P. (1979). *Consideraciones sobre el marxismo occidental* (1976). Madri: Siglo Veintiuno.

ARRIGHI, G. (1994). *The Long Twentieth Century*. Londres: Verso.

ARTHUR, C. (1993). "Hegel's Logic and Marx's Capital" in: F. Moseley (ed.) *Marx's Method in Capital: a reexamination*. Nova Jersey: Humanities Press.

ASHTON, T.H.; PHILPIN, C.H. (1988). *El debate Brenner: estructura de clases y desarollo económico em la Europe preindustrial* (1985). Barcelona: Península.

*Entre parênteses estão as referências às obras traduzidas e publicadas no Brasil.

BACHAUS, H. (1992). "Between philosophy and science: Marxian social economy as critical theory" in: W. Bonefeld, R. Gunn e K. Pshycopedis (eds.), *Open Marxism*, vol. 1 Dialectics and History. Londres: Pluto Press.

BARKER, C. (1991). "A note on the theory of capitalist states" in: S. Clarke (ed.), op. cit.

BAUDRILLARD, J. (1991). *Crítica de la economía política del signo* (1972). México: Siglo Veintiuno.

BECK, U. (1992). *La sociedad del riesgo* (1973). Buenos Aires: Paidós.

BELL, D. (1961). *The End of Ideology*. Nova York: Harvard University Press.

—— (1976). *El advenimiento de la sociedad posindustrial* (1972). Madri: Alianza.

BENETTI, C. (1976). *Valeur et répartition*. Presses Universitaires de Grenoble.

BENETTI, C.; BERTHOMIEU, C.; CARTELIER, J. (1975). *Économie classique, économie vulgaire*. Presses Universitaires de Grenoble.

BERTRAND, H. (1986). "France: modernisations et piétinements" in: R. Boyer (dir.) *Capitalismes, fin de siècle*. Paris: Presses Universitaires de France.

BIANCHI, M. (1975). *La teoría del valor desde los clásicos a Marx*. Madri: Comunicación.

BLANKE, B.; JÜRGENS, U.; KASTENDIEK, H. (eds.). (1975). *Kritik der politischen Wisenschaft*. Frankfurt: Studium.

BOLOGNA, S. (1972a). "Composizione di classe e teoria del partito alle origini del movimento conciliare" in: AA.VV., *Classe operai e Stato*. Milão: Feltrinelli.

—— (1972b). "Class composition and theory of the party at the originis of the worker councils movement". *Telos*, n. 13.

—— (1977) "The tribe of moles", disponível em www.geocities.com/cordobaafk/moles.html.

—— (1991). "The mass worker in Italy". *Common Sense*, n. 11, Londres, verão.

—— (2004). "*Storming Heaven: Class Composition and Struggle in Italian Autonomist Marxism*, revision book", mimeo.

BONEFELD, W. (1988). "Class struggle and the permanence of primitive accumulation". *Common Sense*, n. 6.

—— (1993). *The Recomposition of the British State during the 1980s*. Londres: Dartmouth.

—— (1994). "Human practice and perversion". *Common Sense*, n. 15.

—— (1998). "The politics of novelty". *Historical Materialism*, n. 3, verão.

—— (1991) "The reformulation ofstate theory" (1987) in: W. Bonefeld e J. Holloway (eds.), *Postfordism and Social Form. A Marxist debate on the Postfordist State*. Londres: Macmillan.

—— (2003). "The spectre of globalization: on the form and content of the world market" in: W. Bonefeld e K. Psychopedis, *The Politics of Change. Globalization, Ideology and Crisis*. Basingstoke: Palgrave.

BONEFELD, W.; BROWN, A.; BURNHAM, P. (1995). *A Major Crisis? The Politics of Economy Policy in Britain in the 1990*. Dartmouth: Aldershot.

BONEFELD, W.; GUNN, R.; PSYCHOPEDIS, K. (1992a). "Introduction" in W. Bonefeld, R. Gunn and K. Psychopedis, *Open Marxism*, vol. 1: Dialectics and History. Londres: Pluto Press.

BONEFELD, W.; GUNN, R.; PSYCHOPEDIS, K. (1992b). "Introduction" in: W. Bonefeld, R. Gunn and K. Psychopedis, *Open Marxism*, vol. 2. Londres: Pluto Press.

BONEFELD, W.; TISCHLER, S. (2002). "Qué hacer, nuevos tiempos y el aniversario de una pregunta" in: W. Bonefeld e S. Tischler (comps.). *A 100 años de "Qué hacer"*. México: Herramientas-UAP.

BOTTOMORE, T. (ed.) (1984). *The Frankfurt School*. Londres: Routledge.

BOYER, R. (1986). *La théorie de la régulation: une analyse critique*. Paris: La Découverte.

—— (1987) "Réflexions sur la crise actuelle". *Revue française de l'économie*, vol. II, n. 2, primavera.

BOYER, R.; MISTRAL, J. (1983). *Accumulation, inflation, crises*. Paris: Presses Universitaires de France.

BRAUNMÜHL, C. von (1978). "On the analysis of the bourgeois nation state within the world market context" in: J. Holloway e S. Picciotto, *State and Capital: a Marxist Debate*. Londres: Edward Arnold.

BRAVERMAN, H. (1983). Trabajo y capital monopolista: la degradación del trabajo em el siglo XX (1974). México: Nuestro Tiempo.

BRUNHOFF, S. de (1978a). *Estado y capital*. Madri: Zimmerwald.

BRUNHOFF, S. de (1978b). *La política monetaria*. México: Siglo Veintiuno.

BUCK-MORSS, S. (1981). *Origen de la dialéctica negativa. Theodor Adorno, Walter Benjamin y el Instituto de Frankfurt*. México: Siglo Veintiuno.

BULLOCK, P. (1972). *Historia y teoría del Estado*. México: El Caballito.

BURNHAM, P. (2001). "Marx international political economy and globalization". *Capital & Class*, n. 75, outono.

CAFFENTZIS, G. (1992). "Work/energy crisis and the apocalypse" in: *Midnight Oil, Work, Energy, War* (1973-1992). Nova York: Midnight Notes-Autonomedia.

CARTELIER, J. (1976). *Surproduit et réproduction, la formation de l'économie politique classique*. Grénoble, Presses Universitaires de Grénoble-Maspero.

CHRISTOPHER, A. (1991). *Hegel's Logic and Marx's Capital*. Nova Jersey: Humanities Press.

CENTRE D'ÉTUDES PROSPECTIVES ET D'INFORMATION INTERNATIONALES (2000). *Informe* CEPII, n. 11, junho.

CLARKE, S. (1988). *Keynesianism, Monetarism and the Crisis of the State*. Cambridge: Edward Elgar.

—— (1991a). "Overaccumulation, classe struggle and the regulation approach" in: W. Bonefeld e J. Holloway (eds.) *Postfordism and Social Form. A Marxist Debate on the Postfordist State*. Londres, Macmillan.

—— (1991b). "State, class struggle and the reproduction of capital" in: S. Clarke (ed.), op. cit.

—— (1992). "The global accumulation of capital and the periodization of the capitalist state form" in: W. Bonefeld, R. Gunn e K Psychopedis, *Open Marxism*, vol. I: Dialectics and History. Londres: Pluto Press.

—— (1991) (ed.). *The State Debate*. Londres: Palgrave.

CLEAVER, H. (1979). *Reading Capital Politically*. Austin: University of Texas Press.

—— (1991) "Introduction" a A. Negri *Marx beyond Marx*. Nova York: Autonomedia-Pluto Press.

—— (1993). "Marxian categories and social subjectivity". *Common Sense*, n. 14.

COCCO, G.; LAZZARATO, M. (1993). "Au delá du Welfare State". *Futur Antérieur*, n. 15.

COCCO, G.; VERCELLONE, C. (1990). "Les paradigms sociaux du post-fordisme" *Futur Antérieur*, n. 4.

COHEN, G. (1978). *Karl Marx, Theory of History: A Defense*. Princeton University Press.

—— (1988). *History Labour and Freedom*. Oxford: Clarendon Press.

COLLETI, L. (1975). *Ideología y sociedad*. Madri: Fontanella.

CORIAT, B. (1982). *El taller y el cronómetro. Ensayos sobre el taylorismo, el fordismo y la producción em masa* (1979). México: Siglo Veintiuno.

—— (1992) *El taller y el robot. Ensayos sobre el fordismo y la producción de masa em la era de la electrónica* (1990). México: Siglo Veintiuno.

—— (1994). "La théorie de la régulation (origines, specificités et perspectives)" in: *École de la régulation et critique de la raison économique*. Paris: L'Harmattan.

CORIAT, B.; TADDEI, D. (1993). *Made in France. L'industrie française dans la compétition mondiale*. Paris: Livre du Poche.

DABAT, A. (1992). *Capitalismo mundial y capitalismos nacionales*. México: Fondo de Cultura Económica.

DELEUZE, G. (1984). *Spinoza: filosofia práctica* (1970). Barcelona: Tusquets. (*Spinoza, filosofia prática*. São Paulo: Editora Escuta, 2000).

—— (1993). "La anomalía salvaje: un gran libro". *Anthropos*, n. 144: "Antonio Negri. Uma teoría del poder constituyente", p. 58.

DELEUZE, G.; GUATTARI, F. (1997). *Mil mesetas: capitalismo y esquizofrenia* (1980). Valencia: Pre-textos. (*Mil Platôs. Capitalismo e Esquizofrenia*. São Paulo: Editora 34, 1995).

DELLA VOLPE, G. (1971). "Clave de la dialéctica histórica" in: *Problemas actuales de la dialéctica*. Madri: Comunicación.

DERRIDA, J. (1995). *Espectros de Marx* (1993). Madri: Trotta. (Edição brasileira *Espectros de Marx. O Estado da dívida, o trabalho do luto e a nova Internacional*. Rio de Janeiro: Relume-Dumará, 1994.)

ELSTER, J. (1991). *Una introducción a Karl Marx* (1986). Madri: Siglo Veintiuno.

FOUCAULT, M. (1981). Conferência pronunciada em Brasília, 1976. *Barbárie*, n. 4 e 5, Salvador, BA.

—— (1988). *Vigilar y castigar* (1975). Buenos Aires: Siglo Veintiuno. (Edição brasileira *Vigiar e punir*. Petrópolis: Vozes, 1984.)

—— (2002). *La hermenéutica del sujeto* (curso no Collège de France, 1981-1982). Buenos Aires: Fondo de Cultura Económica.

FINE, B; HARRIS, L. (1979). *Rereading Capital*. Londres: Macmillan.

FUKUYAMA, F. (1993). *El fin de la historia y el último hombre*. Buenos Aires: Planeta. (*O fim da história e o último homem*. Rio de Janeiro: Editora Rocco, 1992.)

GORZ, A. (1989). *Adiós al proletariado* (1980). Buenos Aires: Imago Mundi.

—— (1991). *Metamorfosis del trabajo, búsqueda del sentido. Crítica de la razón económica*. Madri: Sistema.

GOUGH, I. (1974). "State expenditure in advanced capitalism". *New Left Review*, n. 92.

GUATTARI, F; NEGRI, T. (1999) *Las verdades nômadas. Por nuevos espacions de libertad* (1989). Madri: Akal.

HALL, S. (1988). *The Hard Road to Renewal* (Thatcherism and the Crisis of the Left). Londres: Verso.

HARDT, M. (1993). "La constitución de la ontología, Negri entre los filósofos". Anthropos, n. 144: "Antonio Negri. Una teoría del poder constituyente".

—— (2004). *Gilles Deleuze, un aprendizaje filosófico* (1995). Buenos Aires: Paidós. (*Gilles Deleuze, um aprendizado em filosofia*. São Paulo: Editora 34, 1996.)

HARDT, M.; NEGRI, A. (1994). *The Labour of Dionysus. A Critique of the State-Form*. Londres: Minnesota University Press. (Versão brasileira *O trabalho de Dioniso. Para a crítica ao Estado pós-moderno*. Editora UFJF, Pazulin, 2004.)

HARMAN, C. (1998). *The Fire Last Time. 1968 and After* (1988). Londres: Bookmarks.

HARVEY, D. (1989). *The Condition of Postmodernity*. Oxford: Blackwell. (*Condição Pós-Moderna*. São Paulo: Loyola, 2003.)

HIRSCH, J. (1978). "The state apparatus and social reproduction: Elements of a theory of the bourgueois state" in: J. Holloway e S. Picciotto, *State and Capital: A Marxist Debate*. Londres: Edward Arnold.

—— (1979). "Elementos para una teoría materialista del Estado". *Críticas de la Economía Política* n. 12.

—— (1997). "Globalización, transformación del Estado y democracia", ciclo de conferências, Córdoba, Argentina.

—— (1991). "Fordism and postfordism: The present social crisis and its consequences" in: W. Bonefeld e J. Holloway (eds.), *Postfordism and Social Form. A Marxist Debate on the Postfordist State*. Londres: Macmillan.

HOLLOWAY, J. (1980). El Estado y la lucha cotidiana. México: Era.

—— (1991a). "The great bear: Postfordism and class struggle. A comment on Bonefeld and Jessop" in: W. Bonefeld e J. Holloway (eds.) *Postfordism and Social Form. A Marxist Debate on the Postfordist State*. Londres: Macmillan.

—— (1991b). "The state and every day struggle" in: W. Bonefeld e J. Holloway (eds.) *Postfordism and Social Form. A Marxist Debate on the Postfordist State*. Londres: Macmillan.

—— (1991c). "Capital is class struggle" in: W. Bonefeld e J. Holloway (eds.) *Postfordism and Social Form. A Marxist Debate on the Postfordist State*. Londres: Macmillan.

—— (1991d). "In the beginning was the scream". *Common Sense*, n. 11, verão.

—— (1992). "The global accumulation of capital and the periodization of the capitalist state form" in W. Bonefeld, R. Gunn e K. Psychopedis (eds.), *Open Marxism*, vol. I: Dialectics and History. Londres: Pluto Press.

—— (1994). *Marxismo, Estado y capital. La crisis como expresión del poder del trabajo*. Buenos Aires: Cuadernos del Sur.

—— (1995a). "Capital moves". *Capital & Class*, n. 57, outono.

—— (1995b). "The centrality of work" in: W. Bonefeld, R. Gunn e K. Psychopedis (eds.), *Open Marxism*, vol. 3: Emancipating Marxism. Londres: Pluto Press.

—— (1996). "Global Capital and the National State" in: W. Bonefeld e J. Holloway *Global Capital, National State and the Politics of Money*. Londres: Macmillan.

—— (2002). *Cambiar el mundo sin tomar el poder*. México: UAP-Herramienta.

—— (s/d). "Del grito de rechazo al grito de poder". Buenos Aires, mimeo.

HOLLOWAY, J; BONEFELD, W. (1991). *Postfordism and Social Form. A Marxist Debate on the Postfordist State*. Londres: Macmillan.

HOLLOWAY, J; PELÁEZ, E. (1998). *Zapatista, Reinventing Revolution in Mexico*. Londres: Pluto Press.

HOLLOWAY, J; PICCIOTTO, S. (1978). "Introduction: Towards a materialist theory of the state" in: J. Holloway, S. Picciotto, *State and Capital*. Londres: Edward Aldershot.

HOLLOWAY, J; PICCIOTTO, S. (1991). "Capital crisis and State" in: S. Clarke (ed.), *The State Debate*.

JAMESON, F. (1996). "Actually existing marxism" in: S. Makdisi, C. Casarino e R. Karl (eds.). *Marxism beyond Marxism*. Nova York: Routledge.

JESSOP, B. (1982). *The Capitalist State Marxist Theories and Methods*. Oxford: Martin Robertson.

—— (1991a). "Accumulation strategies, state forms and hegemonic projects" in: S. Clarke (ed.) *The State Debate*.

—— (1991b). "Polar bears and class struggle: much less than a self-criticism" in: J. Holloway e W. Bonefeld, *Postfordism and Social Form. A Marxist Debate on the Postfordist State*. Londres: Macmillan.

—— (1991c). "Regulation theory, postfordism and the state: more than a reply to Werner Bonnefeld" in: J. Holloway e W. Bonefeld, *Postfordism and Social Form. A Marxist Debate on the Postfordist State*. Londres: Macmillan.

KOSIK, K. (1971). "El individuo y la historia" in: *Problemas actuales de la dialéctica*. Madri: Comunicación.

—— (1989). Dialéctica de lo concreto (1967). México: Grijalbo.

LACLAU, E.; MOUFFE, C. (1987). *Hegemonía y estratégia socialista: hacia una política democrática radical*. Buenos Aires: Siglo Veintiuno.

LAZZARATO, M. (1996a). "Inmaterial labour" in M. Hardt e P. Virno, *Radical thought in Italy: A Potential Politics*. Minneapolis: Minnesota Press.

—— (1996b). "La lutte de classe dans le capitalisme post-moderne". *Futur Antérieur*, n. 33-34.

LAZZARATO, M.; NEGRI, A. (1991). "Travail inmatériale et subjectivité". *Futur Antérieur*, n. 6. (Edição brasileira *Trabalho Imaterial. Formas de vida e produção de subjetividade*. Rio de Janeiro: DP&A, 2001.)

LEBOWITZ, M. (1992). *Beyond Capital: Marx Political Economy of the Working Class*. Nova York: St. Martin Press.

—— (1997). "The silence of capital". *Historical Materialism*, n. 1.

LIPIETZ, A. (1982). "Towards global fordism". *New Left Review*, n. 132.

—— (1983). *The Enchanted World Inflation. Credit and the World Crisis*. Londres: Verso.

—— (1984). *La mondialisation de la crise general du fordisme* (1967-1984). Paris: CEBREMAP.

—— (1989). *Choisir l'audace*. Paris: La Découverte.

—— (1992). *Berlin, Bagdad, Rio*. Paris: Quai Voltaire.

—— (1993a). "From althusserianism to 'Regulation Theory'" in: A. Kaplan e M. Sprinker, *The Althusserian Legacy*. Londres: Verso.

—— (1993b). *Vert espérance. L'avenir de l'écologie politique*. Paris: La Découverte.

—— (1996). *La société en sablier, le partage du travail contre la déchirure sociale*. Paris: La Découverte.

LONDON-EDIMBURG WEEKEND GROUP (1980). *In and Against the State*. Londres: Centre for Labour Studies.

LOTTA CONTINUA (1973). "Take over the city". *Radical America*, vol. 7, n. 2, março-abril.

LUCKÁCS, G. (1975). *Historia y conciencia de clase* (1923). Barcelona: Grijalbo.

LUPORINI, C. (1971). "El círculo concreto-abstracto-concreto" in: *Problemas actuales de la dialéctica*. Madri: Comunicación.

LYOTARD, J.-F. (2002). *La condición posmoderna* (1979). Madri: Cátedra. (*A Condição Pós-Moderna*. Rio de Janeiro: José Olympio Editora, 1986.)

MACHEREY, P. (1990). *Hegel ou Spinoza*. Paris: La Découverte.

—— (1992). *Avec Spinoza. Études sur la doctrine et l'histoire du spinozisme*. Paris: Presses Universitaires de France.

MARAZZI, C. (1996). "Money in the world crisis: the new basis of capitalist power" in: W. Bonefeld e J. Holloway, *Global Capital. National State and the Politics of Money*. Londres: Macmillan.

MARCUSE, H. (1972). *El hombre unidimensional. Estudios de la ideología de las sociedades industriales avanzadas* (1964). Barcelona: Seix Barral. (*A ideologia da sociedade industrial*. Rio de Janeiro: Editora Zahar, 1969.)

MARGLIN, S. (1996). "Losing touch. The cultural conditions of worker accomodation and resistence" in: V. Lippit (comp.), *Radical Political Economy. Explorations in Alternance Economic Analysis*. Nova York: Sharpe.

MARX, K. (1969). *Manuscritos económicos y filosóficos*. Madri: Alianza.

—— (1978). *Miseria de la filosofía* (1867). México: Siglo Veintiuno.

—— (1971). *Elementos fundamentales para la crítica de la economía política (Borrador Grundrisse)*, 1857-1858. Buenos Aires: Siglo Veintiuno.

—— (1975a). *El capita*l (1873). México: Siglo Veintiuno.

—— (1975b). *Capítulo VI (inédito) Resultados del proceso de producción*. México: Siglo Veintiuno.

—— (1975c). Tesis sobre Feuerbach (1845) in: F. Engels, *Ludwig Feuerbach y el fin de la filosofía clásica alemana*. Córdoba: Pasado y Presente.

—— (1974). Prólogo a la contribución a la crítica de la economía política (1859) in: K. Marx e F. Engels, *Obras escogidas*, tomo I. Moscou: Progresso.

MELUCCI, A. (1989). *Nomads of the Present: Social Movements and Individual Needs in Contemporary Society*. Filadélfia: Temple University Press.

MILIBAND, R. (1985). *El Estado em la sociedad capitalista* (1969). México: Siglo Veintiuno.

MILIBAND, R.; POULANTZAS, N.; LACLAU, E. (1991). *Debates sobre el Estado capitalista*. Buenos Aires: Imago Mundi.

MORRIS-SUZUKI, T. (1988). *Beyond Computopia: Information, Computation and Democracy in Japan*. Londres: Kegan Paul International.

MOULIER BOUTANG, Y. (1998). *De l'esclavage au salariat bridé*. Paris: Presses Universitaires de France.

MULLER, W.; NEUSSUS, C. (1978). "The Welfare-State Illusion" and the contradiction between wage labor and capital" in: J. Holloway e S. Picciotto, op. cit.

MURRAY, R. (1971). "The internationalization of capital and the Nation State". *New Left Review*, n. 67.

NEGRI, T. (1979). *Dominio y sabotaje*. Barcelona: Iniciativas Editoriales.

—— (1980). *Del obrero masa al obrero social* (1979). Barcelona: Anagrama.

—— (1988). *Revolution Retrieved. Writings on Marx, Keynes, Capitalist Crisis and New Social Subjects 19671983*. Londres: Red Notes.

—— (1989). *Politics of Subversion Postmodern*. Londres: Polity Press.

—— (1992a). *Fin de siglo*. Barcelona: Paidós-Universidad Antónoma de Barcelona.

—— (1992b). "Interpretation of the class situation today: methodological aspects" in: W. Bonefeld, R. Gunn e K. Psychopedis, *Open Marxism*, vol. II: Theory and Practice. Londres: Pluto Press.

—— (1993). *La anomalía salvaje. Poder y potencia em Baruch Spinoza*. Madri: Anthropos. (Edição brasileira *A anomalia selvagem. Poder e potência em Spinoza*. Rio de Janeiro: Editora 34, 1993.)

—— (1996). "Twenty thesis on Marx: interpretation of the class situation today" in: S. Makdisi, C. Casarino e R. Kart, *Marxism beyond Marxism*, Nova York: Routledge.

—— (1999). *Las verdades nómadas*. Madri: Akal.

—— (2000). *Spinoza subversivo*. Madri: Akal.

—— (2001a). *Marx más allá de Marx* (1991). Madri: Akal.

—— (2001b) *Kairós alma venus multitude*. Paris: Calmann-Levy. (Edição brasileira *Kairòs, Alma Venus, Multitudo. Nove lições ensinadas a mim mesmo*. Rio de Janeiro: DP&A Editora, 2003.)

—— (2002). "Crisis del Estado planificador: comunismo y organización revolucionária" in: Antonio Negri, *Crisis de la política, escritos sobre Marx, Keynes, las crisis capitalistas y las nuevas subjetividades*. Buenos Aires: El Cielo por Asalto.

—— (2004a). *La fábrica de la estrategia. 33 lecciones sobre Lenin*. Madri: Akal.

—— (2004b) *El libro de la autonomía*. Madri: Akal.

NEGRI, A.; COCCO, G. *Glob(AL) Biopoder e luta em uma América Latina globalizada*. Rio de Janeiro: Editora Record, 2005.

NEGRI, A.; GUATTARI, F. (1985). "Communist like us — New spaces of liberty, New lines of alliance". *Semiotexte Foreign Agent Series*, n. 3.

NEGRI, A.; HARDT, M. (1996). *Labour of Dionysus*. Minneapolis: University of Minnesota Press. (Edição brasileira *O trabalho de Dioniso. Para a crítica ao Estado pós-moderno*. UFJF, Pazulin, 2004.)

—— (2000). *Empire*. Cambridge: Harvard University Press. (Edição brasileira *Império*. Rio de Janeiro: Editora Record, 2001.)

—— (2004). *Multitude. War and Democracy on the Age of Empire*. Nova York: Penguin Press. (Edição brasileira *Multidão. Guerra e Democracia na Era do Império*. Rio de Janeiro: Editora Record, 2005.)

NORA, S.; MINC, A. (1980). *La informatización de la sociedad*. México: Fondo de Cultura Económica.

O'CONNOR, J. (1981). *La crisis fiscal del Estado* (1973). Barcelona: Península.

OFFE, C. (1985). *Disorganized capitalism*. Oxford: Basil Blackwell.

—— (1996). *Modernity and the State*. Cambridge: Polity Press.

PALLOIX, C. (1976). *Las firmas multinacionales y el proceso de internacionalización*. México: Siglo Veintiuno.

—— (1978). *Internacionalización del capital*. Madri: Blume.

—— (1980). "La internacionalización del capital" in: F. Fajnzylber, *Industrialización e internacionalización em América Latina*. México: Fondo de Cultura Económica.

PANZIERI, R. (1976). "Surplus value and planning: Notes on the reading of Capital" in: R. Panzieri et al., *The Labour Process and Class Strategies*, CSE Pamphlet, n. 1.

—— (1980). "The capitalist use of machinery: Marx versus the objectivists" in: P. Slater (ed.), *Outlines of a Critique of Technology*. Londres: Ink-Links.

—— (s/d a). "Plusvalía y planificación, notas a lectura de El capital", mimeo.

—— (s/d b). "El uso capitalista de la máquina", mimeo.

PIORE, M.; SABEL, C. (1990). *La segunda ruptura industrial*. Madri: Alianza.

POSTONE, M. (1996). *Time, Labor and Social Domination*. Londres: Cambridge University Press.

POULANTZAS, N. (1969). *Hegemonía y dominación em el Estado moderno* (1967). Córdoba: Pasado y Presente.

—— (1976). *Poder político y clases sociales em el Estado capitalista* (1968). México: Siglo Veintiuno.

PSYCHOPEDIS, K. (1992). "Dialectical Theory: Problems of reconstruction" in: W. Bonefeld, R. Gunn e K. Psychopedis (eds.), *Open Marxism*, vol. 1: Dialectics and History. Londres: Pluto Press.

RADICE, H.; PICCIOTTO, S. (1971). "European integration: capital and the state". *Bulletin of the CSE* 1, verão.

ROEMER, J. (1981). *Analytical Foundations of Marxian Economic Theory*. Cambridge University Press.

—— (1989). *Teoría general de la explotación y las clases*. Madri: Siglo Veintiuno.

ROSENTHAL, J. (1999). *The Escape from Hegel. Science and Society*. Nova York, outono.

RUBIN, I. (1974). *Ensayos sobre la teoría marxista del valor*. Córdoba: Pasado y Presente.

SASSEN, S. (1991). *Global City*. Princeton University Press.

SHAMSAVARI, A. (1991). *Dialectics and Social Theory: The Logic of Capital*. Braunton: Merlin Books.

SIMON, C. (1994). "The Value of Value: A Review of Rereading Capital (Fine and Harris, 1979)" (1980) in: S. Mohun, *Debates in Value Theory*. Nova York: St. Martin Press.

SMITH, T. (1990). *The Logic of Marx's Capital replies to Hegelian criticism*. State University, New York Press.

SONNTAG, H.R.; VALECILLOS, H. (1977). *El Estado em el capitalismo contemporáneo*. México: Siglo Veintiuno.

SRAFFA, P. (1975). *Producción de mercancías por medio de mercancías* (1960). Barcelona: Oikos-Tau.

STRANGE, S. (1997). *Casino Capitalism*. Manchester University Press.

TELOS n. 17: "The Budapest School", outono de 1973.

THOMPSON, E.P. (1989). *La formación de la clase obrera inglesa* (1980). Barcelona: Crítica.

TOFFLER, A. (1980). *La tercera ola*. Barcelona: Plaza y Janés. (*A terceira onda*. Rio de Janeiro: Record, 1985.)

TOURAINE, A. (1973). *La sociedad posindustrial: historia social del mañana, clase, conflicto y cultura en la sociedad programada* (1969). Madri: Akal.

TRONTI, M. (2001). *Obreros y capital* (1971). Madri: Akal.

VAKALOULIS, M. (2001). *La nebuleuse de la modernité*. Paris: Presses Universitaires de France-Actuel Marx.

VINCENT, J.M. (1976). *La théorie critique de l'école de Frankfurt*. Paris: Galilée.

—— (1997). "Marx l'obstiné" in: J.M Vincent (comp.), *Marx après les marxismes: Marx à la question*. Paris: L'Harmattan.

VIRILIO, P. (1980). "Popular defense and popular assault" in: S. Lotringer e C. Marazzi, *Italy, Autonomia post Political Politics*. Nova York: Semiotexte.

WARREN, B. (1971). "The internationalization of capital and the nation state: A comment". *New Left Review*, n. 68.

WOOD MEIKSINS, E. (1996). "The separation of the economic and the political in capitalism" in: *Democracy against Capitalism*. Londres: Cambridge University Press.

WRIGHT, S. (2002). *Storming Heaven. Class Composition and Struggle in Italian Autonomist Marxism*. Londres: Pluto Press.

YAFFE, D; BULLOCK, P. (1980). "La teoría marxista de las crisis, del capital y del Estado" (1972), *Críticas de la Economía Política*, n. 16-17.

O texto deste livro foi composto em Sabon, desenho tipográfico de Jan Tschichold de 1964 baseado nos estudos de Claude Garamond e Jacques Sabon no século XVI, em corpo 11/15. Para títulos e destaques, foi utilizada a tipografia Frutiger, desenhada por Adrian Frutiger em 1975.

A impressão se deu sobre papel off-white 80g/m² pelo Sistema Cameron da Divisão Gráfica da Distribuidora Record.